Objectif CRPE 2022

Épreuve orale d'entretien

Patrick Ghrenassia
Professeur agrégé de philosophie
Formateur dans l'académie de Paris

Serge Herreman
Professeur des écoles spécialisé auprès d'élèves en situation de handicap
Conseiller pédagogique et maître formateur
Formateur dans l'académie de Versailles

Denis Pasco
Professeur à l'université de Bourgogne-Franche-Comté à Besançon
Formateur à l'INSPE de Franche-Comté

Carine Royer
Maître de conférences en psychologie cognitive
à l'université de Cergy-Pontoise

hachette
ÉDUCATION

Crédits photographiques
Toutes les images de l'ouvrage sont © Shutterstock, sauf p. 56 : Gado Images/Alamy ; p. 59 : libre de droits ; p. 163 : haut & milieu : © BnF, bas © Pictorial Press Ltd/Alamy ; p. 309 : haut © BTEU/AUSMUM/Alamy, milieu bas © ART Collection/Alamy, bas © Historic Images/Alamy ; p. 310 haut © Pictorial Press Ltd/Alamy, bas © Magite Historic/Alamy.

Illustrations
p. 113-114, Alain Boyer.

PAPIER À BASE DE FIBRES CERTIFIÉES

hachette s'engage pour l'environnement en réduisant l'empreinte carbone de ses livres. Celle de cet exemplaire est de : 1,5 kg éq. CO_2
Rendez-vous sur www.hachette-durable.fr

Couverture : Stéphanie Benoit
Maquette intérieure : Manon Guérin
Mise en pages : Médiamax
Édition : Sophie Zeegers

ISBN : 978-2-01-787731-8

58, rue Jean Bleuzen, 92170 Vanves
www.parascolaire.hachette-education.fr

Merci à Laurent Bonnet et à Julien Cumineto pour leur présentation du concours de recrutement de professeur des écoles (p. 12-14, 28-29, 36-37).
Les conseils pour réussir une épreuve orale des pages 30 à 35 ont été rédigés par Isabelle de Lisle et Sylvie Beauthier.

Achevé d´imprimer en août 2021 en Espagne par Grafo - Dépôt légal: Septembre 2021 - Édition 01 - 21/8815/4

SOMMAIRE

SE PRÉPARER À L'ÉPREUVE

1 Les modalités du Concours de recrutement de professeurs des écoles (CRPE) 12
A. Conditions d'inscription pour le concours externe 12
B. Se préparer au concours 12
C. Un concours académique 13
D. Le contenu des épreuves du concours externe 14

2 Méthodologie de l'épreuve d'entretien 16
A. Première partie de l'épreuve 16
B. Seconde partie de l'épreuve 19

3 Les attendus du jury 22
A. Les compétences communes à tous les professeurs 22
B. La commission 27

4 Organisez votre travail tout au long de l'année 28
A. Coopérez et mutualisez vos travaux avec un petit groupe de candidats 28
B. Découvrez ce qu'est un élève 28
C. Adoptez une posture réflexive 29
D. Luttez sans relâche contre le stress ! 29
E. Organisez-vous pour travailler efficacement 29

5 Réussir une épreuve orale 30
A. L'importance de la communication 30
B. Quelques conseils pour réussir une épreuve orale 30

6 Se préparer à devenir professeur des écoles 36
A. Après le concours : être stagiaire dans son académie 36
B. L'école et ses responsabilités 36
C. Le métier de professeur des écoles 37
D. Spécialisations et perspectives de carrière 37

EPS ET DÉVELOPPEMENT DE L'ENFANT

THÈME 1 : L'EPS à l'école

1 Les approches de l'EPS 40
A. Les objectifs de l'EPS 40
B. Quels débats autour de l'EPS ? 41
☑ Quiz express 42

2 Programmes et compétences à acquérir 43
A. À l'école maternelle 43
B. À l'école élémentaire 46
☑ Quiz express 51

3 Les APSA ... 52
A. Les APSA à l'école maternelle ... 52
B. Les APSA aux cycles 2 et 3 ... 53
Quiz express ... 55

THÈME 2 : Développement et psychologie de l'enfant

4 Le développement cognitif de l'enfant ... 56
A. Le développement cognitif selon Piaget ... 56
B. Le développement de la personnalité selon Wallon ... 59
C. Le développement affectif selon Freud ... 60
Quiz express ... 63

5 Le développement moteur et neurobiologique de l'enfant ... 64
A. La période des réflexes ... 64
B. La période de préadaptation ... 64
C. La période des patterns fondamentaux ... 65
D. La période spécifique au contexte ... 67
E. La période des habiletés ... 69
F. La période de la compensation ... 69
Quiz express ... 71

6 Proposer des activités adaptées ... 72
A. S'adapter à l'hétérogénéité ... 72
B. L'importance pour l'enseignant de contrôler ses attentes ... 73
C. Des activités adaptées aux étapes du développement de l'enfant ... 74
Quiz express ... 80

THÈME 3 : Animer un cours d'EPS

7 Créer un environnement favorable ... 81
A. Assurer la sécurité physique des élèves ... 81
B. Établir des protocoles ... 84
C. Gérer les comportements déviants ... 91
Quiz express ... 96

8 Mettre en œuvre les activités ... 97
A. Débuter la leçon ... 97
B. Instruire et démontrer ... 101
C. Développer le contenu ... 106
Quiz express ... 110

Sujet d'EPS

SUJET ... 111

SYSTÈME ÉDUCATIF ET MÉTIER DE PROFESSEUR

THÈME 1 : le système éducatif français

1 Le système éducatif français : repères historiques 118
A. La naissance de l'école publique 118
B. La massification de l'enseignement 119
Quiz express 123

2 L'organisation de l'institution scolaire 124
A. Éducation nationale et République française 124
B. L'administration centrale de l'Éducation nationale 125
C. L'école primaire 127
D. L'Éducation nationale et la décentralisation 130
Quiz express 131

3 L'état de l'école 132
A. Les élèves 132
B. L'investissement 133
C. Les acquis des élèves 134
D. Les parcours, l'orientation et l'insertion 135
Quiz express 136

THÈME 2 : Le fonctionnement de l'école primaire

4 Les textes réglementaires 138
A. Le code de l'éducation 138
B. Loi, décret, arrêté, circulaire, note de service 138
C. Les publications officielles 140
D. Les lois d'orientation 140
Quiz express 144

5 Le soccle commun 145
A. Bref historique 145
B. Le socle commun de connaissances, de compétences et de culture 146
Quiz express 149

6 L'évolution des programmes 150
A. Les programmes de 2002 à 2008 150
B. Les programmes de 2015 (publiés sous le ministère de Najat Vallaud-Belkacem) 151
C. L'adaptation des programmes (cycles 2, 3 et 4) à la rentrée 2018
(sous le ministère de Jean-Michel Blanquer) 153
D. La circulaire de rentrée 155
Quiz express 156

7 L'organisation de l'école primaire 157
A. Aspects institutionnels 157
B. Dimension pédagogique 159
Quiz express 161

8 L'école maternelle : d'hier à aujourd'hui 162
A. De la salle d'asile à l'école maternelle 162
B. L'intégration au système scolaire 162
☑ Quiz express 164

9 Les missions de la maternelle aujourd'hui 165
A. Le programme de 2015 165
B. Un fonctionnement spécifique 165
C. Les moyens pédagogiques en maternelle 166
D. Une nouvelle version du programme de 2015 à la rentrée scolaire 2021 168
☑ Quiz express 171

10 Les personnels 172
A. Les personnels de l'Éducation nationale 172
B. Les personnels non enseignants de l'Éducation nationale 173
C. Les personnels n'appartenant pas à l'Éducation nationale 174
☑ Quiz express 176

11 Projets, équipes, conseils 177
A. Les équipes 177
B. Les conseils 178
C. Les projets 179
D. Les caractéristiques et les indicateurs de l'école 181
☑ Quiz express 183

12 Les partenaires de l'école 184
A. Les différents types de partenaires 184
B. Les parents d'élèves 185
C. Les collectivités locales 190
D. Les intervenants extérieurs 192
E. Associations et institutions 192
☑ Quiz express 194

13 Les sorties et les voyages scolaires 195
A. Différents types de sorties 195
B. Intérêt pédagogique des sorties scolaires 195
C. Préparer une sortie 196
☑ Quiz express 201

14 Les rythmes scolaires 202
A. Rythme de l'élève et rythme de l'enfant 202
B. La réforme de 2013 et sa remise en cause en 2017 204
☑ Quiz express 205

15 L'évaluation 206
A. Quelques repères historiques 206
B. L'évaluation : une obligation et un geste professionnels 208
C. Les évaluations nationales 212
☑ Quiz express 216

THÈME 3 : Le métier de professeur des écoles

16 Les valeurs de l'école 217
A. Les finalités de l'éducation 217
B. Les missions de l'école 218
Quiz express 220

17 Les principes de l'école 221
A. La laïcité 221
B. La mixité 226
Quiz express 228

18 Les droits et les devoirs du professeur des écoles 229
A. Compétences professionnelles du professeur des écoles 229
B. Le statut de fonctionnaire 231
C. Les devoirs et les responsabilités civiles du PE 231
D. Les droits du PE 236
E. Les obligations sur l'usage du numérique 237
Quiz express 238

19 Instruire, éduquer, former 239
A. Les termes 239
B. Éduquer et instruire : la querelle 242
Quiz express 243

20 Autorité et discipline 244
A. L'autorité 244
B. Discipline et sanctions 248
Quiz express 253

21 Les modèles pédagogiques 254
A. Différentes méthodes pédagogiques 254
B. La pédagogie explicite 255
C. La différentiation pédagogique 257
Quiz express 261

22 Pédagogies nouvelles et innovations pédagogiques 262
A. Apparition des pédagogies nouvelles 262
B. Les principales pédagogies nouvelles 264
Quiz express 268

23 Apprendre 269
A. Comment l'enfant apprend-il ? 269
B. Les théories psychologiques de l'apprentissage 269
C. La motivation 279
Quiz express 281

THÈME 4 : Difficultés et besoins éducatifs spécifiques

24 Échec scolaire ou élèves en difficulté ? 282
A. Les causes de « l'échec scolaire » 282
B. L'échec scolaire aujourd'hui 284
Quiz express 285

25 L'éducation prioritaire 286
A. ZEP, RAR, ÉCLAIR 286
B. L'éducation prioritaire aujourd'hui 288
Quiz express 292

26 La scolarisation des élèves à besoins éducatifs particuliers 293
A. L'école pour tous et chacun 293
B. L'adaptation 294
C. Intégration et inclusion 305
Quiz express 319

27 La question de l'« illettrisme » 321
A. Naissance d'un néologisme 321
B. Qui sont les personnes en situation d'illettrisme ? 322
C. L'école et la question de l'illettrisme 323
Quiz express 326

28 La lutte contre la maltraitance 327
A. La protection de l'enfance 327
B. Les mesures possibles 329
Quiz express 329

29 La violence à l'école 330
A. Qu'est-ce que la violence à l'école ? 330
B. Actualité du problème 331
C. Comment définir la violence ? 334
D. Quelles sont les différentes formes de violence ? 335
E. Quelles sont les causes de la violence ? 336
F. Quels remèdes pédagogiques à la violence ? 338
Quiz express 339

Mises en situation professionnelle

			Réponses
THÈME 1	La place des parents à l'école primaire	341	341
THÈME 2	Être fonctionnaire, c'est quoi ?	345	345
THÈME 3	L'école inclusive	349	349
THÈME 4	Le numérique à l'école primaire	352	352
THÈME 5	Les parcours éducatifs	357	357
THÈME 6	Contituité école-collège	360	360
THÈME 7	L'accompagnement des élèves	362	362
THÈME 8	Le climat scolaire	364	364

Bibliographie générale 367

Bibliographie par chapitres 368

1.

SE PRÉPARER À L'ÉPREUVE

1 Les modalités du Concours de recrutement de professeurs des écoles (CRPE)

▶ THÈME 1 : DESCRIPTION DE L'ÉPREUVE

Différentes préparations sont envisageables pour passer le CRPE, qui comporte deux séries d'épreuves, les épreuves écrites d'admissibilité et les épreuves orales d'admission.

A Conditions d'inscription pour le concours externe

À compter de la session 2022, **seuls les étudiants inscrits en 2nde année de master ou** les candidats déjà **titulaires d'un master** pourront se présenter au concours externe de recrutement des professeurs. Les étudiants en M1 à la rentrée de septembre 2021 ne pourront donc pas présenter le concours en 2022. Ils devront attendre la session suivante, lorsqu'ils seront inscrits en M2.

Faut-il détenir un master spécifique pour s'inscrire au concours externe rénové ?

Non. Le métier de professeur n'est pas une profession réglementée. L'inscription au concours est conditionnée à la détention d'un niveau de diplôme (master 2), pas à celle d'un titre spécifique.

Faudra-t-il présenter certaines attestations comme un brevet de secourisme ?

Ces informations sont disponibles sur les sites académiques détaillant l'organisation des épreuves.

Qu'en est-il des candidats en situation de handicap ?

Les candidats en situation de handicap peuvent solliciter un aménagement des conditions de concours en adressant leur demande à l'un des médecins désignés par la Commission des droits et de l'autonomie des personnes handicapées (CDAPH) territorialement compétente. La demande doit être formulée, au plus tard, à la date limite d'inscription au concours concerné, sauf dans le cas où le handicap est découvert après cette échéance ou si les besoins liés au handicap ont évolué. Le médecin rend un avis qui est adressé à l'autorité administrative compétente pour ouvrir et organiser le concours, dans lequel il propose des aménagements. L'autorité administrative décide, ensuite, des aménagements accordés et notifie sa décision au (à la) candidat(e). **Voir la circulaire n° 2015-127 du 3 août 2015.**

B Se préparer au concours

Le master MEEF des INSPE

▶ Pour devenir professeurs des écoles, les étudiants ayant validé une licence peuvent suivre la formation du **master MEEF** (Métiers de l'enseignement, de l'éducation et de la formation). Ce master, organisé par les INSPE (Institut national supérieur de professorat et d'éducation), oriente ses enseignements sur la préparation au concours et dispense une **formation universitaire professionnalisante**, fondée sur une articulation entre le théorique et la pratique, à partir d'expériences et de **stages en milieu professionnel**. L'ensemble du parcours de formation comprend des activités diversifiées correspondant à 800 h d'enseignement et d'encadrement pédagogique, hors stage, par étudiant (annexes de l'arrêté du 27 août 2013 fixant le cadre national des formations dispensées au sein des masters MEEF, modifié par l'arrêté du 24 juillet 2020).

▶ Dans le cadre des MEEF, les étudiants peuvent être recrutés par le rectorat en qualité d'**alternants en école** (le plus souvent, en M2) et donc placés en responsabilité devant des élèves, avec un temps de service correspondant à un tiers de l'obligation réglementaire de service annuelle (selon les académies, cela équivaut à une journée en responsabilité par semaine). Ce temps de service pouvant être réparti sur les différents semestres du master, sa bonne articulation avec les temps de formation à l'INSPE doit favoriser la réussite des étudiants au concours.

▶ Cette formation, particulièrement ambitieuse pour eux, varie en fonction des INSPE. Si celle-ci vous intéresse, vous pouvez participer à des journées « portes ouvertes » ou prendre contact avec le responsable du master.

L'alternance à l'INSPE est-elle rémunérée ?

L'alternance des étudiants en M2 repose sur un contrat de travail, avec une rémunération mensuelle autour de 720 € nets. Celle-ci est cumulable avec la bourse, si l'étudiant en bénéficie. Les étudiants ne sont pas obligés d'être alternants en 2e année de master. Ils doivent alors réaliser une ou plusieurs périodes de stage, pour un total de 18 semaines.

Plus d'informations sur le site www.devenirenseignant.gouv.fr.

Les formations privées

De nombreux organismes privés proposent des formations payantes et un accompagnement annuel à la carte (concours blancs corrigés, remises à niveau, accompagnement individualisé, etc.). Celles-ci permettent à certains candidats de bénéficier d'un accompagnement important, tout en poursuivant une activité professionnelle.

En candidat libre

C'est la solution qui vous permet de réviser à votre rythme et en fonction de vos disponibilités professionnelles et/ou familiales. Vous ne pourrez, cependant, compter que sur vous-même et sur vos propres lectures pour réussir le concours.

C Un concours académique

▶ Le **choix de l'académie** au moment de l'inscription au CRPE est très important : les admis seront affectés dans une école de l'académie où ils ont réussi le concours. **L'admission dans une académie ne vaut donc pas admission dans les autres.** Pour changer d'académie, vous devrez faire une demande de mutation. Or, pour que celle-ci soit acceptée, il faut, souvent, attendre plusieurs années.

REMARQUE

Attention à ne pas laisser passer la date limite d'inscription annoncée sur le site de l'académie.

▶ Les académies précisent, toujours, les dates des épreuves et leurs modalités pratiques sur leur site Internet.

Nombre de postes par académie

Les **taux d'admission** sont très différents d'une académie à l'autre. Cela dépend de plusieurs facteurs, dont le nombre de candidats, les besoins en postes dans l'académie ou encore le nombre d'habitants.

D Le contenu des épreuves du concours externe

▶ Les épreuves des concours de recrutement de professeurs des écoles sont précisées en annexes de l'arrêté du 25 janvier 2021 fixant les modalités d'organisation du concours externe, du concours externe spécial, du second concours interne, du second concours interne spécial et du troisième concours de recrutement de professeurs des écoles.

Les épreuves écrites d'admissibilité

▶ **3 épreuves d'admissibilité** sont organisées **à l'écrit** :
– une épreuve écrite de **français** ;
– une épreuve écrite de **mathématiques** ;
– une épreuve écrite d'**application**.

▶ L'épreuve d'application est à choisir parmi 3 domaines :
– histoire, géographie, enseignement moral et civique ;
– arts ;
– sciences et technologie.

▶ En histoire/géographie/EMC et en arts, 2 composantes seront au programme (par exemple, histoire/EMC pour le domaine de l'histoire, géographie, EMC et histoire des arts/éducation musicale pour le domaine des arts), comme l'évoque le *BO* : « Au titre d'une session, la commission nationale compétente […] détermine deux composantes parmi les trois enseignements. »

Épreuves d'admissibilité	Durée	Note
Français	3 h	sur 20 (coeff. 1)
Mathématiques	3 h	sur 20 (coeff. 1)
Application	3 h	sur 20 (coeff. 1)

▶ Les copies des épreuves écrites d'admissibilité des candidats sont rendues anonymes avant d'être soumises à une double correction. À l'issue de celle-ci, le jury fixe, après délibération, la **liste des candidats admis à subir les épreuves d'admission**. En cas d'échec, vous pouvez vous rapprocher du rectorat pour demander vos copies, afin d'en analyser les erreurs.

Les épreuves orales d'admission

▶ **2 épreuves d'admission** sont organisées **à l'oral** :
– **une épreuve de leçon :** elle porte, successivement, sur le français et les mathématiques. Elle a pour objet la conception et l'animation d'une séance d'enseignement à l'école primaire, dans chacune de ces matières, à partir d'un dossier, fourni par le jury, comportant au plus 4 documents de nature variée (supports pédagogiques, extraits de manuels scolaires, traces écrites d'élèves, extraits des programmes…). Elle vise à apprécier votre maîtrise disciplinaire et vos compétences pédagogiques ;
– **une épreuve d'entretien :** une 1re partie est consacrée à l'éducation physique et sportive, intégrant la connaissance scientifique du développement et la psychologie de l'enfant (à partir d'un sujet fourni par le jury, proposant un contexte d'enseignement et un objectif d'acquisition pour la séance, vous devez proposer une situation d'apprentissage) ; et une 2nde partie porte sur votre motivation et votre aptitude à vous projeter dans le métier de professeur au sein du service public de l'Éducation.

Épreuves d'admission	Temps de préparation	Temps d'examen
Épreuve de leçon (coeff. 4)	2 h	• Français (noté sur 10) : 30 min
		• Mathématiques (noté sur 10) : 30 min (exposé : 10-15 min / entretien : 15-20 min)
Épreuve d'entretien (coeff. 2)	30 min	• 1re partie (noté sur 10) : 30 min (exposé : 15 min au maximum / entretien : 15 min au minimum)
		• 2nde partie (noté sur 10) : 35 min

▶ Les 5 épreuves sont notées sur 20. Toute note inférieure ou égale à 5 sur 20 est éliminatoire. La note 0 obtenue à l'une des 2 parties de l'épreuve d'admission est éliminatoire.

▶ Les candidats admissibles qui en ont fait la demande au moment de leur inscription peuvent subir une **épreuve facultative de langue vivante étrangère** : allemand, anglais, espagnol ou italien. L'épreuve est notée sur 20. Seuls les points obtenus au-dessus de 10 sont pris en compte pour l'admission des candidats à l'issue des épreuves.

▶ Dans le concours externe spécial de recrutement de professeurs des écoles chargés d'un enseignement de et en langue régionale, les épreuves écrites et orales sont les mêmes. Le (La) candidat(e) aura, en plus, une épreuve écrite en langue régionale, ainsi qu'une épreuve orale de langue régionale.

▶ À l'issue des épreuves d'admission et après délibération, le jury, en fonction du nombre total de points que les candidats ont obtenus à l'ensemble des 2 séries d'épreuves et dans la limite des places mises au concours, fixe, par ordre de mérite, la **liste des candidats sur la liste principale** et établit, dans le même ordre, **une liste complémentaire**.

À SAVOIR

Pour les candidats admissibles, les points capitalisés à l'écrit ne peuvent suffire à obtenir le CRPE. La différence se fait à l'oral, et notamment sur les compétences pédagogiques du (de la) candidat(e).

2 Méthodologie de l'épreuve d'entretien

▶ THÈME 1 : DESCRIPTION DE L'ÉPREUVE

L'épreuve d'entretien s'organise en deux parties : la première portant sur l'éducation physique et sportive, la seconde sur la motivation du candidat et sa capacité à se projeter dans le métier de professeur au sein du système éducatif.

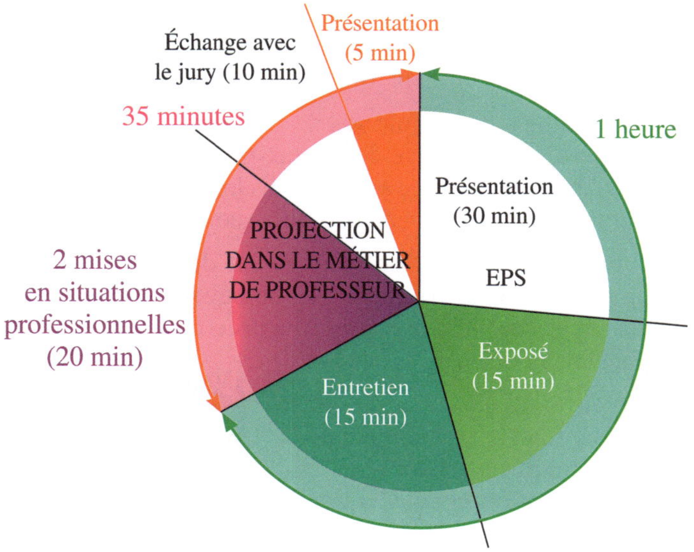

A Première partie de l'épreuve

Cette première partie de l'épreuve orale, pour laquelle le candidat dispose de 30 minutes de préparation, s'organise en deux temps.

• **Un exposé de 15 minutes maximum :** le candidat, à partir d'un sujet proposant un contexte d'enseignement et un objectif d'acquisition pour la séance, fait une proposition de situation(s) d'apprentissage.

• **Un entretien de 15 minutes minimum :** le candidat a pour but d'évaluer les connaissances scientifiques du candidat en matière de développement et de la psychologie de l'enfant, sa capacité à assurer la sécurité des élèves, à justifier ses choix, à inscrire ses propositions dans une programmation annuelle et, plus largement, dans les enjeux de l'EPS à l'école.

1. Préparer son exposé

1-1. Analyser le sujet

▶ La phase de préparation débute par **l'analyse du sujet** dans le but de dégager progressivement l'axe de réponse qui structurera votre exposé.

▶ Cette analyse du sujet débute par **l'identification des principaux termes** du sujet associée à la définition que vous pouvez donner de ces termes. La mise en relation de ces définitions peut vous aider à **cerner les principaux enjeux du sujet.**

1-2. Orienter sa réponse

▶ Analyser un sujet, c'est aussi faire des choix dans les connaissances à mobiliser en lien avec le sujet pour justifier sa réponse. Les **premières pistes de réponses** au sujet vont émerger de la base de connaissances que vous aurez pu vous construire dans le domaine de l'enseignement concerné à l'école primaire.

REMARQUE

La base de connaissances sur laquelle vous vous appuierez est liée à vos expériences initiales avec l'enseignement de cette discipline à l'école primaire (en tant qu'élève ou intervenant) et des lectures professionnelles que vous avez pu faire sur des mises en œuvre de ces enseignements.

1-3. Mobiliser ses connaissances

▶ L'ensemble des connaissances à mobiliser peut être structuré en trois grands domaines :
- **des connaissances institutionnelles** (les programmes scolaires, les textes de lois, les directives ministérielles…) ;
- **des connaissances scientifiques** (que l'on trouve dans les publications scientifiques) ;
- **des connaissances professionnelles** issues de vos expériences passées ou de vos lectures d'articles dans des revues professionnelles.

▶ Ces connaissances vont agir comme une véritable « paire de lunettes » pour regarder le sujet dans le but de **dégager les premiers axes de réponses possibles.** Vous retiendrez celui qui vous correspond le plus au regard des connaissances dont vous disposez sur l'enseignement de la discipline à l'école primaire et que vous pouvez mobiliser dans le cadre du sujet posé.

1-4. Finaliser sa réponse

▶ Une fois votre axe de réponse déterminé, **structurez votre réponse** pour proposer au jury un développement organisé.

▶ Plusieurs dimensions associées à l'enseignement en EPS peuvent être ici balayées pour vous aider à structurer votre réponse. Nous les présentons ci-dessous sous la forme d'un tableau accompagné de questionnements associés que vous pourrez mobiliser dans le cadre spécifique de votre réponse au sujet.

Sécurité	• Que dois-je mettre en place pour assurer la sécurité physique des élèves ? • Comment puis-je garantir aux élèves leur sécurité affective/émotionnelle ? (Afin qu'ils ne soient pas moqués, critiqués ou humiliés.)
Objectifs	• Suis-je clair en tant qu'enseignant sur les objectifs que je vise dans ma mise en œuvre ?
But	• Est-ce que les élèves s'engagent dans l'activité motrice avec des buts clairs ?
Consignes	• Est-ce que les consignes que je donne mobilisent un vocabulaire facilement compréhensible par les élèves ?
Vérifier la compréhension	• Comment puis-je vérifier que les élèves ont bien compris la situation ? • Est-ce que j'utilise une démonstration ? Si oui, pourquoi et comment dois-je m'y prendre pour favoriser la compréhension des élèves ?
Matériel	• Est-ce que je suis certain de disposer du matériel nécessaire pour la mise en œuvre proposée ?
Formes de groupements	• Comment sont constitués les groupes ? (Affinitaire, par niveaux, au choix de l'enseignant, par tirage au sort…) • Que dois-je prévoir de faire si un ou plusieurs élèves rechignent à rejoindre le groupe attribué ?
Différenciation	• Qu'est-ce que je propose dans ma mise en œuvre pour adapter mon enseignement à la diversité des réponses motrices, cognitives et émotionnelles des élèves ?

Régulation/ auto-régulation de l'activité des élèves	• À quelles réponses des élèves puis-je m'attendre ? • Comment dois-je réguler l'activité des élèves pendant la mise en œuvre ? • Que faire avec celles/ceux qui réussissent tout de suite ? Que faire avec celles/ceux qui ne réussissent pas ? • Comment est-ce que je régule l'autonomie des élèves ?
Comportements déviants	• Comment je gère les possibles comportements déviants survenant au cours de la mise en œuvre ?
Rôle des adultes	• Quel est le rôle de l'enseignant durant la mise en œuvre ? Quel est le rôle des éventuels autres adultes de la classe (ATSEM, AVS, AESH…) ?

▶ Il ne s'agit pas d'aborder l'ensemble de ces dimensions au cours de votre exposé, mais simplement de les **passer en revue lors de la phase de préparation**. Cela vous permettra, d'une part, d'anticiper de possibles questions du jury, et d'autre part, de ne retenir et de ne développer que les dimensions qui sont en rapport avec votre réponse au sujet proposé lors de votre exposé.

▶ Vous pouvez également mettre à profit le temps de préparation pour dessiner un ou deux schémas qui viendront illustrer votre propos lors de votre exposé.

2. L'exposé

▶ Lors de votre exposé, vous devrez **décrire précisément votre réponse** accompagnée de ses mises en œuvre didactique et pédagogique.

▶ Dans l'exposé, ne donnez pas au jury des éléments de justification de vos choix. Ces éléments seront développés dans le cadre de l'entretien.

REMARQUE

Il peut être judicieux de débuter votre exposé par : « Vous m'avez proposé de… », « Ce sujet est important parce que… », « En réponse à ce sujet, je vous propose la mise en œuvre suivante… ».

3. L'entretien avec le jury

▶ Le texte institutionnel qui organise cette épreuve indique que le jury est susceptible de mobiliser plusieurs champs de questionnement autour de l'EPS.

1. Les connaissances scientifiques sur le développement de l'enfant
2. Vos capacités à assurer la sécurité de l'élève
3. La justification de vos choix didactiques et pédagogiques
4. La manière dont la proposition faite s'inscrit plus largement dans une programmation annuelle de votre enseignement
5. Les enjeux de cette discipline à l'école

▶ À noter cependant que les jurys peuvent s'écarter de ces champs de questionnement, même si la problématique de l'équité entre les différents candidats peut les amener à y inscrire scrupuleusement leurs questions.

▶ Repérer le champ de questionnement dans lequel s'inscrit la question d'un jury peut vous aider à anticiper sur les champs de questionnement à venir.

B Seconde partie de l'épreuve

Cette seconde partie de l'épreuve orale se déroule sans temps de préparation. Elle s'organise en deux temps.

- **Un premier temps d'échange de 15 minutes :** le candidat commence par une présentation de son parcours et de sa motivation sur une durée de 5 minutes. Cette présentation donne lieu à un échange de 10 minutes avec le jury.
- **Un second temps d'échange de 20 minutes :** le jury propose deux mises en situation professionnelle, l'une d'enseignement et l'autre de vie scolaire. Le candidat doit démontrer son aptitude à s'approprier les valeurs de la République, dont la laïcité, et les exigences du service public (droits et obligations du fonctionnaire dont la neutralité, lutte contre les discriminations et stéréotypes, promotion de l'égalité, notamment entre les filles et les garçons, etc.) et à faire connaître et partager ces valeurs et exigences.

▶ Cette partie de l'épreuve d'entretien porte sur **votre motivation** et **votre aptitude à vous projeter** dans le métier de professeur au sein du service public de l'Éducation. Dans ce cadre, la **connaissance du système éducatif** est indispensable.

▶ Il s'agit de connaître les **missions** et les **responsabilités** de l'enseignant dans ses différentes situations professionnelles : dans la classe, dans l'école et en rapport avec les partenaires de l'institution.

REMARQUE

Ces connaissances s'inscrivent dans une volonté ministérielle de professionnaliser les concours de recrutement d'enseignants, au-delà des seules connaissances disciplinaires.

1. La présentation du candidat

▶ Cette présentation de 5 minutes doit être l'occasion pour le candidat **d'exposer son parcours et sa motivation.** Il est important dans ce temps de valoriser les travaux de recherche, les enseignements suivis, les stages, l'engagement associatif ou les périodes de formation à l'étranger.

▶ Cette présentation est primordiale ! Elle doit être **préparée à l'avance, et répétée**. Il est important de respecter le temps imparti et de proposer un discours organisé. Lors de l'élaboration de votre exposé, veillez à utiliser des phrases simples et courtes, et à privilégier un discours direct, plus adapté à l'oral.

▶ Le jour de l'épreuve, vous devrez connaître la présentation que vous avez préparée par cœur. Le débit de la parole à l'oral va de 160 à 200 mots par minute, rédigez votre exposé en conséquence et entraînez-vous à le prononcer en vous chronométrant.

▶ Il est conseillé de s'être exercé auparavant à **« calibrer » son débit**. Il faut savoir que, dans les conditions du concours, le stress provoque généralement une accélération du débit habituel. Il convient également de regarder le jury en parlant.

REMARQUE

Le jury, en principe, n'interrompt pas l'exposé, sauf pour demander si l'exposé est terminé.

▶ Le candidat ne doit pas se laisser perturber par d'éventuels comportements troublants du jury. Si un membre du jury regarde ailleurs ou donne l'impression de s'ennuyer, cela ne signifie pas qu'il n'écoute pas et cela ne veut rien dire sur la qualité de l'exposé.

▶ À la fin de l'exposé, la conclusion et le ton adopté doivent faire comprendre au jury que l'exposé est fini.

2. Le premier temps d'échange avec le jury

▶ Outre la nécessité de préparer méticuleusement votre exposé, il convient de ***vous*** préparer à l'entretien avec le jury. Cela se fera d'autant plus aisément que vous aurez acquis les connaissances exigées d'une professeure ou d'un professeur des écoles.

▶ Se préparer à l'entretien renvoie aussi à un entraînement concernant confiance en soi, maîtrise du stress, gestions de la posture, de la parole et de la voix (voir ci-dessous et le chapitre 5 « Réussir une épreuve orale » p. 30).

3. Les mises en situation professionnelle et le temps d'échange

3-1. Les mises en situation professionnelle

▶ Le jury s'attache à juger les connaissances du candidat et ses capacités à s'engager dans le métier. Les questions vont donc concerner des situations d'enseignement permettant d'apprécier le **niveau de maîtrise des compétences pédagogiques et éducatives fondamentales** (être capable de construire, mettre en œuvre et animer des situations d'enseignement et d'apprentissage prenant en compte la diversité des élèves, évaluer les progrès et les acquisitions des élèves, accompagner les élèves…) et **des situations de vie scolaire** (le climat scolaire et la gestion de la classe, la relation avec les parents, des questions relatives à la laïcité…).

▶ Nous donnons quelques exemples de ces questions dans la partie « sujets de concours » à la p. 340.

À RETENIR

Bien connaître les programmes et l'actualité

• Il est indispensable par ailleurs de connaître parfaitement les programmes de l'école primaire et les différents documents d'accompagnement et d'application. Des questions y font systématiquement référence lors de l'entretien.

• Par ailleurs, il convient de témoigner d'une solide culture générale : on est en droit de l'attendre d'un professeur des écoles. Il vous faut ainsi être suffisamment informé de l'actualité mais également avoir connaissance de « l'histoire proche » (Qui était président de la République au moment de la réforme Haby ? Qui était ministre de l'Éducation nationale lors du vote de la loi d'orientation de 1989 ? etc.)

3-2. Les questions possibles du jury

▶ Le jury peut interroger **sur votre exposé** pour **approfondir** tel ou tel point du sujet, ou choisir de poser des questions **sans rapport avec l'exposé**, afin de tester les **connaissances** du candidat dans d'autres domaines.

REMARQUE

Il est recommandé de ne pas interrompre le jury quand il pose les questions mais il ne faut pas hésiter à demander de reformuler la question, si elle n'est pas bien comprise.

▶ Il faut **éviter de répondre trop précipitamment** aux questions. D'une part, vous risquez de couper la parole au membre du jury qui n'a pas fini sa question ; d'autre part, vous risquez de répondre à côté faute de réflexion. Il est donc recommandé de **prendre quelques secondes de réflexion** avant de répondre : cela permet de vérifier qu'on a bien compris la question, qu'il n'y a pas de piège et de préparer sa réponse. Cependant, ce temps de réflexion doit être **assez bref** pour ne pas casser la dynamique de l'échange.

▶ Le jury peut demander au candidat de **se positionner** sur certains choix professionnels. Par exemple, on demandera au candidat s'il doit tolérer des propos racistes de la part d'un élève, et comment il doit réagir. Il ne s'agit pas d'enquêter sur les opinions personnelles du candidat, mais de l'amener à **s'engager sur les valeurs ou les règles professionnelles** de l'Éducation nationale. Il faut donc **se prononcer clairement** sur ces questions, afin de ne pas donner l'impression de fuir ses futures responsabilités et les choix que cela implique.

▶ Le jury n'a pas à interroger le candidat sur ses opinions politiques (**neutralité laïque** oblige !), mais sur des **questions d'actualité** on peut attendre un positionnement professionnel du candidat. Par exemple, à une question sur les méthodes de lecture renvoyant à la polémique entre globale et syllabique, il conviendra de renvoyer à **ce que préconisent les programmes**, notamment ceux du cycle 2.

▶ Certaines questions délicates peuvent être perçues par le candidat comme des pièges (les encadrés « Les questions qui font débat » vous aident à les anticiper et à proposer une réponse mesurée). En principe, le jury n'a pas pour but de piéger le candidat, mais de le pousser à donner le meilleur de lui-même en l'obligeant à **approfondir sa réflexion ou son positionnement**. Par exemple, demander à un candidat ce qu'il pense de la discrimination positive à l'école ne vise pas à mettre à mal ses opinions politiques, mais à vérifier d'abord s'il sait ce que c'est, quelles formes elle prend à l'école (bourses, éducation prioritaire), en quoi elle contribue à lutter contre les inégalités sociales par souci d'équité, mais aussi en quoi elle peut contredire l'égalité républicaine. Il s'agit donc de **permettre au candidat d'aller le plus loin possible dans sa connaissance du problème**.

▶ Le candidat a pleinement le **droit d'exprimer un désaccord avec un propos du jury** : le jury ne peut sanctionner un désaccord de la part du candidat, du moment que ce désaccord est **argumenté**, et qu'il reste dans le **cadre des principes de l'école républicaine**. Au contraire, cela peut être apprécié comme une qualité de jugement, de réflexion personnelle, et de fermeté sur des positions fondées.

▶ À l'inverse, un candidat qui, sous l'effet de questions déroutantes, en viendrait à se contredire souvent sans s'en rendre compte ou sans que cela le gêne, serait jugé **inconsistant et incohérent**, et donc incapable d'un positionnement personnel fiable.

▶ Néanmoins, un candidat peut s'apercevoir de l'aspect erroné ou incomplet d'une de ses remarques et dès lors, proposer au jury une **nouvelle réponse argumentée** témoignant de l'**évolution de sa réflexion**, ce qui est toujours apprécié.

Exemples de thèmes pour les mises en situation professionnelle

- dédoublement des classes CP et CE1 en REP et en REP+
- programmes et socle commun
- cycle 3 et conseil école-collège
- place et rôle de l'école maternelle
- parcours de scolarisation de l'enfant en situation de handicap
- climat scolaire ; punitions et sanctions
- violence et sécurité à l'école
- numérique à l'école
- scolarisation des enfants de moins de 3 ans
- signalement et maltraitance
- dispositifs d'aide aux élèves
- équipe pédagogique
- élèves aux besoins particuliers
- harcèlement à l'école
- relation école-familles
- laïcité
- évaluation
- agir contre l'illettrisme
- éducation à l'environnement
- l'école inclusive
- éducation prioritaire
- sortie scolaire
- motivation
- redoublement
- autorité et discipline
- emploi du temps
- absentéisme
- enseignement de la lecture

3 Les attendus du jury

▶ THÈME 1 : DESCRIPTION DE L'ÉPREUVE

Pour bien préparer le Concours de recrutement de professeur des écoles, il convient de connaître ce qui sera attendu des candidats.

A Les compétences communes à tous les professeurs

1. Le référentiel de compétences

▶ L'arrêté du 1er juillet 2013 précise les « compétences professionnelles des métiers du professorat et de l'éducation ». Elles sont communes, pour la plupart, aux professeurs des écoles et du second degré, aux professeurs documentalistes et aux conseillers principaux d'éducation (CPE). Apprenez à identifier parmi elles vos points forts et les points que vous avez à approfondir, en fonction de vos capacités et de vos expériences professionnelles. Cela pourra vous être utile lors de l'épreuve orale d'entretien.

▶ Ce référentiel de compétences vise à :
– affirmer que tous les personnels concourent à des **objectifs communs** et peuvent ainsi se référer à la culture commune d'une profession dont l'identité se constitue à partir de la reconnaissance de l'ensemble de ses membres ;
– reconnaître la **spécificité des métiers du professorat et de l'éducation,** dans leur contexte d'exercice ;
– identifier **les compétences professionnelles attendues**. Celles-ci s'acquièrent et s'approfondissent au cours d'un processus continu débutant en formation initiale et se poursuivant tout au long de la carrière **par l'expérience professionnelle accumulée** et par l'apport de **la formation continue.**

▶ Chaque compétence du référentiel est accompagnée d'items qui en détaillent les composantes et en précisent les **différentes mises en œuvre possibles,** dans des situations diverses liées à l'exercice des métiers.

2. Les compétences communes à tous les professeurs et personnels d'éducation

Les professeurs et les personnels d'éducation mettent en œuvre les missions que la nation assigne à l'école. En leur qualité de fonctionnaires et d'agents du service public d'éducation, **ils concourent à la mission première de l'école qui est d'instruire et d'éduquer** afin de conduire l'ensemble des élèves à la réussite scolaire et à l'insertion professionnelle et sociale. Ils préparent les élèves à l'exercice d'une citoyenneté pleine et entière. Ils transmettent et font partager à ce titre les valeurs de la République. Ils promeuvent l'esprit de responsabilité et la recherche du bien commun, en excluant toute discrimination.

2-1. Les professeurs et les personnels d'éducation, acteurs du service public d'éducation

En tant qu'agents du service public d'éducation, ils transmettent et font respecter les valeurs de la République. Ils agissent dans un cadre institutionnel et se réfèrent à des principes éthiques et de responsabilité qui fondent leur exemplarité et leur autorité.

1. Faire partager les valeurs de la République

- Savoir transmettre et faire **partager les principes de la vie démocratique** ainsi que les valeurs de la République : la liberté, l'égalité, la fraternité, la laïcité, le refus de toutes les discriminations.
- Aider les élèves à **développer leur esprit critique,** à distinguer les savoirs des opinions ou des croyances, à savoir argumenter et à respecter la pensée des autres.

2. Inscrire son action dans le cadre des principes fondamentaux du système éducatif et dans le cadre réglementaire de l'école

- Connaître la politique éducative de la France, les principales étapes de l'histoire de l'école, ses enjeux et ses défis, les principes fondamentaux du système éducatif et de son organisation en comparaison avec d'autres pays européens.
- Connaître les grands principes législatifs qui régissent le système éducatif, le cadre réglementaire de l'école et de l'établissement scolaire, les droits et obligations des fonctionnaires ainsi que les statuts des professeurs et des personnels d'éducation.

2-2. Les professeurs et les personnels d'éducation, pédagogues et éducateurs au service de la réussite de tous les élèves

La maîtrise des compétences pédagogiques et éducatives fondamentales est la condition nécessaire d'une culture partagée qui favorise la cohérence des enseignements et des actions éducatives.

3. Connaître les élèves et les processus d'apprentissage

- Connaître les concepts fondamentaux de la psychologie de l'enfant, de l'adolescent et du jeune adulte.
- Connaître les processus et les mécanismes d'apprentissage, en prenant en compte les apports de la recherche.
- Tenir compte des dimensions cognitive, affective et relationnelle de l'enseignement et de l'action éducative.

4. Prendre en compte la diversité des élèves

- Adapter son enseignement et son action éducative à la diversité des élèves.
- Travailler avec les personnes ressources en vue de la mise en œuvre du « projet personnalisé de scolarisation » des élèves en situation de handicap.
- Déceler les signes du décrochage scolaire afin de prévenir les situations difficiles.

5. Accompagner les élèves dans leur parcours de formation

- Participer à la construction des parcours des élèves sur les plans pédagogique et éducatif.
- Contribuer à la maîtrise par les élèves du socle commun de connaissances, de compétences et de culture.
- Participer aux travaux de différents conseils (conseil des maîtres, conseil de cycle, conseil de classe, conseil pédagogique…), en contribuant notamment à la réflexion sur la coordination des enseignements et des actions éducatives.
- Participer à la conception et à l'animation, au sein d'une équipe pluri-professionnelle, des séquences pédagogiques et éducatives permettant aux élèves de construire leur projet de formation et leur orientation.

6. Agir en éducateur responsable et selon des principes éthiques

- Accorder à tous les élèves l'attention et l'accompagnement appropriés.
- Éviter toute forme de dévalorisation à l'égard des élèves, des parents, des pairs et de tout membre de la communauté éducative.

- Apporter sa contribution à la mise en œuvre des éducations transversales, notamment l'éducation à la santé, l'éducation à la citoyenneté, l'éducation au développement durable et l'éducation artistique et culturelle.
- Se mobiliser et mobiliser les élèves contre les stéréotypes et les discriminations de tout ordre, promouvoir l'égalité entre les filles et les garçons, les femmes et les hommes.
- Contribuer à assurer le bien-être, la sécurité et la sûreté des élèves, à prévenir et à gérer les violences scolaires, à identifier toute forme d'exclusion ou de discrimination, ainsi que tout signe pouvant traduire des situations de grande difficulté sociale ou de maltraitance.
- Contribuer à identifier tout signe de comportement à risque et contribuer à sa résolution.
- Respecter et faire respecter le règlement intérieur et les chartes d'usage.
- Respecter la confidentialité des informations individuelles concernant les élèves et leurs familles.

7. Maîtriser la langue française à des fins de communication

- Utiliser un langage clair et adapté aux différents interlocuteurs rencontrés dans son activité professionnelle.
- Intégrer dans son activité l'objectif de maîtrise de la langue orale et écrite par les élèves.

8. Utiliser une langue vivante étrangère dans les situations exigées par son métier

- Maîtriser au moins une langue vivante étrangère au niveau B2 du cadre européen commun de référence pour les langues.
- Participer au développement d'une compétence interculturelle chez les élèves.

9. Intégrer les éléments de la culture numérique nécessaires à l'exercice de son métier

- Tirer le meilleur parti des outils, des ressources et des usages numériques, en particulier pour permettre l'individualisation des apprentissages et développer les apprentissages collaboratifs.
- Aider les élèves à s'approprier les outils et les usages numériques de manière critique et créative.
- Participer à l'éducation des élèves à un usage responsable d'Internet.
- Utiliser efficacement les technologies pour échanger et se former.

2-3. Les professeurs et les personnels d'éducation, acteurs de la communauté éducative

Les professeurs et les personnels d'éducation font partie d'une équipe éducative mobilisée au service de la réussite de tous les élèves dans une action cohérente et coordonnée.

10. Coopérer au sein d'une équipe

- Inscrire son intervention dans un cadre collectif, au service de la complémentarité et de la continuité des enseignements comme des actions éducatives.
- Collaborer à la définition des objectifs et à leur évaluation.
- Participer à la conception et à la mise en œuvre de projets collectifs, notamment, en coopération avec les psychologues scolaires ou les conseillers d'orientation psychologues, le parcours d'information et d'orientation proposé à tous les élèves.

11. Contribuer à l'action de la communauté éducative

- Savoir conduire un entretien, animer une réunion et pratiquer une médiation en utilisant un langage clair et adapté à la situation.
- Prendre part à l'élaboration du projet d'école ou d'établissement et à sa mise en œuvre.
- Prendre en compte les caractéristiques de l'école ou de l'établissement, ses publics, son environnement socio-économique et culturel, et identifier le rôle de tous les acteurs.
- Coordonner ses interventions avec les autres membres de la communauté éducative.

12. Coopérer avec les parents d'élèves

- Œuvrer à la construction d'une relation de confiance avec les parents.
- Analyser avec les parents les progrès et le parcours de leur enfant en vue d'identifier ses capacités, de repérer ses difficultés et coopérer avec eux pour aider celui-ci dans l'élaboration et la conduite de son projet personnel, voire de son projet professionnel.
- Entretenir un dialogue constructif avec les représentants des parents d'élèves.

13. Coopérer avec les partenaires de l'école

- Coopérer, sur la base du projet d'école ou d'établissement, le cas échéant en prenant en compte le projet éducatif territorial, avec les autres services de l'État, les collectivités territoriales, l'association sportive de l'établissement, les associations complémentaires de l'école, les structures culturelles et les acteurs socio-économiques, en identifiant le rôle et l'action de chacun de ces partenaires.
- Connaître les possibilités d'échanges et de collaborations avec d'autres écoles ou établissements et les possibilités de partenariats locaux, nationaux, voire européens et internationaux.
- Coopérer avec les équipes pédagogiques et éducatives d'autres écoles ou établissements, notamment dans le cadre d'un environnement numérique de travail et en vue de favoriser la relation entre les cycles et entre les degrés d'enseignement.

14. S'engager dans une démarche individuelle et collective de développement professionnel

- Compléter et actualiser ses connaissances scientifiques, didactiques et pédagogiques.
- Se tenir informé des acquis de la recherche afin de pouvoir s'engager dans des projets et des démarches d'innovation pédagogique visant à l'amélioration des pratiques.
- Réfléchir sur sa pratique – seul et entre pairs – et réinvestir les résultats de sa réflexion dans l'action.
- Identifier ses besoins de formation et mettre en œuvre les moyens de développer ses compétences en utilisant les ressources disponibles.

3. Les compétences communes à tous les professeurs

Au sein de l'équipe pédagogique, la professeure ou le professeur accompagne chaque élève dans la construction de son parcours de formation. Afin que son enseignement favorise et soutienne les processus d'acquisition de connaissances, de savoir-faire et d'attitudes, il prend en compte les concepts fondamentaux relatifs au développement de l'enfant et de l'adolescent et aux mécanismes d'apprentissage, ainsi que les résultats de la recherche dans ces domaines. Disposant d'une liberté pédagogique reconnue par la loi, il exerce sa responsabilité dans le respect des programmes et des instructions du ministre de l'Éducation nationale ainsi que dans le cadre du projet d'école ou d'établissement, avec le conseil et sous le contrôle des corps d'inspection et de direction.

3-1. La professeure ou le professeur, professionnel porteur de savoirs et d'une culture commune

La maîtrise des savoirs enseignés et une solide culture générale sont la condition nécessaire de l'enseignement. Elles permettent aux professeurs des écoles d'exercer la polyvalence propre à leur métier et à tous les professeurs d'avoir une vision globale des apprentissages, en favorisant la cohérence, la convergence et la continuité des enseignements.

1. Maîtriser les savoirs disciplinaires et leur didactique

- Connaître de manière approfondie sa discipline ou ses domaines d'enseignement. En situer les repères fondamentaux, les enjeux épistémologiques et les problèmes didactiques.
- Maîtriser les objectifs et les contenus d'enseignement, les exigences du socle commun de connaissances, de compétences et de culture ainsi que les acquis du cycle précédent et du cycle suivant.

• Contribuer à la mise en place de projets interdisciplinaires au service des objectifs inscrits dans les programmes d'enseignement.

En particulier, à l'école

• Tirer parti de sa polyvalence pour favoriser les continuités entre les domaines d'activités à l'école maternelle et assurer la cohésion du parcours d'apprentissage à l'école élémentaire.
• Ancrer les apprentissages des élèves sur une bonne maîtrise des savoirs fondamentaux définis dans le cadre du socle commun de connaissances, de compétences et de culture. [...]
• Offrir un modèle linguistique pertinent pour faire accéder tous les élèves au langage de l'école.
• Repérer chez les élèves les difficultés relatives au langage oral et écrit (la lecture notamment) pour construire des séquences d'apprentissage adaptées ou/et alerter des personnels spécialisés. [...]

3-2. La professeure ou le professeur, praticien expert des apprentissages

3. Construire, mettre en œuvre et animer des situations d'enseignement et d'apprentissage prenant en compte la diversité des élèves

• Savoir préparer les séquences de classe et, pour cela, définir des programmations et des progressions ; identifier les objectifs, contenus, dispositifs, obstacles didactiques, stratégies d'étayage, modalités d'entraînement et d'évaluation.
• Différencier son enseignement en fonction des rythmes d'apprentissage et des besoins de chacun.
• Adapter son enseignement aux élèves à besoins éducatifs particuliers.
• Prendre en compte les préalables et les représentations sociales (genre, origine ethnique, socioéconomique et culturelle) pour traiter les difficultés éventuelles dans l'accès aux connaissances.
• Sélectionner des approches didactiques appropriées au développement des compétences visées.
• Favoriser l'intégration de compétences transversales (créativité, responsabilité, collaboration) et le transfert des apprentissages par des démarches appropriées.

En particulier, à l'école

• Tirer parti de l'importance du jeu dans le processus d'apprentissage.
• Maîtriser les approches didactiques et pédagogiques spécifiques aux élèves de maternelle, en particulier dans les domaines de l'acquisition du langage et de la numération.
• À l'école maternelle, savoir accompagner l'enfant et ses parents dans la découverte progressive de l'école, de ses règles et de son fonctionnement, voire par une adaptation de la première scolarisation, en impliquant, le cas échéant, d'autres partenaires.
• Adapter, notamment avec les jeunes enfants, les formes de communication en fonction des situations et des activités (posture, interventions, consignes, conduites d'étayage).
• Apporter les aides nécessaires à l'accomplissement des tâches proposées, tout en laissant aux enfants la part d'initiative et de tâtonnement propice aux apprentissages.
• Gérer le temps en respectant les besoins des élèves, les nécessités de l'enseignement et des autres activités, notamment dans les classes maternelles et les classes à plusieurs niveaux.
• Gérer l'espace pour favoriser la diversité des expériences et des apprentissages, en toute sécurité physique et affective, spécialement pour les enfants les plus jeunes.

5. Évaluer les progrès et les acquisitions des élèves

- En situation d'apprentissage, repérer les difficultés des élèves afin mieux assurer la progression des apprentissages.
- Construire et utiliser des outils permettant l'évaluation des besoins, des progrès et du degré d'acquisition des savoirs et des compétences.
- Analyser les réussites et les erreurs, concevoir et mettre en œuvre des activités de remédiation et de consolidation des acquis.
- Faire comprendre aux élèves les principes de l'évaluation afin de développer leurs capacités d'autoévaluation.
- Communiquer aux élèves et aux parents les résultats attendus au regard des objectifs et des repères contenus dans les programmes.
- Inscrire l'évaluation des progrès et des acquis des élèves dans une perspective de réussite de leur projet d'orientation

B La commission

▶ Le jury de chaque concours est présidé par le recteur d'académie ou son représentant.

▶ Les autres membres du jury sont nommés par le recteur d'académie et choisis, pour le CRPE, parmi les membres des corps suivants : inspecteurs de l'Éducation nationale, professeurs des corps du second degré, professeurs des écoles, enseignants-chercheurs.

▶ Les jurys peuvent, également, comprendre des personnes choisies en fonction de leurs compétences particulières.

▶ Le plus souvent, la commission est composée de deux ou trois personnes, toujours d'un IEN et d'un CPC (conseiller pédagogique de circonscription), et/ou un PEMF (professeur des écoles maître formateur), ou un professeur du secondaire. L'ensemble des commissions compose le jury. Le jury se réunit régulièrement pour assurer une harmonisation des notes entre les différentes commissions.

4 Organisez votre travail tout au long de l'année

▶ THÈME 2 : SE PRÉPARER À L'ÉPREUVE

L'oral ne peut se réussir qu'en le préparant dès le début de l'année. Des révisions régulières vous permettront de consolider vos connaissances et d'appréhender plus efficacement les enjeux didactiques et pédagogiques des mathématiques et du français. Dans le même esprit, un travail très anticipé sur l'épreuve d'entretien permettra de laisser mûrir votre réflexion et votre projet professionnel.

A Coopérez et mutualisez vos travaux avec un petit groupe de candidats

▶ Réussir un concours aussi exigeant tout(e) seul(e) est très difficile. Essayez de constituer **un trinôme ou un binôme de travail** sur lequel vous pourrez vous appuyer dans les moments difficiles. Constituez votre groupe en fonction de vos compétences. Il est, par exemple, plus stratégique de travailler avec des étudiants qui se débrouillent bien en mathématiques si vous avez des lacunes dans cette discipline. De la même façon, optez pour un groupe avec des étudiants qui travailleront la même discipline que vous pour l'épreuve écrite d'application, si vous êtes sûr(e) de votre choix. Enfin, entraînez-vous à plusieurs sur des sujets zéro ou des concours blancs tout au long de l'année et mutualisez vos travaux.

▶ Dans le cadre de votre formation à l'INSPE ou dans d'autres types de formations privées, vous pouvez, très rapidement, commencer à repérer d'autres étudiants qui ont le même profil que vous mais avec des **compétences complémentaires**.

▶ N'hésitez pas à vous rapprocher de vos formateurs ou bien de professeurs du 1er degré, qui partageront avec vous leurs expériences. Ce lien peut vous permettre de **construire une culture du métier** indispensable pour discuter efficacement des problématiques posées durant les épreuves.

B Découvrez ce qu'est un élève

▶ Cela peut paraître évident, mais avez-vous déjà vu des élèves de maternelle ? Avez-vous déjà observé des élèves en train de faire de la géographie en CM1 ?

▶ **L'élève est le sujet central du concours.** Le système éducatif est construit pour tâcher de le faire réussir, et il ne doit pas être un angle mort de vos révisions. La nouvelle mouture du CRPE est portée sur les enjeux didactiques et pédagogiques. La plupart des questions qui vous seront posées – à l'écrit comme à l'oral – vous amèneront à imaginer des situations pour faire travailler efficacement les élèves, leur faire acquérir des apprentissages, les faire progresser, etc.

▶ Si vous êtes inscrit(e) dans la formation à l'INSPE, **tirez parti le plus possible de vos stages, que vous soyez en observation ou en alternance**. Faites-vous des fiches thématiques avec des exemples concrets observés ou éprouvés, qui vous permettront d'illustrer vos propos lors des oraux et de mettre en perspective vos connaissances théoriques (l'école inclusive, l'évaluation, les valeurs de la République…).

C Adoptez une posture réflexive

▶ **Le professeur est un « *praticien réflexif* »** (Philippe Perrenoud), c'est-à-dire qu'il réfléchit pour concevoir et mettre en œuvre son enseignement, et élabore des stratégies pour remédier aux problématiques rencontrées face aux élèves. Cette posture, vous ne pouvez, bien sûr, pas encore l'incarner, mais vous pouvez parfaitement commencer à l'appréhender en vous posant des questions de manière systématique, face aux différents enjeux scientifiques, didactiques et pédagogiques rencontrés. Les épreuves d'oral vous demandent, en effet, d'adopter une posture réflexive, d'être ouvert(e) au questionnement, d'imaginer des solutions face aux études de cas proposées, de réfléchir à voix haute à propos des enjeux du métier de professeur.

▶ Tâchez aussi de **suivre l'actualité du système éducatif** dès que possible et tout au long de votre année de concours. Faites-vous des fiches à propos des grands débats scolaires ou disciplinaires (la question de la mémoire en histoire, la laïcité à l'école en EMC, le développement durable en géographie, par exemple). Il ne s'agit pas d'être un(e) expert(e) de toutes les réformes qui doivent intervenir dans le système éducatif, mais de connaître celles qui, dès la rentrée suivante, auront un impact sur votre enseignement.

D Luttez sans relâche contre le stress !

▶ **Adoptez une bonne hygiène de vie** pendant votre année de concours. Cela passe par une alimentation équilibrée : évitez les aliments trop gras et trop lourds qui vous empêcheront de dormir correctement ; évitez aussi les nuits blanches, qui vous donneront l'impression d'avancer dans vos révisions mais qui diminueront la faculté de votre cerveau à retenir toutes les informations.

▶ Des études scientifiques ont prouvé, depuis longtemps, que **le cerveau a besoin de se reposer régulièrement pour être au maximum de ses capacités**. Le seul moyen de le ménager est de dormir ou se relaxer, en lisant un livre, en jouant modérément aux jeux vidéo, en allant se promener, en faisant du sport, etc. Le sommeil permet de régénérer les cellules du cerveau et de réorganiser ses pensées : en cas de fatigue prononcée, adoptez la micro-sieste de 15-20 min !

▶ **Ne vous coupez pas du monde !** Si vous organisez correctement vos révisions, vous pourrez profiter de vos proches, de vos amis, et sortir de chez vous. Accordez-vous des récompenses quand vous êtes satisfait(e) de votre travail !

E Organisez-vous pour travailler efficacement

▶ Se préparer à un concours de recrutement de l'Éducation nationale est **un marathon**. Pour tenir le rythme et assimiler au mieux les expériences et les savoirs, il faut commencer à travailler le plus tôt possible !

- Si vous êtes en M1 et inscrit(e) en MEEF, préparez-vous un plan de travail dès cette 1re année de master. N'hésitez pas à aller observer des oraux au moment des épreuves d'admission de votre académie : cela vous permettra de vous projeter et de visualiser concrètement le déroulement des épreuves, les questions possibles, etc.
- Si vous êtes en M2, commencez vos révisions dès le début de l'été ! D'autant que, si vous suivez la formation à l'INSPE, **vous aurez des échéances importantes à tenir en plus de votre concours** (stages en alternance, mémoire professionnel, etc.).

▶ Avec un rythme régulier et précoce, vous appréhenderez les apprentissages plus sereinement ! Planifiez donc vos révisions en vous fixant des objectifs raisonnables sur **un emploi du temps mensuel, voire annuel**, qui mélange le personnel et le scolaire, et que vous pourrez faire évoluer au fil des semaines. C'est le meilleur outil pour savoir où vous en êtes.

5 Réussir une épreuve orale

▶ THÈME 2 : SE PRÉPARER À L'ÉPREUVE

La communication et l'expression font partie des principaux critères d'évaluation de l'épreuve. Elles sont très importantes pour **l'exposé** et **l'entretien**.
Il convient donc de se préparer également aux spécificités de l'épreuve orale, afin de mettre toutes les chances de votre côté.

A L'importance de la communication

1. Qualité de l'expression et de la communication

▶ La qualité de l'expression se juge au **registre de langue** (ni trop relâché, ni trop près de l'écrit), à la **richesse du vocabulaire et de la syntaxe**, au caractère **articulé et audible** de l'exposé, au **volume adapté** (ne pas parler trop bas, ni trop fort), au **débit soutenu** sans être précipité.

REMARQUE

Il faut se souvenir que la langue orale du candidat sera un modèle pour l'apprentissage de ses futurs élèves…

▶ La qualité de la communication se juge à la **capacité d'écoute** (écoute attentive, patiente, exigeante quant à une bonne compréhension), à la **précision des réponses aux questions**, sans éluder ou esquiver la difficulté, à la **réactivité aux allusions ou sous-entendus** dans les propos du jury, à l'**absence d'agressivité** dans les réponses, même si les questions sont polémiques ou provocatrices, voire à la **capacité d'humour** (sans familiarité). La communication doit être aisée, sans être relâchée.

2. Adopter la bonne attitude

▶ L'épreuve se déroulant souvent par temps chaud, et tenant compte de la fatigue accumulée par le jury, il est bon que le candidat engage un **échange dynamique et vivant**, sans tomber pour autant dans le cabotinage ou la théâtralisation.

▶ La **tenue vestimentaire** joue un rôle dans la communication : elle doit être décente, sans être guindée. Il n'est pas nécessaire de se « déguiser » pour la circonstance ; il vaut mieux se sentir à l'aise dans une tenue habituelle, mais propre et sans provocation.

▶ L'**attitude** doit être aisée, sans être trop décontractée. Il convient d'**éviter un comportement relâché**, comme de mâcher du chewing-gum, de boire toutes les cinq minutes, de s'avachir sur sa chaise ou d'aller serrer la main des membres du jury. Il vaut mieux attendre que le jury vous invite à entrer et à vous asseoir.

REMARQUE

Veillez à bien éteindre votre téléphone portable lors de l'épreuve.

B Quelques conseils pour réussir une épreuve orale

1. Avoir confiance en soi

▶ Avoir confiance en soi permet **d'aborder l'exposé avec conviction** puis de ne pas se laisser dérouter par les questions lors de l'entretien. Au contraire, un manque d'assurance pourrait vous amener à croire que cet oral est insurmontable, ce qui n'est pas le cas.

▶ Certains montrent plus d'assurance que d'autres et cela tient au caractère, au mode de vie, au passé de chacun. Mais rappelez-vous que :
– parfois, la confiance dissimule une certaine fragilité. Il est possible, avec de l'**entraînement,** de **maîtriser sa timidité** pour adopter une position plus assurée ;
– une trop grande assurance est un handicap plus qu'un atout : elle indispose l'auditoire qui risque de trouver l'orateur prétentieux ;
– **savoir douter** et se remettre en question est aussi une qualité précieuse car elle seule permet de progresser.

REMARQUE

Les membres du jury sauront démasquer ceux qui penseraient pallier des connaissances insuffisantes avec une mise en scène et des mots bien choisis. À l'oral, le travail est toujours récompensé.

1-1. Mieux se connaître

▶ Pour prendre confiance, il ne suffit pas de se répéter des phrases positives telles que « je vais réussir » ou « je suis sûr de moi et de mes multiples talents ». Il faut d'abord apprendre à se connaître.

▶ Pour cela, dressez la liste de vos points faibles et de vos points forts. La vraie confiance en soi suppose que l'on ait mesuré ses limites et que l'on ait adopté des stratégies pour surmonter les difficultés.

1-2. Avoir une juste représentation de l'épreuve

▶ Cette épreuve est exigeante, mais accessible. Elle doit être pour vous l'occasion d'avoir le plaisir de parler de votre motivation et de convaincre le jury de vos capacités à entrer dans le métier de professeur des écoles.

▶ Quant à l'entretien, il vise précisément à juger de ces capacités à travers vos connaissances, votre réflexion et votre investissement. Dites-vous qu'il suffit de s'être bien préparé et que vous disposez d'une année pour ce faire…

1-3. Travailler et s'entraîner

▶ Si c'est l'organisation de l'exposé qui pose problème, cherchez le meilleur plan et soumettez vos hésitations à vos professeurs ou à vos pairs. S'il s'agit de l'oral lui-même, c'est en vous entraînant avec constance que vous parviendrez au résultat souhaité

2. Maîtriser son stress

2-1. Cerner les causes du stress pour mieux le dominer

▶ Rares sont ceux qui n'ont pas peur de parler en public. Plutôt que d'essayer (en vain) de chasser cette peur, il vaut mieux l'accepter comme faisant partie de l'épreuve elle-même ; vous pourrez même tirer profit de son **effet stimulant.** Pour dominer le stress, vous devez d'abord **identifier ce qui vous effraie** dans cet oral :
– S'exposer au regard des autres, risquer d'être jugé et craindre de ne pas être apprécié ?
– Ne pas pouvoir se dissimuler dans un écrit, montrer ce que l'on sait et ce que l'on ne sait pas, révéler sa personnalité ?
– Voir ceux qui vont vous noter alors qu'un correcteur que vous ne voyez pas vous inquiète moins ?
– Être seul devant un jury ?
– Devoir être réactif car, à l'oral, on ne peut pas effacer ce que l'on a dit comme à l'écrit ?

▶ Pour **répondre à ce qui vous angoisse,** dites-vous que :
– cet oral est l'occasion de montrer vos capacités et la réalité de votre motivation ;
– le jury est bienveillant et vous pouvez demander à ce qu'une question soit reformulée si elle ne vous a pas semblé claire.

REMARQUE

L'épreuve orale est à voir comme l'opportunité pour vous de montrer vos capacités et vos connaissances.

2-2. Anticiper

▶ En anticipant, c'est-à-dire en vous **représentant cette épreuve à l'avance,** vous pourrez vous y préparer au mieux et **réduire** ainsi **la part d'imprévu.** Vous serez plus à l'aise si cet oral est un chemin balisé. Pour cela, vous devez :
– maîtriser votre sujet et composer votre exposé en amont ;
– imaginer les questions qui pourront vous être posées et préparer les réponses ;
– vous entraîner durant l'année.

▶ Une **organisation matérielle** en vue du jour de l'épreuve contribue également à réduire la part de stress. Il est indispensable de :
– réunir à l'avance ce dont vous aurez besoin (convocation, pièce d'identité, stylos, montre...) le jour J ;
– repérer les lieux, établir votre trajet en prévoyant d'arriver tôt pour ne pas risquer un incident qui aggraverait votre stress.

2-3. Le jour J

▶ Pour apprivoiser – et non chasser – votre stress avant l'épreuve, respirez profondément. Adoptez de préférence une **respiration abdominale.** L'apport d'oxygène favorise la détente et, en fixant votre attention sur le va-et-vient de l'air, vous ne serez pas la proie de pensées anxiogènes.

▶ Vous pouvez aussi imaginer des **situations amusantes ou des moments heureux** : vous prendrez ainsi du recul et relativiserez l'enjeu de l'examen.

▶ Une heure avant votre oral, prenez un encas, par exemple une barre protéinée.

▶ Buvez de l'eau durant votre temps de préparation.

▶ Quand vous prenez la parole au début de l'exposé, efforcez-vous de parler lentement pour garder ensuite un **rythme tranquille.**

Deux exercices

• **En amont du jour J : construire une image ressource**
Vous pouvez vous construire une image ressource : un lieu imaginaire ou réel que vous aimez, qui vous apporte calme et paix et que vous appellerez dès que vous sentez le stress arriver.

• **Le jour J : Utiliser la respiration abdominale**
En position debout, les yeux fermés, les deux mains posées sur le ventre, réaliser 3 fois le cycle respiratoire suivant :
Inspiration profonde en gonflant le ventre (les mains sont alors poussées vers l'avant).
Expiration longue et progressive (plus longue que l'inspire) en ramenant le ventre à sa position de départ.

3. Adopter la bonne posture

3-1. La gestuelle

▶ **Évitez les gestes parasites.** De même qu'il existe des tics de langage (« euh », « voilà »), il existe des gestes parasites. Souvent réalisés de manière inconsciente, ils perturbent votre discours et entravent l'attention de ceux qui vous écoutent.

CONSEIL

Le langage corporel doit être cohérent avec la parole. Les gestes renforcent la puissance des mots.

• **Exemples de gestes parasites :**
– se balancer de droite à gauche ou d'avant en arrière ;
– toucher ses cheveux, relever une mèche ;
– se tordre les mains, signe de nervosité.

▶ **Maîtrisez vos mouvements.** Pour ne pas indisposer votre jury avec des gestes exagérés, vous veillerez à :
– restreindre vos mouvements à l'intérieur d'un cercle imaginaire ;
– éviter l'abondance de gestes, les gestes déictiques qui montrent du doigt, les gestes métaphoriques qui accompagnent certaines expressions (« faire table rase du passé »).

▶ Les mains informent sur la **spontanéité du discours** et aident à la transmission d'un message. Vous pouvez souligner l'importance de telle ou telle assertion par quelques gestes. Attention à ne pas en abuser : vous n'êtes ni un acteur, ni un avocat recourant aux « effets de manche ».

▶ Debout, ne vous présentez pas les mains dans les poches, ce qui serait interprété comme une attitude désinvolte. Assis, ne cachez pas vos mains. Ne les joignez pas. Posez-les plutôt sur la table, écartées ou l'une sur l'autre.

3-2. La posture

▶ **Vous êtes debout.**
• Veillez à vous tenir droit, la tête haute, les jambes ancrées au sol, gage de stabilité.
• Évitez tout mouvement pendulaire d'un pied sur l'autre, tout déplacement intempestif. Le déplacement doit être significatif et limité.
• Gardez les épaules descendues et ouvertes, les bras plutôt ouverts en signe d'accueil de la discussion.

▶ **Vous êtes assis.**
• La position assise peut aider certaines personnes à se concentrer.
• Ne vous asseyez pas sur le bord de la chaise, mais sur sa première moitié. Il convient de s'installer sur le siège sans être avachi, le buste droit, légèrement penché vers votre interlocuteur, prêt à communiquer avec lui.
• Ne croisez pas les jambes, mais tenez-les bien posées au sol.
• Ne ramenez pas les pieds sous la chaise.
• Ne croisez pas les bras, autre attitude de repli.
• Vous pouvez appuyer vos avant-bras sur le bord de la table.
• Maintenez la posture bien droite, évitez de vous recroqueviller au fil de l'entretien !

4. Acquérir une élocution fluide

▶ Pour intéresser le jury, vous devez être immédiatement compréhensible. Il est donc essentiel de veiller **à la qualité de votre élocution.** Repérez au départ vos défauts puis entraînez-vous régulièrement comme le font les professionnels.

4-1. Le bon rythme

▶ La tendance actuelle est à l'accélération y compris dans le débit de la parole. Le stress que vous ne pourrez écarter risque aussi de presser le mouvement.

▶ S'entraîner à adopter **un rythme posé, ni trop rapide ni trop lent** vous aidera à **maîtriser votre stress.** Vos arguments seront plus audibles et compréhensibles.

> **CONSEIL**
>
> Enregistrez-vous en train de lire un discours puis renouvelez l'opération en vous appliquant à le lire plus lentement. Comparez les deux lectures et tirez-en les conclusions.

4-2. L'articulation

▶ La tendance actuelle à l'accélération se double d'une articulation négligée… **Pour être compris, travaillez l'articulation.**

▶ Pour améliorer l'articulation, il est nécessaire :
– de parler lentement ;
– de prononcer toutes les syllabes (par exemple, ne pas dire « on s'dit » pour « on se dit » ou « p'tit » pour « petit ») ;
– de s'entraîner comme les comédiens ont l'habitude de le faire.

4-3. Les liaisons

▶ Pour bien vous faire comprendre et montrer votre maîtrise du français, **n'oubliez pas les liaisons.** Faites entendre les consonnes finales des mots quand le mot qui suit commence par une voyelle ou un h muet.

• **Exemples :** Nous avons entendu… Vous avez assuré…

▶ Certains h sont dits muets et on effectue alors la liaison comme si le mot commençait par une voyelle. Au contraire, le h aspiré interdit la liaison. Vérifiez dans le dictionnaire.

• **Exemples :** Un héroïsme (h muet) Un héros (h aspiré)

4-4. Les tics de langage

▶ En vous enregistrant, vous repérerez aisément vos tics de langage (bon, bien, alors, voilà, euh...) et il suffit souvent **d'en avoir conscience pour parvenir à les éliminer.**

▶ Pour vous en débarrasser, **introduisez** consciemment **des silences** dans votre propos. Vous verrez qu'ils remplaceront avantageusement les onomatopées inutiles.

▶ Entraînez-vous avec de très courtes présentations pour commencer.

5. Utiliser sa voix pour retenir l'attention du jury

5-1. Le volume sonore

▶ Vous ne devez parler **ni trop fort ni trop bas.** Adaptez votre voix à la taille de la salle et à la distance qui vous sépare du jury. Pour cela, entraînez-vous auparavant dans des pièces de taille variée. Si la salle est vaste, imaginez que vous vous adressez à une personne qui se tiendrait loin de vous et qui vous tournerait le dos.

> **CONSEIL**
>
> Au-delà de la simple maîtrise de l'élocution, l'utilisation de la voix est un atout important à l'oral.

▶ Le **volume sonore** n'est pas constant. Sans exagérer, **faites-le varier** pour ne pas lasser votre auditoire. En haussant le ton, vous exprimerez aisément votre colère ou votre indignation si le contenu s'y prête. En le baissant, vous obligerez votre jury à rester attentif et donnerez l'impression de propos intimes, confidentiels.

▶ Veillez surtout à **adapter le volume sonore** à vos différents propos afin de suggérer la place qu'ils occupent dans votre démonstration.

▶ Pensez à **souligner les figures de style** que vous utilisez en haussant ou baissant la voix.

5-2. Les silences

▶ Les **silences sont nécessaires** dans vos différentes prises de parole, même pour votre présentation de parcours professionnelle qui ne dure que cinq minutes.

▶ Marquez un temps d'arrêt pour indiquer les articulations de votre propos : à la fin de l'introduction, avant la conclusion et entre chaque partie.

▶ Détachez les formules percutantes pour leur donner du relief.

5-3. Les variations de rythme

▶ Adoptez un rythme posé ; évitez toute précipitation.

▶ En **variant le rythme**, notamment lors de l'exposé, vous éviterez la monotonie et maintiendrez éveillée l'attention du jury à condition que les variations soient pertinentes. Détachez les phrases importantes, notamment les formules brèves, percutantes, celles qui concentrent votre pensée ou doivent accrocher le jury.

6 Se préparer à devenir professeur des écoles

▶ THÈME 2 : SE PRÉPARER À L'ÉPREUVE

Se préparer pour le CRPE, c'est aussi se préparer à le réussir ! Il faut envisager la suite et pouvoir se projeter dans l'après : la réalité du terrain et son parcours professionnel.

A Après le concours : être stagiaire dans son académie

▶ Avec la réforme du concours, les fonctionnaires stagiaires ne cumulent plus ce statut avec celui d'étudiant et peuvent donc se consacrer pleinement à leur **formation initiale statutaire**. Celle-ci pourra être **adaptée en fonction du profil du stagiaire** : le type de master obtenu, la formation reçue en alternance, etc.

▶ Les dispositions statutaires applicables aux professeurs stagiaires prévoient que la formation initiale est organisée, dans le cadre des orientations définies par l'État, par un **établissement d'enseignement supérieur**. Les INSPE en sont les opérateurs. La formation initiale des stagiaires dépendra de leur parcours avant le concours.

▶ Les **lauréats du concours externe n'ayant pas suivi le master MEEF** exerceront **à mi-temps à l'école**, et seront **en formation à l'INSPE** l'autre moitié du temps.
Ceux **issus d'un master MEEF** exerceront à **temps plein** dès leur nomination et bénéficieront de **décharges** adaptées à leur parcours. Ces dernières leur permettront de suivre, autant que nécessaire, des **modules de formation** à l'INSPE ou en circonscription.

▶ Les stagiaires, quel que soit leur parcours préalable, feront l'objet d'un suivi et d'une attention particulière des **inspecteurs de l'Éducation nationale** (IEN) chargés de la circonscription de leur stage.

B L'école et ses responsabilités

▶ Une fois leur concours acquis, les professeurs stagiaires peuvent être intégrés dans **n'importe quel niveau de classe**, de la petite section au CM2. Cependant, le **CP**, classe sensible à cause de l'apprentissage de l'écriture et de la lecture, est **rarement attribué**. Les professeurs sont parfois placés en **stage dans des doubles niveaux** (MS/GS, CP/CE1, CE2/CM1, etc.).

▶ Dès leur stage, les professeurs des écoles exercent **trois types de responsabilités.**

- **Une responsabilité morale :** vous êtes responsable d'un groupe d'élèves que des parents vous ont confiés.
- **Une responsabilité civile :** elle vise à réparer les dommages que vous provoqueriez par votre fait ou par non-respect de règles que vous auriez dû suivre (un élève qui se blesse sous votre surveillance).
- **Une responsabilité pénale :** elle vous oblige à répondre des infractions que vous commettriez et de subir la peine prévue par les textes de loi (problèmes de mœurs ou actes de violences physiques commis à l'encontre d'un élève, par exemple).

C Le métier de professeur des écoles

Une des particularités du professeur des écoles est sa **polyvalence**. Il enseigne, en effet, **plusieurs disciplines** et peut les croiser pour tâcher de **donner plus de sens aux enjeux du programme** (le développement durable s'enseigne, par exemple, en sciences, en géographie ou en EMC).

D Spécialisations et perspectives de carrière

▶ Il est possible d'**évoluer dans sa mission et son poste**, à travers une **nouvelle affectation** :
– en changeant de niveau de scolarité ;
– en obtenant une mutation dans une autre école ;
– en enseignant à l'étranger.

▶ En obtenant une **qualification ou une certification supplémentaire**, le professeur des écoles peut devenir :
– directeur d'école ;
– professeur des écoles maître-formateur (PEMF) ;
– conseiller pédagogique ;
– enseignant spécialisé ;
– maître d'accueil temporaire (MAT).

REMARQUE

Une qualification ou une certification

Les enseignants spécialisés, les PEMF et les conseillers pédagogiques doivent passer des épreuves pour obtenir un certificat. Les directeurs doivent obtenir leur inscription sur une liste d'aptitude. Les MAT sont simplement désignés par leur IEN.

▶ Grâce aux **concours ouverts aux enseignants**, le professeur des écoles peut également **changer d'activité** et devenir :
– psychologue de l'Éducation nationale (PsyEN) ;
– inspecteur de l'Éducation nationale chargé d'une circonscription du premier degré (IEN de CCPD) ;
– enseignant au collège ;
– enseignant au lycée ;
– chef d'établissement.

2.

EPS ET DÉVELOPPEMENT DE L'ENFANT

1 Les approches de l'EPS

▶ THÈME 1 : L'EPS À L'ÉCOLE : DÉFINITION ET ENJEUX

L'enseignement de l'EPS à l'école a pour but le développement harmonieux de l'enfant en lui proposant une pratique sportive régulière, mais il permet aussi d'acquérir des compétences plus transversales, comme la capacité à appliquer des règles ou à respecter les autres.

A Les objectifs de l'EPS

1. Qu'est-ce que l'EPS ?

▶ Il convient d'abord de ne pas confondre EPS et sports.

▶ **L'éducation physique et sportive** se pratique **dans le cadre scolaire** et elle vise avant tout le développement physique global de l'enfant. **Le sport** se pratique généralement **au sein d'une association extrascolaire** (qui peut être l'USEP, Union sportive de l'enseignement du premier degré, ou un club sportif), qui vise avant tout la compétition spécialisée dans une discipline sportive.

▶ L'EPS est avant tout une éducation, non une compétition.

À RETENIR

Les objectifs principaux de l'EPS

- Le développement des conduites motrices (locomotion, équilibre, lancer, etc.).
- L'accès à la culture sportive et artistique (danse).
- La connaissance de son corps et des moyens de le garder en forme.

2. Quelles compétences l'EPS développe-t-elle ?

▶ L'EPS contribue avec les autres disciplines à développer certaines **compétences transversales** telles prendre en compte les règles communes, coopérer avec des pairs, mettre en pratique des comportements simples respectueux des autres et de sa santé, manifester son appartenance à un collectif…

▶ Ainsi, « l'éducation physique et sportive (EPS) est une discipline d'enseignement qui s'adresse à tous les élèves quelles que soient leurs ressources. Elle permet de développer les conduites motrices […] tout en permettant la construction de méthodes pour apprendre. Elle constitue donc un vecteur d'éducation efficace au même titre que les autres disciplines scolaires. Elle est obligatoire du CP à la terminale et pour tous les cursus d'étude ; elle est pour certains élèves le seul lieu et le seul moment d'activité physique. L'EPS a pour finalité de former un citoyen cultivé, lucide, autonome, physiquement et socialement éduqué.[1] »

1. *Les pratiques sportives à l'école*, Vade-mecum, ministère de l'Éducation nationale, de la Jeunesse et de la Vie associative, avril 2012.

3. L'approche interdisciplinaire de l'EPS

L'EPS doit être **pensée et pratiquée en relation avec les autres disciplines.** C'est pourquoi il est souhaitable que le professeur des écoles polyvalent en conserve la responsabilité, et qu'elle s'inscrive autant que possible dans des projets pluridisciplinaires.

- **EPS et français :** faire verbaliser sur sa pratique, écrire des documents ou récits (par exemple, un « article sportif »).
- **EPS et éducation artistique** : articuler danse et musique, danse et arts visuels, graphisme et motricité ; éducation sensorielle.
- **EPS et éducation civique :** éducation à la santé, éducation au respect des règles collectives ou au respect de l'adversaire, éducation à la responsabilité et à l'action collective, éducation à l'effort.
- **EPS et langages mathématiques et scientifiques :** repérage dans l'espace dans le cadre d'activités d'orientation, mise en pratique des connaissances liées aux grandeurs et aux mesures dans le cadre d'activités d'athlétisme, calculs de durées, de scores dans les jeux collectifs…
- **EPS et langue étrangère ou régionale :** aborder la dimension culturelle d'un pays ou d'une région par le biais de disciplines sportives spécifiques (le hockey pour le Canada, la pelote basque, etc.)

REMARQUE

Mise en place de projets

Ces liaisons interdisciplinaires peuvent **converger dans un projet.** Par exemple, un projet autour du cirque permettra de réunir des objectifs et des activités d'EPS (équilibre, lancer…), d'arts visuels (affiche, décors, costumes), de musique, de français (récits, programme, poésies), de sciences (animaux, lois physiques), d'éducation civique (l'effort, le courage, la persévérance, le travail collectif) ou de géographie (les cirques dans le monde).

EPS ET DÉVELOPPEMENT DE L'ENFANT

B Quels débats autour de l'EPS ?

1. Des débats généraux

1-1. L'éducation à la santé

L'EPS peut fortement contribuer à lutter contre l'obésité, le manque d'activité physique, l'isolement sédentaire favorisé par l'informatique. Elle favorise la dépense d'énergie, la connaissance de son corps, un mode de vie équilibré, la socialisation, la vie au grand air. L'EPS participe à une action générale de prévention et d'éducation à la santé.

1-2. La lutte contre la violence

L'EPS contribue à la lutte contre la violence par le respect de l'adversaire, le respect des règles et de l'arbitre, le « fair-play », l'intégration sociale, des activités dérivatives pour l'agressivité (affrontement, compétition, arts martiaux). Plus largement, l'EPS rejoint l'éducation du citoyen par le respect des règles et des lois, et par sa responsabilité au regard de la collectivité.

2. Des problématiques spécifiques

2-1. L'EPS doit-elle être assurée par des intervenants extérieurs ?

▸ Cette pratique se répand, et certaines municipalités financent des intervenants en EPS, comme dans les disciplines artistiques. Pourtant, il faut rappeler que **l'EPS fait partie des programmes** et qu'elle reste de la responsabilité du professeur des écoles polyvalent.

▸ En conséquence, le professeur des écoles doit veiller au respect des horaires impartis à l'EPS, il reste responsable de l'activité, doit l'encadrer avec l'éventuel intervenant, et doit s'assurer des objectifs, de la progression et de l'évaluation.

REMARQUE

Le professeur des écoles, par sa polyvalence, peut assurer l'intégration de l'EPS dans une interdisciplinarité respectueuse d'une prise en compte globale de la personne de l'enfant.

2-2. L'EPS peut-elle être remplacée par des activités sportives extérieures ?

▸ Si l'on peut souhaiter que l'EPS soit complétée par des activités sportives extérieures dans le cadre d'un club ou de l'USEP, en aucun cas elle ne peut être remplacée.

▸ En effet, l'EPS n'a pas les mêmes objectifs qu'un sport de compétition, mais vise le développement harmonieux de la personne de l'enfant dans toutes ses dimensions.

REMARQUE

L'obligation scolaire et les programmes garantissent à tout enfant un minimum d'activités physiques durant le temps scolaire, ce qui n'est pas le cas des activités extérieures optionnelles et payantes.

? QUIZ EXPRESS
pour tester ses connaissances

1 Les enseignants doivent favoriser l'interdisciplinarité en EPS.

☐ **a.** Vrai ☐ **b.** Faux

2 L'EPS permet de lutter contre la violence à l'école.

☐ **a.** Vrai ☐ **b.** Faux

3 Les enfants qui pratiquent une activité sportive à l'extérieur peuvent être dispensés d'EPS.

☐ **a.** Vrai ☐ **b.** Faux

Réponses : 1. a ; 2. a ; 3. b.

2 Programmes et compétences à acquérir

▶ THÈME 1 : L'EPS À L'ÉCOLE : DÉFINITION ET ENJEUX

L'enseignant, à travers des activités physiques et sportives diversifiées, permet à ses élèves de construire des apprentissages solides des compétences clés.

A À l'école maternelle

1. Le programme

▶ L'activité physique et les expériences corporelles contribuent au **développement moteur, sensoriel, affectif et intellectuel de l'enfant.** Elles sont l'occasion d'éprouver des émotions, d'explorer, de s'exprimer, d'agir dans des environnements familiers, puis, progressivement, plus inhabituels. Elles permettent de mieux **se situer dans l'espace et dans le temps.**

REMARQUE

L'enfant découvre les **possibilités de son corps** ; il apprend à **agir en toute sécurité** tout en acceptant de prendre des risques mesurés, et à **fournir des efforts** tout en modulant son énergie. Il **exprime ce qu'il ressent**, nomme les activités et les objets manipulés ou utilisés, dit ce qu'il a envie de faire.

▶ Les enseignants veillent à proposer des situations et des activités renouvelées d'année en année, de **complexité progressive** ; ils s'attachent à ce que les enfants aient assez de **pratique** pour progresser et leur font **prendre conscience des nouvelles possibilités acquises.**

▶ Par la pratique d'activités physiques libres ou guidées dans des **milieux variés,** les enfants développent leurs **capacités motrices** dans des déplacements (courir, ramper, sauter, rouler, glisser, grimper…), des équilibres, des manipulations (agiter, tirer, pousser) ou des projections et réceptions d'objets (lancer, recevoir).

▶ Des jeux de balle, des jeux d'opposition, des jeux d'adresse viennent compléter ces activités. Les enfants **coordonnent des actions** et les **enchaînent.** Ils adaptent leur conduite motrice en vue de **l'efficacité et de la précision du geste.**

▶ Par la pratique d'activités qui comportent des règles, ils développent leurs **capacités d'adaptation et de coopération,** ils comprennent et acceptent **l'intérêt et les contraintes des situations collectives.**

▶ Les activités d'expression à visée artistique que sont les rondes, les jeux dansés, le mime, la danse permettent tout à la fois **l'expression par un geste maîtrisé** et le **développement de l'imagination.**

▶ Grâce aux diverses activités, les enfants acquièrent une **image orientée de leur propre corps**. Ils distinguent ce qui est : devant, derrière, au-dessus, au-dessous, puis à droite et à gauche, loin et près. Ils apprennent à **suivre des parcours** élaborés par l'enseignant ou proposés par eux ; ils **verbalisent et représentent ces déplacements.**

À RETENIR

Des séances quotidiennes

Le programme de l'enseignement de l'école maternelle indique qu'« il est impératif d'organiser une séance quotidienne (de trente à quarante-cinq minutes environ, selon la nature des activités, l'organisation choisie, l'intensité des actions réalisées, le moment dans l'année, les comportements des enfants, etc.) ».
Les séances doivent permettre aux enfants de disposer d'un temps suffisant pour l'exploration et la construction de nouvelles habiletés motrices.

2. Les objectifs visés

Le *BO* fixe quatre objectifs pour l'activité physique en maternelle.

① Agir dans l'espace, dans la durée et sur les objets

② Adapter ses équilibres et ses déplacements à des environnements ou des contraintes variés

③ Communiquer avec les autres au travers d'actions à visée expressive ou artistique

④ Collaborer, coopérer, s'opposer

2-1. Agir dans l'espace, dans la durée et sur les objets

▸ « Peu à peu, parce qu'il est sollicité par l'enseignant pour constater les résultats de ses actions, l'enfant prend plaisir à s'investir plus longuement dans les situations d'apprentissage qui lui sont proposées. Il découvre la possibilité d'enchaîner des comportements moteurs pour assurer une continuité d'action (prendre une balle, puis courir pour franchir un obstacle, puis viser une cible pour la faire tomber, puis repartir au point de départ pour prendre un nouveau projectile, etc.). Il apprend à fournir des efforts dans la durée, à chercher à parcourir plus de distance dans un temps donné (« matérialisé » par un sablier, une chanson enregistrée, etc.).

▸ En agissant sur et avec des objets de tailles, de formes ou de poids différents (balles, ballons, sacs de graines, anneaux, etc.), l'enfant en expérimente les propriétés, découvre des utilisations possibles (lancer, attraper, faire rouler, etc.), essaie de reproduire un effet qu'il a obtenu au hasard des tâtonnements. Il progresse dans la perception et l'anticipation de la trajectoire d'un objet dans l'espace qui sont, même après l'âge de cinq ans, encore difficiles. »

2-2. Adapter ses équilibres et ses déplacements à des environnements ou des contraintes variés

▸ « Certains des plus jeunes enfants ont besoin de temps pour conquérir des espaces nouveaux ou s'engager dans des environnements inconnus. D'autres, au contraire, investissent d'emblée les propositions nouvelles sans appréhension mais également sans conscience des risques.

▸ Dans tous les cas, l'enseignant amène les enfants à découvrir leurs possibilités, en proposant des situations qui leur permettent d'explorer et d'étendre (repousser) leurs limites. Il les invite à mettre en jeu des conduites motrices inhabituelles (escalader, se suspendre, ramper…), à développer de nouveaux équilibres (se renverser, rouler, se laisser flotter, etc.), à découvrir des espaces inconnus ou caractérisés par leur incertitude (piscine, patinoire, parc, forêt, etc.).

▶ Pour les enfants autour de quatre ans, l'enseignant enrichit ces expérimentations à l'aide de matériels sollicitant l'équilibre (patins, échasses, etc.), permettant de nouveaux modes de déplacement (tricycles, draisiennes, vélos, trottinettes, etc.). Il attire l'attention des enfants sur leur propre sécurité et celle des autres, dans des situations pédagogiques dont le niveau de risque objectif est contrôlé par l'adulte. »

2-3. Communiquer avec les autres au travers d'actions à visée expressive ou artistique

▶ « Les situations proposées à l'enfant lui permettent de découvrir et d'affirmer ses propres possibilités d'improvisation, d'invention et de création en utilisant son corps. L'enseignant utilise des supports sonores variés (musiques, bruitages, paysages sonores, etc.) ou, au contraire, développe l'écoute de soi et des autres au travers du silence. Il met à la disposition des enfants des objets initiant ou prolongeant le mouvement (voiles, plumes, feuilles, etc.), notamment pour les plus jeunes d'entre eux.

▶ Il propose des aménagements d'espace adaptés, réels ou fictifs, incitent à de nouvelles expérimentations. Il amène à s'inscrire dans une réalisation de groupe. L'aller-retour entre les rôles d'acteurs et de spectateurs permet aux plus grands de mieux saisir les différentes dimensions de l'activité, les enjeux visés, le sens du progrès. L'enfant participe ainsi à un projet collectif qui peut être porté au regard d'autres spectateurs, extérieurs au groupe classe. »

2-4. Collaborer, coopérer, s'opposer

▶ « Pour le jeune enfant, l'école est le plus souvent le lieu d'une première découverte des jeux moteurs vécus en collectif. La fonction de ce collectif, l'appropriation de différents modes d'organisation, le partage du matériel et la compréhension des rôles nécessitent des apprentissages. Les règles communes (délimitations de l'espace, but du jeu, droits et interdits, etc.) sont une des conditions du plaisir de jouer, dans le respect des autres.

▶ Pour les plus jeunes, l'atteinte d'un but commun se fait tout d'abord par l'association d'actions réalisées en parallèle, sans réelle coordination. Il s'agit, dans les formes de jeu les plus simples, de comprendre et de s'approprier un seul rôle. L'exercice de rôles différents instaure les premières collaborations (vider une zone des objets qui s'y trouvent, collaborer afin de les échanger, les transporter, les ranger dans un autre camp, etc.). Puis, sont proposées des situations dans lesquelles existe un réel antagonisme des intentions (dérober des objets, poursuivre des joueurs pour les attraper, s'échapper pour les éviter, etc.) ou une réversibilité des statuts des joueurs (si le chat touche la souris, celle-ci devient chat à sa place, etc.).

▶ D'autres situations ludiques permettent aux plus grands d'entrer au contact du corps de l'autre, d'apprendre à le respecter et d'explorer des actions en relation avec des intentions de coopération ou d'opposition spécifiques (saisir, soulever, pousser, tirer, immobiliser, etc.). Que ce soit dans ces jeux à deux ou dans des jeux de groupe, tous peuvent utilement s'approprier des rôles sociaux variés : arbitre, observateur, responsable de la marque ou de la durée du jeu.[1] »

1. Extraits du *BO* n° 31 du 30 juillet 2020.

3. Les attendus en fin de maternelle

▸ Les ressources mises à disposition par le ministère indiquent ce qui est à construire dans les quatre objectifs au cours du cycle[1].

Agir dans l'espace, dans la durée et sur les objets	• Construire des modes d'actions sur et avec les objets, apprécier des trajectoires. • Élargir et affiner des modes de déplacements. • Percevoir des relations entre l'espace et le temps. • Considérer l'autre comme un partenaire. • S'inscrire dans un projet d'action.
Adapter ses équilibres et ses déplacements à des environnements et des contraintes variées	• Favoriser la réalisation d'actions motrices inhabituelles. • Construire des déplacements dans des espaces aménagés. • Utiliser les engins sollicitant des modes d'équilibre et de propulsion différents. • Construire des espaces orientés. • Explorer avec plaisir le milieu aquatique.
Communiquer avec les autres au travers d'actions à visée expressive ou artistique	• Explorer les actions motrices et les qualités de mouvements à partir d'inducteurs variés. • Construire l'espace de déplacement. • Explorer le paramètre du temps du mouvement. • Varier l'énergie du mouvement. • Explorer les possibilités de l'espace corporel proche. • Établir une relation à l'autre « danseur ». • Construire son regard de spectateur.
Collaborer, coopérer, s'opposer	• Construire la notion d'action collective, de rôles. • Construire la notion d'espace. • Construire la notion de règles. • Construire la notion de gain. • Construire la notion d'opposition individuelle.

▸ À la fin de la maternelle, il est attendu des élèves qu'ils soient capables de :

• Courir, sauter, lancer de différentes façons, dans des espaces et avec des matériels variés, dans un but précis.

• Ajuster et enchaîner ses actions et ses déplacements en fonction d'obstacles à franchir ou de la trajectoire d'objets sur lesquels agir.

• Se déplacer avec aisance dans des environnements variés, naturels ou aménagés.

• Construire et conserver une séquence d'actions et de déplacements, en relation avec d'autres partenaires, avec ou sans support musical.

• Coordonner ses gestes et ses déplacements avec ceux des autres, lors de rondes et jeux chantés.

• Coopérer, exercer des rôles différents complémentaires, s'opposer, élaborer des stratégies pour viser un but ou un effet commun.

B À l'école élémentaire

1. Cinq compétences générales

▸ **Cinq compétences générales** sont identifiées par les programmes aux cycles 2 et 3 et travaillées en continuité.

① Développer sa motricité et apprendre à s'exprimer en utilisant son corps

1. Source, dossier « Agir, s'exprimer, comprendre à travers l'activité physique » sur le site Éduscol.

② S'approprier par la pratique physique et sportive, des méthodes et des outils

③ Partager des règles, assumer des rôles et des responsabilités

④ Apprendre à entretenir sa santé par une activité physique régulière

⑤ S'approprier une culture physique sportive et artistique

▸ **Quatre champs d'apprentissages complètent ces compétences.**

① Produire une performance optimale, mesurable à une échéance donnée

② Adapter ses déplacements à des environnements variés

③ S'exprimer devant les autres par une prestation artistique et/ou acrobatique

④ Conduire et maîtriser un affrontement collectif ou interindividuel

▸ Ces champs d'apprentissages doivent permettre de développer les compétences générales : chaque cycle doit permettre aux élèves de les rencontrer tous les quatre.

2. L'EPS au cycle 2

▸ L'éducation physique vise **le développement des capacités nécessaires aux conduites motrices** et offre une première initiation aux activités physiques, sportives et artistiques. Tout en répondant au besoin et au plaisir de bouger, elle permet de développer **le sens de l'effort et de la persévérance.**

REMARQUE

Lors de ce cycle, l'apprentissage de la nage fait l'objet d'une attention particulière.

▸ Les élèves apprennent à **mieux se connaître,** à **mieux connaître les autres et à les respecter et** à **suivre les règles** ; ils apprennent aussi à **veiller à leur santé.**

▸ L'acquisition des connaissances et des compétences passe par **des temps de pratique structurés,** s'appuyant sur plusieurs activités physiques, sportives ou artistiques, en exploitant les ressources locales.

3. L'EPS au cycle 3

▸ L'éducation physique et sportive contribue à **l'éducation à la santé** et à **l'éducation à la sécurité,** par des **prises de risques contrôlées**. Lors de ce cycle, les élèves utilisent les ressources acquises lors du cycle 2 en les mobilisant dans des situations plus contraignantes.

▸ Elle éduque à la responsabilité et à l'autonomie, en faisant accéder les élèves à des **valeurs morales et sociales** (respect de règles, respect de soi-même et d'autrui).

REMARQUE

Occuper différents rôles

Le respect de la règle, et sa nécessité, passe par l'occupation par les élèves de différents rôles (arbitre, joueur, observateur…).

▸ Comme au cycle 2, l'acquisition des connaissances et des compétences passe par des **temps de pratique structurés,** s'appuyant sur plusieurs activités physiques, sportives ou artistiques, en exploitant les ressources locales.

À RETENIR

Fréquence et durée des séances

La fréquence et la durée des séances sont des éléments déterminants pour assurer la qualité des apprentissages. Les cycles d'activités doivent permettre un temps d'exploration, la recherche de solutions, le réinvestissement, la recherche de régularité et d'amélioration ainsi que des temps d'évaluation. Les connaissances sur soi, sur les autres, sur l'activité font l'objet de temps d'échanges et de formalisation écrite.

4. Les compétences à acquérir[1]

4-1. Attendus de fin de cycle 2

▸ Différentes compétences sont travaillées tout au long du cycle.

Produire une performance maximale, mesurée à une échéance donnée	• Transformer sa motricité spontanée pour maîtriser les actions motrices ; courir, sauter, lancer. • Utiliser sa main d'adresse et son pied d'appel et construire une adresse gestuelle et corporelle bilatérale. • Mobiliser de façon optimale ses ressources pour produire des efforts à des intensités variables. • Pendant l'action, prendre des repères extérieurs à son corps pour percevoir : espace, temps, durée et effort. • Respecter les règles de sécurité édictées par le professeur.
Adapter ses déplacements à des environnements variés	• Transformer sa motricité spontanée pour maîtriser les actions motrices. • S'engager sans appréhension pour se déplacer dans différents environnements. • Lire le milieu et adapter ses déplacements à ses contraintes. • Respecter les règles essentielles de sécurité. • Reconnaître une situation à risque.
S'exprimer devant les autres par une prestation artistique et/ou acrobatique	• S'exposer aux autres : s'engager avec facilité dans des situations d'expression personnelle sans crainte de se montrer. • Exploiter le pouvoir expressif du corps en transformant sa motricité et en construisant un répertoire d'actions nouvelles à visée esthétique. • S'engager en sécurité dans des situations acrobatiques en construisant de nouveaux pouvoirs moteurs. • Synchroniser ses actions avec celles de partenaires.
Conduire et maîtriser un affrontement collectif ou interindividuel	• Rechercher le gain du jeu, de la rencontre. • Comprendre le but du jeu et orienter ses actions vers la cible. • Accepter l'opposition et la coopération. • S'adapter aux actions d'un adversaire. • Coordonner des actions motrices simples. • S'informer, prendre des repères pour agir seul ou avec les autres. • Respecter les règles essentielles de jeu et de sécurité.

▸ À la fin du cycle 2, les élèves doivent maîtriser les habiletés motrices essentielles à la suite de leur parcours en EPS. Le *BO* fixe les attendus suivants en fin de cycle dans les quatre champs d'apprentissages.

• **Produire une performance optimale, mesurable à une échéance donnée :**
– courir, sauter, lancer à des intensités et des durées variables dans des contextes adaptés ;
– savoir différencier : courir vite et courir longtemps, lancer loin et lancer précis, sauter haut et sauter loin ;
– accepter de viser une performance mesurée et de se confronter aux autres ;
– remplir quelques rôles spécifiques.

1. Extraits du *BO* n° 31 du 30 juillet 2020.

- **Adapter ses déplacements à des environnements variés :**

– se déplacer dans l'eau sur une quinzaine de mètres sans appui et après un temps d'immersion ;
– réaliser un parcours en adaptant ses déplacements à un environnement inhabituel (l'espace est aménagé et sécurisé) ;
– respecter les règles de sécurité qui s'appliquent.

- **S'exprimer devant les autres par une prestation artistique et/ou acrobatique :**

– mobiliser le pouvoir expressif du corps, en reproduisant une séquence simple d'actions apprise ou en présentant une action inventée ;
– s'adapter au rythme, mémoriser des pas, des figures, des éléments et des enchaînements pour réaliser des actions individuelles et collectives.

- **Conduire et maîtriser un affrontement collectif ou interindividuel**

Dans des situations aménagées et très variées, l'élève doit être capable de :
– s'engager dans un affrontement individuel ou collectif en respectant les règles du jeu ;
– contrôler son engagement moteur et affectif pour réussir des actions simples ;
– connaître le but du jeu ;
– reconnaître ses partenaires et ses adversaires.

4-2. Attendus de fin de cycle 3

▶ Différentes compétences sont travaillées tout au long du cycle.

Produire une performance maximale, mesurable à une échéance donnée	• Combiner des actions simples : courir-lancer ; courir-sauter. • Mobiliser ses ressources pour réaliser la meilleure performance possible dans des activités athlétiques variées (courses, sauts, lancers). • Appliquer des principes simples pour améliorer la performance dans des activités athlétiques et/ou nautiques. • Utiliser sa vitesse pour aller plus loin, ou plus haut. • Rester horizontalement et sans appui en équilibre dans l'eau. • Pendant la pratique, prendre des repères extérieurs et des repères sur son corps pour contrôler son déplacement et son effort. • Utiliser des outils de mesures simples pour évaluer sa performance. • Respecter les règles des activités. • Passer par les différents rôles sociaux.
Adapter ses déplacements à des environnements variés	• Conduire un déplacement sans appréhension et en toute sécurité. • Adapter son déplacement aux différents milieux. • Tenir compte du milieu et de ses évolutions (vent, eau, végétation etc.). • Gérer son effort pour pouvoir revenir au point de départ. • Aider l'autre.
S'exprimer devant les autres par une prestation artistique et/ou acrobatique	• Utiliser le pouvoir expressif du corps de différentes façons. • Enrichir son répertoire d'actions afin de communiquer une intention ou une émotion. • S'engager dans des actions artistiques ou acrobatiques destinées à être présentées aux autres en maitrisant les risques et ses émotions. • Mobiliser son imaginaire pour créer du sens et de l'émotion, dans des prestations collectives.
Conduire et maîtriser un affrontement collectif ou interindividuel	• Rechercher le gain de l'affrontement par des choix tactiques simples. • Adapter son jeu et ses actions aux adversaires et à ses partenaires. • Coordonner des actions motrices simples. • Se reconnaître attaquant/défenseur. • Coopérer pour attaquer et défendre. • Accepter de tenir des rôles simples d'arbitre et d'observateur. • S'informer pour agir.

▶ En fin de cycle 3, le *BO* fixe les attendus suivants dans les quatre champs d'apprentissages.

- **Produire une performance maximale, mesurable à une échéance donnée :**

– réaliser des efforts et enchaîner plusieurs actions motrices dans différentes familles pour aller plus vite, plus longtemps, plus haut, plus loin ;
– combiner une course un saut un lancer pour faire la meilleure performance cumulée ;
– mesurer et quantifier les performances, les enregistrer, les comparer, les classer, les traduire en représentations graphiques ;
– assumer les rôles de chronométreur et d'observateur.

- **Adapter ses déplacements à des environnements variés :**

– réaliser, seul ou à plusieurs, un parcours dans plusieurs environnements inhabituels, en milieu naturel aménagé ou artificiel ;
– connaître et respecter les règles de sécurité qui s'appliquent à chaque environnement ;
– identifier la personne responsable à alerter ou la procédure en cas de problème ;
– valider l'attestation scolaire du savoir nager (ASSN), conformément à l'arrêté du 9 juillet 2015.

- **S'exprimer devant les autres par une prestation artistique et/ou acrobatique :**

– réaliser en petits groupes 2 séquences : une à visée acrobatique destinée à être jugée, une autre à visée artistique destinée à être appréciée et à émouvoir ;
– savoir filmer une prestation pour la revoir et la faire évoluer ;
– respecter les prestations des autres et accepter de se produire devant les autres.

- **Conduire et maîtriser un affrontement collectif ou interindividuel :**

– s'organiser tactiquement pour gagner le duel ou le match en identifiant les situations favorables de marque ;
– maintenir un engagement moteur efficace sur tout le temps de jeu prévu ;
– respecter les partenaires, les adversaires et l'arbitre ;
– assurer différents rôles sociaux (joueur, arbitre, observateur) inhérents à l'activité et à l'organisation de la classe ;
– accepter le résultat de la rencontre et être capable de le commenter.

? QUIZ EXPRESS

pour tester ses connaissances

1 À quelle fréquence l'enseignant doit-il proposer des séances d'activité sportive lors du cycle 1 ?

☐ a. 30 à 45 minutes par jour

☐ b. 1 h 30 deux fois par semaine

☐ c. 2 heures par semaine

2 En fin de maternelle, il est attendu des élèves qu'ils sachent :

☐ a. réaliser des efforts et enchaîner plusieurs actions motrices pour aller plus vite, plus longtemps, plus haut, plus loin.

☐ b. se déplacer avec aisance dans des environnements variés, naturels ou aménagés.

☐ c. coordonner leurs gestes et leurs déplacements avec ceux des autres, lors de rondes et jeux chantés.

3 L'apprentissage de la natation est fortement encouragé au cycle 1.

☐ a. Vrai ☐ b. Faux

4 Lors du cycle 3, les élèves s'appuient sur les habiletés motrices acquises au cycle 2 pour les développer dans des contextes plus divers et plus contraignants.

☐ a. Vrai ☐ b. Faux

5 Occuper le poste d'arbitre permet aux élèves :

☐ a. de se reposer.

☐ b. de favoriser une équipe par rapport à une autre.

☐ c. de comprendre l'intérêt de la règle.

Réponses : 1. a ; 2. b-c ; 3. b, l'apprentissage de la natation est davantage recommandé dès le cycle 2 ; 4. a ; 5. c.

3 LES APSA

▶ THÈME 1 : L'EPS À L'ÉCOLE : DÉFINITION ET ENJEUX

Le professeur des écoles s'appuie sur les APSA (activités physiques et sportives et artistiques) pour permettre à ses élèves de développer les différentes compétences visées par les programmes.

A Les APSA à l'école maternelle

1. Activités et actions[1]

Domaines d'activités Apprendre à…	Domaines des actions Agir	Motifs et sens de l'action	Activités physiques à l'école et pratiques sociales de référence
S'adapter au milieu physique aménagé ou naturel • Maîtriser des équilibres variés • Coordonner ses actions • Prendre des risques • Gérer sa sécurité • Respecter des règles de sécurité	**Actions dans un environnement physique stable**	• Rechercher une conduite de plus en plus efficace — Mesurer (Courir, Sauter, Lancer) • Réaliser une performance • Comparer • Ajuster ses déplacements (motricité de locomotion) • Faire plus : vite, haut, loin, longtemps	Courir, Sauter, Lancer → **Athlétisme** (associe motricité de locomotion et de manipulation) Lancer, Manipuler → **Jeux de balles** et différents objets Se renverser, Rouler, tourner, Se suspendre, Se balancer, Voler…, Marcher → **Gymnastique sportive** Marcher, Grimper, Se hisser, Escalader, Franchir → **Escalade**, **Parcours d'orientation**
	Actions dans un environnement physique avec incertitude	• Faire plus : que soi, qu'autrui	Piloter, Rouler un engin → **Hockey**, **Vélo, patinette** Rouler → **Patins à roulettes** Glisser → **Patins à glace**, **Ski** Se déplacer, flotter… → **Natation**

1. Josette Terrieux, *L'école maternelle, programmes, projets, apprentissages*, Hachette Éducation, 2011.

Domaines d'activités Apprendre à…	Domaines des actions Agir	Motifs et sens de l'action	Activités physiques à l'école et pratiques sociales de référence
S'adapter au milieu social • Prévoir action et réaction • Respecter des règles • Jouer différents rôles • Changer de statut	**Actions d'oppositions inter-individuelles**	• Entrer en compétition, se mesurer à l'autre, s'opposer • Faire contre	Jeux de la tradition (béret, foulard…) : prendre, rapporter Jeux de combat : lutte Jeux de raquettes : mini-tennis
	Actions de coopération ou d'oppositon	• Rechercher une stratégie • Entrer en compétition, s'associer, coopérer • Faire avec / ensemble / et contre	S'échapper, Se sauver, Se cacher, S'évader → **Jeux de la tradition enfantine** (lapins-chasseurs, chat, l'épervier) Mini-basket, Mini-foot, Mini-hand, Mini-hockey (atteindre un but) → **Sports collectifs avec ballons, palets**
S'exprimer, communiquer • Maîtriser ses émotions • Provoquer des émotions	**Actions à visée artistique, esthétique ou expressive**	• Imiter, reproduire, puis produire et créer des gestes et des formes corporelles • Faire pour soi / pour, avec / pour, devant — autrui • Faire expressif / signifiant / périlleux	**Rondes et jeux chantés** **Rondes et jeux dansés** **Mime** **Danse** **Patinage** **Gymnastique rythmique et sportive avec engins (rubans, ballons…)**

3. Un exemple de programmation des activités en grande section[1]

Modules d'activités				
Période rentrée / Toussaint	**Période Toussaint / Noël**	**Noël / congés d'hiver**	**Congés d'hiver à printemps**	**Printemps / fin d'année (en milieu naturel)**
Athlétisme	Jeux collectifs	Jeux d'opposition	Gymnastique	Parcours d'orientation
GRS	Danse	GRS	Mime	Patins à roulettes
Escalade en milieu aménagé	Gymnastique	Jeux de raquettes	Jeux collectifs	Escalade

B Les APSA aux cycles 2 et 3

1. APSA au cycle 2

▶ Les APSA doivent s'inscrire dans les quatre champs d'apprentissage.

• Produire une performance optimale à une échéance donnée

– **Activités athlétiques :** courir vite, longtemps, en franchissant des obstacles, sauter loin et haut, lancer loin.

– **Natation :** se déplacer sur une quinzaine de mètres.

1. Josette Terrieux, *L'école maternelle, programmes, projets, apprentissages*, Hachette Éducation, 2011.

• Adapter ses déplacements à des environnements variés
– **Activités d'escalade :** grimper jusqu'à 3 mètres et redescendre (mur équipé).
– **Activités aquatiques et natation :** s'immerger, se déplacer sous l'eau, se laisser flotter.
– **Activités de roule et glisse :** réaliser un parcours simple à roller ou à vélo.
– **Activités d'orientation :** retrouver quelques balises dans un milieu connu.

• S'exprimer devant les autres par une prestation artistique et/ou acrobatique
– **Danse :** exprimer corporellement des personnages, des images, des sentiments pour communiquer des émotions en réalisant une petite chorégraphie (trois à cinq éléments), sur des supports sonores divers.
– **Activités gymniques :** réaliser un enchaînement de deux ou trois actions « acrobatiques » sur des engins variés (barres, plinthes, poutres, gros tapis).

• Conduire et maîtriser un affrontement collectif ou interindividuel
– **Jeux de lutte et de combats :** agir sur son adversaire pour l'immobiliser.
– **Jeux de raquettes :** faire quelques échanges.
– **Jeux traditionnels et jeux collectifs avec ou sans ballon** : coopérer avec ses partenaires pour affronter collectivement des adversaires, en respectant des règles, en assurant des rôles différents (attaquant, défenseur, arbitre).

2. Les APSA au début du cycle 3 (CM1-CM2)

▶ Il est recommandé de proposer un ou deux cycles d'apprentissage par champ d'apprentissage chaque année.

• Produire une performance maximale, mesurable à une échéance donnée
– **Activités athlétiques** : courir vite, courir longtemps, courir en franchissant des obstacles, courir en relais, sauter loin, sauter haut, lancer loin.
– **Natation :** se déplacer sur une trentaine de mètres.

• Adapter ses déplacements à des environnements variés
– **Activités d'escalade** : grimper et redescendre sur un trajet annoncé (mur équipé).
– **Activités aquatiques et natation :** plonger, s'immerger, se déplacer.
– **Activités de « roule et glisse » :** réaliser un parcours d'actions diverses à roller, à vélo, à ski.
– **Activités d'orientation :** retrouver plusieurs balises dans un espace semi-naturel en s'aidant d'une carte.

• S'exprimer devant les autres par une prestation artistique et/ou acrobatique
– **Danse :** construire à plusieurs une phrase dansée (chorégraphie de cinq éléments au moins) pour exprimer corporellement des personnages, des images, des sentiments et pour communiquer des émotions, sur des supports sonores divers.
– **Activités gymniques (ou arts du cirque) :** construire et réaliser un enchaînement de quatre ou cinq éléments « acrobatiques » sur divers engins (barres, moutons, poutres, tapis).

• Conduire et maîtriser un affrontement collectif ou interindividuel
– **Jeux de lutte :** amener son adversaire au sol pour l'immobiliser.
– **Jeux de raquettes :** marquer des points dans un match à deux (badminton, tennis).
– **Jeux sportifs collectifs** (type handball, basket-ball, football, rugby, volley-ball…) : coopérer avec ses partenaires pour affronter collectivement des adversaires, en respectant des règles, en assurant des rôles différents (attaquant, défenseur, arbitre).
– **Jeux traditionnels :** de type thèque, béret, balle au capitaine, poules-vipères-renards…

QUIZ EXPRESS

pour tester ses connaissances

1 Aux cycles 2 et 3, les APSA doivent :

- ☐ **a.** se concentrer sur un champ d'apprentissage en particulier.
- ☐ **b.** s'inscrire dans les quatre champs d'apprentissage.
- ☐ **c.** être sélectionnées en fonction des préférences des élèves.

2 Parmi les APSA peut proposer un enseignant dans le champ d'apprentissage « Adapter ses déplacements à des environnements variés » au cycle 2, on compte :

- ☐ **a.** le mime.
- ☐ **b.** la natation.
- ☐ **c.** le roller.

3 À quel champ d'apprentissage se rapportent les activités de lutte ?

- ☐ **a.** Conduire et maîtriser un affrontement collectif ou interindividuel
- ☐ **b.** Produire une performance maximale, mesurable à une échéance donnée
- ☐ **c.** S'exprimer devant les autres par une prestation artistique et/ou acrobatique

Réponses : 1. b ; 2. b-c ; 3. a.

4 Le développement cognitif de l'enfant

▶ THÈME 2 : DÉVELOPPEMENT ET PSYCHOLOGIE DE L'ENFANT

La psychologie s'intéresse à l'enfant lui-même et à son développement dans le sens de l'atteinte d'une certaine maturité à différents niveaux : intellectuel, social ou affectif. Pendant longtemps, le principe qui a guidé ces théories est l'idée d'un développement qui s'effectue par étapes, par palier incluant à chaque fois un fonctionnement particulier. C'est d'ailleurs ce qui a présidé à des degrés divers dans les travaux de Piaget, Wallon ou Freud.

A Le développement cognitif selon Piaget

ZOOM SUR...

Jean Piaget (1896-1980)

Psychologue du développement cognitif, il est pionnier dans le domaine de la psychologie de l'enfant. Son travail, basé sur l'expérimentation et sur l'observation, a permis d'enrichir sensiblement la connaissance de la construction de la pensée chez l'enfant.
Il a décrit différentes étapes (ou stades ou périodes) correspondant à des capacités différentes de compréhension du monde chez l'enfant.

1. L'étape sensori-motrice (0-2 ans)

▶ Les **représentations mentales** sont un des éléments clés de la théorie de Piaget. Au début de ce stade, l'enfant n'en possède pas encore. On peut considérer qu'il n'a pas de mémoire. Il n'est par exemple pas capable de se représenter des personnes durant leur absence. C'est pourtant durant cette période que l'enfant va se construire une représentation du réel.

▶ L'organisation progressive du réel s'appuie sur **des perceptions, des mouvements, des actions.** L'intelligence à ce stade est dite sensori-motrice. Le moteur du développement pour Piaget est de pouvoir agir sur le monde de plus en plus efficacement. Par exemple, l'enfant possède un schème visuel (regarder les objets) et un schème de préhension (prendre des objets). Pour agir plus efficacement (prendre l'objet qu'il veut), l'enfant va apprendre (par tâtonnements et expériences) à coordonner ses deux schèmes. C'est la coordination sensori-motrice (ici, vision-préhension). Progressivement, au cours de ce stade, les schèmes vont devenir de plus en plus complexes et se coordonner de plus en plus.

REMARQUE

Le schème pour Jean Piaget

Pour le psychologue, le schème est « ce qui, dans une action, est transposable dans les mêmes situations ou généralisable en des situations analogues ».

▶ Par ses actions, l'enfant apprend à structurer le réel. Progressivement, il va se décentrer. En se situant comme un objet parmi d'autres, il sera **capable de se représenter les objets et les penser de manière autonome à ses actions.** Les objets et le réel deviennent indépendants de lui et permanents. Mais il reste dépendant d'un niveau d'intelligence lié à la perception et à l'action.

2. L'étape pré-opératoire (2-7 ans)

▶ Maintenant que le réel est un peu structuré, **l'enfant va développer une façon de fonctionner et de penser liée aux représentations mentales.** L'intelligence dite symbolique va lui permettre de construire ses représentations à partir de symboles. Ces représentations seront **de plus en plus imagées et conceptuelles,** même si elles restent complètement figuratives et concrètes. On considère que l'enfant passe de la perception aux représentations et peut raisonner à partir de ces dernières et non seulement à partir de ses actions.

▶ Ce passage de la perception à la représentation se construit grâce à un certain nombre d'outils dont l'imitation différée puis intériorisée, le jeu symbolique, le dessin et le langage.

2-1. L'imitation

▶ L'imitation qui amène l'enfant à construire des symboles s'illustre par le **« faire semblant ».**

▶ Si un enfant est capable de se mettre à quatre pattes et d'imiter le miaulement d'un chat, on peut dire qu'il a réussi à construire une représentation mentale du chat et qu'il est capable de l'imiter non seulement de manière différée (le chat n'est pas sous ses yeux) mais également qu'il a intégré et intériorisé des symboles (les quatre pattes, le cri).

2-2. Le jeu symbolique

C'est selon le même ordre d'idée que l'on peut décrire le jeu symbolique. Ce sont souvent des **scènes vécues** qui sont **rejouées dans des situations ludiques.** L'enfant en profite souvent pour rejouer des conflits, compenser des besoins inassouvis (un des personnages du jeu obtient souvent ce que l'enfant n'a pas réussi à obtenir dans la réalité) ou encore pour inverser les rôles (jouer à la maîtresse est un classique).

REMARQUE

Le jeu symbolique se situe entre le « jeu d'exercice » de la période précédente (plaisir fonctionnel) et le jeu de règles qui apparaît durant la période suivante.

2-3. Le dessin

▶ Le dessin est un formidable outil pour comprendre les représentations de l'enfant à un moment donné. Au niveau pré-opératoire, le dessin est dit **« réaliste d'intention ».** L'enfant s'appuie sur ses images mentales pour dessiner. Il se base sur ce qu'il sait de l'objet pour le dessiner, bien avant de l'exprimer.

▶ Plusieurs étapes sont connues. Suite au gribouillage de la période sensori-motrice, le **réalisme fortuit** (signification du dessin sans rapport direct avec la forme, donnée souvent après coup), puis le **réalisme manqué** (les éléments connus sont juxtaposés et non coordonnés, comme dans le fameux « bonhomme-têtard ») et le **réalisme intellectuel** (dans lequel l'enfant tient à dessiner tout ce qu'il connait du réel sans souci de perspective, il dessine par exemple sa mère avec un bébé à l'intérieur) aboutissent ensuite, dans la période suivante au **réalisme visuel** grâce auquel l'enfant, vers 8-9 ans, respecte les perspectives et la coordination des éléments ensemble et montre ainsi ce qu'il voit du monde.

2-4. Le langage

Concernant le langage, dans la période précédente, l'enfant apprend à différencier les phonèmes de sa langue, apprend à communiquer et enrichit progressivement ses productions, du premier mot à la première phrase. Ce qui intéresse Piaget durant la période préopératoire, c'est la **différenciation progressive entre signifiant et signifié** que l'on constate chez l'enfant. La fonction de communication du langage est reconnue par Piaget et c'est d'ailleurs uniquement ici qu'il évoque le rôle de l'environnement. En effet, c'est **grâce aux échanges avec autrui que l'enfant développe son lexique et sa syntaxe.** Et c'est grâce à ce développement que l'enfant affinera de plus en plus son découpage du réel. L'évolution du langage correspond ainsi à un développement des significations et des connaissances.

3. L'étape opératoire concrète (7-12 ans)

▸ La pensée de l'enfant évolue. Il devient **capable de se représenter des actions** (et non seulement des états) et de **raisonner sur des transformations**. Seulement, sa pensée se concentre toujours sur **des éléments concrets**. Piaget évoque l'idée d'opérations mentales. Il met en évidence la capacité progressive de l'enfant à mener ces opérations au cours de petites expériences. Il montre que l'enfant est capable de se représenter des opérations en s'appuyant sur un raisonnement de réversibilité par inversion et par réciprocité.

À RETENIR

Un exemple d'opération mentale

On montre à l'enfant deux boules de pâte à modeler équivalentes, puis on divise celle de droite en plusieurs petites boules de pâte.

• Si l'enfant raisonne sur des états, il estime que maintenant, il y a moins de pâte à droite qu'à gauche (s'il se base sur la grosseur ; il dira qu'il y en a plus s'il se base sur le nombre d'entités).

• Quand l'enfant est à même d'effectuer des opérations mentales, il est capable de dire qu'il y a autant de pâte à droite qu'à gauche car on n'a rien enlevé ni rien ajouté ou parce que, si on remet les petites boules ensemble, cela fera la même boule qu'au début.

▸ Finalement, à la fin de ce stade, l'enfant a reconstruit à un niveau mental ce qui était déjà acquis en action précédemment.

4. L'étape opératoire formelle (12-16 ans)

À ce stade, l'adolescent arrive à se dégager du réel pour **raisonner sur des possibles.** Le réel ne devient qu'un cas particulier. **La pensée devient plus abstraite,** les opérations mentales se déroulent à un niveau formel, c'est-à-dire que l'adolescent est capable de mener un raisonnement sur des hypothèses, de type **« si-alors ».**

REMARQUE

Un développement continu

On voit dans ces différentes étapes que Piaget décrit des structures, des organisations intellectuelles différentes. Chacune se construit sur la base de la précédente. Il n'y a pas de notion de rupture, ni de crise de passage.

B Le développement de la personnalité selon Wallon

ZOOM SUR...

Henri Wallon (1879-1962)

Psychologue français, il a cherché à comprendre comment se développe la personnalité chez l'enfant. Sa théorie cherche à mêler les influences des facteurs à la fois biologiques, affectifs, sociaux et intellectuels. La présence du milieu social est selon lui indispensable. L'enfant subit l'influence du milieu et l'influence en même temps. Le développement se déroule pour lui par étapes comme pour Piaget. Mais ces étapes sont souvent déterminées par des « crises ». L'enfant ressent des contradictions qu'il arrivera à dépasser en passant à l'étape suivante.

Chacune des étapes décrites par Henri Wallon est caractérisée par des processus, soit centrés sur l'enfant (centrifuges), soit centrés sur l'extérieur (centripètes). Ils relèvent soit de l'affectif, soit de l'intelligence.

1. Stade impulsif et émotionnel (0-1 an)

▶ Ce stade correspond aux **processus intellectuel centrifuge** et **affectif centripète.**

▶ L'enfant à ce stade dépend complètement de son environnement. Il ne présente qu'une faible maîtrise motrice, voire un certain désordre gestuel, reflétant pour Wallon un état de tension. C'est l'entourage, jouant un rôle affectif, qui l'aide à se structurer. Et la motricité et l'émotion sont les principaux organisateurs du développement durant cette période.

▶ Celle-ci est également caractérisée par **la conduite de l'enfant devant le miroir,** étape qui l'aide à comprendre qu'il est un parmi les autres. C'est pour Wallon une période ayant un rôle fondamental dans la personnalité de l'enfant.

2. Stade sensori-moteur et projectif (1-3 ans)

▶ Ce stade correspond au **processus intellectuel centrifuge.**

▶ Celui-ci est caractérisé par un rôle important de l'éveil de l'intelligence, l'une **pratique** (manipulation d'objets), l'autre **discursive** (développement du langage). L'enfant s'exprime autant par les mots que par les gestes. Le mouvement sert de support à la représentation mentale qui se développe ici. L'imitation joue un rôle, comme pour Piaget.

▶ Au niveau social, on constate que **l'enfant s'individualise de plus en plus** par rapport à son environnement. Il intègre des contraintes comme le fait de ne pouvoir être deux personnalités différentes (l'élève et la maîtresse par exemple). La jalousie et la sympathie font leur apparition.

3. Stade du personnalisme (3-6 ans)

▶ Ce stade correspond **au processus affectif centripète.**

▶ Vers 3 ans, **âge du « non »,** on assiste à une crise dans laquelle l'enfant tend à s'opposer à l'adulte. C'est une crise de personnalité nécessaire à l'acquisition de l'autonomie et à la différenciation entre lui et les autres.

EPS ET DÉVELOPPEMENT DE L'ENFANT

▸ Vers 4 ans, l'enfant entre plus dans une **phase de séduction** durant laquelle il peut se donner en spectacle dans l'attente du regard de l'autre (ou à l'inverse, se renfermer). Cette attitude est suivie d'une phase d'imitation motrice et sociale où l'enfant tente d'endosser les rôles sociaux de l'adulte, dans une certaine ambivalence.

REMARQUE

Cette période est guidée par les processus affectifs.

4. Stade catégoriel (6-11 ans)

▸ Ce stade correspond au **processus intellectuel centrifuge.**

▸ C'est le moment de l'entrée à l'école primaire. À cette période, ce sont **les processus intellectuels qui motivent le développement.**
Wallon se fixe sur les compétences catégorielles comme moyen **d'atteindre des capacités plus abstraites ultérieurement.** Les premières catégories sont constituées de « couples » puis s'enrichissent.

▸ En parallèle, l'enfant s'ouvre au monde et construit une vie sociale, en participant notamment à différents groupes (famille, école, sport, art…). Il endosse des rôles différents tout en apprenant à dépasser la jalousie ou la rivalité.

5. Stade de l'adolescence (11-16 ans)

▸ Ce stade correspond au **processus affectif centripète.**

▸ C'est à nouveau aux **processus affectifs** d'entrer en jeu. La puberté modifie le schéma corporel et les relations avec les autres se modifient.

▸ Une **nouvelle crise d'opposition** apparaît qui poussera à la construction de la personnalité en autonomie, souvent en rupture d'avec la structure familiale. Cette crise s'accompagne de questionnements sur des problématiques existentielles.

C Le développement affectif selon Freud

Sigmund Freud est le fondateur de la psychanalyse. Anna Freud, Mélanie Klein, D. W. Winnicott et Françoise Dolto se sont intéressés à la période de l'enfance et de l'adolescence.

ZOOM SUR…

Sigmund Freud (1856-1959)

Père de la psychanalyse, sa théorie a révolutionné les conceptions du début du XXe siècle à travers notamment les notions d'inconscient, de sexualité infantile et de complexe œdipien.

- **L'inconscient** est précisément ce qui est inaccessible en nous et nous fait agir en partie. Il se manifeste à travers les rêves, les actes manqués, les lapsus.
- **La sexualité infantile** précède la période génitale. Freud la définit comme par « tout ce qui concerne les activités de la première enfance en quête de jouissance locale que tel ou tel organe est susceptible de procurer » *(Cinq leçons sur la psychanalyse).* L'étude de la sexualité de l'enfant est l'une des voies d'accès à la compréhension des troubles pathologiques (névroses et psychoses).
- **Le complexe d'Œdipe** est une étape clé dans la structuration de la personnalité à travers l'interdiction de l'inceste.

1. L'organisation de l'appareil psychique

Freud a développé sa **théorie de l'inconscient** en distinguant trois instances de l'appareil psychique : **le Ça, le Moi et le Surmoi** qui, selon lui, régissent les comportements humains.

1-1. Le Ça

Le Ça est **la partie la plus inconsciente** de la personnalité. Il est géré par le principe de plaisir et vise la satisfaction immédiate des besoins pulsionnels.

1-2. Le Moi

Le Moi **est la partie la plus consciente** de la personnalité. Il est chargé d'assurer l'équilibre du sujet (mécanismes de défense, refoulement). Si le Moi échoue dans sa mission, il en résulte des désordres psychiques.

1-3. Le Surmoi

Le Surmoi est présent en l'individu dès la naissance, mais il ne se structure qu'après la résolution du complexe d'Œdipe. Au-delà de l'intériorisation des interdits parentaux, **il intègre les règles culturelles et sociétales**. Cette « morale inconsciente » joue comme une censure. Ainsi, elle refoule l'expression de pulsions correspondant à des interdits.

REMARQUE

La sublimation

Le refoulement peut se transmuer en sublimation. La pulsion sexuelle peut se déplacer de son but sans perdre son énergie et se transformer en « sentiment supérieur » (éthique, artistique...).

1-4. L'Idéal du moi

L'Idéal du moi correspond à la projection du sujet dans le **« modèle idéal »** auquel il s'identifie et à travers lequel il se construit, à travers des personnages admirés, des références diverses.

2. Le fonctionnement de l'appareil psychique

L'appareil psychique doit nécessairement maintenir une énergie constante. La recherche de plaisir guide son fonctionnement en tant que réducteur de tension. La pulsion est le moteur de l'activité psychique. Freud distingue **la pulsion de vie** (Éros) et **la pulsion de mort** (Thanatos).

- **La pulsion de vie** est la « pulsion du Ça ». Elle comprend les pulsions sexuelles et d'autoconservation. La libido, d'origine sexuelle, est « l'énergie dynamique de la pulsion de vie ».
- **La pulsion de mort** vise la réduction complète des tensions. Elle trouve son énergie dans l'autodestruction ou l'agressivité.
- **Le principe de plaisir** pousse l'individu à satisfaire ses pulsions de vie et à réduire ainsi l'excitation qu'il subit.
- **Le principe de réalité** guide le Moi, qui doit composer entre les différentes autres instances pour maintenir la stabilité du sujet.

3. Les étapes du développement psycho-affectif de l'enfant

Les stades décrits par la psychanalyse sont ceux **du développement libidinal de l'enfant.** À chaque stade correspond une relation d'objet (le rapport du sujet avec les objets qui l'entourent) spécifique. Chaque stade entraîne une nouvelle organisation de la personnalité.

3-1. Le stade oral (de la naissance à 12-18 mois)

▸ **La zone érogène** (ou source pulsionnelle) est la zone bucco-labiale, le carrefour aéro-digestif jusqu'à l'estomac, les organes de la phonation mais aussi tous les organes sensoriels (regard et peau).

▸ **L'objet pulsionnel** est le sein ou biberon. Le plaisir oral, libidinal est directement lié à l'alimentation qui est un besoin, une pulsion d'autoconservation et le vecteur principal de la relation mère-enfant. Le but pulsionnel est à la fois un **plaisir oral auto-érotique** et un **désir d'incorporation des objets.**

REMARQUE

Relation d'objet

Après une période d'indifférenciation, l'objet total est la mère. Le bébé la distingue et est capable de ressentir son absence.

À RETENIR

Winnicott et la notion d'objet transitionnel

L'objet transitionnel permet à l'enfant, vers ses six mois, de faire face à l'angoisse de séparation avec sa mère, « de passer du subjectif à l'objectif, de la fusion à la différenciation ». C'est l'enfant qui doit choisir cet objet : morceau de tissu, peluche…

3-2. Le stade anal (12/18 mois-3/4 ans)

▸ La libido s'organise sous le primat de la zone érogène anale. L'objet pulsionnel est le boudin fécal mais également la mère et l'entourage. Le but pulsionnel de l'enfant correspond au plaisir auto-érotique par stimulation de la zone érogène anale et au jeu de rétention/expulsion. Il tente d'exercer une pression relationnelle sur la mère.

REMARQUE

Relation d'objet

Le même objet fécal peut être conservé ou expulsé (à l'origine de deux plaisirs différents). L'enfant peut ainsi se soumettre ou s'opposer pour exercer le pouvoir, dominer la mère.

▸ La mère fait face à deux demandes contradictoires, **le désir d'autonomie,** d'affirmation de soi et **la demande de rapprochement.** L'objet transitionnel trouve ici toute son importance.

À RETENIR

Du point de vue de la personnalité

C'est à ce stade que l'enfant consolide la frontière entre intérieur et extérieur, entre le soi et le non soi. Il commence à prendre plaisir dans la manipulation relationnelle des objets extérieurs (mère ou substitut). L'enfant a une meilleure représentation de l'image de son corps. Comme pour Wallon, cette période correspond à la période d'opposition du non. La maîtrise du « je », à 3 ans, témoigne du processus d'individuation.

3-3. Le stade phallique (3-4/5 ans)

▸ La zone érogène est le pénis chez le garçon, le clitoris chez la fille et l'urètre. L'objet pulsionnel devient le sphincter vésical. Le but pulsionnel se trouve dans l'auto-érotisme.

▶ La relation d'objet est centrée autour de la **découverte de la différence des sexes.**

▶ L'apparition de la question du comment on fait les enfants est une des conséquences de cette découverte.

> **REMARQUE**
> Du point de vue de la personnalité, c'est une période narcissique, d'affirmation de soi, mobilisant l'Idéal du moi.

3-4. Le complexe d'Œdipe (4-6 ans)

▶ La phase œdipienne correspond à une **génitalisation de la libido.**

▶ L'enfant éprouve des désirs sexuels concernant le parent de l'autre sexe et ressent le parent de même sexe comme un rival à éliminer. En parallèle, l'enfant se rend compte que la mère éprouve de la tendresse envers le père et qu'il n'est pas le seul objet d'amour de sa mère. Il y a conflit entre l'enfant, le père, la mère ; on parle **de triangulation de la relation d'objet.**

> **REMARQUE**
> Le complexe d'Œdipe joue un rôle fondamental dans la construction de la personnalité. En intériorisant les interdits parentaux (prohibition de l'inceste), le complexe d'Œdipe permet la constitution du Surmoi et de l'Idéal du moi ; le Moi progresse (mécanismes de défense, refoulement).

3-5. La phase de latence (6-12 ans)

▶ La résolution du complexe d'Œdipe semble provoquer la mise en veille de la sexualité. En fait, **un travail de refoulement permet la sublimation des pulsions vers les activités sociales** (scolaires, sportives avec intégration des règles…). L'enfant est donc a priori disponible pour les apprentissages durant la période correspondant à l'école élémentaire.

▶ **La relation d'objet s'ouvre sur « l'extérieur » :** d'autres adultes que les parents, l'école, les groupes, les amis.

▶ Du point de vue de la personnalité, **le Moi se renforce.** S'engage une réelle construction de la pensée sociale, logique et morale.

? QUIZ EXPRESS

pour tester ses connaissances

1 À quelles étapes décrites par Piaget correspond le développement d'un enfant à l'école élémentaire ?

- ☐ a. Opératoire concrète
- ☐ b. Sensori-motrice
- ☐ c. Opératoire formelle
- ☐ d. Pré-opératoire

2 Quel stade décrit par Wallon correspond globalement à la durée de l'école élémentaire ?

- ☐ a. Catégoriel
- ☐ b. Personnalisme
- ☐ c. Sensori-moteur et projectif

3 Pendant quelle période l'enfant est-il le plus disponible pour les apprentissages selon Freud ?

- ☐ a. Le stade oral
- ☐ b. La période de latence
- ☐ c. Le stade génital

Réponses : 1. d-a ; 2. a ; 3 b.

5 Le développement moteur et neurobiologique de l'enfant

▶ THÈME 2 : DÉVELOPPEMENT ET PSYCHOLOGIE DE L'ENFANT

Des travaux scientifiques sur l'étude du développement moteur et l'apprentissage d'habiletés motrices, on peut dégager **six périodes majeures dans le développement des habiletés motrices de la naissance à l'âge adulte.**

A La période des réflexes

▶ Cette première période, qui s'ouvre au troisième mois de vie intra-utérine et s'achève deux semaines après la naissance, est centrée sur deux éléments :
– **faciliter la survie ;**
– **ouvrir un dialogue avec son environnement.**

▶ La naissance de l'enfant constitue un point critique qui délimite une subdivision de cette période en un « avant la naissance » et un « après la naissance », tant celle-ci constitue **une expérience majeure de transition** vers le monde externe. Les contraintes environnementales sont drastiquement différentes entre ce monde externe et l'expérience intra-utérine vécue jusqu'alors.

> **REMARQUE**
>
> **Une transition majeure**
> Sans aucun doute, les changements que vivent les enfants à la naissance constituent la transition la plus difficile dans la vie d'un individu.

▶ Durant cette période, les actions motrices reposent sur des mouvements spontanés et réflexes.

• Les **mouvements spontanés** consistent par exemple à frapper du pied, bouger les lèvres, tendre et fléchir les bras. Ils ne sont pas directement une réponse à un stimulus particulier ou à un contexte environnemental.

• Les **mouvements réflexes** sont quant à eux des réponses motrices relativement stéréotypées à des stimuli spécifiques.

▶ Si ces mouvements spontanés et réflexes présentent un avantage pour la survie intra-utérine, ils sont surtout importants pour préparer l'enfant à **ouvrir un dialogue moteur avec le monde externe.** À la naissance, l'enfant est bombardé d'un ensemble complexe de stimuli sensoriels en constante évolution. Les mouvements spontanés et réflexes développés dans la vie intra-utérine l'aident alors à **s'adapter à ce nouvel environnement.** La période des réflexes marque le début du voyage de l'enfant dans notre monde.

B La période de préadaptation

1. De premiers mouvements volontaires

▶ Le passage à la période de préadaptation marque **l'émergence de mouvements volontaires** par disparition ou inhibition des comportements réflexes.

> **REMARQUE**
>
> La période des réflexes devient contre-productive si elle se prolonge au-delà des premiers mois de la naissance : en effet, la clé du développement moteur est l'adaptation à un environnement.

Le début de cette période est marqué par l'observation de l'enfant, qui applique les patterns sensori-moteurs rudimentaires de la période réflexive dans le but de s'adapter à un nouveau monde. Le but premier de la période de préadaptation est de réussir la **fonction d'indépendance.** Celle-ci doit permettre de développer la capacité à se nourrir et à se déplacer dans l'environnement à la recherche de sources de nourriture.

▸ À la naissance, la force de la gravité est trop importante pour permettre à l'enfant de lever sa tête ou de soutenir son corps. Cela limite ses mouvements, mais les objets et les sons autour de lui ainsi que ses propres pulsions internes pour trouver de la nourriture vont lui permettre de **construire progressivement une réponse motrice**. Les premières tentatives pour atteindre se caractérisent par le fait de lancer le bras vers un objet visuellement fixé. Ces premiers mouvements pour attraper les objets sont cependant rarement couronnés de succès.

2. Premières réussites de coordination

▸ Au fur et à mesure, la relation entre les yeux et la main, qui avait été « pré-câblée » durant la période des réflexes, va être mobilisée par l'enfant pour ses premières réussites **d'atteinte d'objets visuellement guidée.** C'est durant cette période que l'on constatera aussi le début de la **coordination main-bouche.** Ces succès initiaux demeurent cependant bien peu efficaces en comparaison des mouvements construits par l'enfant à l'issue de cette période de préadaptation (vers 9 à 12 mois).

▸ La fin de cette période est marquée par **des comportements d'auto-alimentation** et **de marche** : se lever du sol et trouver de la nourriture. La nature et l'évolution ont fourni à l'enfant les contraintes générales dans lesquelles vont s'accomplir ces buts, mais aucune carte détaillée n'est incluse dans nos gènes. À la sortie de cette période, les enfants se montrent capables de **se mouvoir dans l'environnement** qui les entoure en **prenant en compte les contraintes** définies par leur corps.

C La période des patterns fondamentaux

▸ Équipés des patterns de coordination de base pour la manipulation et la locomotion, les enfants s'engagent dans une période durant laquelle ils vont **élaborer leur répertoire moteur** sur la base de ces patterns fondamentaux. Le but de cette période consiste à construire un **répertoire moteur suffisamment diversifié,** qui permettra l'apprentissage ultérieur d'actions adaptatives et habiles dans des contextes de mouvements différents et spécifiques.

À RETENIR

Il faut attendre l'âge de 7 ans pour que les enfants puissent appliquer les patterns fondamentaux qu'ils auront développés durant cette période à des contextes spécifiques.

▸ À mesure que les enfants sortent de cette période, des différences très importantes vont émerger entre ceux qui disposeront d'expériences motrices riches et variées et ceux qui n'en disposeront pas.

▸ Trois domaines du comportement moteur vont émerger au cours de cette période.

1. Les patterns locomoteurs fondamentaux

Tout d'abord, **le domaine des patterns locomoteurs fondamentaux.** Trois mois après que l'enfant a fait ses premiers pas, il démontre des schémas de mouvements des jambes qui ont l'adaptabilité et la régularité de l'adulte mature. Après environ six mois d'expérience de la marche, l'enfant commence à courir.

À RETENIR

Un exemple d'adaptation de patterns fondamentaux

- L'exploit le plus remarquable se produit peut-être lorsque les nourrissons et les jeunes enfants explorent les différents modes de locomotion et finissent par produire des schémas asymétriques tels que le galop, le glissement et le sautillement.
- Ces schémas locomoteurs, qui émergent plus tard, fournissent un très bon exemple de la manière dont des patterns fondamentaux, tels que le schéma symétrique de la marche, peuvent être développés et diversifiés pour produire une gamme de schémas de coordination s'appliquant avec souplesse à une variété de tâches et de contextes environnementaux.

2. Des patterns de coordination de base, la projection et l'interception

▸ Au-delà de la capacité à se déplacer dans un environnement, les individus doivent également développer **un ensemble de patterns de coordination de base** pour interagir avec leur environnement. **La projection** et **l'interception d'objets** constituent deux catégories de ces patterns.

▸ Pour **la projection,** telle que le lancer d'objets, l'enfant a initialement le contrôle de l'objet et le projette dans l'environnement. Le développement des habiletés en la matière implique des changements dans la production de force ainsi que l'apprentissage d'une coordination efficace de l'ensemble du corps pour appliquer la force de manière appropriée.

▸ Les patterns pour **l'interception** d'objets sont en revanche des comportements dans lesquels un objet se déplace dans l'environnement et où l'enfant souhaite l'intercepter. Il existe deux formes d'interception d'objets :
– **la réception d'objets** (par exemple, la capture d'un objet avec les deux mains), dans laquelle l'objectif est de contrôler l'objet en le faisant sortir de sa trajectoire initiale ;
– **la déviation d'objets** dans laquelle, au lieu de capturer l'objet, celui-ci est renvoyé ou dévié.

▸ Les contraintes importantes pour l'interception d'un objet sont celles qui impliquent **sa perception** et des **jugements sur le moment** permettant d'initier **le schéma de coordination approprié**

REMARQUE

Les bases du répertoire moteur

On voit ici aussi en quoi le développement moteur dans la période antérieure (premières atteintes d'objets visuellement guidés) fournit une base pour l'élaboration d'un répertoire moteur de mouvements de bras guidés visuellement pour attraper des objets en mouvement.

3. Les patterns fondamentaux de manipulation de la motricité fine

▸ Pour compléter le répertoire de patterns de mouvements fondamentaux, les enfants ont besoin non seulement de capacités de motricité générale, mais aussi de pouvoir manipuler des objets dans leur environnement.

▶ **Les patterns fondamentaux de manipulation de la motricité fine** sont ceux qui impliquent l'utilisation **de petits muscles des mains** pour une variété de comportements allant de la communication à l'utilisation d'outils.

▶ Au cours de la période de préadaptation, le nourrisson a du mal à amener son bras de manière précise et efficace vers un objet et à s'en saisir. Par exemple, la préhension commence par des mouvements indifférenciés de la main entière (comme dans la prise en charge de l'écriture) qui, au cours de la période des schémas fondamentaux, se différencient au point que l'enfant de 5 ans apprend à écrire son nom et à dessiner des images de sa famille.

ZOOM SUR...

Les patterns fondamentaux, base pour l'acquisition des habiletés motrices

▶ Il est important de noter que les schémas moteurs développés au cours de cette période serviront de base aux habiletés motrices ultérieures.

- **Les jeux et les sports** – tels que l'épervier, le gagne-terrain, le basket-ball ou le handball – font appel à la course, au saut, à l'attraper et au lancer.
- **Les activités artistiques**, telles que la peinture et le piano, sont des applications contextuelles des habiletés de manipulation de la motricité fine, comme l'écriture et l'utilisation d'ustensiles.
- Même **les comportements quotidiens**, comme taper sur un clavier d'ordinateur, manger ou traverser un carrefour très fréquenté, requièrent de disposer de schémas moteurs fondamentaux dans ces trois domaines.

▶ Ces schémas moteurs fondamentaux constituent le camp de base vers lequel pourra toujours revenir l'individu au cours de l'acquisition de nouvelles habiletés motrices (revoir ses fondamentaux).

D La période spécifique au contexte

1. Entrée dans la période spécifique au contexte

▶ À mesure que l'enfant construit son répertoire moteur de base, il commence à appliquer les modèles fondamentaux à une variété de tâches et de contextes environnementaux. Le passage à la **période spécifique au contexte** se produit lorsque l'enfant ne court plus pour le plaisir de courir mais commence à s'imposer des contraintes supplémentaires liées à comment, vers où et pourquoi il va courir. Si l'on garde à l'esprit que l'objectif du développement moteur est de devenir un acteur adaptatif, compétent et autonome dans l'environnement, l'objectif de la période spécifique au contexte est **d'apprendre à appliquer de manière adaptative les schémas de mouvements fondamentaux à une variété de situations contraintes.**

▸ C'est la période où l'enfant apprend **l'étendue et la polyvalence de son répertoire moteur** et comment ses actions peuvent être adaptées à un certain nombre de situations spécifiques. Pour certains enfants, cette capacité à adapter un mouvement à un environnement constituera une fin en soi. D'autres débuteront cette phase avant les autres, car ils disposeront d'une expérience précoce et accélérée de la phase d'acquisition des patterns fondamentaux.

▸ D'une manière générale cependant, on peut s'attendre à ce qu'un enfant passe à la période spécifique au contexte **vers l'âge de 7 ans.** L'expérience individuelle a certainement une grande influence sur les changements développementaux qui se produisent pendant la période spécifique au contexte.

REMARQUE

L'importance des contraintes culturelles, familiales et sociales

Une fois le répertoire moteur fondamental établi, le développement des habiletés motrices est davantage influencé par les contraintes culturelles, familiales et sociales. Un garçon qui vit dans le Sud-Ouest sera probablement plus encouragé à appliquer ses schémas moteurs fondamentaux aux contraintes du rugby qu'un garçon vivant dans l'Est de la France.

2. Une période clé dans le développement

▸ Étant donné que le développement au cours de la période spécifique au contexte est déterminé par des tâches et des expériences particulières, **le développement des capacités perceptivo-cognitives** constitue un autre **facteur important de limitation du rythme.**

▸ Si les schémas fondamentaux doivent se conformer à **une tâche particulière,** comme un sport ou un jeu, l'enfant doit **percevoir et comprendre les règles et les connaissances spécifiques au contexte** associées à ces tâches. Par exemple, même si l'enfant sait comment lancer une balle, dans un match de handball, savoir quand, où et à qui il doit la lancer devient un aspect essentiel de la réussite.

▸ La période spécifique au contexte est un moment important dans la vie de l'enfant en développement. C'est une période qui peut **soit étouffer, soit faciliter les progrès** réalisés pour devenir un acteur adaptatif et autonome dans notre monde complexe.

À RETENIR

Importance de l'environnement

Bien que tous les enfants entrent dans la période spécifique au contexte, il est important de reconnaître que l'expérience et les influences de l'environnement sont des déterminants majeurs de la vitesse et de l'étendue des acquisitions durant cette phase.

▸ En plus d'un répertoire moteur fondamental bien développé, **la pratique assidue et l'expérience deviennent des facteurs majeurs dans le niveau d'habileté** qu'un individu atteindra. Ainsi, le passage entre la période spécifique au contexte et la période suivante des habiletés dépend principalement de la motivation de l'individu à exceller ainsi que des possibilités qu'il a de se consacrer à l'affinement de son habileté particulière.

E La période des habiletés

1. Maîtriser des habiletés spécifiques

Avec suffisamment de pratique et d'expérience, certains enfants vont passer à la **maîtrise d'habiletés spécifiques.** L'objectif de cette période est de construire un comportement habile. L'habileté motrice est caractérisée comme étant **volontaire, efficace et adaptative.** Une fois l'habileté réelle atteinte, l'enfant peut appliquer son comportement à une variété de contextes et de situations. On ne peut être performant dans un large éventail d'habiletés. Au contraire, l'acquisition de l'habileté est largement spécifique à un sous-domaine particulier du comportement moteur.

2. Entrée dans la période

▶ Le passage dans la période des habiletés coïncide généralement avec deux réalisations générales.

▶ Premièrement, l'individu doit avoir **une expérience significative, spécifique au contexte, de ce comportement particulier.** On ne soulignera jamais assez l'importance de la pratique et de l'expérience. Sans les opportunités et le soutien appropriés, ainsi que les conseils explicites d'autres personnes expérimentées (comme les parents, les pairs, les entraîneurs ou les enseignants), l'acquisition de l'habileté ne se produira probablement pas.

▶ Deuxièmement, le passage à l'habileté tend à coïncider avec **le début de la puberté** et **la poussée de croissance des adolescents, vers 11-13 ans.** L'augmentation spectaculaire de la taille du corps, de la force et des capacités cognitives et émotionnelles qui se produit à l'adolescence est une contrainte importante, qui permet de différencier les personnes compétentes des personnes habiles.

▶ Pour certaines personnes, l'habileté finit par devenir une expertise. **L'expertise est une performance motrice exceptionnellement qualifiée,** qui se produit grâce à une interaction optimale de contraintes biologiques et environnementales ainsi qu'à des années de pratique et d'expérience.

F La période de la compensation

1. Deux types de compensations

Du nouveau-né à l'adulte qualifié, le développement moteur représente **un processus émergent d'adaptation progressive.** Comme pour toutes les périodes précédentes, ceci est vrai pour la dernière période du développement moteur, **la période de compensation.** La compensation implique qu'une partie d'un système ne fonctionne pas comme prévu et que le reste du système doit s'adapter afin d'atteindre l'objectif. Cette période de compensation peut être provoquée par une blessure ou par le vieillissement.

1-1. Les blessures légères

Les blessures légères nécessitent de revenir au camp de base fondamental antérieur avant de progressivement reprendre possession de l'ensemble de ses habilités avant la blessure. Ce passage par le camp de base s'accompagne parfois d'une extension du répertoire moteur de l'individu, qui devient plus performant sur certaines dimensions de ses habiletés.

1-2. Le vieillissement

La compensation liée au vieillissement est d'une autre nature. Si le système reste adaptatif au cours du vieillissement, certaines fonctions de l'organisme s'altèrent progressivement, nécessitant une compensation pour maintenir son niveau d'habileté.

1-3. Un point commun crucial

Cependant, l'important point commun entre les deux types de compensation est lié au fait que la compensation implique **une capacité fondamentale du système à se réorganiser de manière adaptative** pour maintenir la fonction dans le monde extérieur.

2. S'adapter dans son environnement

▶ Du nourrisson à l'adulte âgé, **le développement est guidé par une adaptation progressive.** L'objectif premier d'un individu qui se déplace dans le monde est d'être un acteur adaptatif et autonome dans l'environnement. Qu'il s'agisse d'apprendre des comportements moteurs pour la première fois ou de compenser des changements préjudiciables aux contraintes de l'organisme, le développement se poursuit par le processus d'adaptation.

▶ Si, pendant la majeure partie de la vie, les capacités motrices s'améliorent avec l'expérience du monde extérieur, il est important de se rappeler que **la fonction adaptative est le but du développement moteur.** Bien que l'on puisse ou non retrouver un niveau d'habileté antérieur après une période de compensation, on peut généralement parvenir à atteindre l'objectif de maintien de la fonction adaptative.

QUIZ EXPRESS

pour tester ses connaissances

1 Classer les périodes de développement des habiletés motrices dans le bon ordre.

- ☐ a. La période des patterns fondamentaux
- ☐ b. La période des habiletés
- ☐ c. La période de la compensation
- ☐ d. La période des réflexes
- ☐ e. La période spécifique au contexte
- ☐ f. La période de préadaptation

2 Quel est le but du développement moteur ?

- ☐ a. Devenir le plus fort possible
- ☐ b. S'adapter à son environnement
- ☐ c. Passer de l'enfance à l'âge adulte

3 Pourquoi la période de l'acquisition des patterns fondamentaux est-elle si importante dans le développement moteur des enfants ?

- ☐ a. Elle permet de construire un répertoire moteur.
- ☐ b. Elle permet aux enfants d'améliorer leur motricité fine.
- ☐ c. Elle permet aux enfants de passer de la marche à la course.

4 Les actions motrices des nouveaux nés reposent sur :

- ☐ a. des mouvements spontanés uniquement.
- ☐ b. des mouvements volontaires.
- ☐ c. des mouvements spontanés et des mouvements réflexes.

5 Autour de quel âge les enfants atteignent-ils généralement la période spécifique au contexte ?

- ☐ a. 3 ans
- ☐ b. 7 ans
- ☐ c. 13-14 ans

Réponses : 1. d-f-a-e-b-c ; 2. b ; 3. a ; 4. c ; 5. b.

6 Proposer des activités adaptées

▶ THÈME 2 : DÉVELOPPEMENT ET PSYCHOLOGIE DE L'ENFANT

Les connaissances du développement de l'enfant permettent à l'enseignant de proposer des activités adaptées en EPS, tant sur le plan moteur que psychologique.

A S'adapter à l'hétérogénéité

1. Adapter l'activité aux enfants

Il est important de rappeler que les jeunes n'ont pas les mêmes capacités que les adultes. De sorte qu'ils ne pratiquent pas les activités sportives dans les mêmes conditions que ces derniers. Cette adaptation de la pratique des jeunes peut porter sur l'espace (largeur et/ou longueur réduite), le matériel (ballons plus souples et plus légers), les cibles à atteindre, les temps de jeu ou encore le nombre de joueurs.

REMARQUE

Imposer aux jeunes de pratiquer dans les mêmes conditions que les adultes revient à privilégier les élèves les plus habiles, c'est-à-dire ceux qui pratiquent déjà l'activité physique enseignée en dehors de l'école, et à pénaliser les autres.

2. Garantir un environnement bienveillant pour tous

▶ Par ailleurs, l'EPS est une discipline qui expose les élèves à **rendre visible leurs erreurs ou leurs différences physiques** plus que toute autre discipline scolaire. Or, pour accepter de rendre visible ses erreurs et sa différence, et progresser à partir des conseils de l'enseignant, il faut **la garantie d'un environnement bienveillant.**

▶ Autrement dit, il faut la garantie d'être protégé si ses erreurs ou différences sont publiquement exposées, c'est-à-dire qu'elles ne seront pas utilisées par les autres ou par l'enseignant comme objet de moqueries ou d'humiliation. Si l'environnement créé par l'enseignant d'EPS légitime la moquerie, on va adopter une stratégie consistant à s'exposer le moins possible en pratiquant le moins possible. Cette stratégie est contre-productive du point de vue des apprentissages en EPS.

▶ Être moqué sur son physique affecte profondément une personne. On se rappelle toujours ses blessures émotionnelles. Or, le physique est au centre de l'enseignement de l'EPS. L'enseignant d'EPS doit donc être particulièrement vigilant à **ne pas blesser émotionnellement ses élèves** et à ne pas les placer dans des situations qui pourraient porter atteinte à leur sécurité affective.

▶ Enfin, **l'exclusion répétée des élèves les moins habiles en raison d'une pratique sportive non adaptée conduit à former des « esquiveurs compétents »** qui développent un ensemble de stratégies pour esquiver l'enseignement obligatoire de l'EPS. Ils peuvent ainsi faire semblant de pratiquer lorsque l'enseignant approche, « se cacher » derrière les fiches d'observation transmises par l'enseignant ou encore recourir à toutes les situations possibles pour se faire dispenser.

REMARQUE

Les élèves mis à l'écart vont développer la conviction que l'éducation physique n'est pas pour eux, et plus largement l'activité physique. Ils ont moins de chances de pratiquer à l'âge adulte et plus de chances d'encourager leurs enfants à ne pas pratiquer d'activité physique.

▶ Que l'on soit un enfant, un jeune, un adulte, un senior, un homme, une femme, une personne en situation de handicap, de surpoids ou d'obésité…, on peut s'adonner à une activité physique, si elle est adaptée. De sorte que l'activité physique, **c'est pour tout le monde.**

▶ Nos pratiques d'enseignement de l'EPS ne peuvent exclure un seul élève. Dans le même temps, tout en adaptant son enseignement à chaque individu, l'enseignant doit veiller à contrôler ses attentes, à ne pas marginaliser certains élèves en fonction de leurs différences.

B L'importance pour l'enseignant de contrôler ses attentes

1. S'interroger sur ses préjugés

▶ La difficulté principale dans le **contrôle des attentes différenciées** est que ce phénomène est majoritairement inconscient. Pour les contrôler, les enseignants doivent donc en prendre conscience. Chaque enseignant d'EPS devrait ainsi s'interroger sur ses préjugés concernant l'origine ethnique, le statut socio-économique, le genre, les situations de handicap, les croyances religieuses, les habiletés motrices ou encore l'apparence physique des élèves.

▶ *Suis-je d'accord pour dire que les filles réussissent moins bien en EPS que les garçons ? Que les élèves des milieux favorisés réussissent mieux en EPS parce qu'ils disposent de plus d'opportunités pour pratiquer des activités sportives à l'extérieur de l'école ? Est-ce que je partage l'idée que les capacités physiques initiales des élèves déterminent leur réussite en EPS ? Que les élèves en surpoids ou obèses n'ont aucune chance de réussir en EPS ?* Certains enseignants sont plus sensibles que d'autres aux préjugés. Ils ont donc un risque plus important de stéréotyper leurs élèves. Ce **travail introspectif sur ses propres préjugés** est une première étape nécessaire pour contrôler la formation d'attentes différenciées.

REMARQUE

Les stéréotypes sont à proscrire

En voici quelques exemples :
– les garçons sont meilleurs que les filles ;
– les personnes noires font de bons sprinteurs ;
– les filles aiment la gymnastique ;
– les hispaniques font de bons footballeurs ;
– les garçons se moquent qu'on crie sur eux ;
– les filles pleurent plus facilement que les garçons…

2. Placer des attentes élevées pour tous

▶ Une deuxième étape consiste à former des attentes élevées pour tous ses élèves, **même si on différencie les objectifs à atteindre.** Quel que soit son sexe, son poids ou son niveau de pratique, un élève est capable de réussir en EPS.

▶ Dans un environnement à attentes élevées pour tous les élèves, le climat affectif est plus chaleureux, l'enseignant donne plus d'informations aux élèves sur les performances réalisées, il fait apprendre plus de contenus et des contenus plus difficiles, et il donne plus d'opportunités aux élèves de répondre et de poser des questions. Ce type d'environnement est favorable à l'apprentissage.

C Des activités adaptées aux étapes du développement de l'enfant

1. En maternelle : l'importance de la danse

1-1. Rondes et jeux dansés

▶ En maternelle, **le programme préconise la pratique de rondes et jeux dansés** en concordance avec la musique, le chant et les pairs[1]. En se fondant sur le besoin de mouvement, le plaisir du jeu et l'utilisation du répertoire de la tradition enfantine et ses versions contemporaines, on apprend à contrôler ses gestes, à coordonner ceux-ci avec des sonorités, avec les autres, enfin à adapter ses déplacements avec autrui et en fonction des informations sonores extérieures ; on imite, on s'implique.

REMARQUE

Une culture commune

La classe se crée ainsi une première culture qui l'affirme comme groupe social disposant de référents communs. Ce premier répertoire, enrichi des habiletés motrices et perceptives construites dans toutes les activités offre la possibilité de construire de courtes séquences dansées.

▶ Les premières évolutions apprises « par corps », mémorisées, seront réinvesties, perfectionnées, transformées par et pour ces créations. La classe, comme chaque enfant, se pose alors comme **détenteur d'un patrimoine chorégraphique** et **acteur de son évolution.** La création de courtes séquences dansées et leur appréciation s'articule avec la poursuite de l'apprentissage de « rondes et jeux dansés » et la **réception active commentée de spectacles de danse,** de visionnement d'enregistrements de chorégraphies… Cette démarche assure le progrès.

1-2. Trois rôles différents

▶ Apprendre à danser suppose que l'on **joue tour à tour différents rôles** : danseur, spectateur, chorégraphe.

• **Danseur :** être capable de dessiner dans l'espace avec son corps (avec ou sans accessoire) des formes ; interprétations expressives de musiques et/ou de thèmes, personnages, images, sentiments, états. Ce rôle est souvent privilégié, les expériences que l'on y vit aident à mieux comprendre et exercer les autres rôles.

• **Spectateur :** être capable de s'émouvoir, de comprendre, de critiquer en exprimant sa sensibilité, ses impressions en argumentant son point de vue, ses appréciations.

• **Chorégraphe :** être capable avec l'enseignant et les autres enfants de participer à la composition et la mise en scène, c'est-à-dire choisir et garder en mémoire l'impression que l'on veut produire et pour cela sélectionner des thèmes, des musiques, des pas, des formations, donc créer de courts scénarios, les mettre en œuvre, en apprécier les effets puis reprendre, corriger, améliorer, réinvestir.

▶ Cet apprentissage implique une **organisation de séances prévoyant la répartition du groupe classe en sous-groupes** qui jouent en alternance chacun des rôles. L'enfant, les enfants, leurs aptitudes sensori-motrices, relationnelles, émotionnelles et leur observation par le maître permettent de fixer les objectifs.

---

1. Josette Terrieux, *L'école maternelle, programmes, projets, apprentissages*, Hachette Éducation, 2011.

1-3. Construire des situations d'apprentissage

▶ Pour construire des situations d'apprentissage qui aident à **progresser d'une motricité peu contrôlée à une motricité expressive**, il faudra combiner les éléments ci-dessous.

Les supports sonores, pour des mobilisations variées du corps en mouvement et en déplacement
• La voix chantée de l'enseignant (avec TPS, PS le chant interprété lié à l'observation des réactions enfantines permet une adaptation maître/élève pour que tous les enfants participent, se sentent soutenus, encouragés). De plus, les paroles des chants indiquent souvent les actions à faire ou/et les parties du corps à mobiliser (ex. : « Jean petit qui danse, de sa main, de son pied, de sa tête… » ; « si tu as la joie au cœur frappe des mains, claque la langue, tape d'un pied, croise les doigts…»). • Des instruments de musique dont la manipulation encode des déplacements, leurs variations dans l'espace et le temps. • Des sons enregistrés de l'environnement ou du corps (cris, pleurs, expirations bruyantes, grincements, percussions…). • Des musiques (de toutes origines et époques).
Le temps, pour des variations s'appuyant sur différents rythmes et tempos
• La durée et la souplesse (rapide/lent ; mou/raide) du mouvement en fonction du montage sonore (ex. : courir/se balancer ou avancer/reculer). • Le tempo, la cadence (ex. : marcher, accélérer, décélérer…). • L'intensité (fort/faible, jusqu'au silence) du mouvement (ex. : sauter, frapper/glisser…). • La hauteur en fonction du son grave, aigu, lourd ou léger (ex. : ramper/sautiller…).

▶ Pour construire les progrès, il faudra préparer des montages sonores – y prévoir des silences – à partir de musiques ou sonorités sélectionnées en fonction des variables liées aux paramètres du son.

▶ Plus les enfants sont jeunes, plus les contrastes doivent être accentués pour en **permettre le repérage et autoriser des réponses motrices adaptées.** Puis il faut réduire progressivement ces contrastes, procéder à des variations : sur la combinaison des paramètres précédents et sur la combinaison de leurs variations (de plus en plus grave et lent ; de plus en plus aigu et rapide).

▶ Les thèmes possibles pour déclencher les actions sont listés ci-dessous :
– **personnages :** soi, héros de récits de vie (bébés, adultes dans leurs rôles ou métiers), héros de fiction (fées, magiciens, ogres, sorcières rencontrés dans des lectures, contes, etc.) ;
– **éléments de la nature :** animaux (oiseaux, lapin, insectes…), végétaux (arbres, fleurs, légumes…) ; minéraux ; mer, vent, nuages, pluie, orage ;
– **activités humaines** (moyens de transport, outils…).

REMARQUE

Les thèmes proposés seront liés aux intérêts manifestés aux différents âges, ils servent à faire naître des images.

2. Au cycle 2 : la maîtrise des actions motrices

▶ D'après le *Bulletin officiel* de juillet 2020, « Au cours du cycle 2, les élèves s'engagent spontanément et avec plaisir dans l'activité physique. Ils développent leur motricité, ils construisent un langage corporel et apprennent à verbaliser les émotions ressenties et actions réalisées.

▶ Par des pratiques physiques individuelles et collectives, ils accèdent à des valeurs morales et sociales (respect de règles, respect de soi-même et d'autrui). À l'issue du cycle 2, les élèves ont acquis des habiletés motrices essentielles à la suite de leur parcours en éducation physique et sportive. Une attention particulière est portée au savoir nager. »

À RETENIR

La natation

« En natation, les activités proposées permettent de passer de réponses motrices naturelles (**découvrir le milieu, y évoluer en confiance**) à des formes plus élaborées (**flotter, se repérer**) et plus techniques (**se déplacer**). L'objectif est de passer d'un équilibre vertical à un équilibre horizontal de nageur, d'une respiration réflexe à une respiration adaptée, puis passer d'une propulsion essentiellement basée sur les jambes à une propulsion essentiellement basée sur les bras. » *BO,* juillet 2020.

▶ Durant le cycle, l'enseignement physique et sportif devra particulièrement porter sur les actions motrices à maîtriser : **courir, sauter, lancer, nager.** Les élèves devront apprendre à utiliser leur main d'adresse, et leur pied d'appel en coordonnant leurs mouvements.

▶ L'attention commence également à se porter à l'extérieur du corps pendant le mouvement. Les enfants prennent des repères spatiaux, temporels et mesurent la durée de l'action et l'effort fourni. Les **activités d'orientation** permettent efficacement de travailler ces compétences.

▶ Enfin, une **expression artistique, esthétique ou acrobatique** telle que la danse favorise le « pouvoir expressif du corps », la mesure et la reproduction de rythmes, de figures, de séquences simples à ce stade. Les élèves apprennent à collaborer sur des actions communes ou à s'exprimer à travers des actions individuelles. À l'expression libre peu différenciée doit se substituer **une conception élargie** embrassant toutes les formes de la danse ; la dimension artistique étant essentielle en ce qu'elle valorise l'expression de la personne et du groupe pour « dire » l'émotion, faire impression.

REMARQUE

La pratique de la danse à l'école doit permettre que s'élabore progressivement une culture artistique commune et qu'évoluent certains stéréotypes parfois déjà en place chez les jeunes enfants (la danse vue comme danse classique avec ses attributs vestimentaires pour certaines fillettes tandis que les garçons évoquent la danse en couple ou des gesticulations désordonnées).

▶ Le **théâtre d'ombre** est également une alternative originale pour que les élèves apprennent d'autres formes d'expressions corporelles.

En classe…

Proposition de séquence de théâtre d'ombres

L'enseignant propose aux élèves de construire une saynète pour les autres membres du groupe (pour les parents, les correspondants…). Le thème est imposé : il s'agit d'un texte lu en classe.

Objectif de l'enseignant

Développer chez les enfants une maîtrise gestuelle qui aide à la construction corporelle.

Objectif des élèves

Jouer les personnages et les expressions adaptés à l'histoire compte tenu du fait que la projection de l'ombre transforme les volumes en images projetées plates.

Contraintes

Elles sont liées à l'histoire et au matériel en place (grandeur de l'écran, déformations dues à la projection…).

Ressources

Ce sont les qualités expressives des acteurs, le matériel et les techniques disponibles (voix « off », musique…).

3. Au cycle 3 : la performance optimale

▸ En fin de cycle 3, l'élève doit pouvoir aller **« plus vite, plus longtemps, plus haut, plus loin »** (*BO* de juillet 2020) que les années précédentes. L'enseignement de l'éducation physique et sportive ne vise plus seulement la maîtrise mais **la performance individuelle, collective,** sur une action unique ou des actions cumulées. Les élèves exploitent ainsi au mieux leurs ressources pour y trouver le plaisir de la progression et de l'accomplissement.

▸ Les activités athlétiques sont particulièrement intéressantes pour les objectifs du cycle 3 : **courses, sauts, lancers, natation,** etc. Le but est également **d'adapter son déplacement à l'environnement** (courir, enjamber, sauter, marcher, nager…) et d'apprendre à gérer son effort.

REMARQUE

Les trois années du cycle permettent à l'élève d'affiner son rôle au sein de l'activité collective : attaquant, défenseur, gardien… Il développe des stratégies pour obtenir un gain, agit et réagit face à un adversaire, améliore sa communication et son esprit d'équipe.

En classe…

Proposition de séquence d'athlétisme (vitesse-relais)

Les spécialités athlétiques suscitent chez les élèves une grande motivation par l'aspect ludique important des compétitions par équipe. La séance que nous proposons ici est la troisième d'un cycle. Les deux premières séances ont été consacrées principalement à une découverte de ces spécialités athlétiques : évaluation de départ sur 50 m plat afin de situer la classe et les élèves entre eux. Ces deux séances se sont terminées par des prises de performances sur 50 m (course individuelle) et sur 4 × 50 m en élaborant certaines règles simples sur la transmission (passage du témoin, zone de transmission).

…/…

…/…

Matériel à prévoir

• Foulards de couleur (4 couleurs) • Témoins (1 par équipe de 4) • Un chronomètre • Craie

Lieu

• Piste de 200 m (préférable) ou terrain de handball

Objectif	Organisation Formes de travail des élèves	Déroulement prévu Consignes	Observations – Remarques
Brève présentation de la séance aux élèves avant la mise en route des activités			
Adopter un rythme de course à une situation imposée	• Sur une piste de 200 m, répartir les élèves par équipes de 4 (avec un témoin pour chaque équipe). • Placer 2 élèves de chaque côté (élèves 1-3 et 2-4).	• Chaque élève parcourra, à allure modérée (et même lente en ce début de séance), la moitié de la piste pour transmettre le témoin à son partenaire : 1 → 2 → 3 → 4 → 1… • Le temps imposé étant assez long (5 min pour le relais de l'équipe), s'organiser pour éviter que le témoin ne s'arrête. • Transmettre le témoin de la main gauche dans la main droite du relayeur.	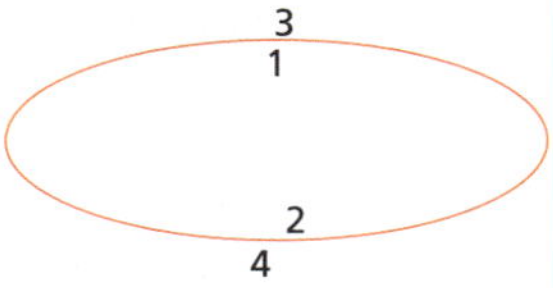 • On se réfère ici à un cycle de course de durée déjà vécu, et à une connaissance des différents rythmes de course. • Cette consigne a déjà été évoquée au cours de la séance précédente.
S'organiser pour transmettre le témoin	• Sur la piste (ou le terrain de handball) : – tracer les limites A, B et C ; – mettre en place les plots 1, 2, 3 et 4 (voir croquis ci-contre). • Travailler par binôme au sein de l'équipe ; chaque élève passe avec chacun de ses équipiers (1-2 ; 3-4 ; 1-3 ; 2-4 ; 2-3).	• Un élève part de A avec l'objectif de rattraper son camarade (qui part de B) avant la ligne C. Plus l'élève de B part tardivement sans se faire rattraper, plus il marquera de points. • Pour chaque course : 2 coureurs et 2 observateurs avec rotation dans les rôles.	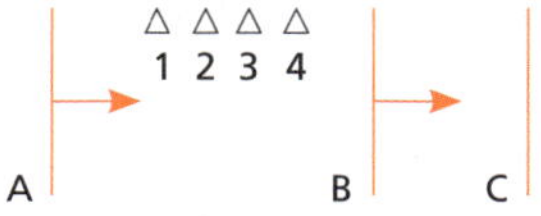 *Ex. : si l'élève B démarre quand A franchit le plot 3, il marque 3 points s'il n'est pas rattrapé… mais c'est A qui marquera 3 points s'il rattrape B avant la ligne C.*
Transmettre le témoin le plus rapidement possible	• Organisation identique à la phase précédente.	• Même exercice que précédemment mais cette fois avec le témoin ; le but étant de le transmettre avant la ligne C. • Rappel des consignes concernant : – la transmission du témoin main gauche/main droite ; – la marque du départ ; – la zone de transmission.	• Chaque élève repérera « sa zone de transmission » et surtout la marque de « son départ » (se référer à l'exercice précédent). • Critères de réussite : – le témoin ne ralentit pas ; – l'élève A ne ralentit pas avant la transmission.

…/…

…/…

Objectif	Organisation Formes de travail des élèves	Déroulement prévu Consignes	Observations – Remarques
Brève présentation de la séance aux élèves avant la mise en route des activités			
Améliorer la technique de transmission	• Courir par 2 sur une piste de 50 m.	• Chaque élève effectuera 3 fois une distance de 25 m en passant avec chacun de ses 3 coéquipiers (élèves 1-2 ; 1-3 ; 1-4 ; 2-3 ; 2-4 ; 3-4). 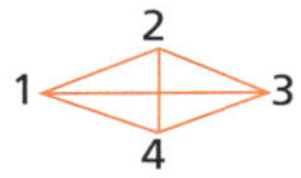 • Le maître chronométrera chaque 2 × 25 m pour obtenir un temps relais sur 50 m.	• Évaluation formative : on compare le temps relais avec la moyenne des temps individuels pour apprécier l'efficacité du passage du témoin entre les deux partenaires. • Critère de réussite : temps relais < 50 m (élève 1) + 50 m (élève 2) / 2
Comparer le temps de l'équipe et les temps individuels	• Identifier les équipes (foulards de couleur). • Courir par équipes.	• Dans chaque équipe, on déterminera l'ordre de passage de chacun en fonction des résultats précédents (recherche de la plus grande efficacité de l'équipe). • La course de chaque équipe sera chronométrée.	• Cet ordre de passage demeurera fixe pour le reste du cycle. • L'évaluation portera sur le rapport du temps de l'équipe avec l'addition des 4 temps individuels sur 50 m.
Retour au calme. Bilan de la séance.			

Perspectives

Objectifs de réalisation Comment faire parcourir le plus rapidement possible une distance à un témoin en respectant certaines règles.

Objectifs d'organisation Gérer son groupe pour le rendre plus efficace.

Objectifs de connaissance Donner un départ en trois temps, respecter des règles.

Travail interdisciplinaire (mathématiques) Utiliser un chronomètre, mesurer des durées (calculer des moyennes).

▶ **La course d'orientation** est également est un bon moyen pour enseigner l'adaptabilité du corps et du mouvement : il s'agit de réaliser un parcours matérialisé par des balises témoins placées à une distance donnée dans un milieu peu connu. Chaque balise est placée dans le milieu naturel de manière à poser un problème de choix de trajectoire pour les groupes d'élèves (en principe trois).

Objectif de l'enseignant	Objectif des élèves	Contraintes	Ressources
Amener les groupes d'élèves à prendre conscience de leurs possibilités foncières en les utilisant de manière judicieuse par rapport à la structure du terrain, et les conduire à faire collectivement un choix.	Réaliser le temps le plus court sur la distance donnée en respectant l'unité du groupe.	Ce sont les caractéristiques du milieu, du temps (plus courte durée).	Elles sont de deux ordres : – le travail de course et d'acquisition foncière fait en complément ; – les capacités d'analyse du terrain, le choix judicieux de la trajectoire de la course.

QUIZ EXPRESS

pour tester ses connaissances

1 Placer des attentes élevées dans ses élèves :

☐ a. décourage les moins performants.

☐ b. améliore les performances mais détériore le climat de la classe.

☐ c. améliore le climat de la classe et permet d'apprendre plus de contenus aux élèves.

2 La pratique de la danse est recommandée par les programmes en maternelle.

☐ a. Vrai

☐ b. Faux

3 Quelle activité fait l'objet d'une attention particulière au cours du cycle 2 ?

☐ a. La course d'orientation

☐ b. La natation

☐ c. La danse

4 En cycle 3, les activités athlétiques sont intéressantes car elles permettent :

☐ a. de viser la performance individuelle.

☐ b. d'apprendre à gérer l'effort.

☐ c. d'adapter son déplacement à l'environnement.

Réponses : 1. c ; 2. a ; 3. b ; 4. a-b-c (les 3 réponses sont correctes !).

7 Créer un environnement favorable

▶ THÈME 3 : ANIMER UN COURS D'EPS

L'impact d'un accident sérieux est fort sur la carrière d'un enseignant, même lorsqu'il n'en est pas responsable. Il revit cet événement en se demandant toujours ce qu'il aurait pu faire pour l'éviter. Même si le législateur reconnaît que le risque fait partie inhérente de la pratique des activités physiques, créer les conditions optimales pour assurer la sécurité physique des élèves est un objectif que poursuit chaque enseignant d'EPS.

A Assurer la sécurité physique des élèves

1. Gérer le déplacement d'un groupe

L'enseignement de l'EPS présente **deux caractéristiques principales** du point de vue de la sécurité physique des élèves, le déplacement des élèves et les lieux dans lesquels se déroulent les leçons.

1-1. Déplacement des élèves

▶ L'EPS est la discipline scolaire dont la pratique se déroule le plus souvent **à l'extérieur de l'établissement.** Pratiquer l'EPS nécessite en effet **d'accéder à des installations sportives** (piscine, stade, gymnase, terrain de sport…) qui se trouvent majoritairement en dehors de l'école. Les déplacements s'effectuent le plus souvent à pied mais aussi en transport en commun ou en car scolaire.

▶ Quel que soit le mode de déplacement, l'enseignant d'EPS est confronté à la nécessité d'**assurer la sécurité de son groupe** lors de ces déplacements.

1-2. Des espaces larges et ouverts

▶ Par ailleurs, l'EPS est la seule discipline scolaire qui se déroule dans des **espaces larges et ouverts.** Un gymnase n'est pas une salle de classe dans laquelle le placement des élèves est identifié dans l'espace (tables et chaises) et peut être anticipé (place de chacun des élèves définie à l'avance).

▶ Un enseignant qui anime un cours de course d'orientation en forêt mesure ce que signifie la gestion de la sécurité physique des élèves dans un espace large et ouvert. Ces spécificités de l'enseignement de l'EPS constituent une opportunité pour l'enseignant d'apprendre à assurer la sécurité de ses élèves et de contribuer à leur éducation à la sécurité. L'action de l'enseignant dans ce domaine peut être **associée à d'autres actions ou à d'autres disciplines scolaires** tant **l'implication d'autres enseignants et d'autres disciplines constitue un gage de succès.**

REMARQUE

Implications de différentes disciplines

À l'école primaire, par exemple, le permis piéton pour les enfants est une action de sensibilisation à la sécurité débouchant sur l'obtention par les élèves d'un véritable permis.

▸ Cette situation de l'enseignement de l'EPS vis-à-vis de la sécurité physique des élèves est si spécifique qu'elle est reconnue dans une circulaire du ministère de l'Éducation nationale[1] consacrée **aux risques particuliers à l'enseignement de l'éducation physique et sportive et au sport scolaire.**

▸ L'action de l'enseignant d'EPS en direction de la sécurité physique des élèves peut être organisée en quatre ensembles :
- gérer le déplacement d'un groupe d'élèves,
- créer les conditions pour donner l'alerte,
- créer les conditions de la sécurité physique des élèves,
- agir dans l'urgence.

2. Créer les conditions pour donner l'alerte

▸ Puisque l'enseignement de l'EPS se déroule souvent à l'extérieur de l'établissement scolaire, les enseignants doivent **anticiper sur la manière de signaler un événement.** Cela se définit en relation avec le directeur de l'école ou le chef d'établissement. Dans certains cas, les enseignants se voient **attribuer un téléphone portable en pleine charge** chaque fois qu'ils quittent l'établissement avec des consignes sur les numéros à composer et les personnes à prévenir en cas d'incident.

▸ Lorsqu'ils enseignent dans un gymnase, les enseignants disposent le plus souvent **d'une ligne de téléphone fixe accompagnée d'une liste de numéros d'urgence.** Cependant, lorsque les enseignants sont amenés à utiliser leur propre téléphone portable pour signaler un événement, il faut veiller à ce que ce téléphone dispose d'une charge de batterie suffisante permettant de couvrir toute la durée de la sortie. **L'anticipation est la clé** pour signaler rapidement et avec efficacité un événement survenant durant une leçon d'EPS.

3. Créer les conditions de la sécurité physique des élèves

▸ L'enseignement de l'EPS mobilise **de nombreux matériels** qui peuvent être considérés comme une composante de la pratique (ballons, plots, cerceaux, agrès, buts…) ou servir à la protection individuelle (casques, gilets de sauvetage…). L'enseignant doit s'assurer que le matériel utilisé répond aux normes en vigueur.

À RETENIR

Être attentif à l'état des matériels

Même si l'entretien et la maintenance des matériels pédagogiques (en dehors du petit matériel) incombent aux personnels spécialisés des établissements gestionnaires ou propriétaires, l'enseignant doit être attentif à l'état des matériels utilisés et signaler, par écrit, toute défectuosité au gestionnaire de ces équipements.

▸ Certains matériels utilisés dans l'enseignement de l'EPS nécessitent d'être stockés et installés avant la pratique. C'est le cas, par exemple, des filets de volley-ball, de badminton ou encore des différents agrès et ateliers gymniques. Cette spécificité de l'enseignement de l'EPS constitue une opportunité d'apprendre aux élèves à déplacer et à manipuler ces matériels en toute sécurité pour eux et pour les autres. L'installation et le rangement du matériel

1. Enseignement de l'EPS, Risques particuliers à l'enseignement de l'EPS et au sport scolaire, circulaire n° 2004-138 du 13-7-2004.

peuvent donc constituer un contenu d'enseignement à part entière en EPS que l'on apprend grâce à des démonstrations, de la pratique et des feed-back de l'enseignant.

▶ Puisque la pratique de l'EPS nécessite une tenue adaptée, **l'utilisation de vestiaires est une nécessité** avant et après la pratique physique. S'il faudra veiller à séparer les sexes, les vestiaires sont des lieux dans lesquels peuvent se dérouler des comportements agressifs, des moqueries, voire de la maltraitance. Il revient à l'enseignant d'EPS de **contrôler l'activité des élèves durant ce temps de la leçon** et d'intervenir à l'intérieur du vestiaire en cas de nécessité.

REMARQUE

Apprendre à déplacer des objets de façon sécuritaire

Dans aucune autre discipline scolaire, les élèves n'ont l'opportunité d'apprendre à adopter des positions efficaces et sécuritaires pour le déplacement de matériels parfois lourds. C'est une connaissance bien utile dans la vie de tous les jours.

▶ Le fait que l'enseignement de l'EPS puisse se dérouler dans des espaces larges et ouverts nécessite de prendre des dispositions spécifiques du point de vue de la sécurité des élèves. Il faudra d'abord **prévenir une personne de l'établissement scolaire du lieu où l'on va se trouver** avec les élèves. Il faudra ensuite **repérer au préalable l'espace de pratique de manière à en définir les limites.** Dans la mesure du possible, on choisira d'établir ces limites à partir de points remarquables de l'environnement (haies bocagères, limites de forêt, routes, ponts…).

▶ Enfin, une fois sur le lieu de pratique, il est nécessaire de **s'assurer que chaque élève est capable d'identifier précisément les limites définies.** Une simple information et/ou une visualisation des limites de l'espace est ici insuffisante. Il est nécessaire, au moins lors de la première leçon, de se déplacer avec le groupe en suivant précisément les limites définies. Dans les leçons suivantes, il ne faudra pas hésiter à demander aux élèves de rappeler les limites fixées.

REMARQUE

Repérer les comportements des élèves

Lors de la pratique, l'enseignant veillera à se déplacer pour identifier la manière dont les élèves fonctionnent avec les limites fixées. En cas de non-respect de ces limites par un ou plusieurs élèves, il faudra gérer ce comportement comme un comportement déviant.

4. Agir dans l'urgence

▶ Le risque faisant partie intégrante de la pratique des activités physiques, **l'enseignant peut se trouver confronté à la gestion d'un incident ou d'un accident** bien qu'il ait créé les conditions de la sécurité physique de ses élèves. Dans ce cas, il est amené à agir dans une urgence susceptible de provoquer un état émotionnel qui n'est pas toujours favorable à la gestion sereine de ce type d'événements et qui peut conduire parfois à aggraver l'incident (sur-accident).

▶ **Apprendre des procédures** permet de contrôler les effets négatifs de son état émotionnel sur la gestion d'un incident ou d'un accident en EPS. Par exemple, on peut suivre la procédure ci-dessous pour **alerter les secours au téléphone.**

▶ On ne peut que recommander aux enseignants d'EPS de disposer **d'une qualification aux premiers secours.** Ce type de qualification est très utile dans la gestion d'un événement en classe. Chaque enseignant peut **reprendre les procédures établies par les autorités compétentes** ou **se doter de ses propres procédures** en fonction de son contexte d'enseignement en les faisant valider par les autorités compétentes.

À RETENIR

Procédure à suivre en cas d'accident

① **Préciser dans l'ordre suivant :**
– votre nom et l'adresse où est survenu l'accident ;
– l'endroit précis où se trouve la (ou les) victime(s) ;
– le nombre de victimes ;
– la nature des lésions.

② **Ne jamais raccrocher le premier.**

③ **Ne jamais laisser seule la (ou les) victime(s).**

④ **Accueillir ou faire accueillir les secours.**

⑤ **Dans l'attente des secours :**
– respecter les consignes données par le médecin au téléphone ;
– ne bouger en aucun cas la (ou les) victime(s), sauf danger majeur existant.

B Établir des protocoles

1. L'importance des protocoles

▸ Les protocoles sont les règles de fonctionnement qu'un enseignant instaure pour sa classe. **Créer un environnement favorable** à l'enseignement de l'EPS nécessite d'identifier **des règles de fonctionnement**.

▸ On apprend par la pratique en EPS. Plus les élèves disposent d'un temps de pratique important, plus ils ont des opportunités pour apprendre. De nombreuses études ont montré que les élèves passaient beaucoup de temps en EPS à se rassembler, écouter l'enseignant, se mettre en activité ou attendre leur tour pour pratiquer. Les protocoles sont une réponse à ce constat. Disposer de protocoles pour sa classe permet **d'optimiser le temps de pratique et d'apprentissage** des élèves.

REMARQUE

De l'intérêt des protocoles
Il faut moins de quinze secondes à un enseignant qui a mis en place des protocoles pour rassembler ses élèves.

▸ La définition de protocoles relève de la responsabilité de l'enseignant d'EPS. De nombreux enseignants consacrent du temps, notamment en début d'année, à **instaurer un ensemble de protocoles** pour leurs classes et à les faire respecter par les élèves. Il existe de nombreux protocoles, en particulier pour :
– entrer et sortir du gymnase ou du lieu d'activité ;
– commencer, stopper et rassembler les élèves ;
– obtenir, gérer et ranger le matériel ;
– trouver un partenaire, une équipe, un groupe.

▸ Cependant, il ne suffit pas d'expliquer ses protocoles aux élèves. **Il faut les faire pratiquer et les faire respecter.** Les jeunes testent les adultes sur leur capacité à tenir les règles établies. À l'occasion de ces tests, ils évaluent la valeur des règles mises en œuvre en appréciant notamment les conséquences associées à leur non-respect. L'absence de conséquences est un signe pour les jeunes, d'une part de la faible valeur de la règle pour l'enseignant et, d'autre part, qu'ils peuvent la contourner. Cela veut dire que, si après une période d'autonomie l'enseignant constate que les élèves ne respectent plus le protocole, il n'hésitera pas à revenir à une mise en œuvre moins permissive et plus accompagnatrice.

2. Entrer et sortir du gymnase ou du lieu d'activité

2-1. Le passage au vestiaire

▸ Le passage aux vestiaires est le plus souvent un temps incontournable de la leçon d'EPS. Certains élèves y passent rapidement et en sortent les uns après les autres, tandis que d'autres y passent plus de temps et en sortent en groupe.

▸ En général, les élèves restent plus longtemps dans les vestiaires lorsqu'ils souhaitent éviter une activité (ou « corvée ») attribuée aux premiers sortis. **L'enseignant doit donc se montrer créatif pour gérer le flux des élèves dans les vestiaires** et instaurer une appétence pour l'activité sportive et l'activité préalable.

À RETENIR

Des protocoles à éviter

- Demander aux élèves qui sortent en premier de récupérer et d'installer le matériel.
- Demander aux élèves qui sortent en premier de s'échauffer en attendant les autres, de faire des tours de terrain…

2-2. Les activités instantanées

▸ Une des techniques pour éviter de faire attendre les élèves les plus motivés par la pratique physique ou d'utiliser des sanctions est de proposer **une activité instantanée.** Une activité instantanée est une activité physique qui suscite un fort intérêt de la part des élèves et qui est utilisée pour les mettre en activité immédiatement à mesure qu'ils sortent des vestiaires et rejoignent le gymnase ou le lieu d'activité.

REMARQUE

Motiver les élèves

Questionner les élèves sur ce qu'ils aiment faire en lien avec l'activité sportive proposée, puis expliquer qu'en sortant des vestiaires, et jusqu'à ce que tout le monde soit sorti, les élèves pourront faire cette activité en préambule du cours.

▸ **Il faut être créatif** dans le choix de nos activités instantanées dès lors que l'on s'assure qu'elles présentent **un intérêt fort pour les élèves** et que l'activité instantanée retenue permet **d'intégrer les élèves au fur et à mesure** qu'ils rejoignent le gymnase ou le lieu d'activité.

En classe…

Mettre en place une activité instantanée

Un enseignant a utilisé une activité instantanée dans son cycle de basket-ball. Constatant que les élèves présentaient un fort intérêt pour le jeu du tour du monde consistant à effectuer des tirs au panier en progressant après chaque tir réussi sur des positions de tir établies autour de la raquette, il a mis en place un protocole invitant les élèves à pratiquer ce jeu dès qu'ils sortaient des vestiaires après avoir récupéré un ballon dans un chariot. Il regroupait ensuite tous les élèves pour débuter la leçon lorsque les derniers entraient dans le gymnase.

3. Commencer, stopper et rassembler les pratiquants

3-1. Mettre en place un signal de début ou de fin d'activité

▶ Une fois que les élèves ont rejoint le gymnase, il est nécessaire de disposer **d'un signal de début ou de fin d'activité,** de manière à pouvoir les rassembler ou au contraire les mettre en activité sans perdre de temps. En l'absence d'un signal de début d'activité, on constate que les élèves n'ont pas de repère. Certains peuvent ainsi débuter l'activité sans attendre la fin des explications de l'enseignant. Or, écouter toutes les explications de l'enseignant est important pour savoir ce qu'il faut faire et comment le faire. Les élèves qui n'écoutent pas toutes les consignes peuvent être « perdus » lors de la mise en activité, ce qui conduit à une perte de temps.

À RETENIR

L'intérêt du signal de début d'activité

Disposer d'un signal de début d'activité permet de donner un repère aux élèves sur quand ils peuvent se mettre en place pour pratiquer.

▶ Ce signal peut varier en fonction des activités enseignées ou de l'enseignant. Certains utilisent un tambourin à l'intérieur. D'autres uniquement leur voix. On constate cependant que si **les enseignants utilisent de préférence leur voix pour faire débuter une activité qui se pratique en intérieur** (gymnase ou salle d'activité), **ils ont recours à d'autres techniques lorsqu'ils enseignent une activité dans un espace large et ouvert.** Certains utilisent un sifflet. D'autres frappent dans leurs mains. Quel que soit le signal retenu, le plus important est de s'assurer qu'il soit entendu par tous les élèves.

▶ Une variante pour maintenir l'attention des élèves consiste à leur annoncer au début de la leçon **le mot qui servira de signal de début d'activité.** On pourra choisir « chocolat », « vendredi », « Nintendo » ou tout autre mot à notre convenance. **Les élèves devront écouter attentivement** de manière à identifier le mot dans le discours de leur enseignant et agir en conséquence.

▶ **Le signal de fin d'activité** est aussi un repère indispensable pour les élèves. Il varie également en fonction des enseignants et des activités enseignées. Il est raisonnable d'attendre des élèves qu'ils stoppent leur activité dans les deux à trois secondes qui suivent un signal de fin d'activité.

▶ L'important est, d'une part, que tous les élèves puissent entendre le signal et, d'autre part, **de définir avec les élèves ce que vous attendez d'eux lorsque vous donnerez le signal.** Certains enseignants demanderont aux élèves de stopper leur activité, de rester sur place, de les regarder et de les écouter. D'autres demanderont à leurs élèves de se rassembler au signal à un endroit identifié.

REMARQUE

Quels que soient le signal retenu et les comportements associés attendus, il sera important de les faire pratiquer.

En classe...

Exemples de signaux de début et de fin d'activité

• Un enseignant décide de compter jusqu'à cinq après son signal d'arrêt de l'activité en se balançant d'une jambe sur l'autre, les bras à l'horizontal. De cette manière, il associe le signal auditif (compter) à un signal visuel (le pendule).

• Dans un cours de gymnastique, un autre enseignant utilise la musique pour faire débuter ou stopper l'activité de ses élèves. Lorsque les élèves rejoignent le gymnase, la musique est en marche. Ils réalisent alors un ensemble de routines d'échauffement. Quand l'enseignant souhaite stopper l'activité des élèves pour leur donner une consigne ou pour les regrouper, il arrête simplement la musique. Ils reprenent ensuite l'activité lorsque l'enseignant relance la musique. Les élèves sont familiarisés avec ce protocole et il n'y a aucune perte de temps dans les transitions.

3-2. Mobiliser l'attention par le jeu

▶ Il existe de nombreux jeux permettant **de mobiliser l'attention et la concentration des élèves sur les signaux** adressés par les enseignants.

▶ **Le jeu des nombres** consiste ainsi à demander à un groupe de se déplacer dans un espace défini puis de se regrouper par deux, trois ou quatre en fonction du chiffre annoncé par l'enseignant. L'enseignant annonce le chiffre sans crier, de manière à obliger les élèves à se concentrer sur ce qu'il va dire. Avec les plus petits, on peut demander aux élèves de mimer un avion et de s'immobiliser au signal de l'enseignant. Ils peuvent aussi s'immobiliser au signal de l'enseignant dans une position montrée par l'enseignant. Dans ce cas, il faut écouter et regarder.

▶ Une variation de ce type de jeu est **le jeu des couleurs.** Là, l'enseignant choisit des lignes de couleurs différentes dans le gymnase (blanche, jaune, verte, rouge, noire, bleue) et demande aux élèves de se placer, à son signal, sur une des lignes dont il annoncera la couleur.

▶ Une autre variation de ce jeu se réalise avec **les différentes parties du corps.** Les élèves se déplacent dans un espace défini. Lorsque l'enseignant nomme une partie du corps, les élèves doivent toucher le sol avec cette partie du corps (le genou, le coude, la main…). Les jeux de mimes sont aussi très utiles pour apprendre à observer et à écouter un enseignant.

REMARQUE

Des élèves plus attentifs

Avec ces jeux, les élèves apprennent à être réceptifs à leur environnement et à agir en conséquence.

3-3. Rassembler les élèves

▶ De la même façon, il est nécessaire d'établir un protocole avec les élèves pour se rassembler.

▶ Certains enseignants aiment à se déplacer sur le lieu d'activité et à rassembler les élèves devant eux, là où ils se trouvent. Dans ce cas, **la position de l'enseignant au moment du signal est un élément déterminant** dans la capacité des élèves à se rassembler rapidement devant lui. Lorsque la position de l'enseignant est centrale, les élèves ont la même distance à parcourir. Lorsque l'enseignant est excentré, des groupes d'élèves peuvent avoir une distance plus importante à parcourir pour rejoindre l'enseignant.

▶ Par ailleurs, les enseignants ont parfois besoin de **s'adresser à leurs élèves au cours de leur activité de manière très succincte** pour leur rappeler une consigne ou insister sur un point en particulier. Rassembler tous les élèves dans ce cas peut conduire à une perte de temps.

▶ À d'autres occasions au contraire, les enseignants ont besoin de **faire un bilan de l'activité des élèves après une période de pratique.** L'expertise d'un enseignant d'EPS dans ce domaine est ainsi la capacité à modifier ses protocoles en fonction de ses besoins pédagogiques.

4. Obtenir et ranger son matériel

▶ Les protocoles pour **obtenir et ranger le matériel** sont également enseignés en début de cycle. En effet, l'EPS est une discipline qui se pratique le plus souvent avec du matériel (ballons, chasubles, plots, raquettes, tapis, tremplins…). Si les élèves sont très impatients de récupérer leur matériel, ils ne savent pas toujours ce qu'ils doivent en faire lorsque l'enseignant stoppe leur activité pour des explications, et ils ne tardent pas à s'en débarrasser lorsque la fin de la leçon est annoncée.

▶ La manière dont un enseignant gère **le rangement du matériel** peut être source de conflits entre les enseignants utilisant le même gymnase ou la même salle d'activité.

▶ Les élèves veulent toujours **disposer du meilleur matériel.** Lorsque certains matériels sont un peu abîmés, ils les évitent. Ainsi, pour pouvoir choisir son matériel, il faut arriver en premier. Le premier arrivé est le premier servi. Or les premiers sont généralement les plus habiles dans l'activité et les plus forts physiquement. De sorte que les élèves qui arrivent en dernier et qui sont les moins habiles pratiquent avec un matériel en moins bon état. Les enseignants ont une responsabilité à ce que **la loi du plus fort ne s'installe pas dans leurs cours d'EPS** en particulier et à l'école en général. Il existe de nombreux protocoles pour obtenir son matériel. En voici quelques-uns.

REMARQUE

Faire attention aux détails

La couleur du matériel peut aussi être un élément facilitateur ou, au contraire, perturbateur. Si toutes les balles sont rouges à l'exception de deux jaunes, les élèves peuvent se disputer pour obtenir les balles jaunes, même une fois distribuées par l'enseignant. Pour cette raison, les enseignants achèteront des ballons soit de la même couleur, soit tous de couleurs différentes.

ZOOM SUR…

Obtenir du matériel

1. Distribuer le matériel aux élèves. L'enseignant se place à proximité du support contenant le matériel et le distribue à chaque élève à tour de rôle.

2. Dans le cas des raquettes de tennis de table ou de badminton, on peut les numéroter et assigner un numéro de raquette à chaque élève.

3. Pour éviter les bousculades autour du matériel, les élèves peuvent aussi récupérer leur matériel à tour de rôle ou par petits groupes. En fonction de leur mois de naissance, par exemple. Il faudra alors prendre soin de débuter chaque leçon avec un mois différent pour éviter que ce soit toujours les mêmes qui récupèrent leur matériel en premier.

▶ Les élèves ne peuvent pas attendre pour obtenir leur matériel, mais une fois qu'ils l'ont, ils ne veulent pas le remettre en place ou s'en débarrassent au plus vite lorsque la fin du cours est annoncée. **Le protocole pour ranger le matériel doit donc être très précis** pour éviter les problèmes. Il s'agit de déposer les ballons dans un chariot ou un rack de rangement et non de les lancer. Il s'agit de remettre les raquettes sur le chariot métallique et non de les déposer au pied du chariot, etc. Des enseignants utilisent le même protocole que celui défini pour obtenir le matériel.

5. Trouver un partenaire, une équipe ou un groupe

5-1. La technique du capitaine

▶ L'une des techniques les plus courantes pour **former une équipe** est celle du **capitaine.** Cette technique permet de faire rapidement des équipes homogènes en matière de niveaux de pratique, assurant ainsi un rapport de force équilibré. Ceci constitue un double avantage (rapidité et homogénéité) expliquant son succès auprès des enseignants d'EPS.

▶ Elle présente cependant un sérieux inconvénient : **elle n'assure pas la sécurité émotionnelle de tous les élèves.** En particulier, le dernier élève n'est choisi par personne dans la classe. En effet, si le premier choix est effectué par le capitaine seul, les choix suivants sont effectués par l'équipe. Cet élève, comme tous ceux choisis en dernier, se trouve dans une situation émotionnellement délicate puisque ce que ses camarades perçoivent comme son incompétence dans l'activité est exposée à l'ensemble du groupe. Ce type de situation est susceptible pour ces élèves d'atteindre leur estime d'eux-mêmes.

▶ Des enseignants d'EPS, **conscients des effets négatifs de cette technique,** ont tenté de la faire évoluer. Certains ont désigné les capitaines des **équipes parmi les élèves les moins habiles dans l'activité.** D'autres ont opéré **une sélection aléatoire des capitaines.** Ce que l'on a observé est que le premier choix des élèves en position de capitaine s'orientait prioritairement vers l'un des élèves les plus habiles de la classe (généralement un *leader*) qui prenait alors en charge le choix des autres membres de l'équipe.

5-2. Les équipes « filles contre garçons »

▶ Une autre forme de groupement adoptée par certains enseignants est **le groupement par sexe.** Cependant, différents problèmes peuvent émerger avec cette technique : l'inégalité liée aux différences de corpulences ou de physiques entre garçons et filles dans la pratique de certaines activités ; l'inégalité en matière de nombre de coéquipiers s'il y a plus de garçons ou de filles dans la classe ; l'attribution genrée d'un élève qui peut se définir autrement et mal vivre cette attribution…

▶ L'un des objectifs de l'EPS est de contribuer au vivre ensemble. On ne peut atteindre cet objectif en séparant de manière définitive les garçons et les filles. Il est donc nécessaire de **trouver un équilibre en fonction des activités physiques enseignées.**

5-3. D'autres techniques de formations d'équipes ou de groupes

▶ Différentes techniques sont à la disposition des enseignants.

La technique « affinitaire »

Principe
L'enseignant demande aux élèves de se grouper par deux, trois, quatre ou cinq en fonction de ses besoins.

Avantages
- Les élèves se regroupent alors par affinité.
- Cette technique permet de former des groupes rapidement.

Inconvénients
- Elle ne garantit pas des équipes homogènes.
- Les élèves isolés dans la classe peuvent n'être choisis par personne.
- Certains élèves ont un profil qui rend difficile le travail en groupe.

La formation des équipes par l'enseignant

Principe
L'enseignant forme lui-même les équipes en fonction des connaissances qu'il a sur les élèves et leurs performances dans chaque activité. Possibilité de pointer les élèves en leur donnant un chiffre (1, 2, 3 ou 4) en fonction du nombre d'équipes souhaitées, d'inscrire au tableau les noms des élèves dans les différentes équipes ou d'utiliser des jeux pour former des équipes.

Avantages
- Les groupes sont équilibrés en nombre de participants et en atouts.
- La sensibilité des élèves n'est pas mise à mal.
- Cette technique permet l'intégration à un effort de groupe des élèves les plus en marge.

Inconvénients
- Les affinités entre certains élèves peuvent être contrariées.

▶ Dans ce processus de création, l'enseignant doit garder à l'esprit les trois critères déterminants :
- **assurer la sécurité émotionnelle** de tous les élèves ;
- **faire des groupes rapidement** ;
- **constituer des groupes homogènes** (si nécessaire).

REMARQUE

Trouver la bonne approche

Il ne faut pas avoir peur d'être créatif dans ce domaine. Il faut essayer, se tromper avant de trouver une solution provisoire qui sera plus tard affinée puis stabilisée. Les élèves apprécient de suivre les enseignants dans ce type d'expériences pédagogiques.

6. Autres protocoles

▶ Il existe de nombreux protocoles dans l'enseignement de l'EPS. On peut définir des protocoles en cas **d'alerte au feu,** des protocoles pour **gérer la blessure d'un élève tout en supervisant la classe,** des protocoles pour **se rendre aux toilettes durant la leçon,** ou encore des protocoles pour **gérer les objets de valeur des élèves.**

▶ Il appartient à chaque enseignant, en fonction de son contexte d'enseignement, de définir les protocoles qu'il fera appliquer dans sa situation spécifique d'enseignement. Cependant, il est important de pointer **la nécessité d'anticiper dans ce domaine.** Un enseignant assurant un cours d'EPS ne peut attendre la blessure d'un de ses élèves avant de formaliser un protocole pour la gestion de ce type de situation.

▶ Un **travail collectif** peut aussi être réalisé concernant les protocoles. En se mettant d'accord entre collègues sur les protocoles à suivre, **les élèves gagnent en cohérence** et **les enseignants en efficacité.**

REMARQUE

Faire pratiquer régulièrement les protocoles

Il faut aussi pointer la nécessité de faire pratiquer ses protocoles. Lorsque les élèves les ont déjà pratiqués, l'enseignant gagne du temps dans leur mise en œuvre. Or, ce temps est souvent un élément déterminant dans les situations critiques.

▶ Tous ces protocoles, communs aux enseignements et particuliers à l'EPS, permettent notamment **de gérer les comportements déviants** de certains élèves, et d'assurer **la cohésion du groupe et la tenue de l'enseignement.**

C Gérer les comportements déviants

1. Exemples de comportements déviants

▶ La classe idéale n'existe pas. Même les enseignants à succès dans la mise en œuvre de protocoles rencontrent des élèves qui ne se comportent pas comme ils le souhaiteraient. Il y aura toujours dans les classes des élèves qui ne respecteront pas ou contourneront les règles, les consignes ou qui ne se comporteront pas correctement en EPS. Apprendre à **gérer ces comportements déviants est une nécessité** pour tout enseignant d'EPS.

▶ **La majorité des élèves se comportent bien en EPS** (n'oublions pas que c'est leur discipline préférée !). Ils sont agréables avec leur enseignant, suivent ses consignes et travaillent dur pour réussir les tâches proposées lorsqu'elles sont adaptées à leur niveau d'habileté et modifiées de façon appropriée au cours de la leçon. Les activités, les tâches, les exercices ou les situations d'apprentissage trop difficiles ou qui n'évoluent pas peuvent provoquer des comportements déviants.

▶ Il existe de nombreux comportements déviants en EPS : bavarder, se faire remarquer, critiquer, contester, ne pas être concentré, rigoler, être passif, agresser, ridiculiser, ne pas avoir de tenue adaptée, interrompre, être grossier, ne pas suivre les consignes, être en retard, avoir une conduite dangereuse… Des études ont proposé de les classer en trois catégories :
– **les comportements déviants légers ou de niveau I** (bavarder, être passif, ne pas être concentré…) ;

– **les comportements déviants moyens ou de niveau II** (rigoler, interrompre, se faire remarquer…) ;
– **les comportements déviants forts ou de niveau III** (agresser, contester, avoir une conduite dangereuse…).

▶ L'expérience montre cependant que ce classement est très subjectif. Cela dépend de l'enseignant. Par exemple, bavarder sera considéré comme un comportement déviant faible par certains enseignants et fort par d'autres.

REMARQUE

Classer les comportements déviants en niveaux de gravité interroge donc notre propre tolérance aux comportements déviants pouvant apparaître dans un cours d'EPS.

▶ Il est donc nécessaire pour tout enseignant d'EPS d'anticiper sur ce qu'il pourra accepter (les comportements déviants jugés faibles) et ce qu'il ne tolérera pas (les comportements déviants qu'il juge forts). **Cette anticipation est un élément déterminant lorsqu'il s'agira de réguler les comportements déviants des élèves en classe.** En effet, on ne régulera pas un comportement déviant que l'on considère comme faible de la même manière qu'un comportement déviant que l'on juge fort.

2. Stratégies et techniques pour gérer des comportements déviants

2-1. Détecter les comportements déviants

▶ Bien que la réussite de ces techniques soit dépendante de l'enseignant et de son contexte d'enseignement, disposer de **techniques pour réguler les comportements** est une nécessité pour tout enseignant d'EPS.

▶ L'avantage de disposer de techniques pour **gérer les comportements déviants** pouvant survenir en classe est de permettre à l'enseignant de disposer d'un **répertoire de réponses** lui évitant de se demander lorsqu'un comportement déviant survient : « Comment gérer cet élève qui perturbe constamment la classe quand vingt-six autres élèves requièrent mon attention ? ».

▶ Les enseignants efficaces dans la gestion des comportements déviants en classe disposent de **techniques apprises et expérimentées en formation** puis **progressivement enrichies et validées par l'expérience.**

▶ La capacité d'un enseignant à **détecter un comportement déviant dans la classe dès son apparition** est l'un des facteurs déterminants de son efficacité dans sa régulation. En effet, lorsqu'un comportement déviant n'est pas détecté ni régulé immédiatement, il peut prendre des proportions plus importantes dans le temps.

REMARQUE

Ne pas laisser dégénérer les situations

Certains groupes d'élèves aiment à se lancer des défis. D'un comportement déviant initial mineur, ils peuvent en faire, en quelques minutes, un comportement déviant majeur beaucoup plus délicat à gérer pour un enseignant. Un incident peut ainsi se transformer en accident.

▸ Voici plusieurs techniques pour détecter efficacement les comportements déviants.

Technique	Principe	Avantages	Inconvénients
Le dos au mur	L'enseignant se positionne le dos à un mur (ou circule à la périphérie du groupe) pour pouvoir observer ses élèves durant l'activité sportive.	L'enseignant voit la totalité des élèves.	S'il est placé au centre de la salle, l'enseignant ne voit souvent que 50 % des élèves, laissant le champ libre aux autres pour ne pas suivre les règles.
Le scanner	L'enseignant balaye le groupe d'élèves du regard. Cette technique peut être combinée avec celle du dos au mur.	L'enseignant détecte rapidement les comportements déviants car il dispose d'une vue d'ensemble.	Cela ne permet pas d'observer attentivement un élève en particulier sur sa technique ou son attitude.
Le contrôle de proximité	Une fois le comportement déviant détecté, l'enseignant se déplace en marchant normalement vers l'élève ou le groupe qui en est l'auteur. La seule présence de l'enseignant dissuade la poursuite du comportement.	• Permet de limiter les comportements déviants. • Permet de réguler les comportements déviants.	• Ne permet pas de prévenir les comportements déviants. • Une fois en déplacement à proximité d'un groupe, l'enseignant perd de vue les autres élèves.
Le contrôle en mouvement	Même technique que celle du contrôle de proximité, mais l'enseignant se déplace constamment dans le groupe classe, avant l'apparition de comportements déviants.	• Dissuasif, permet de limiter les comportements déviants. • L'élève s'habitue à être vigilant à la position et aux signaux de l'enseignant dans la classe.	L'enseignant doit rester mobile en permanence.
Le regard	Cette technique consiste à regarder fixement un élève pour lui faire comprendre que quelque chose ne va pas avec son comportement. Ce regard est le plus souvent accompagné d'expressions du visage (par exemple, froncement des sourcils) indiquant clairement à l'élève le mécontentement de l'enseignant.	• Ne perturbe pas le mouvement des autres élèves, ne les empêche pas de se concentrer. • L'élève s'habitue à être vigilant à la position et aux signaux de l'enseignant dans la classe.	• L'enseignant doit être suffisamment proche de l'élève concerné pour que cette technique soit efficace. • Les signaux (regard + expressions du visage) doivent être suffisamment clairs pour que l'élève interprète correctement le message et rectifie son comportement.

2-2. Adopter la bonne attitude face au comportement déviant

▸ L'une des causes des comportements déviants de certains élèves est **la volonté de se faire remarquer** par l'enseignant et les autres élèves. L'enseignant d'EPS doit donc se montrer très vigilant lorsqu'il régule ce type de comportement. En effet, **s'interrompre lors de la présentation d'une tâche pour faire cesser le comportement déviant d'un élève,** ou renvoyer le comportement déviant d'un élève à tous les élèves en l'identifiant et le régulant verbalement devant toute la classe, peut conduire au final à **alimenter les comportements déviants** de ces élèves.

▸ Lorsque ce type de régulation se répète, l'enseignant et ces élèves s'engagent **dans une spirale préjudiciable** pour l'enseignement de l'EPS. Lorsque les enseignants font

> REMARQUE
>
> **Ne pas alimenter les comportements déviants**
>
> Les techniques du **contrôle de proximité** et du **regard** permettent de se prémunir des comportements déviants en faisant cesser les comportements déviants **sans attirer l'attention des autres élèves ni interrompre l'activité de l'enseignant.**

EPS ET DÉVELOPPEMENT DE L'ENFANT

le constat qu'ils passent leur temps à réguler des comportements déviants dans la classe et qu'ils n'enseignent plus, c'est sans doute que cette spirale préjudiciable s'est mise en place au fil du temps.

▶ Une autre technique que peut utiliser un enseignant d'EPS pour réguler un comportement déviant est de **choisir d'ignorer.** Dans le cas où un comportement n'est pas tout à fait celui attendu et demandé par la consigne, l'élève peut réguler lui-même son comportement en observant ses camarades. Choisir d'ignorer peut aussi être une technique efficace dans la mesure où les élèves dans la classe ont appris à comprendre pourquoi un élève se comporte d'une certaine façon.

▶ En observant des classes intégrant des **élèves en situation de handicap,** on peut être frappé de la manière dont les élèves comprennent la situation, acceptent des comportements non habituels et montrent une volonté d'aider. Cette compréhension n'est pas toujours « naturelle ». Les enseignants apprennent à leurs élèves à être tolérants avec les autres élèves en général et avec les élèves en situation de handicap en particulier.

▶ Les élèves n'ont **pas la même perception des comportements déviants que leurs enseignants** et ils peuvent comprendre que certains élèves ne se comportent pas toujours comme cela est attendu. Cette connaissance est importante pour les enseignants qui régulent les comportements déviants dans le but d'asseoir leur autorité avec la classe. **Si le comportement déviant régulé est considéré comme mineur** par les élèves ou qu'ils le comprennent au regard notamment de la situation spécifique de l'élève concerné, alors **ils vont percevoir la régulation comme inappropriée,** ce qui ne permettra pas d'atteindre l'objectif initial d'asseoir l'autorité.

2-3. Connaître les élèves

▶ Enfin, pour pouvoir **réguler les comportements déviants** et **gérer ses élèves** durant l'enseignement, il est indispensable **d'apprendre les noms** de chacun d'eux. Ne pas connaître les prénoms des élèves nécessite de se rapprocher d'eux pour leur parler. Comme les espaces de pratique sont larges, ce déplacement prend du temps et peut conduire à l'aggravation d'un comportement déviant.

▶ Lorsque l'on connaît les prénoms des élèves, on peut **les appeler ou les interpeller à distance** sans avoir à se déplacer et réguler ainsi leur activité de manière rapide et efficace. C'est un atout pédagogique incontestable en général et dans la régulation des comportements déviants en particulier.

À RETENIR

Apprendre le nom des élèves

Pour connaître le nom des élèves, vous pouvez :
- apprendre la liste de classe dans l'ordre alphabétique ;
- réaliser un trombinoscope ;
- demander aux élèves de dire leur prénom à mesure qu'ils entrent dans le gymnase ;
- utiliser plusieurs fois le prénom de l'élève lors d'une interaction avec lui ;
- réaliser des étiquettes autocollantes que les élèves porteront les premières semaines de cours.

3. Gérer des problèmes de discipline

3-1. Quand la prévention est insuffisante

▶ Les techniques décrites précédemment sont utilisées par les enseignants avec succès dans la gestion des comportements déviants pouvant survenir en cours d'EPS. La connaissance de ces techniques est un premier pas pour les enseignants débutants dans le but de les mettre en œuvre. Le succès dépend à la fois de l'enseignant et de son contexte d'enseignement. Même pour les enseignants chevronnés, ces techniques peuvent cependant s'avérer insuffisantes pour gérer **certains élèves qui restent récalcitrants à adopter des comportements convenables en cours d'EPS** et à respecter les règles collectives instaurées par leurs enseignants. Les enseignants se trouvent alors confrontés à un problème de discipline.

REMARQUE

Les problèmes de discipline des élèves ont très souvent leur racine en dehors de l'école. Cependant, le pédagogue doit les gérer en classe. Ainsi, indépendamment des raisons qui peuvent expliquer les problèmes de discipline de certains élèves, l'enseignant d'EPS n'a souvent d'autre choix que de les gérer en cours.

▶ L'une des stratégies qui permettent de gérer les problèmes de discipline est **« la pédagogie du détour ».** Elle consiste à mobiliser les élèves présentant des problèmes de discipline sur des activités qui suscitent **un fort intérêt de leur part,** dans le but de les ramener progressivement vers les apprentissages scolaires.

REMARQUE

La pédagogie du détour

Cette stratégie a été mise en lumière dans le film de Christophe Barratier *Les Choristes,* sorti en 2004 : un professeur de musique recruté comme surveillant dans un internat parvient à faire face aux problèmes de discipline des élèves en les faisant participer à une chorale.

3-2. Trouver un équilibre dans la gestion de la discipline

▶ Cependant, la technique du détour ne fonctionne pas toujours. Si on est en droit d'estimer qu'un seul jeune détourné d'une voie sans issue est un succès, les pédagogues doivent cependant éviter deux attitudes contrastées : celle du « Zorro » de la pédagogie qui peut **résoudre tous les problèmes,** et celle de **l'impuissance.**

▶ La métaphore suivante peut permettre de comprendre l'équilibre subtil que le pédagogue doit trouver dans la gestion des problèmes de discipline. Selon cette métaphore, le pédagogue a une main droite et une main gauche. La main droite lui sert pour réprimander les élèves et les punir. C'est la main de la sanction. La main gauche, au contraire, est celle qui réconforte, qui comprend. C'est la main de l'empathie. Être pédagogue, c'est **chercher des solutions originales et efficaces à des problèmes pédagogiques récurrents** en équilibrant subtilement les réponses « main gauche » et les réponses « main droite ».

QUIZ EXPRESS

pour tester ses connaissances

1 Quelles caractéristiques sont propres au cours d'EPS du point de vue de la sécurité physique des élèves ?

☐ **a.** Les élèves n'écoutent pas lors de ce cours.

☐ **b.** Les lieux où se pratique l'EPS demandent des déplacements à l'extérieur de l'école.

☐ **c.** Les cours se déroulent dans des lieux larges et ouverts.

2 En cas d'accident en classe, l'enseignant d'EPS doit :

☐ **a.** continuer d'assurer son cours.

☐ **b.** disposer d'un téléphone fonctionnel et des numéros d'urgence.

☐ **c.** obligatoirement être titulaire d'une qualification aux premiers secours.

3 Pour limiter le temps des élèves dans les vestiaires, l'enseignant peut :

☐ **a.** mettre en place une activité immédiate.

☐ **b.** demander aux premiers élèves prêts de sortir le matériel.

☐ **c.** réprimander le dernier élève à sortir du vestiaire.

4 L'enseignant peut mettre en place des signaux pour indiquer aux élèves :

☐ **a.** de débuter une activité.

☐ **b.** de se rassembler autour de lui.

☐ **c.** d'arrêter une activité.

5 Dans la gestion des comportements déviants des élèves, l'enseignant doit :

☐ **a.** n'intervenir que quand la sécurité des élèves est engagée.

☐ **b.** interrompre son cours dès qu'il constate un comportement déviant.

☐ **c.** utiliser au maximum des techniques pour prévenir ce type de comportement.

Réponses : 1. b-c ; 2. b (la qualification aux premiers secours n'est pas obligatoire, mais elle constitue un plus pour l'enseignant) ; 3. a ; 4. a-b-c (les trois réponses sont exactes) ; 5. c.

8 Mettre en œuvre les activités

▶ THÈME 3 : ANIMER UN COURS D'EPS

Animer un cours d'EPS dans de bonnes conditions d'apprentissage pour les élèves requiert de l'enseignant la capacité à bien débuter les leçons, à en expliquer clairement les objectifs et à accompagner les élèves dans leur pratique.

A Débuter la leçon

1. L'échauffement

Les élèves rejoignent le cours d'EPS avec beaucoup d'entrain et de nombreuses attentes. **La manière dont vous allez débuter votre leçon va déterminer l'état psychologique dans lequel les élèves vont s'y engager :** soit ils vont identifier un cours qui sera subi, soit ils vont percevoir un intérêt les conduisant à s'engager activement.

1-1. La callisthénie

▶ Bien souvent, les enseignants font débuter leur cours par des tours de terrain et des mouvements d'échauffements. Cette manière de débuter des leçons d'EPS repose sur la connaissance que l'enseignant doit débuter ses leçons en activant **d'abord les fonctions cardio-respiratoires** (tours de terrain), en mobilisant **ensuite les principaux groupes musculaires** (rotation des épaules), puis **en terminant par un échauffement spécifique à l'activité enseignée** (rotation des poignets ou des chevilles). Cet enchaînement de mouvements porte le nom de **« callisthénie ».**

REMARQUE

Une pratique peu stimulante pour les élèves

Cette manière traditionnelle de débuter une leçon d'EPS est questionnée. Tout d'abord, sur le sens qu'elle représente pour les élèves. Ils peuvent en effet interroger l'intérêt de certains mouvements, par exemple, les rotations de la tête pour se préparer à la course de durée. Ce type d'échauffement répétitif peut aussi être perçu par les élèves comme une routine ennuyeuse peu favorable à leur engagement dans la leçon.

▶ Ensuite, certains mouvements pratiqués dans le cadre de la callisthénie se sont avérés susceptibles de **provoquer des traumatismes musculaires.** Par exemple, donner des à-coups pour tenter de toucher la pointe de ses pieds à partir d'une position debout jambes tendues peut provoquer des traumatismes dorsaux, de même que lancer ses jambes tendues vers le haut à partir d'une position allongée.

▶ De plus, des enseignants **remettent en cause l'intérêt des tours de terrain.** Ils soulignent qu'ils ne présentent aucun bénéfice du point de vue du développement des capacités cardio-respiratoires des élèves, qu'ils sont progressivement considérés par les élèves comme ennuyeux et comme une perte de temps, et que faire des tours de terrain n'a aucun rapport avec les objectifs d'apprentissage des leçons. Ils observent que des élèves partent le plus souvent très rapidement autour du terrain puis s'arrêtent après quelques minutes. Lorsque ces enseignants font pratiquer des tours de terrain à leurs élèves, c'est pour leur apprendre à trouver un rythme de course permettant de prolonger leur effort.

1-2. La flexibilité musculaire

▶ **Des travaux scientifiques ont remis en cause certaines connaissances.** Par exemple, on apprend souvent en formation que les étirements sont favorables à la récupération et que la flexibilité musculaire est bénéfique à la performance et permet d'éviter les blessures graves. Pourtant, des études réalisées auprès de coureurs de durée de haut niveau ont montré que ceux qui étaient les plus efficaces étaient ceux qui étaient les moins souples.

▶ De même, **la connaissance selon laquelle les qualités de flexibilité musculaire préservent des blessures est remise en cause.** Les gains de flexibilité sont temporaires et varient fortement en fonction des individus. Dans une étude dans laquelle des sujets ont réalisé une séance de quatre fois 90 secondes d'étirement des bras, il a été montré que la résistance passive des muscles (c'est-à-dire leur allongement) diminuait de 18 %, mais que cet effet avait disparu moins d'une heure après la séance d'étirement.

▶ Plus généralement, les études tendent à montrer que les qualités de flexibilité musculaire sont **principalement dépendantes du patrimoine génétique des individus.** En revanche, la connaissance selon laquelle **les étirements sont favorables à la récupération est confirmée,** conduisant les experts à préconiser de les réserver à la phase de récupération après l'effort.

REMARQUE

S'informer régulièrement

Les connaissances évoluent très vite. Certaines se confirment et se renforcent par de nouvelles évidences empiriques. D'autres sont questionnées, voire infirmées. L'actualisation des connaissances passe par la lecture et un esprit critique. Lecture et questionnement de comptes-rendus scientifiques, d'articles de synthèse ou encore, des propositions pédagogiques innovantes présentées dans les revues professionnelles.

2. Les activités instantanées

▶ Des élèves ne peuvent pas attendre pour se mettre en activité dès qu'ils entrent dans le gymnase ou sur le terrain d'activité. Or, **ces élèves les plus motivés attendent les autres** avant de débuter la leçon.

▶ Partant de ce constat, des enseignants ont entrepris de **changer leur pratique en débutant leurs leçons par des activités instantanées.** Les activités instantanées sont conçues pour débuter la leçon de manière rapide, dynamique et amusante.

En classe...

Trois exemples d'activités instantanées

Basket-ball • Le tour du monde

Principe L'élève doit effectuer des lancers dans des positions matérialisées par des plots placés en cercle autour du panier en commençant dans la position la plus excentrée. Lorsque le panier est réussi, l'élève progresse au plot suivant dans le sens des aiguilles d'une montre.

But du jeu L'élève doit réaliser le parcours dans un sens, puis dans un autre pour achever le « tour du monde ».

.../...

…/…

Badminton • Les échanges continus

Principe Deux ou quatre élèves effectuent le plus grand nombre d'échanges en continu. Le volant ne doit jamais toucher le sol.

But du jeu Établir un record de classe, du groupe ou battre un record précédent.

Gymnastique • Le sol de lave

Principe Les élèves passent d'un atelier de gymnastique à l'autre sans mettre le pied au sol.

But du jeu Terminer le parcours sans toucher le sol et sans tomber.

▶ **Les jeux de toucher, les jeux d'écoute, les courses et les dribbles avec une balle, les sauts à la corde seul ou avec un partenaire** sont autant de ressources pédagogiques pour des activités instantanées.

▶ Lorsqu'un enseignant conçoit une activité instantanée, il doit garder à l'esprit que cette activité doit **engager la motricité des élèves de manière globale** et provoquer **un plaisir instantané.** Le fait que cette activité instantanée soit articulée aux objectifs de la leçon constitue un plus dans la volonté de se centrer en EPS sur les apprentissages des élèves, mais qui ne peut cependant pas être recherché au détriment du plaisir instantané que vont pouvoir y trouver les élèves.

3. Introduire la leçon

▶ Une fois que l'enseignant a débuté sa leçon de manière traditionnelle ou par une activité instantanée, il rassemble ses élèves en mobilisant le protocole de rassemblement qu'il leur a enseigné. C'est au cours de ce premier rassemblement qu'il va introduire sa leçon. **L'introduction de la leçon est ainsi une partie intégrante du début de la leçon d'EPS.** Elle consiste à communiquer aux élèves le sujet de la leçon et à les aider à articuler les leçons entre elles du point de vue de leurs apprentissages.

▶ En tant qu'enseignant, nous connaissons le sujet de notre leçon. Nous savons aussi comment nous avons planifié nos leçons pour favoriser les apprentissages des élèves. C'est clair et cohérent pour nous, pas pour nos élèves. Lorsque les enseignants n'introduisent pas leurs leçons, leurs élèves ne sont pas capables d'identifier sur quoi portait la leçon lorsqu'on les interroge à la sortie du lieu d'activité. Introduire une leçon vise à répondre à deux questions principales :

- **Quel est le sujet de la leçon ?**
- **Pourquoi apprend-on cela ?**

REMARQUE

Susciter l'adhésion des élèves

Les enseignants expérimentés ne se contentent pas d'énoncer le sujet de leur leçon. Ils trouvent des voies originales pour le communiquer de manière à provoquer l'intérêt et l'enthousiasme de leurs élèves à vivre cette leçon.

En classe...

Trois exemples d'introduction de leçons

Changement entre mouvements lents et rapides

• Un enseignant a introduit une leçon d'EPS dont le sujet était de sensibiliser les élèves aux changements dans les activités physiques entre mouvements lents et mouvements rapides.
• Il s'est assis sur un banc devant des élèves assis au sol et leur a demandé d'écarter les bras comme lui. Il leur a ensuite raconté qu'entre leurs bras, il y avait un papillon qu'ils allaient chercher à saisir en refermant très lentement leurs mains l'une sur l'autre. Il a ajouté : « Ne me regardez pas, regardez votre papillon. »
• Alors que les mains des élèves se rapprochaient lentement l'une de l'autre pour saisir ce papillon virtuel, il leur a dit qu'il ne s'agissait pas d'un papillon mais d'une guêpe.
• Les élèves, surpris, ont alors rapidement rapproché et bougé leurs mains. L'enseignant leur a annoncé que ce changement rapide de mouvements dont ils venaient de faire l'expérience avec leurs mains constituait le sujet de sa leçon.

Réception au sol en douceur

• Un enseignant a introduit une leçon sur la réception de sauts de la manière suivante : « Quand vous sautez, comment pouvez-vous retomber doucement au sol ? Pouvez-vous vous recevoir au sol aussi doucement qu'un chat ? Qu'une plume ? Aujourd'hui, je voudrais vous aider à pratiquer une réception au sol en douceur. »
• La métaphore de la réception de sauts comme un chat ou une plume est utile pour faire comprendre aux élèves ce qui sera attendu dans la leçon.

Leçon de tennis

• Un autre enseignant a introduit une leçon de tennis en se plaçant à cinq mètres d'un mur et en frappant la balle dix fois de suite en coups droits vers ce mur sans faute.
• Il a ensuite dit à ses élèves : « Dans la leçon d'aujourd'hui, on va apprendre deux critères qui m'ont aidé à devenir un bon joueur de tennis. »

▶ Les enseignants n'introduisent pas uniquement leur leçon sur les nouvelles habiletés motrices qu'ils vont enseigner à leurs élèves. Les objectifs visés en EPS sont en effet de trois types :

① Des objectifs psychomoteurs

Ces objectifs renvoient à l'apprentissage d'habiletés motrices permettant de **pratiquer efficacement** des activités physiques. Par exemple, l'objectif de lancer fort à bras cassé permet d'être efficace dans le tir au handball ou le lancer du javelot en athlétisme.

② Des objectifs affectifs

Ceux-ci renvoient **aux sensations et aux émotions** que les élèves peuvent vivre en EPS individuellement et collectivement. Par exemple, réaliser des trajectoires hautes en cloche en badminton pour favoriser la réussite d'un camarade en difficulté et l'encourager est un objectif du domaine affectif.

③ Des objectifs cognitifs

▶ Ceux-ci recouvrent **l'acquisition de connaissances et le développement d'habiletés intellectuelles.** Par exemple, connaître la règle du hors-jeu en football ou élaborer une stratégie pour battre un dispositif défensif de type 0-6 au handball.

▶ Toutes ces introductions présentent **l'apprentissage comme un pouvoir d'agir.** Pouvoir changer de mouvements rapidement, pouvoir faire des réceptions de sauts en douceur, pouvoir frapper la balle au mur sans erreur, pouvoir protéger sa balle des adversaires ou encore pouvoir contrôler ses émotions. Le savoir présenté comme un pouvoir nouveau de l'élève constitue une **forte source de motivation.**

▶ Les jeunes vivent dans le présent. Il est difficile pour eux de comprendre que pratiquer une frappe de balle avec une raquette les amènera à être performants dans des activités physiques comme le tennis, le badminton, le tennis de table ou le squash. C'est aussi difficile pour eux de comprendre que nos leçons d'EPS sont organisées en **séquences construites pour développer leur compréhension d'une habileté ou d'un concept,** c'est-à-dire de comprendre que nos leçons sont reliées entre elles.

▶ L'introduction d'une leçon est une opportunité pour les enseignants de mettre en relation les leçons entre elles pour leurs élèves. Cette mise en relation de leurs expériences passées avec leurs expériences à venir aide les élèves à comprendre l'articulation des leçons et leur finalité. Elle participe à donner du sens aux apprentissages. **L'échafaudage consiste à mettre en relation pour les élèves les leçons entre elles.** À l'image de l'échafaudage qui s'élève progressivement à mesure que le mur d'un bâtiment se construit, les enseignants d'EPS échafaudent les apprentissages de leurs élèves.

REMARQUE

L'échafaudage peut aussi porter sur la mise en relation des thèmes de travail ou séquences de leçons dans des activités physiques au cours de l'année scolaire. Par exemple, l'articulation entre des séquences de leçons dans différentes activités collectives sur le thème de la progression collective de la balle vers la cible adverse.

B Instruire et démontrer

1. L'instruction

▶ La phase d'instruction représente un dilemme pour l'enseignant d'EPS. En effet, il doit viser deux buts opposés. D'un côté, **s'assurer de la compréhension de la tâche d'apprentissage par tous les élèves** ; de l'autre, **mettre rapidement en activité les élèves** afin d'optimiser leur temps de pratique et d'apprentissage.

▶ S'assurer de la compréhension de la tâche par tous les élèves nécessite de prendre du temps, tandis que mettre rapidement en activité nécessite de le limiter. Pour gérer ce dilemme, les enseignants d'EPS travaillent sur leur instruction de manière à mettre rapidement en activité des élèves ayant compris la tâche à réaliser. Le but de la phase d'instruction et de démonstration est de faire comprendre aux élèves **ce que l'on va faire et comment on va le faire.**

▶ L'instruction est le processus par lequel vous fournissez de l'information aux élèves, prioritairement, mais pas exclusivement, à travers la parole dans le but de développer leurs apprentissages. L'instruction recouvre deux dimensions : **l'instruction organisationnelle** et **l'organisation informationnelle**. Ces deux phases ont été séparées dans cet ouvrage par nécessité de clarté. Le lecteur doit cependant garder à l'esprit que, dans la pratique, elles sont imbriquées dans une même unité d'instruction.

2. L'instruction organisationnelle

L'un des challenges des enseignants lorsqu'ils animent des cours d'EPS est d'organiser de grands groupes d'élèves dans de larges espaces. **L'instruction organisationnelle dit aux élèves ce qu'ils doivent faire, avec qui, où et avec quel équipement.** Plus précisément, elle vise à répondre à plusieurs questions :
- Qu'est-ce que je vais faire ? Quelle activité ?
- Est-ce que je ferai cette activité seul ou à plusieurs ? Comment mon groupe va être formé ?
- Où est-ce que je vais faire cette activité ? Quelles sont les limites ?
- Ai-je besoin de matériel ? Où vais-je le trouver ?
- Quand est-ce que l'on va commencer ? Arrêter ? Qu'est-ce que je fais si je finis en avance ?
- Qu'est-ce que je fais si j'ai une question ?

À RETENIR

Les questions de l'instruction organisationnelle

Répondre aux différentes questions que recouvre une instruction organisationnelle permet de s'assurer que les élèves disposent de toutes les informations nécessaires pour se mettre en activité.

3. L'instruction informationnelle

▶ L'instruction informationnelle est sans doute le cœur du métier d'enseignant en EPS et de son expertise. **Elle consiste à dire aux élèves comment faire pour réaliser la tâche avec succès.**

▶ Dans ce domaine, on observe souvent une approche dite en « fusil de chasse ». Elle consiste à **délivrer aux élèves en une seule fois toutes les consignes utiles** que l'enseignant connaît pour réaliser avec succès l'habileté motrice enseignée. Cependant, dire à un élève réalisant pour la première fois un smash au badminton qu'il doit mettre son pied gauche devant, placer sa raquette dans le dos, frapper le volant en haut devant soi, utiliser son bras libre pour viser et rabattre son bras devant après la frappe, cela est trop. Un élève ne peut raisonnablement pas se rappeler autant de consignes !

▶ De plus, cette approche **ne prend pas en compte le niveau de pratique initial des élèves** dans l'activité, de sorte que les élèves qui débutent dans l'activité et ceux qui en ont une première expérience reçoivent les mêmes consignes.

▶ Pour ces raisons, les enseignants expérimentés utilisent **d'autres techniques** pour être efficaces dans cette phase de l'enseignement.

Technique	Principe	Avantages
Une idée à la fois	Choisir la ou les deux consignes au maximum qui vont bénéficier le plus aux élèves débutants, puis aborder les suivantes au fur et à mesure de leur progression avec la ou les deux premières.	• L'élève intègre bien chaque consigne. • Cette méthode permet de prendre en compte le niveau initial de l'élève. • La consigne est brève ; les élèves sont plus à l'écoute.
Le mot imagé	Pour éviter de se laisser emporter dans de longues phrases, l'enseignant utilise des mots ou des phrases courtes pour rappeler rapidement aux élèves de quoi il veut parler. Le mot ou la phrase courte sont ainsi associés à une représentation imagée.	• L'enseignant ne perd pas le fil de sa pensée. • L'élève intègre bien chaque consigne car l'explication est claire. • La consigne est brève ; les élèves sont plus à l'écoute.
Le mot adapté	Identifier les consignes qui vont bénéficier le plus aux élèves en fonction de leur niveau de pratique. Choisir des consignes qui seront différentes pour les débutants, les initiés ou les confirmés.	• Permet de prendre en compte le niveau initial de l'élève. • L'élève intègre bien chaque consigne car l'explication est claire et lui correspond. • La consigne est brève ; les élèves sont plus à l'écoute.

4. La clarté de l'enseignant

4-1. Communiquer clairement

▸ Une fois que l'enseignant a **sélectionné les informations et les consignes** qu'il souhaite transmettre aux élèves, il lui reste à **les organiser** et à **les communiquer** aux élèves. La clarté de l'enseignant est une capacité critique pour l'efficacité de son enseignement de l'EPS. Si un enseignant n'est pas clair, il y aura peu d'apprentissages dans ses leçons. C'est en sélectionnant et en organisant judicieusement les informations puis en les communiquant avec efficacité aux élèves que l'enseignant construit cette capacité.

À RETENIR

Exposer clairement la leçon et ses objectifs

L'enseignant sera clair s'il dit explicitement aux élèves ce qu'ils vont apprendre et pourquoi ils vont l'apprendre. D'une manière générale, on recommande dans un objectif de clarté de débuter une instruction en annonçant son but et son utilité, de poursuivre par l'instruction organisationnelle, puis par l'instruction informationnelle, pour terminer en étant plus précis sur les modes de groupement des élèves dans la situation.

▸ L'enseignant d'EPS doit également faire **attention à la manière dont il communique.** Il faut éviter les digressions, les tics de langage, les phrases ambigües ou les mots trop compliqués. Les élèves doivent certes maîtriser le vocabulaire de l'EPS mais ce vocabulaire doit être adapté à leur niveau de compréhension.

REMARQUE

Améliorer sa communication

Enregistrez-vous le temps d'un cours ! Vos erreurs de communication vous paraîtront plus évidentes lorsque vous écouterez l'enregistrement, et vous pourrez rectifier votre instruction la séance d'après.

4-2. Utiliser des schémas

▸ Des enseignants instruisent leurs élèves en utilisant **des schémas au tableau**. Par exemple, il est difficile pour les élèves de comprendre qu'une vitesse horizontale peut être transformée en vitesse verticale. Des élèves auront ainsi du mal à comprendre que lorsqu'on tire de loin au handball après une course d'élan, on continue à avancer en l'air. Un schéma peut aider à comprendre ce phénomène en utilisant des vecteurs.

▶ **L'efficacité de cette technique est cependant à questionner avec les plus jeunes.** En effet, la compréhension des schémas au tableau fait appel aux capacités de représentation spatiale des élèves. Or, ces capacités varient en fonction de l'âge des enfants et de leurs expériences antérieures.

4-3. Évaluer la clarté des explication données

▶ Plusieurs indicateurs existent pour vous permettre d'évaluer la clarté de votre instruction. Le premier indicateur est le **questionnement des élèves.** Par exemple, une instruction organisationnelle claire est une instruction à l'issue de laquelle les élèves ne posent pas de questions sur l'organisation humaine et matérielle, ou ne vous demandent pas de répéter une consigne.

▶ Un deuxième indicateur est la **rapidité avec laquelle les élèves se mettent en activité.** Une instruction organisationnelle est claire lorsque les élèves se mettent en activité rapidement, c'est-à-dire dans les cinq minutes qui suivent votre instruction.

▶ Un autre indicateur est la **répétition des consignes.** Si au cours de la mise en activité des élèves, vous êtes obligés de répéter des consignes qui ont été présentées durant l'instruction, c'est sans doute que vous n'avez pas été assez clair.

▶ Enfin, un moyen simple d'évaluer l'efficacité d'une instruction informationnelle est de noter le **nombre d'élèves qui pratiquent en utilisant la ou les consignes** que vous avez données au cours de votre instruction.

5. La démonstration

▶ La démonstration fait partie intégrante de l'instruction. On peut utiliser la démonstration pour l'instruction organisationnelle et pour l'instruction informationnelle.

▶ Des enseignants démontrent ainsi systématiquement leurs instructions organisationnelles. Par exemple, un enseignant a pris l'habitude dans l'activité badminton de regrouper les élèves autour d'un terrain aménagé préalablement pour présenter l'instruction organisationnelle de chaque situation. Les élèves sont ensuite invités à aménager les autres terrains à partir de cette démonstration. D'autres enseignants réservent la démonstration de leurs instructions organisationnelles aux situations nouvelles ou complexes à aménager. D'autres enfin démontrent leurs instructions organisationnelles uniquement avec les plus jeunes.

▶ La démonstration de l'instruction informationnelle répond quant à elle à la volonté d'aider les élèves à se représenter l'habileté motrice et de leur faire comprendre la ou les consignes sur lesquelles ils devront se concentrer dans la réalisation de cette habileté. Dans une étude, des chercheurs ont présenté à des élèves l'instruction informationnelle d'une habileté motrice selon cinq modalités :

1. Explication verbale avec démonstration partielle de l'habileté.
2. Démonstration complète de l'habileté seulement.
3. Surcharge d'explications avec démonstration partielle.
4. Explications verbales avec démonstration totale de l'habileté et centration sur les consignes les plus importantes.
5. Aucune instruction.

▶ Les résultats ont montré que les élèves les plus efficaces dans l'habileté motrice étaient ceux qui avaient reçu une instruction sous la forme **d'explications verbales associées à une démonstration totale de l'habileté et à une centration sur les consignes les plus importantes.**

▶ L'enseignement dans les activités physiques implique **l'utilisation de mots** pour décrire comment être performant dans la réalisation des habiletés motrices. Les mots sont utiles, mais ils ne sont **pas aussi efficaces que la démonstration de l'habileté** en elle-même. En revanche, les mots sont utiles au cours des démonstrations pour **centrer l'attention des élèves sur un aspect particulier de l'habileté** sur lequel vous souhaitez qu'ils se concentrent pendant la réalisation.

▶ Plusieurs composants interagissent pour assurer l'efficacité d'une démonstration.

- **Le placement de l'enseignant :** la démonstration doit être vue de tous les élèves. L'un des premiers réflexes à acquérir dans ce domaine est de se reculer de quelques pas du groupe de manière à être vu de tous.
- **L'ampleur de la démonstration :** on recommande de commencer par une démonstration totale de l'habileté de telle manière que les élèves disposent dans un premier temps d'une représentation mentale du mouvement à réaliser. Dans un second temps, les enseignants expérimentés démontrent le ou les composants de l'habileté sur lesquels ils souhaitent que leurs élèves centrent leur attention. Cette centration est essentielle pour apprendre aux élèves à observer des habiletés motrices.
- **La vitesse de la démonstration :** on recommande de réaliser la première démonstration globale à vitesse normale de manière à assurer pour les élèves une représentation juste du mouvement à réaliser. La seconde démonstration centrée sur un composant de l'habileté en particulier doit être réalisée à vitesse lente afin que les élèves visualisent clairement ce composant. Si la démonstration n'est pas ralentie, les élèves ne sont pas en mesure d'isoler le composant étudié du reste du mouvement. Cela est d'autant plus vrai que l'habileté est complexe. L'enseignement d'habiletés complexes nécessite le plus souvent leur décomposition préalable en parties. Une dernière démonstration peut être faite à vitesse normale en centrant l'attention des élèves sur le composant étudié afin qu'ils visualisent la manière dont ce composant s'intègre à l'habileté dans son ensemble.

6. Vérifier la compréhension

▶ Au cours de leur instruction, les enseignants vérifient la compréhension de leurs élèves. Nous savons en tant qu'adulte à quel point **il est difficile de prendre la parole ou de poser une question devant un groupe.** Le plus souvent, nous nous abstenons de dire que nous n'avons pas compris ou de poser des questions devant tout le monde. Nos élèves ne sont pas différents de nous ! On ne vérifie pas leur compréhension en leur demandant s'ils ont compris ou s'ils ont des questions devant le groupe.

▶ Les enseignants expérimentés utilisent un ensemble de techniques pour **vérifier la compréhension de leurs élèves.**

REMARQUE

S'adapter

Les techniques utilisées pour vérifier la compréhension des élèves sont choisies en fonction du niveau de développement de leurs élèves, du temps disponible ou du contenu enseigné.

En classe...

Différentes techniques pour s'assurer de la compréhension des élèves

La reconnaissance

Principe Démontrer l'habileté motrice et demander aux élèves de faire un geste (lever la main, pouce vers le haut par exemple) pour indiquer si le mouvement a été réalisé correctement par l'enseignant.

La vérification verbale

Principe Vérifier la compréhension des élèves en leur demandant de dire ce que l'enseignant vient de démontrer. Autre possibilité : demander à des élèves, alors qu'ils quittent le lieu d'activité, de dire les deux consignes vues dans la leçon permettant de réaliser l'habileté motrice enseignée.

La vérification par la performance

Principe Demander à un élève de refaire la démonstration d'un mouvement. Technique intéressante à utiliser lors d'un enseignement sous forme d'ateliers.

La vérification en conclusion

Principe Phase courte de deux à trois minutes qui marque la fin de la leçon. Vérification structurée en quatre parties.

1. Attirer l'attention des élèves sur les points clés qui ont été abordés durant la leçon, sous forme de rappels ou de questionnements.
2. Donner des feed-back au groupe sur son comportement en général. Les remarques négatives éventuelles à un élève en particulier sont faites en aparté.
3. Valoriser l'activité physique. Par exemple, demander aux élèves d'apprendre à dribbler avec deux copains de leur quartier entre deux leçons d'EPS, de faire cinq pompes par jour, de sortir courir avec leur animal de compagnie…
4. Préparer la leçon suivante. Annoncer et anticiper ce qui sera vu ensuite en demandant aux élèves d'y réfléchir, de trouver une définition du sujet, etc.

C Développer le contenu

1. L'extension

▸ Lorsque l'enseignant termine l'instruction et la démonstration, les élèves se mettent en activité. Une nouvelle phase de l'enseignement s'ouvre dans laquelle **l'enseignant régule l'activité des élèves.** Développer le contenu fait référence à la capacité de l'enseignant dans cette phase à faire progresser le contenu de l'apprentissage sans laisser aucun élève derrière.

▸ **L'extension consiste à faire progresser les tâches dans une séquence dans le but d'atteindre l'objectif visé.** Une extension débute toujours par une tâche initiale. Il s'agit de la première tâche d'une séquence visant l'acquisition d'une habileté, la compréhension d'un concept ou le développement d'un composant de la condition physique (force musculaire, fonction cardio-respiratoire, par exemple).

▸ Voici un exemple d'extension autour du dribble.

Tâches	Description de la tâche	Niveau de développement dans l'habileté
Tâche initiale	Sur place, lancer la balle à deux mains vers le haut, la laisser rebondir, puis la rattraper à deux mains.	Pré-contrôle
Tâche 1	Sur place, lancer la balle à deux mains vers le sol, puis la rattraper à deux mains après un rebond.	
Tâche 2	Sur place, lancer la balle à deux mains vers le sol, puis sur le rebond, repousser la balle à une main avant de la rattraper à deux mains.	
Tâche 3	Sur place, lancer la balle à deux mains vers le sol puis, sur le rebond, repousser la balle à une main, et ainsi de suite cinq fois (dribble).	
Tâche 4	Sur place, enchaîner dix dribbles de suite en utilisant sa main préférentielle.	Contrôle
Tâche 5	Sur place, dribbler à différentes hauteurs (au niveau des genoux, au niveau de la hanche, au-dessus du nombril).	
Tâche 6	Sur place, dribbler cinq fois avec sa main préférentielle, puis cinq fois avec sa main non préférentielle.	
Tâche 7	Sur place, faire faire le tour de son corps à la balle en dribblant.	
Tâche 8	Se déplacer en marchant sur une ligne en dribblant avec sa main préférentielle.	
Tâche 9	Faire le tour du terrain de double de tennis (lignes blanches) en marchant et en dribblant avec sa main préférentielle.	
Tâche 10	Dribbler en marchant rapidement autour d'obstacles immobiles.	Utilisation
Tâche 11	Dribbler en courant en ligne droite avec sa main préférentielle.	
Tâche 12	Dribbler en courant pour contourner un adversaire dans le jeu de l'épervier.	
Tâche 13	Dribbler à une main contre un adversaire dans un jeu de balle au capitaine avec des zones.	Compétent
Tâche 14	Dribbler en courant sur un parcours comportant des changements de direction.	
Tâche 15	Dribbler en course et passer à un adversaire.	
Tâche 16	Jouer à un jeu de toucher en dribblant.	
Tâche 17	Dribbler contre des adversaires (deux contre deux ; trois contre trois).	

▸ Peu d'élèves sont disposés à persévérer dans une tâche qu'ils ne réussissent pas après plusieurs essais. **Motiver les jeunes implique de les faire réussir.** Aussi, cette progression de tâches a été conçue de manière à assurer un haut niveau de succès (80 %).

REMARQUE

Bien connaître les niveaux de développement

La capacité à établir une progression de tâches adaptée est liée à votre connaissance des différents niveaux de développement dans l'acquisition d'une habileté motrice.

2. L'affinement

▸ Ce n'est pas parce qu'un enseignant donne une tâche à ses élèves qu'ils vont nécessairement la pratiquer correctement. **L'affinement consiste à se centrer sur comment réaliser la tâche de manière efficace.**

À RETENIR

Extension et affinement

L'extension répond à la question « Qu'est-ce que je dois faire ? », l'affinement à « Comment je dois le faire pour réussir ? ».

▸ Les affinements d'un enseignant peuvent porter sur **trois aspects principaux du mouvement.**

- Tout d'abord **la forme du mouvement.** Par exemple, « ton corps doit faire un arc de cercle », « on doit voir une ligne verticale » ou « tu dois rouler en boule » sont des consignes d'affinement qui renseignent les élèves sur la forme du mouvement.
- Ensuite, **la technique appropriée.** Il s'agit du comment faire pour obtenir cette forme de mouvement. Les consignes d'affinement vont porter sur les segments corporels à mobiliser et l'ordre pour les mobiliser permettant de produire cette forme particulière de mouvement. Par exemple, « Garde ton bassin collé à la barre puis lance tes pieds vers le haut et l'avant en fin de mouvement », « Place tes bras tendus le long de ton corps, tends les jambes et serre les fesses » ou « Place ton menton à la poitrine ».
- Enfin, les consignes d'affinement peuvent porter sur **la stratégie à prendre en compte pour être efficace.** Par exemple, « Pour libérer des espaces d'un côté, il faut d'abord décaler la défense de l'autre côté », « Observe les déplacements du gardien avant de tirer » ou « C'est en identifiant son centre de gravité que tu pourras facilement retourner ton adversaire au sol ».

▸ Lorsqu'une consigne d'affinement a été choisie, il faut laisser le temps aux élèves de l'intégrer. Les élèves passent typiquement par **trois phases dans l'intégration d'une consigne d'affinement.**

- **Dans une première phase,** ils sont capables de rappeler la consigne lorsqu'on les interroge. Par exemple, ils sont capables de dire qu'il faut pousser la balle vers le sol pour dribbler et non la frapper.
- **Dans une deuxième phase,** ils commencent à incorporer la consigne dans un schéma de mouvement. Autrement dit, ils se concentrent sur l'application de la consigne et réussissent de manière épisodique.
- **Dans une troisième phase,** et après un temps de pratique plus ou moins long selon les élèves, ils automatisent la consigne, c'est-à-dire qu'ils la mettent en œuvre de manière systématique sans nécessairement y penser tout le temps.

3. Le challenge

▸ Si des élèves ont besoin de consignes d'affinement, d'autres réussissent la tâche dès la première tentative. L'enseignant se retrouve alors face à un dilemme : changer la tâche pour répondre aux élèves en réussite au risque de laisser derrière les élèves qui ont besoin d'aide, ou donner des consignes d'affinement aux élèves qui ont besoin d'aide au risque de provoquer l'ennui des élèves en réussite pouvant s'accompagner de comportements hors tâches.

▸ Les enseignants anticipent ce dilemme durant leur phase de planification en prévoyant des **variables de simplification et de complexification** pour chacune de leurs tâches. Cette solution n'est pas totalement satisfaisante. En effet, si les variables de complexification répondent aux élèves en réussite immédiate, les variables de simplification changent la tâche initiale, de sorte que les élèves qui auraient besoin d'aide pour réussir cette tâche initiale se retrouvent à réaliser une autre tâche plus simple. Le fait de réussir cette tâche plus simple ne leur garantira pas de réussir la tâche initiale.

▶ L'articulation **affinement/challenge** permet de répondre plus directement au dilemme que rencontrent tous les enseignants dans ce domaine. En effet, le challenge consiste à donner une consigne pour maintenir sur la tâche les élèves en réussite immédiate. Dans cette articulation, on ne change pas la tâche initiale. L'enseignant donne un challenge aux élèves en réussite pour leur **permettre d'approfondir la tâche initiale,** se laissant ainsi du temps pour mobiliser des consignes d'affinement avec les autres élèves dans le but de leur faire réussir cette tâche initiale.

Challenge basé sur la répétition

Principe Faire répéter la tâche initiale par l'intermédiaire de défis qui motivent les élèves à atteindre le but fixé par l'enseignant.

Exemple Si une tâche fixée est de lancer une balle à une main dans une zone délimitée à cinq mètres, le challenge proposé sera de lancer la balle en atteignant la cible autant de fois que l'élève a de lettres dans son prénom.

Challenge cognitif

Principe Mobiliser l'activité cognitive des élèves dans le but de les maintenir sur la tâche.

Exemple Lors d'une leçon de gymnastique, les élèves sont invités, une fois qu'ils ont réussi trois fois un atelier, à venir piocher trois mots dans un panier. Ils doivent ensuite réussir à faire la phrase la plus longue possible avec ces trois mots.

Challenge basé sur le temps

Principe Compétition contre le temps.

Exemples Demander aux élèves de faire des passes sans que le ballon ne tombe au sol pendant une certaine durée ; de réaliser une course de vitesse ou de durée ; de maintenir une position d'équilibre durant un laps de temps donné...

Challenge basé sur le score

Principe Les élèves doivent obtenir un score (seuls ou en groupes).

Exemple Demander aux élèves de marquer cinq points de suite, d'être le premier à arriver à dix, d'atteindre à dix points...

QUIZ EXPRESS

pour tester ses connaissances

1 En début de cours, l'échauffement :

☐ **a.** n'est pas nécessaire.

☐ **b.** doit suivre l'enchaînement de mouvements dit « callisthénie ».

☐ **c.** peut se pratiquer avec des activités instantanées engageant la motricité de façon globale.

2 Les étirements :

☐ **a.** doivent avoir lieu avant la leçon.

☐ **b.** doivent avoir lieu après la leçon.

☐ **c.** sont néfastes.

3 Que doit privilégier l'enseignant d'EPS pour exposer sa leçon ?

☐ **a.** La clarté

☐ **b.** La rapidité

☐ **c.** Le détail dans les explications

4 L'affinement consiste à :

☐ **a.** communiquer aux élèves le sujet de la leçon.

☐ **b.** se centrer sur comment réaliser la tâche de manière efficace.

☐ **c.** faire progresser les tâches dans une séquence dans le but d'atteindre l'objectif visé.

5 Quand un élève réussit la tâche demandée dès la première tentative, l'enseignant :

☐ **a.** lui demande d'aider les autres élèves.

☐ **b.** lui propose de faire une pause.

☐ **c.** le challenge en approfondissant la tâche initiale.

Réponses : 1. c ; 2. b ; 3. a ; 4. b ; 5. c.

SUJET

En classe de grande section de maternelle, vous souhaitez développer l'habileté de vos élèves à lancer. Présentez une situation d'apprentissage au moins pour atteindre cet objectif.

1 heure

30 minutes

Analyse du sujet

étape 1 Analysez les termes

▶ Dans un premier temps, il s'agit d'analyser les termes du sujet dans le but de s'orienter vers une première réponse possible. Ici, plusieurs termes doivent attirer votre attention : **grande section**, **habileté**, **lancer**.

▶ Le terme d'**habileté** associé à la **grande section de maternelle** nous oriente vers le concept plus large d'**habiletés motrices fondamentales** : s'équilibrer, se déplacer et les habiletés impliquant des balles comme attraper, lancer ou encore frapper.

▶ Le programme du cycle 1 précise que la pratique d'activités physiques et artistiques doit « permettre aux enfants d'explorer leurs possibilités physiques, **d'élargir et d'affiner leurs habiletés motrices**, de maîtriser de nouveaux équilibres ». Le développement moteur des élèves à cet âge (voir le chapitre 5 p. 64) nous oriente vers **le développement de patterns fondamentaux**.

▶ Le terme **« lancer »** (projection d'objets) renvoie à des situations dans lesquelles l'enfant a initialement le contrôle de l'objet et le projette dans l'environnement. Le développement des habiletés en matière de lancer implique **des changements dans la production de force** ainsi que **l'apprentissage d'une coordination efficace** de l'ensemble du corps pour appliquer la force de manière appropriée.

étape 2 Orientez votre réponse

▶ À partir de cette analyse, on peut orienter une première réponse au sujet vers l'idée de proposer aux élèves des situations d'apprentissage diverses sous la forme de **plusieurs ateliers**. Chaque atelier mobiliserait ici **différentes formes de lancer** que l'on peut retrouver dans des pratiques sociales d'activités physiques et sportives : lancer comme au basket-ball (à deux mains), lancer comme au handball (à une main), lancer comme à la pétanque, lancer comme au frisbee, lancer comme au bowling.

étape 3 Mobilisez vos connaissances

▶ La phase de préparation va consister à mobiliser des connaissances pour affiner et justifier cette première réponse. **Trois grands domaines de connaissances** que vous aurez construit au cours de votre préparation à cette épreuve peuvent être mobilisés ici : des connaissances institutionnelles, des connaissances scientifiques et des connaissances professionnelles.

▸ **Pour le domaine des connaissances institutionnelles**, nous allons mobiliser le programme qui régit le cycle 1. Dans ce programme, plusieurs éléments peuvent faire écho à notre première réponse : **le développement des habiletés motrices fondamentales** dont fait partie le lancer, **le recours à l'apprentissage** en s'exerçant, qui correspond bien à l'apprentissage d'habiletés motrices, ou encore **l'inscription dans le domaine d'apprentissage** « Agir, s'exprimer, comprendre à travers l'activité physique ». Nous rechercherons cependant une ouverture vers d'autres domaines comme celui de « Mobiliser le langage dans toutes ses dimensions » dans le souci d'une part, de la transversalité des apprentissages qui peut être recherchée en cycle 1 et d'autre part, de la place importante du langage – rappelée par le législateur – à ce niveau d'enseignement.

▸ **Dans le domaine des connaissances scientifiques**, ce sujet est directement en lien avec l'apprentissage d'habiletés motrices. Dans ce domaine, trois connaissances peuvent être mobilisées ici. Tout d'abord, **la pratique est un premier élément central** dans l'apprentissage des habiletés motrices. Ensuite, **l'efficacité de la pratique**, qui renvoie à la manière dont cette pratique est structurée en termes de type de pratique, de temps de pratique et de feed-back (rétroaction) ressort comme un deuxième élément central. Enfin, les résultats d'études identifient **la qualité du feed-back** selon la règle « le bon feed-back, au bon moment, pour le bon élève » comme un dernier élément central.

▸ **Les connaissances professionnelles** doivent ici vous amener à des points de vigilance sur, par exemple : **le temps d'organisation** que peut prendre une leçon structurée par un ensemble d'ateliers de pratique ; **la sécurité des élèves** lorsqu'on mobilise une rotation sur différents ateliers ; **la composition des groupes** pour favoriser le travail ensemble ; **la nécessité de différencier la pratique des élèves** en fonction de leur niveau initial dans l'habileté à lancer ; **l'organisation de l'activité de l'enseignant** qui ne peut être présent sur chaque atelier en même temps.

étape 4 Finalisez votre réponse

▸ Une dernière étape dans l'analyse du sujet consiste à **mettre en relation les différentes connaissances mobilisées** pour finaliser la réponse didactique et pédagogique qui sera proposée au jury en réponse au sujet tout en gérant les dilemmes dont toute activité d'enseignement est porteuse.

▸ Dans le cas présent, le recours à l'apprentissage en s'exerçant qui apparaît dans les programmes fait écho à la **recommandation de favoriser la pratique** que l'on trouve dans la littérature scientifique sur l'apprentissage des habiletés motrices. Une première cohérence se dégage ici. De même, le choix de la transversalité et de la mobilisation du langage dans l'apprentissage fait écho, d'une part, au choix de **développer le « patron moteur » du lancer** que l'on adopte dans la réponse (plusieurs formes de lancers différents) et d'autre part, conduit à identifier **un « temps » de verbalisation** dans la proposition et impacte la mise en œuvre, notamment à travers la capacité de l'enseignant à différencier son enseignement en fonction du niveau de réponse des élèves.

▸ Des dilemmes apparaissent. Comment différencier sans pouvoir modifier les situations d'apprentissage lorsqu'on choisit de composer des groupes affinitaires de niveaux de pratique différents pour favoriser le travail en groupe ? Comment « tenir » à la fois dans la proposition la volonté de favoriser la pratique des élèves tout en mobilisant le langage des élèves ? L'exposé va articuler tout cela dans un ensemble le plus cohérent possible.

15 minutes

Exposé

▶ Vous m'avez proposé de développer l'habileté à lancer des élèves de grande section de maternelle. Ce sujet est important, car le fait de disposer d'habiletés motrices fondamentales est un gage d'engagement dans des activités physiques et sportives. En réponse à ce sujet, je vous propose plusieurs situations d'apprentissage sous forme d'ateliers que les élèves pratiqueront dans le cadre d'une leçon de 45 minutes de travail effectif.

▶ Pour commencer, les élèves seront accueillis dans la salle de motricité de l'école et regroupés assis au centre de cette salle après un passage aux toilettes. Plusieurs ateliers auront été installés par l'enseignant au préalable autour de ce rond central de rassemblement des élèves :

- un atelier consacré au lancer à deux mains (de type lancer en basket-ball),
- un atelier pour le lancer à une main (de type lancer en handball),
- un atelier pour le lancer par-dessous (de type lancer à la pétanque),
- un atelier pour le lancer en faisant rouler (de type lancer au bowling),
- un atelier pour lancer avec un mouvement circulaire (de type lancer de frisbee).

▶ Au cours de ce premier rassemblement, l'enseignant mobilisera des élèves différents à chaque fois pour démontrer avec eux et au groupe ce qu'il faudra faire sur chaque atelier. Il transmettra ensuite les deux consignes suivantes :

1. « Vous attendez mon signal avant de commencer l'atelier et de changer d'atelier. »
2. « Vous remettez bien le matériel en place avant de changer d'atelier. »

▶ L'enseignant répartit ensuite les élèves par groupes sur les différents ateliers. Ils vont attendre son signal avant de commencer.
Dans le temps imparti pour cet exposé, je vais vous détailler deux ateliers : **lancer à deux mains** et **lancer par-dessous**.

▶ La situation d'apprentissage ci-dessous présente le lancer à deux mains :

Vous présenterez la figure ci-dessus au jury pour décrire la situation.

▶ Lorsque les élèves arrivent sur l'atelier, ils trouvent des ballons de basket-ball dans une caisse en plastique. Le but de la situation est de lancer la balle par-dessus un élastique vers le mur et de la rattraper à deux mains après le rebond au sol. Les élèves auto-ajustent la difficulté en se disposant à chaque essai à un endroit de la ligne oblique pour se rapprocher ou s'éloigner du mur.

▸ La deuxième situation d'apprentissage est présentée dans la figure ci-dessous :

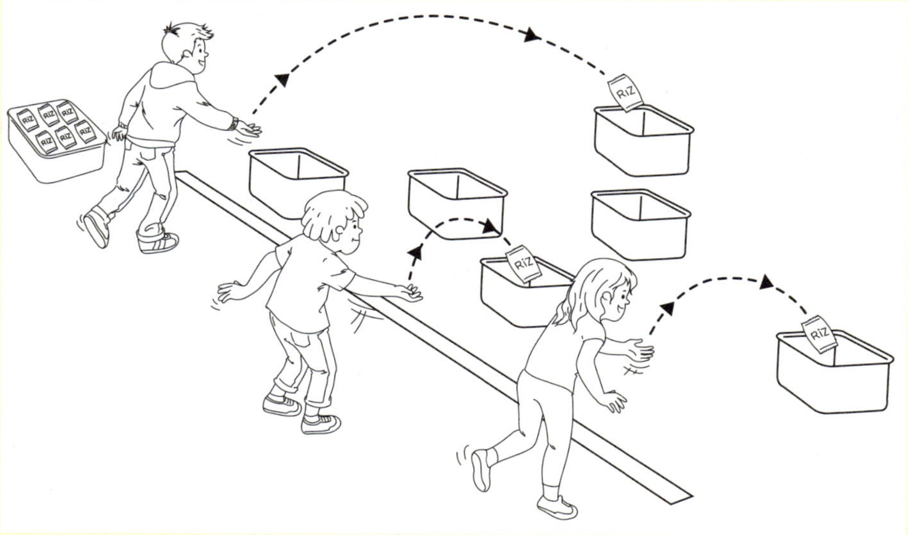

▸ Lorsque les élèves arrivent sur l'atelier, ils trouvent des sacs de riz à lancer dans une caisse en plastique. Le but de la situation est de lancer un sac de riz à la fois dans l'une des caisses vides disposées devant la ligne de lancer. Les élèves auto-ajustent la difficulté en choisissant de viser une caisse en plastique plus ou moins éloignée de la ligne de lancer.

▸ Le rôle de l'enseignant lorsque les élèves sont en activité sur les ateliers est :

1. de s'assurer que les élèves pratiquent en toute sécurité et dans le respect des consignes ;
2. de donner des feed-back aux élèves sur leur activité.

▸ Ces feed-back peuvent aller d'encouragement (« Bravo, tu as réussi à lancer le sac de riz dans une caisse ») jusqu'à donner des consignes pour favoriser la réalisation (« Tu réussiras plus facilement si tu utilises tes jambes. Essaie de voir comment tu peux faire pour utiliser tes jambes lorsque tu lances le ballon par-dessus l'élastique ») en passant par des questions pour s'assurer de la compréhension (« Qu'est-ce que tu cherches à faire sur cet atelier ? ») ou de défis lancés aux élèves en réussite (« Tu penses que tu arriverais à lancer trois sacs de riz de suite dans la caisse la plus éloignée ? Dis-moi lorsque tu y arriveras !»).
Si l'enseignant est accompagné d'un agent territorial spécialisé des écoles maternelles (ATSEM), son rôle sera :

1. de veiller à ce qu'aucun élève ne passe spontanément d'un atelier à un autre,
2. de veiller aux objets lancés pour éviter qu'ils passent d'un atelier à un autre,
3. d'accompagner les élèves qui le demanderaient aux toilettes (dans ce cas, il devra prévenir l'enseignant pour qu'il puisse assurer la pleine sécurité des élèves).

▸ Lorsque les élèves ont pratiqué sur tous les ateliers à raison de 8 minutes par atelier, ils sont de nouveau rassemblés assis au centre de la salle de motricité. L'enseignant conduit alors un échange avec eux dans le but d'associer le type de lancer qu'ils ont pratiqué sur chaque atelier à un sport en particulier : on lance à deux mains comme au basket-ball, on lance par-dessous comme à la pétanque… L'enseignant conclut la séance en pointant les aspects positifs qu'il a pu observer sur le comportement des élèves au cours de la séance.

Entretien • Questions possibles

15 minutes

Thème Le premier champ de questionnement

QUESTION 1

En quoi vos propositions didactiques et pédagogiques s'inscrivent-elles dans les connaissances scientifiques actuelles sur le développement moteur des élèves ?

• Vous pouvez justifier le recours à un travail sur le « patron moteur » du lancer comme en lien avec les connaissances sur le développement moteur de vos élèves (voir le chapitre 5 « Le développement moteur et neurobiologique de l'enfant »).

• Vous pouvez ajouter que votre approche en extension (auto-ajustement des tâches par les élèves), affinement (vos feed-back) et challenge (les défis lancés aux élèves en réussite) traduit l'importance accordée à la pratique et à son efficacité dans la littérature scientifique dans le domaine de développement moteur.

• Vous pouvez terminer en soulignant que vos propositions s'inscrivent aussi dans les orientations institutionnelles qui insistent sur le développement des habiletés motrices fondamentales des élèves à cet âge et mobilisent l'apprentissage en s'exerçant.

Thème La sécurité

QUESTION 2

Vous avez mobilisé l'ATSEM pour veiller à la sécurité des élèves. Comment organisez-vous votre activité s'il vous prévient en cours de séance qu'il doit accompagner un élève aux toilettes ?

• Vous pouvez répondre en vous plaçant en position de supervision du groupe, position vous permettant à la fois de voir tous les élèves en même temps, tout en donnant une consigne particulière à des élèves sur un atelier (voir chapitre 7 « Créer un environnement favorable »).

Thème Les pratiques en classe

QUESTION 3

Comment inscrivez-vous votre proposition dans une programmation annuelle de l'EPS pour vos élèves ?

• Cette question peut donner lieu à un développement de votre part sur la manière dont vous allez progressivement passer au cours de l'année du développement du « patron moteur » du lancer à une mise en œuvre spécifique dans des activités physiques et des jeux variés.

Thème Les enjeux de l'EPS à l'école

QUESTION 4

Quel est selon vous la contribution de l'EPS à l'apprentissage des fondamentaux à l'école et en particulier du langage ?

• Il sera facile pour vous de faire le lien avec votre choix de terminer la séance par une phase de verbalisation des élèves dans laquelle ils mobilisent un vocabulaire varié en lien avec la pratique des activités physiques et sportives.

• Cela vous permettra d'argumenter sur une interdisciplinarité entre l'EPS et le développement du langage qui occupe une place prépondérante à ce niveau de la scolarité de l'enfant.

3.

SYSTÈME ÉDUCATIF ET MÉTIER DE PROFESSEUR

1 Le système éducatif français : repères historiques

▶ THÈME 1 : LE SYSTÈME ÉDUCATIF FRANÇAIS

L'école française républicaine, gratuite, laïque et obligatoire découle d'une longue construction, depuis l'Instruction publique de la Révolution à notre Éducation nationale actuelle. De la dispense d'« éléments indispensables », la scolarisation s'est progressivement étendue pour amener une part de plus en plus importante de la population à un niveau d'étude élevé.

A La naissance de l'école publique

1. Naissance difficile de l'école républicaine (1791-1905)

▶ L'école actuelle, après avoir été une « Instruction publique » est à présent une « Éducation nationale ». Elle naît principalement de la Révolution, qui pose les bases et les principes de l'école républicaine.

▶ Les révolutionnaires, en particulier Condorcet, établissent les principes d'une école publique, gratuite et laïque ; mais leurs projets ne seront pleinement réalisés qu'à la fin du XIXe siècle, sous la IIIe République. En effet, le XIXe siècle est dominé par une lutte incessante entre l'émergence d'un enseignement primaire public et la volonté de l'Église d'en garder le contrôle.

2. Repères chronologiques

1791 La Constitution prévoit qu'« il sera créé et organisé une Instruction publique commune à tous les citoyens, gratuite à l'égard des parties d'enseignement indispensables pour tous les hommes. »

1792 (20-21 avril) Rapport de Condorcet à l'Assemblée nationale sur l'organisation de l'Instruction publique. Il y défend une école laïque, gratuite (mais non obligatoire). Il affirme : « L'instruction nationale […] est pour la puissance publique un devoir de justice. »

1793 (29 juillet) Robespierre présente un plan d'Éducation nationale (élaboré par Félix Lepeletier de Saint-Fargeau) : pour lui, l'instruction ne suffit pas. L'État doit inculquer une morale, en se chargeant de l'éducation des enfants entre 5 et 12 ans. « À 5 ans, la patrie recevra donc l'enfant des mains de la nature ; à 12 ans, elle le rendra à la société. »

À RETENIR

- L'instruction défendue par Condorcet concerne la transmission de connaissances objectives. Elle exclut les arts, par exemple, affaire de goût subjectif.
- Condorcet est le père de la laïcité à la française.
- L'éducation défendue par Robespierre est plus large et suppose une prise en charge globale de l'enfant, incluant le corps, l'imaginaire, la morale et le civisme.

1794 Création des grandes écoles (École polytechnique, École normale supérieure).

1808 (17 mars) Création de l'Université impériale qui jouit d'un monopole centralisé. Avec l'Université sont créés un corps enseignant public contrôlé par l'État, l'organisation administrative en académies, rectorats et inspections d'académie, le baccalauréat, l'agrégation. L'enseignement primaire est laissé au clergé et redevient payant.

> **REMARQUE**
> Notons que la Révolution et Napoléon commencent par mettre en place le sommet du système éducatif visant à former les cadres du pays : Université, grandes écoles, baccalauréat, agrégation.

1833 La loi Guizot institue une école primaire par commune, une école normale par département, et impose le brevet de capacité pour les instituteurs.

1850 La loi Falloux redonne à l'Église un pouvoir de contrôle sur l'école publique.

1867 La loi Duruy crée une école de filles par commune.

1880 La loi Camille Sée crée les lycées de jeunes filles.

1881 Création de l'école maternelle : elle remplace les salles d'asile qui accueillaient les enfants pauvres de deux à sept ans.

> **REMARQUE**
> L'enseignement des filles progresse avec un temps de retard sur celui des garçons. Même l'école de Jules Ferry n'est pas mixte (il faudra attendre 1975 !).

B La massification de l'enseignement

1. Un processus en trois temps

L'école actuelle est le résultat de **trois grandes vagues de massification**, amenant une part de plus en plus importante de la population à accéder à un niveau de plus en plus élevé d'enseignement. Cette massification est due à la fois à un besoin d'une main-d'œuvre plus qualifiée et aux principes d'égalité et d'émancipation républicains. Les trois étapes en sont les suivantes :

> **REMARQUE**
> **Il ne faut pas confondre massification et démocratisation !**
> La massification signifie que la quasi-totalité d'une génération accède à un certain niveau d'enseignement.
> La démocratisation désigne la réduction des inégalités sociales en cours de scolarisation. Il peut donc y avoir massification sans démocratisation.

① **La massification du primaire (1881-1920)**

② **La massification du secondaire (1945-1980)**

③ **La massification du supérieur (1990-…)**

2. La massification du premier degré

- **1881-1882** Les lois Jules Ferry instaurent la gratuité du primaire, l'obligation d'instruction jusqu'à 13 ans, le principe de laïcité et le remplacement du catéchisme par l'enseignement moral et civique.
- **1886** La loi Goblet exclut le clergé des écoles publiques.
- **1905** Loi de séparation de l'Église et de l'État.
- **1924** Les filles peuvent accéder au baccalauréat.
- **1930** Gratuité des lycées.
- **1936** La loi Jean Zay porte la scolarité obligatoire à 14 ans.

▸ La massification de l'école primaire commence avec Jules Ferry, à la fin du XIXe siècle.

▸ La première moitié du XXe siècle voit la massification de l'école primaire de la IIIe République qui scolarise la quasi-totalité des enfants jusqu'à 12 ans.

▸ Cette scolarité est sanctionnée par l'obtention du **Certificat d'études primaires**.
Les meilleurs élèves prolongent leurs études dans les écoles normales d'instituteurs, ou dans les Écoles primaires supérieures et Cours complémentaires qui, en deux ou trois ans, forment une aristocratie ouvrière d'artisans et d'ouvriers qualifiés.

▸ Cette école est marquée par une **stricte laïcité**, parfois teintée d'un certain anticléricalisme chez les instituteurs, surnommés par Charles Péguy les « hussards noirs de la République ». Ce terme désigne les troupes de choc qui rallièrent à la République les campagnes les plus reculées, longtemps acquises à la monarchie et à l'Église.

À RETENIR

Au cours de la IIIe République, qui couvre la première moitié du XXe siècle, le système scolaire se caractérise par un double cursus correspondant à une sélection sociale :
- le « **réseau primaire** », qui s'achève au certificat d'études ou brevet élémentaire, scolarise massivement les enfants du peuple ;
- le « **réseau secondaire** », réservé aux enfants des classes aisées, conduit au baccalauréat et aux études supérieures.

La sélection se fait principalement par le latin.

3. La massification du secondaire (1945-1980)

3-1. Une société en évolution

▸ Entre 1946 et1956 un baby-boom oblige à un gros effort de scolarisation. De plus, les années 1945-1975, surnommées les « Trente Glorieuses », imposent d'**adapter l'école au progrès économique**, au **besoin de cadres** et à l'**élévation du niveau social et culturel** de la population. Le second degré, puis le supérieur s'ouvrent et accueillent une part croissante d'une classe d'âge. La crise de 1968 est la conclusion spectaculaire de cette tendance à la massification de l'enseignement.

▸ La suppression de l'examen d'entrée en sixième en 1956, puis le « collège unique », créé en 1975, officialisent l'**accès libre et égal au second degré**. Le latin est progressivement remplacé par les mathématiques comme discipline d'excellence et instrument de sélection.

3-2. Jalons chronologiques

1947 Le plan Langevin-Wallon propose une obligation scolaire à 18 ans, un tronc commun jusqu'à 15 ans et un corps unique de professeurs de la maternelle à l'Université. Ce plan n'est pas appliqué à l'époque, mais restera une référence pour les réformes à venir.

1950 Création du CAPES.

1956 Suppression de l'examen d'entrée en sixième, ce qui fait sauter le verrou qui empêchait la masse des élèves d'accéder au secondaire.

1959 La loi Debré intègre l'enseignement privé au système éducatif : la majorité des établissements privés passent un contrat avec l'État (« établissements sous contrat »). En échange du respect des programmes de l'Éducation nationale, l'État prend en charge le paiement des enseignants du privé.

REMARQUE

La loi Debré continue à faire débat

Certains y voient une entorse à la laïcité du fait d'un financement public de l'enseignement confessionnel, d'autres jugent que c'est un complément indispensable à l'école publique, surtout dans l'ouest de la France où l'enseignement catholique est très présent.
Notons que l'équivalent du privé sous contrat existe dans tous les pays d'Europe, et est largement majoritaire au sein de l'enseignement privé.

Massification des collèges (1960-1970)

1959 Obligation scolaire portée à 16 ans.
Création des CEG (collèges d'enseignement général).

1961 Suppression de l'examen d'entrée en sixième.

1963 Création de la carte scolaire qui sectorise l'inscription des élèves selon leur domicile afin de favoriser la mixité sociale.
Création des CES (Collèges d'enseignement secondaire). Ils comportent quatre sections : classique, moderne, moderne court et transition. Ils remplacent les CEG et le 1er cycle de lycée (« petits lycées »).

REMARQUE

Avant 1959 et la création du collège, il n'existe que des écoles primaires et des lycées. L'ancêtre des collèges se dénommait le « petit lycée », de la sixième à la troisième.

1966 Création des IUT.

1968 Création du bac technologique.

1969 La mixité se généralise dans le primaire et le secondaire.

Massification des lycées (1970-1990)

1975 La loi Haby réunit CES et CEG, supprime les quatre sections et crée le collège unique ou « collège pour tous ». La même loi impose la mixité dans les établissements primaires.

1981 Création de zones d'éducation prioritaire (ZEP).

1982 Lois de décentralisation (1982-1983) qui étendent les pouvoirs des communes sur les écoles, ceux des départements sur les collèges et ceux des régions sur les lycées en matière de construction et de fonctionnement.

4. La massification du supérieur

1985 Création du bac professionnel.

1989 Loi d'orientation Jospin : création des cycles et des IUFM.

1990 Les Professeurs des Écoles (PE) remplacent les instituteurs.

2004 Loi interdisant le port ostensible de signes religieux à l'école.

2002 Réforme LMD (licence, master, doctorat). Harmonisation des diplômes universitaires européens.

2005 Loi d'orientation Fillon : création du socle commun de connaissances et de compétences qui apporte la même formation à tous les élèves.

REMARQUE

À partir de 1989, des lois d'orientation programment des réformes qui marquent l'évolution du système éducatif. Chacune laisse la trace d'une réforme importante, comme l'instauration du socle commun par la loi Fillon en 2005.

2005 Loi « pour l'égalité des droits et des chances » des personnes handicapées, qui permet de scolariser en école ordinaire les enfants handicapés.

2013 Loi d'orientation Peillon, dite « de refondation de l'école de la République » : semaine de cinq jours, nouveau programme d'enseignement moral et civique.

2017 Suspension de la semaine de cinq jours. L'organisation de la semaine scolaire en quatre ou cinq jours est laissée au choix des communes.
Dédoublement des CP en REP+.

2019 Loi d'orientation Blanquer, dite « Pour une école de la confiance » : obligation de scolarisation abaissée à 3 ans, réforme du lycée et du baccalauréat.

? QUIZ EXPRESS

pour tester ses connaissances

1 Quelle loi instaure le collège unique ?

☐ **a.** La loi Jospin ☐ **b.** La loi Debré ☐ **c.** La loi Haby

2 Depuis quand le cursus scolaire est-il découpé en cycles ?

☐ **a.** 1961 ☐ **b.** 1989 ☐ **c.** 2005

3 Quelle est la nouveauté qu'apporte le socle commun ?

☐ **a.** Il apporte la même formation à tous les élèves.

☐ **b.** Il introduit la notion de « compétences ».

☐ **c.** Il impose les supports numériques.

4 L'école primaire de Jules Ferry est mixte.

☐ **a.** Vrai ☐ **b.** Faux

5 Quelle loi organise l'enseignement privé sous contrat ?

☐ **a.** La loi Ferry ☐ **b.** La loi Blanquer ☐ **c.** La loi Debré

6 La loi 2004 sur la laïcité interdit :

☐ **a.** le port ostensible de signes religieux de la part des élèves.

☐ **b.** l'expression d'opinions religieuses en classe.

☐ **c.** le port de signes religieux de la part des enseignants.

7 La création de l'école maternelle date de :

☐ **a.** 1826. ☐ **b.** 1881. ☐ **c.** 1922.

8 Depuis quand les enfants handicapés sont-ils automatiquement inscrits dans une école ordinaire ?

☐ **a.** 1945 ☐ **b.** 1975 ☐ **c.** 2005

9 En quoi la loi Goblet de 1886 est-elle une étape importante dans la laïcisation de l'école publique ?

☐ **a.** Elle exclut tout personnel religieux du personnel enseignant.

☐ **b.** Elle supprime le crucifix en classe.

☐ **c.** Elle remplace le catéchisme par l'enseignement moral et civique.

10 Depuis quand l'organisation de la semaine scolaire dépend-elle des communes ?

☐ **a.** 2017 ☐ **b.** 2005 ☐ **c.** 1989

Réponses : 1. c ; 2. b ; 3. a-b ; 4. b ; 5. c ; 6. a ; 7. b ; 8. c ; 9. a ; 10. a.

2 L'organisation de l'institution scolaire

▶ THÈME 1 : LE SYSTÈME ÉDUCATIF FRANÇAIS

Le système éducatif français s'organise principalement autour de l'Éducation nationale voulue par la République française.

A Éducation nationale et République française

«

Constitution du 4 octobre 1958

PRÉAMBULE

Le peuple français proclame solennellement son attachement aux droits de l'homme et aux principes de la souveraineté nationale tels qu'ils ont été définis par la Déclaration de 1789, confirmée et complétée par le préambule de la Constitution de 1946, ainsi qu'aux droits et devoirs définis dans la Charte de l'environnement de 2004 [...].

Article premier

La France est une République indivisible, laïque, démocratique et sociale. Elle assure l'égalité devant la loi de tous les citoyens sans distinction d'origine, de race ou de religion.
Elle respecte toutes les croyances. Son organisation est décentralisée.

TITRE PREMIER – De la souveraineté

Article 2

La langue de la République est le français.
L'emblème national est le drapeau tricolore, bleu, blanc, rouge.
L'hymne national est « La Marseillaise ».
La devise de la République est « Liberté, Égalité, Fraternité ».
Son principe est : gouvernement du peuple, par le peuple et pour le peuple.

Constitution du 27 octobre 1946

PRÉAMBULE

[...] La Nation garantit l'égal accès de l'enfant et de l'adulte à l'instruction, à la formation professionnelle et à la culture. L'organisation de l'enseignement public gratuit et laïque à tous les degrés est un devoir de l'État.

»

▶ L'**Éducation nationale** voulue par la République française est de la **responsabilité de l'État**. Les personnels enseignants sont des fonctionnaires d'État recrutés sur concours. Les programmes des écoles, collèges et lycées sont nationaux, ainsi que les diplômes délivrés.

▶ L'école de la République se veut **démocratique et égalitaire**. La **mixité** et l'**égalité** entre les hommes et les femmes sont favorisées.

REMARQUE

Une organisation nationale

La France, le Portugal, les Pays-Bas et le Danemark ont une organisation nationale de l'enseignement. En Espagne, en Allemagne, en Belgique et en Italie, l'enseignement est de la compétence des régions ou des autorités locales.

▶ L'article 3 de la loi « Pour une école de la confiance » publiée au *Journal officiel* du 26 juillet 2019 indique que « l'emblème national de la République française, le drapeau tricolore bleu blanc rouge, le drapeau européen, la devise de la République et les paroles de l'hymne national sont affichés dans chacune des salles de classe des établissements du premier et du second degrés publics et privés sous contrat. »

B L'administration centrale de l'Éducation nationale

1. L'organisation de l'administration

Pour élaborer et mettre en œuvre sa politique, le ministre de l'Éducation nationale, de la Jeunesse et des Sports est assisté d'un ensemble de directions, services et bureaux qui constituent l'administration centrale de son ministère, de l'inspection générale, d'organismes rattachés et d'organismes consultatifs.

1-1. Organigramme

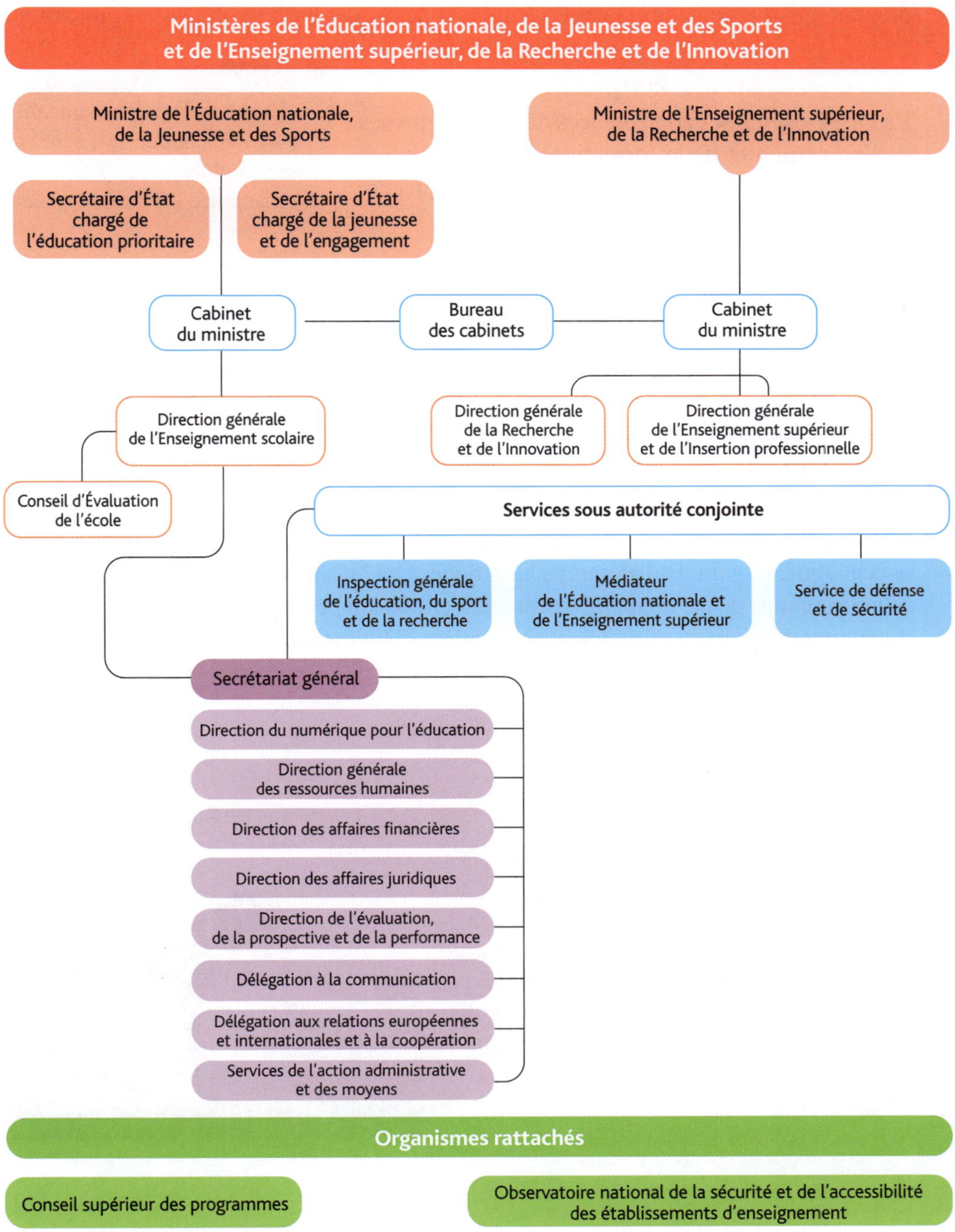

1-2. Les différentes instances

▸ Le ministre de l'Éducation nationale, de la Jeunesse et des Sports

Il est responsable de la mise en œuvre de la politique nationale.

▸ L'inspection générale de l'éducation, du sport et de la recherche (IGÉSR)

L'IGÉSR est un corps placé sous l'autorité directe et conjointe des ministres chargés de l'Éducation, de la Jeunesse et des Sports, de l'Enseignement supérieur, de la Recherche et de l'Innovation. Elle assure des missions d'évaluation, d'expertise et de contrôle.

▸ La direction générale de l'enseignement scolaire (DGESCO)

La DGESCO élabore la politique éducative et pédagogique, et assure la mise en œuvre des programmes d'enseignement des écoles, des collèges, des lycées et des lycées professionnels.

▸ La direction de l'évaluation de la prospective et de la performance (DEPP)

La DEPP exerce ses compétences dans les domaines de l'éducation et de la formation. Elle contribue à l'évaluation des politiques conduites par le ministère de l'Éducation nationale.

> **REMARQUE**
>
> **Évaluer le système éducatif**
>
> La DEPP publie chaque année une analyse globale du système éducatif intitulée « l'état de l'école ».

▸ La direction du numérique pour l'éducation (DNE)

La DNE assure la mise en place et le déploiement du service public du numérique éducatif.

▸ Le Conseil supérieur des programmes (CSP)

Créé par la loi d'orientation du 8 juillet 2013, le CSP est une instance indépendante placée auprès du ministre. Parmi ses missions les plus importantes, il a été chargé de l'élaboration du socle commun de connaissances, de compétences et de culture, et de la rédaction des programmes de l'école primaire, du collège et du lycée.

▸ Le Conseil scientifique de l'Éducation nationale (CSEN)

Mis en place en janvier 2018, le Conseil scientifique a pour président Stanislas Dehaene, psychologue cognitiviste et neuroscientifique. Doté d'un pouvoir consultatif et composé d'une vingtaine de personnalités reconnues, ce conseil peut être saisi sur tous les sujets afin d'apporter des éclairages pertinents en matière d'éducation.

ZOOM SUR...

Élaboration de l'évaluation des élèves : un travail conjoint

Les évaluations de début de CP et de CE1 ont été élaborées par la direction de l'évaluation, de la prospective et de la performance (DEPP), sous l'égide du Conseil scientifique de l'Éducation nationale (CSEN) et en collaboration avec la direction générale de l'enseignement scolaire (DGESCO).

2. Les acteurs de l'Éducation nationale

L'académie est la **circonscription administrative de référence de l'Éducation nationale**. Le **recteur** y représente le ministre de l'Éducation nationale.

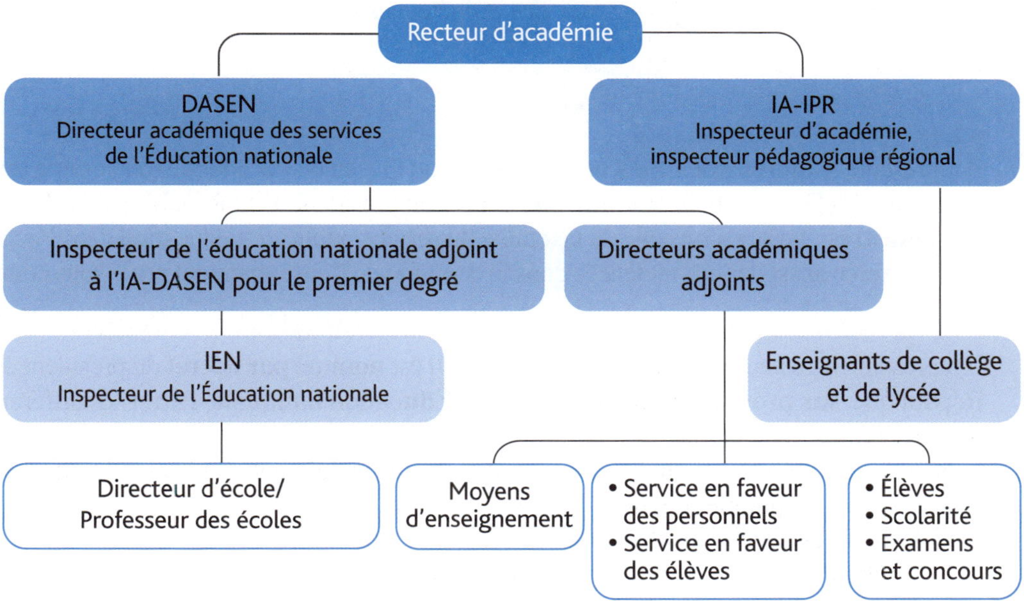

C L'école primaire

1. L'organisation

1-1. Une organisation institutionnelle

▶ Le ministère de l'Éducation nationale est organisé hiérarchiquement. Le tableau ci-dessous rend compte des différents niveaux du système relatif à l'école primaire.

Le niveau institutionnel	Les personnels	Le cadre institutionnel
Ministère	Ministre	National
Rectorat	Recteur	Plusieurs départements
DSDEN (Direction des services départementaux de l'Éducation nationale)	Directeur académique des services de l'Éducation nationale	Département
Inspection de l'Éducation nationale	Inspecteur de l'Éducation nationale	Circonscription (une ou plusieurs communes + éventuellement écoles privées sous contrat)
École	Directeur (enseignant chargé de direction)	Commune
Cycles	Équipe pédagogique (et éducative)	École ou groupe scolaire*
Classe	Professeur des écoles	

* « L'organisation de l'enseignement élémentaire pose des problèmes particuliers dans les zones d'habitat dispersé : zones rurales ou de montagne. Des regroupements pédagogiques ont donc été mis en place (regroupements des élèves de plusieurs communes ou répartition et regroupement des divers niveaux d'enseignement). »

▶ Depuis 2020, 18 régions académiques sont mises en place pour répondre au nouveau cadre régional créé par la loi du 16 janvier 2015. Elles regroupent les académies actuelles, maintenues dans leurs limites géographiques. Dans chacune d'elles, un **recteur de région académique** est désigné parmi les recteurs d'académie pour garantir l'unité et la cohérence de la parole de l'État dans les champs de compétences intéressant la région.

1-2. Une organisation hiérarchique

▶ Le recteur d'académie

Il représente le ministre de l'Éducation nationale au niveau de l'académie (on compte trente académies en France). Il est **nommé par décret** du président de la République **en Conseil des ministres**. Il est responsable de la totalité du service public de l'éducation dans l'académie. Il exerce aussi des compétences dans le domaine de l'enseignement privé sous contrat.

▶ Le directeur académique des services de l'Éducation nationale (DASEN)

Il représente le recteur au niveau départemental. Il est **nommé par décret** du président de la République, **sur proposition du ministre de l'Éducation nationale**. Parmi ses différentes responsabilités, retenons :
– la décision d'ouverture ou de fermeture des classes et des écoles et la création de postes d'enseignants du premier degré ;
– la gestion des personnels des écoles ;
– l'approbation des programmes pédagogiques des écoles ;
– la définition des secteurs des collèges et des lycées en liaison avec le recteur. Selon la taille du département, il peut être secondé par un directeur académique adjoint des services de l'Éducation nationale.

▶ L'inspecteur de l'Éducation nationale (IEN)

Le DASEN est assisté d'**inspecteurs de l'Éducation nationale** (IEN adjoints au DASEN pour le premier degré, IEN coordonnateurs pour l'enseignement adapté et la scolarisation des élèves en situation de handicap (ASH), IEN responsables de l'enseignement pré-élémentaire, etc.), chacun également chargé d'une circonscription.
Le supérieur hiérarchique direct du professeur des écoles est l'**inspecteur de l'Éducation nationale chargé d'une circonscription** (IEN).
Il est entouré d'une équipe de circonscription, constituée notamment de conseillers pédagogiques dont l'une des missions est d'accompagner les professeurs des écoles débutants.

2. L'école primaire et l'ensemble du système éducatif

▶ La loi « pour une école de la confiance » promulguée au *Journal officiel* le 26 juillet 2019 a abaissé l'âge de la scolarité obligatoire à 3 ans. La scolarité obligatoire recouvre donc désormais la période de 3 à 16 ans.

▶ Rappelons qu'en toute rigueur, ce n'est pas la scolarité qui est obligatoire, mais l'instruction. Des parents peuvent choisir d'instruire, par exemple, leurs enfants à domicile, à condition de se soumettre aux contrôles effectués par les inspecteurs de l'Éducation nationale.

① **L'école maternelle** accueille nécessairement des enfants de 3 à 6 ans.

② **L'école élémentaire** accueille les enfants de 6 à, généralement, 11 ans.

③ **Le collège** accueille les élèves à l'issue de l'école élémentaire, au plus tard dans leur douzième année. Ce « collège unique » créé par la loi du 11 juillet 1975 (dite « loi Haby », du nom du ministre de l'époque) propose à tous les enfants d'une même tranche d'âge un enseignement se déroulant sur quatre ans, de la 6e à la 3e.

À RETENIR

Le statut du collège

Le collège est un **établissement public local d'enseignement** (EPLE). Il dispose, contrairement à l'école primaire, d'une autonomie financière. Le chef d'établissement – dénommé **principal** – exerce des responsabilités à la fois administratives et pédagogiques.

<table>
<tr><th></th><th></th><th>Bac général</th><th colspan="2">Bac technologique</th><th>BT</th><th>Bac pro</th><th></th><th></th></tr>
<tr><td rowspan="3">LYCÉE</td><td rowspan="2">Cycle terminal</td><td>Terminale générale</td><td colspan="2">Terminale technologique</td><td>Terminale BT</td><td>Terminale professionnelle</td><td>CAP</td><td rowspan="3">ULIS[1] UPE2A[2]</td></tr>
<tr><td>Première générale</td><td>Première technologique</td><td>Première d'adaptation</td><td>Première BT</td><td>Première professionnelle</td><td>2de année CAP</td></tr>
<tr><td>Cycle de détermination</td><td colspan="3">Seconde générale et technologique</td><td>Seconde BT</td><td>Seconde professionnelle</td><td>1re année CAP</td></tr>
</table>

<table>
<tr><th></th><th></th><th colspan="2">Diplôme national du brevet (DNB)</th><th></th></tr>
<tr><td rowspan="4">Collège</td><td rowspan="3">Cycle 4 (approfondissements)</td><td>Troisième</td><td rowspan="4">ULIS[1] / DIMA[3] / UPE2A[2]</td><td rowspan="4">Sixième à troisième SEGPA[4]</td></tr>
<tr><td>Quatrième</td></tr>
<tr><td>Cinquième</td></tr>
<tr><td rowspan="3">Cycle 3 (consolidation)</td><td>Sixième</td></tr>
<tr><td rowspan="5">École élémentaire</td><td>Cours moyen deuxième année – CM2</td><td colspan="2" rowspan="5">ULIS[1] / UPE2A[2]</td></tr>
<tr><td>Cours moyen première année – CM1</td></tr>
<tr><td rowspan="3">Cycle 2 (apprentissages fondamentaux)</td><td>Cours élémentaire deuxième année – CE2</td></tr>
<tr><td>Cours élémentaire première année – CE1</td></tr>
<tr><td>Cours préparatoire</td></tr>
<tr><td rowspan="3">École maternelle</td><td rowspan="3">Cycle 1 (apprentissages premiers)</td><td colspan="3">Grande section</td></tr>
<tr><td colspan="3">Moyenne section</td></tr>
<tr><td colspan="3">Petite section</td></tr>
</table>

1. **ULIS :** Unités localisées pour l'inclusion scolaire accueillant des élèves en situation de handicap (voir p. 305).
2. **UPE2A :** Unités pédagogiques pour élèves allophones arrivants (voir p. 316).
3. **DIMA :** Dispositif d'initiation aux métiers en alternance.
4. **SEGPA :** Section d'éducation générale et professionnelle adaptée.

3. Les personnels enseignants

▸ **Les professeurs des écoles** (PE) enseignent sur les **différents cycles de l'école primaire** constituée de l'école maternelle et l'école élémentaire, chacune des deux structures ayant son programme propre.

▸ **Les professeurs des écoles spécialisés** titulaires du **CAPPEI** peuvent intervenir dans des **classes spécialisées** accueillant des enfants en situation de handicap (ULIS), dans des **réseaux d'aide aux élèves en difficulté** sur l'école (RASED), ou encore comme enseignants référents chargés d'**accompagner la scolarisation d'un enfant porteur de handicap**. Certains interviennent dans les SEGPA, dont les locaux se situent au sein du collège.

▸ **Les professeurs de lycée et de collège** (PLC) enseignent au niveau de l'**enseignement secondaire**, en collège ou en lycée général et technologique.

▸ **Les professeurs de lycée professionnel** (PLP) enseignent en lycée professionnel.

D L'Éducation nationale et la décentralisation

▸ À partir de 1983, avec les « lois Deferre » (du nom du ministre de l'Intérieur de l'époque), l'État a engagé un processus de décentralisation visant à doter les collectivités locales de nouvelles compétences.

▸ **Les compétences de l'État**

- Fixer les programmes nationaux, définir et délivrer les diplômes nationaux et la collation des grades et titres universitaires.
- Recruter et gérer les personnels dépendant de sa responsabilité (dont les enseignants du secteur public).
- Gérer les universités.
- Décider de la répartition des moyens qu'il consacre à l'éducation.
- Contrôler et évaluer les politiques éducatives.

▸ **Les compétences de la région**

- Gérer les lycées d'enseignements général, technologique et professionnel. Elle est responsable de leur construction, des dépenses d'équipement et de fonctionnement.
- Mettre en place l'organisation et le fonctionnement du transport scolaire.

▸ **Les compétences du département**

- Gérer les collèges : le département est responsable des constructions et des travaux, des subventions pour l'équipement et le fonctionnement.
- Il définit les secteurs scolaires de recrutement des élèves.

▸ **Les compétences de la commune**

- Gérer la construction, l'entretien et les crédits d'équipement et de fonctionnement des écoles maternelles et élémentaires.
- Recruter et assumer la responsabilité des personnels non enseignants (ATSEM, personnel chargé de l'entretien, etc.).
- Organiser les horaires d'entrée et de sortie des élèves.

QUIZ EXPRESS

pour tester ses connaissances

1 De quand la constitution de la Ve République date-t-elle ?

- ☐ a. 1875
- ☐ b. 1792
- ☐ c. 1958

2 Quel est le principe de la République ?

- ☐ a. « Gouvernement du peuple, par le peuple et pour le peuple. »
- ☐ b. « Démocratie directe pour tous. »
- ☐ c. « Gouvernement d'un seul, dans la limite des lois. »

3 Les enseignants publics sont :

- ☐ a. des fonctionnaires d'État.
- ☐ b. des fonctionnaires territoriaux.

4 Quel est l'organisme responsable de l'élaboration des programmes ?

- ☐ a. La DEPP
- ☐ b. La DGESCO
- ☐ c. Le CSP

5 Quel est le représentant du ministre au niveau d'une académie ?

- ☐ a. Le DASEN
- ☐ b. Le recteur
- ☐ c. L'IEN

6 Quel est le nom du cycle 4 ?

- ☐ a. Consolidation
- ☐ b. Approfondissement
- ☐ c. Détermination

7 Une école élémentaire dispose-t-elle d'une autonomie financière comme le collège ?

- ☐ a. Oui
- ☐ b. Non

8 Qui gère les collèges ?

- ☐ a. La commune
- ☐ b. L'État
- ☐ c. Le département

9 Qui gère les écoles primaires ?

- ☐ a. La commune
- ☐ b. L'État
- ☐ c. Le département

10 En France, la scolarité est obligatoire de 3 à 16 ans.

- ☐ a. Vrai
- ☐ b. Faux

Réponses : 1. c ; 2. a ; 3. a ; 4. c ; 5. b ; 6. a ; 7. b ; 8. c ; 9. a ; 10. b : c'est une question piège ! Ce n'est pas la scolarité qui est obligatoire mais l'instruction. Les parents peuvent choisir d'instruire eux-mêmes leurs enfants à condition de les soumettre à des évaluations des acquis réalisées par l'institution.

3 L'état de l'école

▶ THÈME 1 : LE SYSTÈME ÉDUCATIF FRANÇAIS

Chaque année, la direction de l'évaluation, de la prospective et de la performance du ministère de l'Éducation nationale publie des chiffres intéressants dans « L'état de l'école[1] ». Nous revenons sur quelques extraits de l'édition de novembre 2020.

A Les élèves

1. La scolarisation

1-1. La scolarisation dans le premier degré

À la rentrée 2019, les écoles des secteurs public et privé (sous et hors contrat) du premier degré scolarisent 6 703 800 élèves, soit une baisse par rapport à 2018 (– 46 500 élèves).

1-2. La scolarisation au collège

En cinquante ans, le nombre total de collégiens a augmenté de près de 50 %. À la rentrée 2019, les collèges des secteurs public et privé (sous et hors contrat) scolarisent 3 413 200 élèves.

1-3. La scolarisation au lycée général et technologique

À la rentrée 2019, 1 619 600 lycéens sont scolarisés dans une filière générale ou technologique.

1-4. La voie professionnelle : voie scolaire et apprentissage

Plus d'un million d'élèves suivent une formation professionnelle par voie scolaire ou en apprentissage. En 2019, 65 % préparent un baccalauréat professionnel et 29 % un CAP.

1-5. La scolarisation des élèves en situation de handicap

À la rentrée 2019, 427 800 enfants ou adolescents en situation de handicap sont scolarisés. Ils étaient 232 300 en 2006. Parmi eux, huit sur dix bénéficient d'une scolarité en milieu ordinaire et deux sur dix sont accueillis dans un établissement hospitalier ou médico-social.

REMARQUE

Un accueil en hausse

L'école scolarise près de deux fois plus d'élèves porteurs de handicap en 2019 qu'en 2006.

2. L'éducation prioritaire

- Dans le premier degré, 2 450 écoles publiques sont en REP+ et 4 209 écoles publiques sont en REP.
- Les collégiens de l'éducation prioritaire sont **très massivement d'origine sociale défavorisée** : trois quarts des élèves de REP+ et six élèves sur dix de REP ont des parents ouvriers ou inactifs.

REMARQUE

Un écolier du secteur public sur cinq est scolarisé en éducation prioritaire.

---

1. Pour consulter les données complètes, flashez le QR Code ci-contre.
Trente et un indicateurs sont organisés autour de quatre grands thèmes : les élèves et les contextes de scolarisation, l'investissement, les acquis des élèves, les parcours et l'orientation des élèves.

3. Le climat scolaire

Plus de 94 % des élèves déclarent se sentir bien au collège ou dans les lycées généraux et technologiques. Les lycées professionnels et les collèges sont les plus exposés à la violence.

B L'investissement

1. La dépense pour l'éducation

▶ La dépense intérieure d'éducation (DIE) rassemble toutes les dépenses effectuées sur le territoire national pour les activités d'éducation.

▶ En 2019, elle est estimée à 6,6 % de la richesse nationale (PIB).

À RETENIR

Le premier budget de l'État

Le budget 2021 du ministère de l'Éducation nationale, de la Jeunesse et des Sports s'élève à 76 milliards d'euros. Il reste le premier de l'État.

2. Les ressources humaines

2-1. Les personnels de l'Éducation nationale

Durant l'année scolaire 2019-2020, 1 174 000 personnes sont rémunérées par le ministère de l'Éducation nationale. On compte 866 000 enseignants (dont 72,7 % de femmes) : 44 % enseignent dans le premier degré et 56 % dans le second degré. Les enseignants sont 84 % à exercer dans le secteur public.

2-2. Les personnels des corps enseignants

▶ En 2019, les effectifs sont **stables dans le premier degré**, et **décroissent dans le second**.

▶ Dans l'enseignement élémentaire public, en 2017, le salaire effectif brut moyen des enseignants est **plus faible en France** qu'en Allemagne et dans la plupart des pays du Nord européen, mais aussi qu'en Angleterre et au Portugal.

2-3. Les moyens humains alloués à l'enseignement

En 2017-2018, il y a en moyenne **19,2 élèves par enseignant** dans l'élémentaire en France, soit davantage que dans l'ensemble des pays de l'Union européenne en moyenne.

3. Le ressenti professionnel et la formation des professeurs des écoles

▶ Tous les cinq ans, l'OCDE réalise une enquête internationale sur l'enseignement et l'apprentissage (*Teaching and Learning International Survey,* TALIS). En 2018, **la plupart des enseignants français témoignent d'une grande satisfaction** vis-à-vis de leur métier.

▶ Les professeurs des écoles français sont cependant ceux qui, parmi les enseignants européens, se sentent **les moins préparés à exercer leur fonction.** Les écarts concernent l'enseignement à des élèves de niveaux différents, la gestion de classe et du comportement des élèves et l'utilisation des technologies de l'information et de la communication pour l'enseignement (TICE).

REMARQUE

Un besoin de formation

Les besoins élevés de formation portent sur l'enseignement aux élèves à besoins éducatifs particuliers et l'acquisition de compétences TICE.

4. Les conditions d'accueil dans le premier degré

On observe une **forte baisse de la taille des classes en éducation prioritaire.** En effet, à la suite de la mise en place des CP dédoublés à la rentrée 2017 en REP+, puis aux rentrées 2018 et 2019, avec l'élargissement de la mesure aux élèves de CP en REP et aux élèves de CE1, la taille des classes de CP en REP+ et en REP s'est considérablement réduite.

C Les acquis des élèves

1. Les évaluations

1-1. Les évaluations de début de CP

▶ En français, on constate un niveau de maîtrise élevé en compréhension orale et faible pour la connaissance des lettres ; en mathématiques, on observe un bon niveau de maîtrise des nombres mais des difficultés en résolution de problèmes. Les filles réussissent généralement mieux.

▶ On note peu d'évolutions en début de CP entre 2018 et 2019.

1-2. Les évaluations de début de CE1

▶ En français, on constate une bonne compréhension de l'écrit mais des difficultés pour lire à voix haute et écrire des mots. En mathématiques, les élèves montrent une bonne connaissance des nombres mais des difficultés en résolution de problèmes. Les filles sont en moyenne plus performantes en français, les garçons en mathématiques.

▶ Les performances sont **en hausse en début de CE1** entre 2018 et 2019.

2. Les compétences des élèves

2-1. Les compétences en français et en mathématiques en début de 6e

À l'entrée au collège, 83 % des élèves de 6e ont **une maîtrise satisfaisante ou une très bonne maîtrise** des connaissances et des compétences en français. Les résultats sont moins élevés en mathématiques. Les filles ont en moyenne de meilleures performances en français que les garçons.

2-2. Des écarts importants selon le profil social des collèges

Dans les collèges accueillant les élèves **les plus favorisés socialement**, les taux de maîtrise s'élèvent à 92,4 % en français et 82,7 % en mathématiques. Dans les établissements **les moins favorisés**, les taux de maîtrise sont respectivement de 70 % et de 49,2 %, pour le français et les mathématiques.

2-3. Les compétences en lecture des jeunes

▶ Trois quarts des jeunes Français âgés d'environ 17 ans sont des lecteurs efficaces en 2019.

▶ L'évaluation de la **journée défense et citoyenneté** (JDC) donne également une mesure fine de la proportion de ceux qui éprouvent des difficultés de lecture. Plus d'un jeune sur dix rencontre des difficultés de lecture. Les performances en lecture progressent avec le niveau d'études. Elles sont globalement plus élevées chez les filles que chez les garçons.

3. L'enquête PISA

3-1. Une évaluation internationale

▶ Tous les trois ans depuis 2000, sous l'égide de l'OCDE, l'évaluation internationale PISA (programme international pour le suivi des acquis des élèves) mesure les **compétences des élèves dans trois domaines** : la compréhension de l'écrit, la culture mathématique et la culture scientifique. Elle concerne les élèves de 15 ans, quels que soient leurs parcours scolaires, qui arrivent en fin de scolarité obligatoire dans la plupart des pays de l'OCDE.

▶ En 2018, la compréhension de l'écrit était au centre de l'évaluation menée dans **79 pays** dont les 37 pays de l'OCDE.

▶ En France, comme dans tous les pays, **les filles obtiennent un meilleur score** que les garçons en compréhension de l'écrit.

▶ On note une **stabilité du score moyen de la France** entre 2009 et 2018, qui la place au-dessus de la moyenne de l'OCDE.

REMARQUE

Si la France affiche des résultats légèrement au-dessus de la moyenne européenne, ceux-ci restent fortement marqués par les inégalités sociales.

3-2. Une performance liée au niveau socio-économique

▶ Dans l'évaluation PISA, une mesure du statut socio-économique de la famille est calculée sous la forme de l'**indice de statut économique, social et culturel** (SESC), lequel regroupe des informations déclarées par les élèves dans le questionnaire de contexte qui complète l'évaluation cognitive.

▶ De tous les pays de l'OCDE, la France est celui où la performance en compréhension de l'écrit est la plus fortement liée à l'indice SESC.

D Les parcours, l'orientation et l'insertion

1. Les parcours des élèves

▶ En fin de troisième, un élève sur trois s'engage dans la voie professionnelle.

▶ Plus de quatre jeunes sur dix poursuivent une formation professionnelle après une terminale CAP.

▶ Neuf élèves de seconde générale et technologique sur dix continuent dans cette voie.

▶ Plus de trois bacheliers sur quatre, toutes filières confondues, poursuivent leurs études dans l'enseignement supérieur.

2. La réussite aux examens

▶ À la session 2020, le taux de réussite au diplôme national du brevet atteint 90,5 %.

▶ Le taux de réussite au CAP a atteint 84,5 %.

▶ La réussite de la voie technologique s'est rapprochée, ces dernières années, de la voie générale.

REMARQUE

On constate un essor important de la voie professionnelle parmi les bacheliers.

3. Les études

3-1. Les élèves peu ou pas diplômés

▶ La proportion de jeunes sortant précocement du système éducatif diminue.

▶ En 2017, 13 % de l'ensemble des sortants de formation initiale sont peu ou pas diplômés, c'est-à-dire qu'ils détiennent **au plus le diplôme national du brevet** : 7 % ont le brevet et 6 % n'ont aucun diplôme.

3-2. Le niveau d'études de la population

▶ 87 % des sortants de formation initiale sont **diplômés d'études secondaires ou supérieures**.

▶ La France se situe légèrement au-dessus de la moyenne des pays de l'OCDE.

▶ À la session 2020, 86,6 % des jeunes d'une génération obtiennent un baccalauréat.

▶ On constate là encore des **disparités selon l'origine sociale** de l'élève.

4. Les inégalités sociales

▶ Dès l'école primaire, les inégalités de performances scolaires selon la catégorie socio-professionnelle des parents sont fortes. La France fait partie des pays où elles sont les plus marquées à l'âge de 15 ans.

▶ La voie de formation suivie dans l'enseignement secondaire reste **fortement liée à l'origine sociale**. Ainsi, près de 30 % des enfants d'agriculteurs, d'ouvriers et d'employés de service ont obtenu un baccalauréat professionnel, alors que cette proportion est inférieure à 10 % chez les enfants de cadres et d'enseignants.

5. L'insertion professionnelle des jeunes et le rôle du diplôme

▶ Sur dix jeunes sortants peu ou pas diplômés, sept sont au chômage ou inactifs.

▶ Après sept années de vie active, 80 % des jeunes sortis de formation initiale en 2010 et 58 % des jeunes sortis sans diplôme (ou avec le brevet des collèges) ont un emploi contre 78 % des diplômés de l'enseignement secondaire et 92 % des diplômés du supérieur.

REMARQUE

Importance du diplôme
L'accès à l'emploi est fortement lié à l'obtention d'un diplôme.

? QUIZ EXPRESS

pour tester ses connaissances

1 À combien s'élève le nombre d'élèves scolarisés des secteurs public et privé du premier degré à la rentrée 2019 ?

☐ a. 6 à 7 millions d'élèves ☐ b. 3 à 4 millions d'élèves ☐ c. 1 à 1,5 million d'élèves

2 Le nombre d'enseignants en France se situe entre :

☐ a. 1 et 1,2 million. ☐ b. 800 000 et 900 000. ☐ c. 600 000 et 700 000.

3 Dans le personnel de l'enseignement scolaire, les femmes représentent :

☐ **a.** environ 60 %. ☐ **b.** plus de 70 %. ☐ **c.** environ 50 %.

4 Quel pourcentage d'élèves scolarisés en REP est issu de milieu défavorisé ?

☐ **a.** 60 % ☐ **b.** 35 % ☐ **c.** 10 %

5 Le nombre d'enfants porteurs de handicap scolarisés est :

☐ **a.** deux fois moins important qu'en 2006.

☐ **b.** le même qu'en 2006.

☐ **c.** deux fois plus important qu'en 2006.

6 Dans quels domaines les enseignants français expriment-ils des besoins importants de formation ?

☐ **a.** En sciences

☐ **b.** Dans les TICE

☐ **c.** Dans l'enseignement des élèves à besoin éducatif particulier

☐ **d.** Dans la gestion du comportement des élèves

7 Les évaluations de début de CP :

☐ **a.** se sont fortement améliorées entre 2018 et 2019.

☐ **b.** sont mieux réussies par les filles.

☐ **c.** démontrent un niveau de maîtrise faible en compréhension orale.

☐ **d.** démontrent des difficultés en résolution de problèmes en mathématiques.

8 Que peut-on constater au travers des évaluations de début de CE1 ?

☐ **a.** Des difficultés des élèves pour lire à voix haute et écrire des mots.

☐ **b.** Une bonne connaissance des nombres.

☐ **c.** Les filles sont plus performantes que les garçons en mathématiques.

☐ **d.** Les performances sont en hausse entre 2018 et 2019.

9 En début de sixième :

☐ **a.** les résultats sont moins élevés en mathématiques qu'en français.

☐ **b.** les filles ont de meilleures performances en français que les garçons.

☐ **c.** seuls 45 % des élèves ont une maîtrise satisfaisante des compétences en français.

10 Les résultats de l'enquête PISA démontrent que la France :

☐ **a.** a des résultats légèrement supérieurs à la moyenne européenne.

☐ **b.** est le pays où la performance en compréhension de l'écrit est la plus fortement liée aux origines sociales.

☐ **c.** a des résultats légèrement inférieurs à la moyenne européenne.

Réponses : 1. a ; 2. b ; 3. b ; 4. a ; 5. c ; 6. b-c-d ; 7. b-d ; 8. a-b-d ; 9. a-b ; 10. a-b.

4 Les textes réglementaires

▶ THÈME 2 : LE FONCTIONNEMENT DE L'ÉCOLE PRIMAIRE

L'Éducation nationale est structurée par un ensemble de textes législatifs et réglementaires. On trouve les textes officiels de référence dans le *Bulletin officiel de l'Éducation nationale,* le *Journal officiel,* le code de l'éducation et le *Journal officiel de l'Union européenne*.

A Le code de l'éducation

▸ Le **code de l'éducation** réunit l'ensemble des dispositions relatives au système éducatif français, portant sur les principes généraux et l'administration, les enseignements scolaires, les enseignements supérieurs et les personnels. Il comporte une **partie législative** et une **partie réglementaire** régulièrement actualisées.

▸ Il se divise en **neuf livres**.

1. Principes généraux de l'éducation
2. L'administration de l'éducation
3. L'organisation des enseignements scolaires
4. Les établissements d'enseignement scolaire
5. La vie scolaire
6. L'organisation des enseignements supérieurs et de la recherche
7. Les établissements d'enseignement supérieur
8. La vie universitaire
9. Les personnels de l'éducation

REMARQUE

Une création récente

Évoqué pour la première fois par Lionel Jospin en 1991, le code de l'éducation sera finalement porté par Jack Lang en 2000. Sa finalité est de « regrouper en un seul document, ordonné selon un plan cohérent et se substituant à une centaine de lois éparses, l'ensemble des dispositions relatives au système éducatif français. »

B Loi, décret, arrêté, circulaire, note de service

1. Création de la loi

▸ **La Constitution française** organise la séparation des pouvoirs exécutif et législatif et de l'autorité judiciaire.

▸ **Le pouvoir législatif** rédige et adopte les lois. Il est confié à l'**Assemblée nationale** et au **Sénat**. La Constitution, dans son article 34, énumère les domaines dans lesquels la loi peut intervenir. Ainsi, « la loi détermine les principes fondamentaux de l'enseignement ».

▸ **Le pouvoir exécutif** a en charge la mise en œuvre des lois et de la politique nationale. Pour cela, il édicte des règlements.

2. Hiérarchie des normes

2-1. Définition

▶ **La hiérarchie des normes** définit précisément les compétences des organes de l'État. Les différentes normes sont par ordre hiérarchique :
– la Déclaration des droits de l'homme et du citoyen ;
– la Constitution ;
– les traités internationaux ;
– les lois ;
– les normes réglementaires.

À RETENIR

Les **normes réglementaires** obéissent elles aussi à une hiérarchie : décrets, arrêtés, circulaires.

▶ Ainsi, la loi doit être conforme à la Constitution, les décrets conformes à la loi, les arrêtés conformes aux décrets et les circulaires conformes aux arrêtés.

La hiérarchie des normes

* Le bloc de constitutionnalité comprend la Constitution de 1958, le Préambule de la Constitution de 1946, la Déclaration des droits de l'Homme de 1789, la charte de l'environnement

2-2. Production des normes réglementaires

▶ **Les décrets** sont signés par le président de la République et/ou le Premier ministre ainsi, éventuellement, que par les ministres responsables. Ils sont délibérés en Conseil des ministres.

▶ **Les arrêtés** émanent d'un ou de plusieurs ministères. Ils sont signés par le ministre ou un agent ayant reçu délégation.

▸ **Les circulaires** ont pour objectif la présentation et la mise en œuvre d'un texte (décret, arrêté) aux agents chargés de l'appliquer.

▸ **Les notes de service** correspondent à une instruction ou à une information donnée par l'administration aux agents.

EXEMPLE

Les programmes scolaires

- Les programmes de 2015 sont l'émanation de l'arrêté du 9 novembre 2015 conforme au décret n° 2013-682 modifié du 24 juillet 2013. Ils ont reçu l'avis du CSE les 7 et 8 octobre 2015.
- Cela s'écrit de la façon suivante dans le *BOEN* (*Bulletin officiel de l'Éducation nationale*) : Arrêté du 9 novembre 2015 – *JO* du 24 novembre 2015 Vu code de l'Éducation, notamment article D. 311-5 ; décret n° 2013-682 du 24 juillet 2013 modifié ; avis du CSE des 7 et 8 octobre 2015.

C Les publications officielles

▸ **Le *Journal officiel (JO)***

Il publie les textes législatifs et réglementaires de la République française. (Il en existe une version « *JO* électronique authentifié ».)

▸ **Le *Bulletin officiel* de l'Éducation nationale (*BOEN* ou *BO*)**

Il publie des actes administratifs : décrets, arrêtés, notes de service, etc. La mise en place de mesures ministérielles et les opérations annuelles de gestion font l'objet de textes réglementaires publiés dans des *BO* spéciaux ou hors-série.

▸ **Le *Journal officiel de l'Union européenne (JOUE)***

Il est publié chaque jour ouvrable dans les vingt langues officielles de l'Union européenne.

D Les lois d'orientation

1. Six lois-clés

- **1882** **Lois Ferry :** scolarisation de l'ensemble des garçons et filles, de 6 à 12 ans ; volonté d'instaurer les valeurs de la République.
- **1975** **Réforme Haby** et achèvement de la « massification » : les jeunes de 12 à 16 ans sont accueillis au sein d'un collège unique.
- **1989** Loi d'orientation dite « loi Jospin » **« 80 % d'une classe d'âge au niveau du baccalauréat »**.
- **2005** Loi d'orientation définissant un **socle commun de connaissances et de compétences** que chaque jeune doit posséder au terme de la scolarité obligatoire.
- **2013** Loi d'orientation dite de **« refondation de l'école »**. Socle commun de connaissances, de compétences et de culture.
- **2019** Loi dite **« pour une école de la confiance »**.

2. La loi d'orientation de 1989

2-1. Ses objectifs

La loi d'orientation se fixe pour objectif, dans son article 3, « de conduire d'ici dix ans l'ensemble d'une classe d'âge, au minimum, au niveau du certificat d'aptitude professionnelle (CAP) ou du brevet d'études professionnelles (BEP) et 80 % au niveau du baccalauréat ». Le système éducatif est donc tenu, pour la première fois, à une **obligation de résultats**.

2-2. Les principes

▶ « L'éducation est la priorité nationale. Le service public de l'éducation est conçu et organisé en fonction des élèves et des étudiants. Il contribue à l'égalité des chances. » Cet article premier donnera naissance à la formule suivante : « L'enfant doit être placé au centre du système éducatif. » La nécessité de mettre en place une **pédagogie différenciée** est soulignée. Des évaluations nationales sont initiées dès 1989 en CE2 et en 6e.

▶ Les **parents d'élèves** sont membres de la **communauté éducative**. Ils participent notamment aux conseils d'école.

▶ L'école s'ouvre sur les **différents partenaires éducatifs extérieurs** de façon à se rendre la plus efficace possible.

2-3. Les nouveautés

▶ Organisation de la scolarité en cycles.

▶ Le terme de redoublement est supprimé.

▶ Tout établissement doit se doter d'un projet qui lui est propre. On parle de **projet d'école** en ce qui concerne l'école primaire.

> **À RETENIR**
>
> **Les cycles du primaire (loi de 1989)**
> À l'école primaire, trois cycles de trois ans sont définis.

▶ Création du **Conseil national des programmes** (CNP – il sera supprimé en 2005) chargé de donner des avis au ministre sur l'élaboration des programmes scolaires et la conception globale des enseignements.

▶ Création du **Conseil supérieur de l'éducation** (CSE) chargé de donner son avis sur tout texte concernant l'Éducation nationale.

▶ Création des **instituts universitaires de formation des maîtres** (IUFM).

▶ Création du **corps de professeurs des écoles**, recrutés au niveau de la licence, appelés à remplacer progressivement celui des instituteurs, recrutés au niveau du baccalauréat.

3. La loi d'orientation de 2005

3-1. Ses objectifs

▶ La loi d'orientation de 2005 reprend les objectifs de la loi Jospin en allant au-delà. Elle vise ainsi une proportion de 50 % de jeunes diplômés de l'enseignement supérieur.

▶ La loi d'orientation de 2005 ne transforme pas radicalement celle de 1989.

> **REMARQUE**
>
> **Les axes de la loi**
> La loi de 2005 se recentre notamment sur les savoirs avec la définition d'un **socle commun de connaissances et de compétences**.

3-2. Les nouveautés

▶ L'acquisition d'un **socle commun** constitué d'un ensemble de connaissances et de compétences que la scolarité obligatoire doit au moins garantir à chaque élève (article 9).

▶ Des **dispositifs de remédiation** précis de façon à lutter contre l'échec scolaire :
– le programme personnalisé de réussite éducative (PPRE) ;
– des actions de soutien « au profit d'élèves atteints de troubles spécifiques du langage oral et/ou écrit, telle la dyslexie [...] Lorsque ces difficultés sont graves et permanentes, les élèves reçoivent un enseignement adapté » ;
– des aménagements appropriés « au profit des élèves intellectuellement précoces ou manifestant des aptitudes particulières. La scolarité peut être accélérée en fonction du rythme d'apprentissage de l'élève » (article 27).

À RETENIR

Le PPRE

Il est mis en place à tout moment de la scolarité obligatoire, lorsqu'il apparaît qu'un élève risque de ne pas maîtriser les connaissances et les compétences.

▶ Une redéfinition de l'**enseignement des langues vivantes**.

▶ La création d'un **Haut Conseil de l'éducation** (supprimé en 2013) qui « émet un avis et peut formuler des propositions à la demande du ministre chargé de l'Éducation nationale sur les questions relatives à la pédagogie, aux programmes, aux modes d'évaluation des connaissances des élèves, à l'organisation et aux résultats du système éducatif et à la formation des enseignants. »

▶ L'intégration des **instituts universitaires de formation des maîtres** (IUFM) dans une université.

4. Les lignes de force de la loi d'orientation de 2013

1. Une nouvelle formation initiale et continue aux métiers du professorat et de l'éducation

Les écoles supérieures du professorat et de l'éducation (ESPÉ), intégrées à l'université, sont créées à la rentrée 2013.

2. Donner la priorité à l'école primaire pour assurer l'apprentissage des fondamentaux et réduire les inégalités

3. Faire entrer l'École dans l'ère du numérique

4. Faire évoluer le contenu des enseignements

Le socle commun (qui devient « socle commun de connaissances, de compétences et de culture ») et les programmes doivent être repensés. Cette mission est confiée à un Conseil supérieur des programmes.

5. Assurer la progressivité des apprentissages de la maternelle au collège

La loi « réaffirme le principe des cycles d'enseignement ». Le cycle 1 regroupe désormais toutes les classes de maternelle. Le cycle 3, en regroupant les CM et la 6e, vise à assurer une meilleure continuité pédagogique entre l'école et le collège.

REMARQUE

Dans l'optique de la continuité entre l'école et le collège est mis en place un conseil école-collège.

6. Permettre à chacun de réussir dans le second degré et de s'insérer dans la vie professionnelle dans les meilleures conditions

7. Mieux associer les partenaires de l'École et mieux évaluer le système éducatif
Mise en place des projets éducatifs territoriaux (PEDT) pouvant associer à une collectivité territoriale l'ensemble des acteurs intervenant dans le domaine de l'éducation.

5. Les lignes de force de la loi de 2019

La loi dite « pour une école de la confiance » a été promulguée au *Journal officiel* le 26 juillet 2019.

1. Lutter contre les inégalités dès le plus jeune âge en abaissant l'âge de l'instruction obligatoire à 3 ans
À partir de la rentrée 2019, tous les enfants âgés de 3 à 5 ans sont concernés par l'obligation d'instruction. Ils doivent être inscrits dans une école ou une classe maternelle, publique ou privée, sauf si leurs parents ou responsables légaux déclarent qu'ils l'instruisent ou le font instruire dans la famille. L'article 19 clarifie et renforce le cadre juridique des contrôles de l'instruction dans la famille.

> **REMARQUE**
>
> **L'instruction obligatoire**
> L'obligation d'instruction entraîne une obligation d'assiduité durant les horaires de classe (l'obligation peut être assouplie pour un enfant de petite section d'école maternelle).

2. Instaurer une visite médicale à l'école dès 3 ans pour un meilleur suivi des enfants
Organisée à l'école, elle vise à dépister les troubles de santé. La loi prévoit également une visite entre 5 et 6 ans.

3. Créer un grand service public de l'école inclusive
La loi permet d'engager à la fois une transformation profonde de l'accompagnement des élèves en situation de handicap et une amélioration significative des conditions de recrutement, de formation et de travail de leurs accompagnants[1] qui créent les bases d'un véritable service public de l'École inclusive.

4. Consacrer le droit des élèves à suivre une scolarité sans harcèlement

5. Éduquer au développement durable, de la maternelle au lycée
« Le Conseil supérieur des programmes a été saisi afin de mieux identifier et valoriser les éléments ayant trait au développement durable dans les programmes d'enseignement. »

6. S'ouvrir sur le monde avec les établissements publics locaux d'enseignement international
Les collectivités territoriales volontaires peuvent s'associer pour créer des établissements à vocation internationale et européenne.

7. Combattre le décrochage des jeunes les plus fragiles avec l'obligation de formation jusqu'à 18 ans

8. Mieux former les professeurs dans des instituts nationaux supérieurs du professorat et de l'éducation
Les INSPÉ (Instituts nationaux supérieurs du professorat et de l'éducation) remplacent les ESPÉ (Écoles supérieures du professorat et de l'éducation).

1. Voir, page 175, la partie consacrée aux AESH.

À RETENIR

Temps alloués à la formation

Pour le 1er degré, au moins 55 % des temps de formation doivent être consacrés aux savoirs fondamentaux (lire, écrire, compter, respecter autrui, y compris la connaissance et la transmission des valeurs républicaines), au moins 20 % à la polyvalence (autres aspects disciplinaires), à la pédagogie générale et à la gestion de classe, au moins 15 % à la recherche, et 10 % au contexte, notamment territorial, et aux innovations propres de chaque institut.

9. Permettre une entrée progressive dans la carrière de professeur

La préprofessionnalisation permet, dès la deuxième année de licence et jusqu'à la première année de master, d'être recruté sous contrat avec une rémunération, toujours sous la responsabilité d'un tuteur.

10. Améliorer le système scolaire français avec le Conseil d'évaluation de l'École

Ce CEE dépend directement du ministère. Ses deux missions principales sont la mise en cohérence de toutes les évaluations de l'enseignement scolaire et la mise en place de l'évaluation des établissements scolaires à l'échelle nationale.

QUIZ EXPRESS

pour tester ses connaissances

1 Classez ces textes réglementaires dans l'ordre hiérarchique.

- ☐ **a.** Les décrets
- ☐ **b.** Les lois
- ☐ **c.** Les notes de service
- ☐ **d.** Les circulaires
- ☐ **e.** Les arrêtés

2 Le code de l'éducation rassemble :

- ☐ **a.** l'ensemble des programmes d'enseignement.
- ☐ **b.** les grands principes de l'éducation.
- ☐ **c.** l'ensemble des dispositions législatives et réglementaires relatives au système éducatif.

3 Les textes législatifs et réglementaires de la République française sont publiés :

☐ **a.** dans le *BO*. ☐ **b.** dans le *JO*. ☐ **c.** dans le *JOUE*.

4 Quelle loi d'orientation a organisé la scolarité en cycles ?

☐ **a.** Celle de 2013 ☐ **b.** Celle de 2005 ☐ **c.** Celle de 1989

Réponses : 1. b-a-e-d-c ; 2. c ; 3. b ; 4. c.

5 Le socle commun

▶ THÈME 2 : LE FONCTIONNEMENT DE L'ÉCOLE PRIMAIRE

Depuis les années 1970 et l'achèvement de « la massification », les notions de culture commune, de socle fondamental ou de socle commun de connaissances et de compétences interrogent les contenus d'enseignement relevant de la scolarité obligatoire.

A Bref historique

1977 **La mise en œuvre de la loi Haby** votée en 1975 se heurte à de fortes oppositions contre la mise en place d'un « socle commun de connaissances comprenant compétences technologiques et professionnelles ».

1989 Les « Principes pour une réflexion sur les contenus d'enseignement » suggèrent la création d'un Conseil national des programmes. L'idée s'affirme progressivement de **concevoir des programmes scolaires correspondant au socle commun de connaissances et de compétences** que tout élève devrait maîtriser à l'issue de la scolarité obligatoire.

1994 Le rapport du Conseil national des programmes « Idées directrices pour les programmes de collège » pose à nouveau la question du socle commun : **« Que devrait-on avoir réellement enseigné à la fin de la 3e ? »**

2001 Le Conseil européen adopte un rapport sur « les objectifs concrets futurs des systèmes d'éducation et de formation ». Il déclare que l'éducation doit permettre à tous : « d'acquérir les compétences de base nécessaires pour affronter la vie et le travail. » **Des compétences clés sont évoquées :** communication dans la langue maternelle, dans une langue étrangère, connaissances de mathématiques et compétences de base en sciences et en technologie, aptitudes en informatique, aptitude d'apprendre à apprendre, compétences interpersonnelles et civiques, esprit d'entreprendre, sensibilisation et ouverture culturelle.

2004 Le rapport de la Commission du débat national sur l'avenir de l'École (commission Thélot) propose l'instauration d'un **« socle commun des indispensables »**. La loi d'orientation et de programme pour l'avenir de l'école du 23 avril 2005 indique que « la scolarité obligatoire doit au moins garantir à chaque élève les moyens nécessaires à l'acquisition d'un socle commun constitué d'un ensemble de connaissances et de compétences qu'il est indispensable de maîtriser ».

> **REMARQUE**
>
> **Recommandations du Haut Conseil de l'éducation**
>
> Les sept compétences du socle doivent être conçues comme « une combinaison de connaissances, de capacités et d'attitudes à mettre en œuvre dans des situations concrètes ».

11 juillet 2006 Décret définissant « le socle commun de connaissances et de compétences ».

B Le socle commun de connaissances, de compétences et de culture

1. Le décret

▶ Comme il était annoncé dans la loi de refondation de l'école de 2013, **un nouveau socle commun est entré en vigueur** à la rentrée 2016. Il a été élaboré sous la responsabilité du Conseil supérieur des programmes et a été soumis à la consultation des enseignants puis adopté en mars 2015.

▶ Sont concernés **tous les élèves en cours de scolarité obligatoire** des écoles élémentaires, des collèges et lycées publics et privés sous contrat de l'Éducation nationale, de l'enseignement agricole, et, pour l'annexe, les enfants instruits dans la famille ou dans les établissements d'enseignement privés hors contrat.

À RETENIR

Le texte officiel

« Le **socle commun** doit devenir une **référence centrale** pour le travail des enseignants et des acteurs du système éducatif, en ce qu'il définit les finalités de la scolarité obligatoire et qu'il a pour exigence que l'École tienne sa promesse pour tous les élèves. »

Source : education.gouv.fr

2. Mise en œuvre

2-1. Les cinq domaines de formation

▶ Le socle commun de connaissances, de compétences et de culture est composé de **cinq domaines de formation**[1] : voir page ci-contre.

▶ Chaque domaine de formation comprend des **objectifs de connaissances** et de **compétences** et requiert la **contribution transversale et conjointe** de toutes les disciplines et démarches éducatives.

▶ L'ensemble est décliné dans les programmes d'enseignement.

2-2. Évaluation

▶ Les acquis des élèves dans chacun des domaines de formation sont évalués au cours de la scolarité sur la base des connaissances et compétences attendues à la fin des cycles 2, 3 et 4 telles qu'elles sont fixées par les programmes d'enseignement.

▶ La **circulaire de la rentrée 2016** précise ainsi : « Dans le domaine de formation intitulé "les langages pour penser et communiquer", cette évaluation distingue quatre composantes :
- langue française ;
- langues étrangères et, le cas échéant, langues régionales ;
- langages mathématiques, scientifiques et informatiques ;
- langages des arts et du corps.

L'acquisition et la maîtrise de chacun de ces domaines ne peuvent être compensées par celles d'un autre domaine. Les quatre composantes du premier domaine, mentionnées dans l'alinéa ci- dessus, ne peuvent être compensées entre elles.
En fin de cycle 4, le diplôme national du brevet atteste la maîtrise du socle commun. » […]

1. Consultez le texte en flashant le QR Code ci-contre.

16 ANS
6 ANS
DOMAINE 1
Les langages pour penser et communiquer
Comprendre et s'exprimer en quatre types de langages :
• langue française
• langues étrangères ou régionales
• langages mathématiques, scientifiques et informatiques
• langages des arts et du corps
DOMAINE 2
Les méthodes et outils pour apprendre
Apprendre à apprendre, seuls ou collectivement, en classe ou dehors :
• accès à l'information et à la documentation
• outils numériques
• conduite de projets individuels et collectifs
• organisation des apprentissages
DOMAINE 3
La formation de la personne et du citoyen
Transmettre les valeurs fondamentales et les principes inscrits dans la Constitution :
• apprentissage de la vie en société, de l'action collective et de la citoyenneté
• formation morale et civique
• respect des choix personnels et des responsabilités individuelles
DOMAINE 4
Les systèmes naturels et les systèmes techniques :
Donner à l'élève les fondements de la culture mathématique, scientifique et technologique :
• approche scientifique et technique de la Terre et de l'Univers
• développement de la curiosité et du sens de l'observation
• capacité à résoudre des problèmes
DOMAINE 5
Les représentations du monde et l'activité humaine
Développer une conscience de l'espace géographique et du temps historique :
• compréhension des sociétés dans le temps et dans l'espace
• interprétation des productions culturelles humaines
• connaissance du monde social contemporain

▶ La même circulaire met en place un livret scolaire « qui intègre l'ensemble des formes d'évaluation des connaissances et des compétences, comprend des bilans périodiques, qui se substitueront aux actuels livrets des écoles et aux bulletins des collèges. [...] Il comprend, à chaque fin de cycle, des bilans de fin de cycle et les attestations obtenues par l'élève à l'école ou au collège. [...] L'application nationale Livret scolaire unique numérique (LSUN) permettra, pour la première fois, de disposer d'un outil numérique national de suivi des acquis de l'élève tout au long de chaque cycle et de l'ensemble de sa scolarité à l'école et au collège. »

À RETENIR

Un livret unique

« Pour améliorer la continuité des apprentissages à l'intérieur de chaque cycle de la scolarité obligatoire puis entre le collège et le lycée, mais aussi en cas de changement d'école ou d'établissement scolaire, un livret scolaire de la scolarité obligatoire est créé pour chaque élève inscrit dans une école ou un collège de l'enseignement public ou privé sous contrat. » (circulaire de la rentrée 2016)

2-3. Annexe du décret

Décret n° 2015-372 du 31-3-2015 – *JO* du 2-4-2015

Annexe

Le socle commun de connaissances, de compétences et de culture [...] correspond pour l'essentiel aux enseignements de l'école élémentaire et du collège qui constituent une culture scolaire commune. [...] La scolarité obligatoire poursuit un double objectif de formation et de socialisation. Elle donne aux élèves une culture commune, fondée sur les connaissances et compétences indispensables. [...]

Le socle commun doit être équilibré dans ses contenus et ses démarches :

Le socle commun identifie les connaissances et compétences qui doivent être acquises à l'issue de la scolarité obligatoire. Une compétence est l'aptitude à mobiliser ses ressources (connaissances, capacités, attitudes) pour accomplir une tâche ou faire face à une situation complexe ou inédite. Compétences et connaissances ne sont ainsi pas en opposition. Leur acquisition suppose de prendre en compte dans le processus d'apprentissage les vécus et les représentations des élèves, pour les mettre en perspective, enrichir et faire évoluer leur expérience du monde.

[...]

La maîtrise des acquis du socle commun doit se concevoir dans le cadre du parcours scolaire de l'élève et en référence aux [...] programmes de chaque cycle. Elle est vérifiée tout au long du parcours scolaire et en particulier à la fin de chaque cycle.

[...]

Pour favoriser cette maîtrise, des stratégies d'accompagnement sont à mettre en œuvre dans le cadre de la classe, ou, le cas échéant, des groupes à effectifs réduits constitués à cet effet.

REMARQUE

Depuis 2006, les programmes nationaux s'inscrivent dans les perspectives définies dans le décret concernant le socle commun. Ceux de 2015 consacrent un de leurs volets aux contributions essentielles des différents enseignements au socle commun.

? QUIZ EXPRESS

pour tester ses connaissances

1 En quelle année le décret relatif à la mise en place du premier socle commun a-t-il été publié ?

☐ a. 2013 ☐ b. 2001 ☐ c. 2006 ☐ d. 1989

2 Combien de domaines de formation le socle commun de connaissances, de compétences et de cultures comporte-t-il ?

☐ a. 7 ☐ b. 4 ☐ c. 3 ☐ d. 5

3 Quel domaine ne figure pas dans ceux du socle commun de connaissances, de compétences et de culture ?

☐ a. Les langages pour penser et communiquer

☐ b. Les méthodes et outils pour apprendre

☐ c. La formation de la personne et du citoyen

☐ d. Les systèmes naturels et les systèmes techniques

☐ e. La culture humaniste

☐ f. Les représentations du monde et l'activité humaine

4 En 2016, les livrets solaires des écoles et des collèges ont été remplacés par :

☐ a. des attestations de réussite annuelle.

☐ b. un livret de compétences pour chaque cycle.

☐ c. un livret scolaire unique du CP à la 3e.

Réponses : 1. c ; 2. d ; 3. e ; 4. c.

6 L'évolution des programmes

▶ THÈME 2 : LE FONCTIONNEMENT DE L'ÉCOLE PRIMAIRE

Nous proposons ci-dessous une mise en perspective des différents programmes et de leurs principales modifications depuis 2002.

A Les programmes de 2002 à 2008

1. Les programmes de 2002 (publiés sous le ministère de Jack Lang)

▸ Les précédents textes dataient de 1995. Pour la première fois depuis sa création, l'école maternelle s'était vue **dotée d'un programme spécifique**.

▸ Les programmes de 2002 sont conçus pour que **toutes les disciplines concourent à l'apprentissage de la langue française**. L'observation réfléchie de la langue française (ORLF) se substitue aux activités de grammaire, conjugaison, orthographe et vocabulaire.

REMARQUE

Une série d'œuvres de référence pour une initiation à la culture littéraire et artistique au cycle 3 est publiée de façon à réduire les inégalités culturelles au sein de l'école.

▸ La place des **sciences** est soulignée comme l'« occasion d'apprendre à argumenter, à décrire, à présenter des hypothèses, à en peser la valeur ».

▸ En **éducation civique**, un débat hebdomadaire de trente minutes est mis en place dès le CE1. Tout enfant doit apprendre à l'avenir **deux langues vivantes** dans le cadre de la citoyenneté européenne. Le **B2i** (brevet informatique et Internet) est créé, exigible à la fin de l'école primaire.

2. Les programmes de 2007 (publiés sous le ministère de Gilles de Robien)

▸ Les programmes de l'école élémentaire prennent en compte les exigences du socle commun. **Deux paliers d'acquisition** sont fixés à l'école primaire : à la fin du cycle des apprentissages fondamentaux et à la fin du cycle des approfondissements. **Le livret personnel de compétences** voit le jour. Les compétences se déclinent désormais en **connaissances, capacités, attitudes**.

▸ Les **programmes personnalisés de réussite éducative** (PPRE) doivent permettre aux élèves plus fragiles de surmonter leurs difficultés.

▸ L'observation réfléchie de la langue française (ORLF) est supprimée au profit de **l'étude de la langue** constituée par la grammaire. En mathématiques, le calcul mental doit donner lieu à des séances quotidiennes de quinze minutes.

REMARQUE

Une approche alphabétique
L'apprentissage de la lecture est recentré sur le code alphabétique.

▸ Le niveau attendu en langues vivantes en fin d'école est le niveau A1 du cadre européen de référence, celui de « l'utilisateur élémentaire ».

2. Les programmes de 2008 (publiés sous le ministère de Xavier Darcos)

▸ Ces programmes comprennent, en plus des programmes proprement dits, les **progressions annuelles**. Elles vont, en français, de la petite section au CM2 et, en mathématiques, du CP au CM2. Ces progressions ont été **complétées en janvier 2012** pour donner des repères et organiser la **progressivité des apprentissages** dans tous les domaines disciplinaires de l'école élémentaire.

> **REMARQUE**
>
> **Apprentissages fondamentaux**
> Les programmes, plus courts, mettent fortement l'accent sur les apprentissages « fondamentaux » : le français et les mathématiques.

▸ Dans la partie « Programmes », les compétences attendues en fin de cycle de l'école élémentaire pour chaque discipline sont référées aux **sept grands domaines de compétences** du socle commun.

▸ En français, on retrouve un **enseignement explicite de la grammaire, du vocabulaire et de l'orthographe** du CP au CM2. La **récitation** et la **rédaction** sont réintroduites.

▸ Une **initiation à l'histoire des arts** a lieu dès le cours préparatoire. L'**instruction civique et morale** remplace l'éducation civique. Le programme prévoit notamment la découverte des principes de la morale et de l'importance de la règle de droit dans l'organisation des relations sociales, au travers de maximes.

▸ La finalité de l'école maternelle est d'aider chaque enfant à réussir les apprentissages fondamentaux au cours préparatoire. Elle doit également aider l'enfant à « devenir progressivement un élève » (transformation du domaine « vivre ensemble » en « devenir élève »).

B Les programmes de 2015 (publiés sous le ministère de Najat Vallaud-Belkacem)

1. Les nouveaux cycles de la scolarité obligatoire

▸ Le cycle 1 (PS, MS, GS) : cycle des apprentissages premiers

Il correspond désormais à l'**école maternelle**. Le programme de l'école maternelle est entré en vigueur à la rentrée 2015, et ceux de l'école élémentaire et du collège à la rentrée 2016.

▸ Le cycle 2 (CP, CE1, CE2) : cycle des apprentissages fondamentaux

Le cycle 2 couvre désormais la période du **CP au CE2**, offrant ainsi la durée et la cohérence nécessaires pour des apprentissages progressifs et exigeants. Au cycle 2, tous les enseignements **interrogent le monde**. La **maîtrise des langages**, et notamment de la langue française, est la priorité.

▸ Le cycle 3 (CM1, CM2, 6ᵉ) : cycle de consolidation

Le cycle 3 couvre deux années de primaire et une de collège, dans un but de continuité pédagogique. Le programme précise que ce cycle a deux responsabilités : « **consolider les apprentissages fondamentaux** qui ont été engagés au cycle 2 et qui conditionnent les apprentissages ultérieurs ; **permettre une meilleure transition entre l'école primaire et le collège** en assurant une continuité et une progressivité entre les trois années du cycle.

> **REMARQUE**
>
> Les programmes sont **curriculaires** : ils donnent à la fois un programme, des objectifs précis en termes d'acquisitions et de compétences et des indications sur la manière de les évaluer.

▸ Le cycle 4 (5e, 4e, 3e) : cycle des approfondissements

À la fin du cycle 4 (donc du collège), « les compétences construites au fil des ans sont soumises, à travers le **diplôme national du brevet** (DNB), à une **validation dans les cinq grands domaines du socle commun de connaissances, de compétences et de culture**, sans compensation d'un domaine par un autre. »

Les programmes « s'inscrivent dans un projet global, s'adressant à tous les élèves, plus attentif à la diversité de leurs rythmes d'acquisition ». Ils s'inscrivent résolument dans la logique du cycle de trois ans « afin de garantir l'acquisition du socle commun. »

2. Un exemple, le programme du cycle 2 en trois volets (extraits)

À RETENIR

Des programmes en trois volets

- **Le premier volet** « présente les objectifs de formation ainsi que les spécificités du cycle. »
- **Le deuxième volet** indique la contribution du cycle au socle domaine par domaine.
- **Le troisième volet** « précise les contenus par enseignement : les compétences travaillées pendant le cycle, les attendus de fin de cycle ; les compétences et les connaissances associées ; des exemples de situations, d'activités et de ressources pour l'élève ; des repères de progressivité permettant d'organiser l'enseignement durant les trois années du cycle ; des pistes pour aménager des liens avec les autres enseignements. »

2-1. Volet 1 : les spécificités du cycle 2

Au cycle 2, les élèves ont le temps d'apprendre. […] Au cycle 2, le sens et l'automatisation se construisent simultanément. […] Au cycle 2, la langue française constitue l'objet d'apprentissage central. […]

2-2. Volet 2 : contributions essentielles des disciplines au socle commun

Domaine 1 Les langages pour penser et communiquer
Comprendre, s'exprimer en utilisant la langue française à l'oral et à l'écrit
Au cycle 2, l'apprentissage de la langue française s'exerce à l'oral, en lecture et en écriture. L'acquisition d'une aisance à l'oral, l'accès à la langue écrite en réception et en production s'accompagnent de l'étude du fonctionnement de la langue et permettent de produire des énoncés oraux maîtrisés, des écrits simples, organisés, ponctués, de plus en plus complexes et de commencer à exercer une vigilance orthographique. Tous les enseignements concourent à la maîtrise de la langue. Toutefois, « Questionner le monde », les arts plastiques comme l'éducation musicale, en proposant de s'intéresser à des phénomènes naturels, des formes et des représentations variées, fournissent l'occasion de les décrire, de les comparer, et de commencer à manipuler, à l'oral comme à l'écrit, des formes d'expression et un lexique spécifiques. […]

2-3. Volet 3 : Les enseignements

▸ Français

Pour l'étude de la langue, une **approche progressive** fondée sur l'**observation et la manipulation des énoncés et des formes**, leur classement et leur transformation, conduit à une première structuration de connaissances qui seront consolidées au cycle suivant ; mises en œuvre dans des exercices nombreux, ces connaissances sont également exploitées – vérifiées et consolidées – en situation d'**expression orale ou écrite** et de **lecture**.

Compétences travaillées	Domaines du socle
Comprendre et s'exprimer à l'oral	
• Écouter pour comprendre des messages oraux ou des textes lus par un adulte. • Dire pour être entendu et compris. • Participer à des échanges dans des situations diversifiées. • Adopter une distance critique par rapport au langage produit.	1, 2, 3
Lire	
• Identifier des mots de manière de plus en plus aisée. • Comprendre un texte. • Pratiquer différentes formes de lecture. • Lire à voix haute. • Contrôler sa compréhension.	1, 5
Écrire	
• Copier de manière experte. • Produire des écrits. • Réviser et améliorer l'écrit qu'on a produit.	1
Comprendre le fonctionnement de la langue	
• Maîtriser les relations entre l'oral et l'écrit. [...]	1, 2

C L'adaptation des programmes (cycles 2, 3 et 4) à la rentrée 2018 (sous le ministère de Jean-Michel Blanquer)

1. Une réécriture importante

▶ À la rentrée 2018, des éléments des programmes sont fortement remaniés[1].

▶ Au cycle 2, **l'acquisition des savoirs fondamentaux** (lire, écrire, compter, respecter autrui) est la priorité. L'enseignement doit être particulièrement structuré et explicite.

REMARQUE

L'« adaptation » des programmes correspond de fait à une réécriture de certains domaines, notamment l'enseignement de la lecture, et induit des directives précises sur la façon d'enseigner.

▶ L'entrée **« Lecture et compréhension » de l'écrit** insiste très fortement sur les activités d'encodage et de décodage à la suite de l'injonction ministérielle de la méthode syllabique (voir ci-dessous « recommandations »).

▶ Dans l'entrée **« Étude de la langue »** (grammaire, orthographe, lexique), la phrase : « L'enseignement de l'orthographe a pour référence les rectifications orthographiques publiées par le *Journal officiel* de la République française le 6 décembre 1990 » a été supprimée dans l'arrêté de 2018.

▶ **En mathématiques,** les nouveaux textes semblent être dans la continuité de ceux de 2015, avec une influence du rapport Villani-Torossian sur le rôle essentiel des manipulations particulièrement au cycle 2.

1. Les parties « Volet 1 : les spécificités du cycle des apprentissages fondamentaux », « Volet 2 : contributions essentielles des différents enseignements au socle commun » et les sous-parties « Français » et « Mathématiques » de la partie « Volet 3 : les enseignements » des programmes de 2015 ont été remplacées par celles de l'arrêté du 17-7-2018 (*JO* du 21-7-2018 parues au *Bulletin officiel* n° 30 du 26-7-2018).

▸ Deux recommandations s'inscrivent dans le prolongement du guide **Pour enseigner la lecture et l'écriture au CP**[1].

1. Lecture, construire le parcours d'un lecteur autonome :
– l'enseignement systématique des **correspondances graphèmes-phonèmes** est la méthode la plus efficace ;
– les activités d'écriture doivent être menées **conjointement** aux activités de lecture ;
– la lecture fluide, qui doit être acquise au CP, est la condition indispensable à la bonne compréhension d'un texte ;
– un manuel de lecture choisi en toute connaissance de cause est un levier de progrès ;
– une fois la lecture fluidifiée, la **compréhension des mots, des phrases et des textes** doit continuer à faire l'objet d'exercices spécifiques de grammaire, de vocabulaire et de conjugaison.

2. L'enseignement de la grammaire et du vocabulaire est un enjeu majeur pour la maîtrise de la langue française.

REMARQUE

Un premier guide, *Pour enseigner la lecture et l'écriture au CP*, a été publié en 2018. Ici, la nouvelle édition 2019.

▸ Une méthode de lecture purement syllabique « Lego, je décode, pour apprendre la lecture et l'écriture au CP », était testée, à la demande du ministère, sur quelque 370 écoles volontaires réparties dans une dizaine de départements en 2021.

REMARQUE

Le ministère a complété la production de ses directives avec deux nouveaux guides pour l'école élémentaire.

2. Les attendus de fin d'année

« Les programmes de français, de mathématiques et d'enseignement moral et civique ont été clarifiés au regard de l'objectif de maîtrise des savoirs fondamentaux (lire, écrire, compter, respecter autrui) par tous les élèves. »

REMARQUE

Que doivent savoir faire les élèves ?

Des attendus de fin d'année ont été publiés en mai 2019 par le ministère en français et en mathématiques, du CP à la classe de 3e. Des exemples de réussite sont proposés afin d'illustrer ce que doit savoir faire l'élève de la fin du CP à la fin de la classe de 3e.

1. Consultez le texte en flashant le QR Code ci-contre.

3. Des repères de progression annuelle du CP à la 3e

▸ Des repères de progression annuelle précisent les acquis nécessaires des élèves pour chaque année de la scolarité obligatoire. En voici une illustration :

Mathématiques • Attendus de fin d'année de CP
Nommer, lire, écrire, représenter des nombres entiers
Pour des nombres inférieurs ou égaux à 100, ce que sait faire l'élève
• Il lit un nombre écrit en chiffres. • Il écrit en chiffres et en lettres des nombres dictés. • Il connaît et utilise diverses représentations d'un nombre et il passe de l'une à l'autre. • Il connaît la valeur des chiffres en fonction de leur position (unités, dizaines). • Il connaît et utilise la relation entre dizaine et unité.
Exemples de réussite
• Il écrit les chiffres en respectant le tracé (forme, sens). • Il écrit les nombres en chiffres, y compris quand la numération orale n'est pas transparente (de 11 à 16 et supérieurs à 69). • Il écrit en lettres les nombres jusqu'à 70 au moins. […]

D La circulaire de rentrée

▸ Chaque année, une circulaire de préparation de la rentrée est publiée au *BOEN*.

▸ La circulaire du 10/07/2020, détaille **quatre grandes priorités** :
- **protéger la santé** des élèves et des personnels ;
- **développer l'esprit d'équipe** tant chez les adultes que chez les élèves pour assurer notre mission fondamentale de transmission des savoirs et de réduction des écarts de niveau ;
- assurer la **pleine inclusion** de tous les enfants à besoins éducatifs particuliers ;
- transmettre les **valeurs civiques**.

QUIZ EXPRESS

pour tester ses connaissances

1 De quand date le premier programme de l'école maternelle ?

☐ a. 1882 ☐ b. 1989 ☐ c. 1995 ☐ d. 1946

2 Quels sont les volets des programmes de 2015 ?

☐ a. Objectifs de formation ainsi que les spécificités du cycle

☐ b. La progression annuelle discipline par discipline

☐ c. Les méthodes d'enseignement prescrites

☐ d. Les contenus par enseignement

☐ e. La contribution du cycle au socle commun domaine par domaine

3 Quels sont les domaines qui ont été les plus remaniés par le ministère depuis 2018 ?

☐ a. Les mathématiques

☐ b. L'enseignement de la lecture

☐ c. Les activités scientifiques

☐ d. L'enseignement moral et civique

☐ e. Les activités d'expression

4 Depuis 2019, les attendus et les repères de progression correspondant aux objectifs d'apprentissages :

☐ a. sont proposés au niveau d'un cycle.

☐ b. sont proposés pour chaque année du CP à la 3e.

5 Comment se nomme le texte de préparation à la rentrée publié chaque année ?

☐ a. Note de service de rentrée

☐ b. Circulaire de rentrée

☐ c. Arrêté de rentrée

Réponses : 1. c ; 2. a-d-e ; 3. b-a-d ; 4. b ; 5. b.

7 L'organisation de l'école primaire

▶ THÈME 2 : FONCTIONNEMENT DE L'ÉCOLE PRIMAIRE

L'organisation de l'école primaire a sensiblement évolué depuis 30 ans entre la mise en place des cycles, la gestion de la semaine scolaire, le travail en équipe, la place des parents à l'école…

A Aspects institutionnels

1. Un découpage temporel de l'année

▶ « L'année scolaire comporte **36 semaines réparties en 5 périodes de travail,** de durée comparable, qui sont séparées par **4 périodes de vacance des classes**. Un calendrier scolaire est arrêté par le ministre de l'Éducation nationale pour une période de trois années » (article L. 521-1 du code de l'éducation).

▶ Les aménagements du temps scolaire doivent respecter ces principes.

2. L'organisation hebdomadaire

▶ Le décret relatif à l'organisation du temps scolaire dans les écoles maternelles et élémentaires du 24 janvier 2013 fixe de nouveaux principes : **l'étalement des 24 heures d'enseignement hebdomadaire sur neuf demi-journées**, incluant le mercredi matin ; une journée de classe de maximum 5 heures 30 et une demi-journée de maximum 3 heures 30 ; une pause méridienne de 1 heure 30 au minimum.

▶ Le décret du 27 juin 2017 « introduit la possibilité d'une nouvelle dérogation dans l'organisation de la semaine scolaire » et permet un retour à la semaine de quatre jours. **L'organisation de la semaine scolaire est laissée au choix des communes.**

REMARQUE

La semaine de quatre jours
Près de 90 % des communes étaient revenues à la semaine de quatre jours à la rentrée 2021.

3. Le découpage de la scolarité

▶ L'école primaire comprend l'école maternelle et l'école élémentaire.

▶ L'école maternelle est composée de « sections » : **toute petite section** (TPS) quand l'accueil d'enfants de 2 ans est organisé, **petite section** (PS), **moyenne section** (MS), **grande section** (GS). L'école élémentaire s'organise en « cours » : **cours préparatoire** (CP), **cours élémentaire** (CE1, CE2) **cours moyen** (CM1 et CM2).

▶ On appelle « classe enfantine » une section d'enfants d'âge maternelle implantée dans une école élémentaire.

4. L'organisation en cycles

▶ La notion de cycle à l'école primaire apparaît avec la loi d'orientation de 1989.

▸ Trois cycles sont alors définis. **Le cycle 1**, cycle des apprentissages premiers, regroupe PS, MS et GS. **Le cycle 2**, cycle des apprentissages fondamentaux recouvre GS, CP et CE1. **Le cycle 3**, cycle des approfondissements correspond aux classes de CE2, CM1 et CM2.

▸ La grande section, située à la fois sur les cycles 1 et 2, doit assurer la continuité entre l'école maternelle et l'élémentaire.

▸ En 2008, les programmes se recentrent sur l'école maternelle d'une part, le CP et le CE1 d'autre part, et enfin, sur le cycle CE2-CM1-CM2.

5. Des cycles réorganisés en 2013

▸ Le décret n° 2013-682 du 24 juillet 2013 réorganise les cycles de la façon suivante :

<table>
<tr><th colspan="3">École maternelle</th><th colspan="5">École élémentaire</th><th colspan="4">Collège</th></tr>
<tr><th colspan="3">Cycle 1</th><th colspan="3">Cycle 2</th><th colspan="3">Cycle 3</th><th colspan="3">Cycle 4</th></tr>
<tr><td colspan="3">Cycle des apprentissages premiers</td><td colspan="3">Cycle des apprentissages fondamentaux</td><td colspan="3">Cycle de consolidation</td><td colspan="3">Cycle des approfondissements</td></tr>
<tr><td>PS</td><td>MS</td><td>GS</td><td>CP</td><td>CE1</td><td>CE2</td><td>CM1</td><td>CM2</td><td>6e</td><td>5e</td><td>4e</td><td>3e</td></tr>
</table>

6. Les quatre cycles de la scolarité obligatoire

▸ Le cycle 1 (PS, MS, GS), cycle des apprentissages premiers

« Sa mission principale est de donner envie aux enfants d'aller à l'école pour apprendre, affirmer et épanouir leur personnalité. »

▸ Le cycle 2 (CP, CE1, CE2), cycle des apprentissages fondamentaux

« Au cycle 2, tous les domaines d'enseignement interrogent le monde. La maîtrise des langages, et notamment de la langue française, est la priorité. »

▸ Le cycle 3 (CM1, CM2, 6e), cycle de consolidation

« Ce cycle a une double responsabilité : consolider les apprentissages fondamentaux qui ont été engagés au cycle 2 et qui conditionnent les apprentissages ultérieurs ; permettre une meilleure transition entre l'école primaire et le collège en assurant une continuité et une progressivité entre les trois années du cycle. »

▸ Le cycle 4 (5e, 4e, 3e) cycle des approfondissements

- Lors du cycle 4, les élèves travaillent sur des **activités disciplinaires et interdisciplinaires**.
- Les programmes viennent s'inscrire dans la logique de la réforme du collège de 2015 prévoyant d'octroyer une plus grande marge de manœuvre aux équipes dans « l'organisation de l'accompagnement personnalisé et des enseignements pratiques interdisciplinaires. »

À RETENIR

Validation des acquis à la fin du collège

« À la fin du collège, les compétences construites au fil des ans sont soumises à une validation dans les cinq grands domaines du socle commun de connaissances, de compétences et de culture, sans compensation d'un domaine par un autre. »

B Dimension pédagogique

▶ L'idée de cycle introduite avec la loi d'orientation de 1989 permet la nécessaire **continuité des apprentissages**. Elle souhaite également donner le temps nécessaire pour que les compétences puissent réellement se développer et se stabiliser.

▶ L'organisation en cycle va de pair avec celle de **parcours différenciés pour les élèves,** l'objectif étant l'acquisition par tous des compétences du socle commun. Elle implique un réel travail d'équipe et de partenariat au sein des équipes pédagogique et éducative.

REMARQUE

Cohérence et progressivité
En 2015, le CSP (conseil supérieur des programmes) précise que « l'écriture simultanée des programmes des trois cycles garantit la cohérence entre ce qui doit être appris au cours d'un cycle et la progressivité de ce qui doit être appris dans un domaine d'enseignement du début du cycle 2 à la fin du cycle 4. »

1. La continuité des apprentissages

▶ C'est une manière d'organiser à la fois des **continuités et des ruptures.** Ainsi, le passage au cycle 3, tout en restant dans le cadre de l'école élémentaire, marque un changement dans l'accès à une **abstraction de plus en plus importante,** mais aussi à travers de **nouvelles formes de travai**l (rythme d'écrit plus important, autonomie de gestion du matériel…).

À RETENIR

Faciliter les transitions
Le découpage en cycles a notamment pour but de contribuer aux transitions entre école maternelle, école élémentaire et collège.

▶ Si les ruptures sont nécessaires au développement de nouvelles compétences, elles s'opèrent avec profit quand l'équipe pédagogique prépare le terrain… C'est le cas pour chaque passage de cycle mais aussi pour chaque changement « d'école ».

2. L'entrée à la « grande école »

▶ L'entrée au CP a toujours été un moment important pour les enfants et pour les parents.

▶ L'entrée à la « grande école » suppose une rupture importante et nécessaire pour l'élève par une exigence différente dans la relation aux adultes et aux pairs, mais aussi par rapport aux savoirs. Le décret de juillet 2013, qui redéfinit les cycles, attribue **l'intégralité du cycle des apprentissages premiers à l'école maternelle**, lui reconnaissant en cela ses caractères spécifiques et propédeutiques.

3. L'entrée au collège

La loi d'orientation de 2013 insiste sur le caractère indispensable de la liaison CM2-6e.

REMARQUE

Le décret du 24 juillet 2013 redéfinit le cycle 3 qui prend le nom de « cycle de consolidation » et inclut la 6e.

4. La mise en place du conseil école-collège (décret du 24 juillet 2013)

▶ **Le conseil école-collège (CEC) a une mission essentiellement pédagogique**
Elle s'exerce sur l'ensemble des cycles, en coopération avec les instances locales. Les projets qu'il élabore concernent les enseignements, les enseignants et les enseignés du premier et du second degré, c'est-à-dire les acteurs tout autant que les contenus du système éducatif.

▶ Le conseil ne se limite pas à assurer la liaison entre la classe de CM2 et celle de 6e, il a en charge tous les élèves de l'école et tous les élèves du collège.

▶ La composition du CEC est équilibrée entre le premier et le second degré, respectueuse de l'**autonomie des écoles et des collèges** et ouverte, pouvant ainsi inviter : « toute personne dont les compétences peuvent lui être utiles ».

▶ Des **fiches repères** ont été mises en ligne par le ministère sur la composition, le fonctionnement ou encore la continuité pédagogique.

▶ « Pour aller plus loin, dans les écoles élémentaires, à partir de la rentrée scolaire 2016, le conseil du cycle 3 accueillera des professeurs exerçant en classe de sixième dans le collège du secteur de recrutement ; réciproquement, des professeurs de ces écoles pourront participer aux conseils des classes de 6e du collège de leur secteur. » (circulaire de rentrée 2016)

À RETENIR

L'organisation du travail du conseil école-collège

- Une présidence conjointe premier et second degrés assurée par le principal du collège et l'inspecteur de l'Éducation nationale chargé de circonscription du premier degré.
- Des rencontres régulières : le conseil se réunit au moins deux fois par an.
- Une organisation souple, notamment grâce au travail confié aux commissions désignées par le conseil école-collège pour la mise en œuvre des projets prévus.

5. Les rythmes d'acquisition

▶ La continuité des apprentissages tant au sein du cycle qu'entre les cycles est nécessaire

Lorsqu'un élève se trouve en difficulté, le maître de la classe et l'équipe du cycle proposent des aides adaptées aux besoins de l'enfant : remédiations, décloisonnement, heures d'aide personnalisées, PPRE, aide du RASED, etc. (voir p. 295). **Le recours au redoublement doit rester exceptionnel.** Le conseil des maîtres ne peut se prononcer que pour un seul redoublement ou pour un seul raccourcissement de la durée d'un cycle durant toute la scolarité primaire d'un élève.

NOTES

Les questions qui font débat

Le redoublement peut-il être efficace ?

- D'une manière générale, les études montrent que le redoublement s'avère peu efficace quant aux progrès des élèves notamment à l'école primaire.
- Cependant, la croyance dans l'efficacité du redoublement reste bien installée dans la société française !

QUIZ EXPRESS

pour tester ses connaissances

1 L'année scolaire comporte :

- ☐ a. 36 semaines réparties en 5 périodes de travail.
- ☐ b. 40 semaines réparties en 4 périodes de travail.
- ☐ c. 36 semaines réparties en 4 périodes de travail.

2 La semaine scolaire comporte :

- ☐ a. neuf demi-journées de classe.
- ☐ b. huit demi-journées de classe.
- ☐ c. dix demi-journées de classe.

3 La pause méridienne doit être :

- ☐ a. de 2 heures.
- ☐ b. de 1 heure 30 minimum.
- ☐ c. d'une heure minimum.

4 Quels cycles sont concernés lorsque l'on parle de l'école primaire ?

☐ a. Cycle 1 ☐ b. Cycle 2 ☐ c. Cycle 3 ☐ d. Cycle 4

5 Sur quels cycles se déroule l'école élémentaire ?

☐ a. Cycle 1 ☐ b. Cycle 2 ☐ c. Cycle 3 ☐ d. Cycle 4

6 Qui pilote le conseil école-collège ?

- ☐ a. Le principal du collège
- ☐ b. L'inspecteur de l'éducation nationale de la circonscription
- ☐ c. Un enseignant coordonnateur

Réponses : 1. a ; 2. a-b (les deux organisations sont légales) ; 3. b ; 4. a-b et en partie c (l'école primaire regroupe l'école maternelle et l'école élémentaire) ; 5. b-c ; 6. a-b.

8 L'école maternelle : d'hier à aujourd'hui

▶ THÈME 2 : FONCTIONNEMENT DE L'ÉCOLE PRIMAIRE

Née d'un besoin socio-économique, l'école maternelle a progressivement évolué pour intégrer le système scolaire en s'enrichissant de réflexions pédagogiques spécifiques.

A De la salle d'asile à l'école maternelle

- **XIXe siècle** Avec la révolution industrielle, de plus en plus de femmes travaillent au côté des hommes dans les manufactures. Les jeunes enfants se trouvent de fait livrés à eux-mêmes.
- **1826** Le maire de Paris crée des **salles d'asile**, dans le but d'apporter aux enfants un lieu propre et protecteur où ils trouvent du pain, de la soupe ainsi que des rudiments d'éducation.
- **1848** Sous l'influence de Marie Pape-Carpantier, directrice de salle d'asile, les salles d'asile deviennent des **établissements d'instruction publique** portant désormais le nom d'**« écoles maternelles »**, mais ni l'idée de donner une instruction ni le terme d'école maternelle ne sont mis en œuvre concrètement.
- **1850** La **loi Falloux** réadopte les « salles d'asile ».
- **Second Empire** La **hausse importante des effectifs** conduit les salles d'asile à n'être que des garderies propres et chauffées.
- **1881** **Création des écoles maternelles** sous l'impulsion de **Jules Ferry** et **Ferdinand Buisson**. Elles sont publiques, gratuites, mixtes et laïques mais non obligatoires (intégrées à l'école primaire). Et les méthodes pédagogiques ne changent pas !

B L'intégration au système scolaire

1. Le lieu d'une véritable innovation pédagogique

▶ Entre 1879 et 1917, Pauline Kergomard (inspectrice générale) insiste sur la nécessité **d'adapter l'école au jeune âge des enfants** (jeu pensé comme le travail de l'enfant, mise en place d'un matériel pédagogique spécifique, mobilier modulable et adapté aux petits, les contenus notionnels ne débutant qu'à partir de 5 ans…).

▶ En 1921, l'Association générale des institutrices des écoles maternelles (AGIEM) est créée.

▶ L'idée que **l'enfant n'est pas un petit adulte** progresse grâce aux études psychologiques de Binet et de Simon au début XXe siècle, de Piaget et de Wallon plus tard, impulsant le changement des pratiques pédagogiques.

ZOOM SUR…

Trois pédagogues associées à l'évolution de la maternelle

Marie Pape-Carpantier (1815-1878)
Directrice, puis inspectrice générale des salles d'asile
Elle est à l'origine du terme d'« école maternelle ». Son idée de l'éducation repose sur la « méthode naturelle ».

Pauline Kergomard (1838-1925)
Inspectrice générale des écoles maternelles
Elle a fait ses débuts dans les salles d'asile. C'est l'une des grandes initiatrices de la transformation des écoles maternelles et de l'adaptation de leurs méthodes pédagogiques aux besoins des jeunes enfants.

Maria Montessori (1870-1952)
Médecin et pédagogue italienne
Pour elle, c'est entre 0 et 6 ans que les enfants traversent des périodes « sensibles » qui sont cruciales pour leur développement social et psychologique. Elle crée le matériel dit « Montessori » toujours utilisé aujourd'hui (cubes emboîtables, fichiers imprimés autocorrectifs…).

2. Développement de l'école maternelle

▸ Après la Seconde Guerre mondiale, les enfants des milieux favorisés fréquentent de plus en plus la maternelle. En 1970, la totalité des enfants de 5 ans est scolarisée.

▸ L'école maternelle, pensée comme une famille élargie où l'institutrice est comme « une mère intelligente et dévouée » (Pauline Kergomard), n'est plus un domaine exclusivement réservé aux femmes. L'éducation du jeune enfant suppose un nouveau regard sociologique. En 1977, les instituteurs peuvent enseigner à l'école maternelle.

▸ Au cours des années 2000 est encouragée la scolarisation des enfants dès 2 ans en « toute petite section » (TPS) dans le but de réduire les inégalités sociales et culturelles de façon précoce. Cette politique est surtout mise en œuvre dans les zones d'éducation prioritaire.

NOTES

Les questions qui font débat

Faut-il accueillir les enfants de 2 ans à la maternelle ?

La circulaire du 18-12-2012 sur les conditions de scolarisation des enfants de moins de 3 ans précise qu'il s'agit d'« un moyen efficace de favoriser sa réussite scolaire, en particulier lorsque, pour des raisons sociales, culturelles ou linguistiques, sa famille est éloignée de la culture scolaire. » L'annexe de la circulaire présente les dix principes pour la mise en place de dispositifs d'accueil et de scolarisation des enfants de moins de 3 ans.

▸ La loi du 26 juillet 2019 a abaissé l'âge de l'instruction obligatoire à 3 ans.

QUIZ EXPRESS

pour tester ses connaissances

1 À quelle date apparaît pour la première fois le terme d'« école maternelle » ?

- ☐ a. 1848
- ☐ b. 1882
- ☐ c. 1950

2 Parmi ces noms, lesquels sont directement associés à l'école maternelle ?

- ☐ a. Pauline Kergomard
- ☐ b. Jules Ferry
- ☐ c. Maria Montessori
- ☐ d. Célestin Freinet

3 En quelle année l'obligation de l'instruction a-t-elle été abaissée à l'âge de 3 ans ?

- ☐ a. 1995
- ☐ b. 2015
- ☐ c. 2019

Réponses : 1. a ; 2. a-c ; 3. c.

9 Les missions de la maternelle aujourd'hui

▶ THÈME 2 : FONCTIONNEMENT DE L'ÉCOLE PRIMAIRE

L'école maternelle permet aux enfants de s'initier au vivre ensemble, mais aussi de se préparer aux apprentissages de la lecture et de l'écriture, avec des méthodes d'enseignement et un environnement adapté à leur jeune âge.

A Le programme de 2015

▶ Un nouveau programme a été publié en 2015 avec l'objectif de **mieux prendre en compte les besoins des enfants** et d'assurer une **meilleure continuité des apprentissages**.

▶ Le programme affirme que l'école maternelle doit être :
- une école qui s'adapte aux jeunes enfants ;
- une école qui organise des modalités spécifiques d'apprentissage ;
- une école où les enfants vont apprendre ensemble et vivre ensemble.

REMARQUE

Pour la réussite de tous

« La loi de refondation de l'École crée un cycle unique pour l'école maternelle et souligne sa place fondamentale comme première étape pour garantir la réussite de tous les élèves au sein d'une école juste pour tous et exigeante pour chacun. [...] Elle s'appuie sur un principe fondamental : tous les enfants sont capables d'apprendre et de progresser. »

▶ Il définit **cinq domaines d'apprentissage.**

1. Mobiliser le langage dans toutes ses dimensions
2. Agir, s'exprimer, comprendre à travers l'activité physique
3. Agir, s'exprimer, comprendre à travers les activités artistiques
4. Construire les premiers outils pour structurer sa pensée
5. Explorer le monde

B Un fonctionnement spécifique

1. Une école organisée pour les jeunes enfants

1-1. L'organisation de l'espace

▶ La classe est organisée avec des **coins jeux** (nombreux en PS et MS : coin cuisine, poupées, garage, construction, déguisements…), coin bibliothèque, peinture, informatique. Un espace « regroupement » permet à l'ensemble du groupe-classe de se retrouver pour les rituels ou d'autres activités collectives.

▶ Les tables utilisées lors des ateliers regroupent souvent de six à huit élèves.

▶ Le mobilier est **adapté à la taille des enfants**, il est modulable et doit favoriser l'autonomie (casier personnel pour ranger ses dessins, bac de livres à la bibliothèque…).

1-2. Organisation du temps

▶ Il n'existe pas d'horaires définis pour travailler les différents domaines au cycle 1. En revanche, l'emploi du temps de la journée :
– s'adapte aux **besoins physiologiques** des enfants ;
– sécurise l'enfant par sa **régularité** quotidienne ;
– favorise une progressive **prise de conscience de la notion du temps** qui passe.

▶ L'accueil, les récréations, l'accompagnement des moments de repos, de sieste, d'hygiène sont **des temps d'éducation à part entière**. Ils sont organisés dans cette perspective par les adultes qui en ont la responsabilité et qui donnent des repères sécurisants aux jeunes enfants.

1-3. Le rôle de l'ATSEM

▶ L'agent territorial spécialisé en école maternelle (ATSEM) joue un rôle important surtout en petite et moyenne section.

▶ Il est chargé de l'assistance au personnel enseignant pour la réception, l'animation et l'hygiène des jeunes enfants ainsi que de la propreté des locaux et du matériel.

> **REMARQUE**
>
> **Un rôle spécifique**
>
> L'enseignant gère le projet pédagogique, et l'ATSEM l'assiste dans l'acquisition des règles de vie, du langage, dans le rapport au corps et dans la relation aux autres enfants…

2. Une école qui accompagne les transitions vécues par les enfants

« L'école maternelle construit des passerelles au quotidien entre la famille et l'école, le temps scolaire et le temps périscolaire. Elle joue aussi un rôle pivot à travers les relations qu'elle établit avec les institutions de la petite enfance et avec l'école élémentaire. […] Elle établit des relations avec des partenaires extérieurs à l'école, notamment dans le cadre des projets éducatifs territoriaux » (programme de 2015).

3. La programmation des activités

« Au sein de chaque école maternelle, les enseignants travaillent en équipe afin de définir une progressivité des enseignements sur le cycle. Ils construisent des ressources et des outils communs afin de faire vivre aux enfants cette progressivité » (programme de 2015).

C Les moyens pédagogiques en maternelle

1. Le jeu

▶ **Le jeu est l'activité normale de l'enfant.**

Il conduit à une multiplicité d'expériences sensorielles, motrices, affectives, intellectuelles… Ainsi, le programme de l'école maternelle souligne-t-il que « le jeu favorise la richesse des expériences vécues par les enfants dans l'ensemble des classes de l'école maternelle et alimente tous les domaines d'apprentissages. »

ZOOM SUR...

Le jeu symbolique

▶ Dans le développement psychologique de l'enfant, Jean Piaget a montré l'importance de ce type de jeu ; il s'agit d'une reprise symbolique de ce qui se passe dans la réalité « faire comme si... ». L'enfant est conscient de l'écart entre la réalité et la fiction (jouer avec une boîte en carton « comme si c'était une voiture » qui réalise un parcours ; faire semblant de donner à manger à sa poupée et la gronder car elle vient de mettre les mains dans l'assiette...).

▶ Les coins jeux (coin poupée, voiture, construction, déguisement...) participent à l'accession à la fonction symbolique si importante pour la pensée.

▶ Ces coins supposent une part d'autonomie des enfants... le jeu libre est donc une nécessité.

▶ Le programme précise par ailleurs que l'enseignant doit également permettre aux enfants « d'apprendre en réfléchissant et en résolvant des problèmes, d'apprendre en s'exerçant, d'apprendre en se remémorant et en mémorisant. »

▶ Le **travail en projet** est particulièrement utilisé en maternelle tout comme le recours à un **travail par thèmes** (l'hiver, l'escargot...). Cependant, ces deux moyens ne s'appuient pas sur les mêmes choix pédagogiques : le travail par thème risque d'être un prétexte pour travailler des compétences qui n'en relèvent pas nécessairement (exemple : compter des escargots ou des bonshommes de neige...).

En classe...

Du jeu à l'apprentissage (un exemple en PS)

Phase 1 **Jeu libre** Dans un premier temps, les élèves jouent librement dans le coin cuisine, ils manipulent les différents objets sans consignes.

Phase 2 **Ranger** La cuisine étant souvent en désordre, il est proposé aux élèves de la ranger. Dans un premier temps, les enfants proposent librement des rangements, l'enseignant leur fait verbaliser les critères et les objets (exemple : toutes les assiettes ensemble ou tout ce qui est bleu ensemble...). Dans un second temps, les élèves sont invités à ranger selon des critères définis préalablement : toutes les cuillères ensemble... On proposera aux élèves des paniers à couverts, ou des images pour aider aux tris. Ensuite, les élèves pourront mener seuls le rangement du coin cuisine de manière autonome.

Phase 3 **Ranger du plus petit au plus grand** Comment ranger les casseroles ? Les différents saladiers ? Ici, il s'agit d'approcher le rangement du plus grand au plus petit. À partir de ces manipulations d'objets (permettant la découverte, le tâtonnement par essais/erreurs) et accompagné par le langage, l'enfant se construit des critères de tri et aborde la notion d'ordre (aspect mathématique et logique).

2. Le langage

2-1. L'acquisition et le développement de la conscience phonologique

▶ C'est l'un des points centraux du programme de 2015 sur lequel insistent les mesures de la rentrée 2017.

▶ Il précise ainsi que l'apprentissage de la lecture et de l'écriture passe par deux grandes acquisitions :
– l'identification des unités sonores que l'on emploie lorsqu'on parle français, c'est la **conscience phonologique** ;
– la compréhension du fait que l'écriture est un code permettant de transcrire des sons, c'est le **principe alphabétique**.

REMARQUE

Manipuler les sons

« Lorsqu'ils apprennent à parler, les enfants reproduisent les mots qu'ils ont entendus et donc les sons de la langue qu'on leur parle. S'il leur arrive de jouer avec les sons, cela se fait de manière aléatoire. À l'école maternelle, ils apprennent à manipuler volontairement les sons, à les identifier à l'oreille donc à les dissocier d'autres sons, à repérer des ressemblances et des différences. [...] »

2-2. Un enseignement primordial

En mars 2018, les assises de l'école maternelle, préparées notamment par le neuropsychiatre Boris Cyrulnik, soulignent l'importance de faire de l'école maternelle **« une école du langage, de l'épanouissement et de la sécurité affective »**. Il est prévu de dédoubler les classes de grande section en éducation prioritaire à la rentrée 2020.

D Une nouvelle version du programme de 2015 à la rentrée scolaire 2021

1. Préparer à l'école élémentaire

1-1 Les objectifs principaux

▶ Cette nouvelle version fait suite à une **« Note d'analyse et de propositions »** du conseil supérieur des programmes de décembre 2020 qui s'appuyait sur les apports des sciences cognitives et des neurosciences et invitait à se recentrer sur les « fondamentaux ».

▶ Les modifications essentielles intéressent **le domaine de la langue.** Elles visent à préparer les enfants à l'entrée au cours préparatoire et aux apprentissages scolaires, notamment celui de la lecture.

REMARQUE

Enrichir le vocabulaire

« L'école maternelle offre à tous les enfants de nombreuses occasions de découvrir des champs lexicaux variés. L'interaction, les temps rituels, le jeu, toutes les activités d'apprentissage et les lectures permettent de constituer, en lien avec les situations vécues et les activités pratiquées, des corpus de mots à réactiver lors de temps exclusivement dédiés à l'enseignement de la langue. »

1-2. Recommandations pédagogiques du ministère

▶ Deux guides et trois notes de service, publiés par le ministère, proposent des recommandations pédagogiques qui précisent des éléments figurant dans le programme en vigueur.

▶ Le premier guide, « Pour enseigner le vocabulaire à l'école maternelle », invite les enseignants à mettre en œuvre **un enseignement spécifiquement dévolu à la maîtrise et à l'enrichissement du vocabulaire**.

▶ Le second guide, « Pour préparer l'apprentissage de la lecture et de l'écriture à l'école maternelle », préconise de conduire des activités, essentielles pour la réussite ultérieure des élèves en lecture et en écriture, centrées sur le **développement** de la **conscience phonologique**, de la **connaissance des lettres** et du **principe alphabétique**.

REMARQUE

Deux guides de recommandations pédagogiques préconisent la conduite d'activités spécifiques.

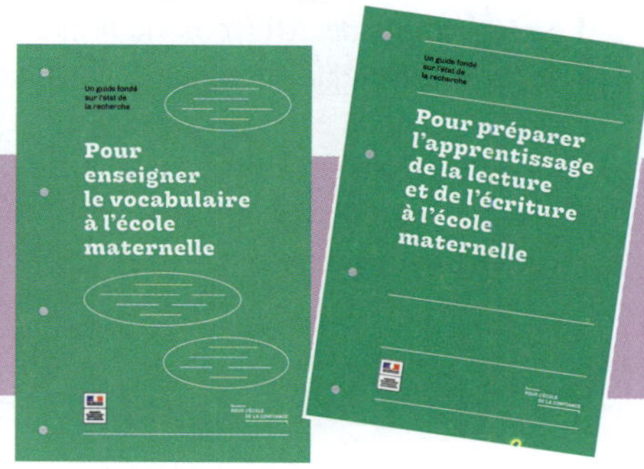

NOTES

Les questions qui font débat

Apprend-on à lire en GS ?

• Au cycle 1, et notamment en GS, il s'agit de préparer l'élève à l'apprentissage systématique qui sera mené au CP et au-delà.

• Le guide publié par le ministère, « Pour préparer l'apprentissage de la lecture et de l'écriture à l'école maternelle », préconise de conduire des activités, essentielles pour la réussite ultérieure des élèves en lecture et en écriture, qui sont centrées sur le développement conjoint de la conscience phonologique et de la connaissance des lettres et du principe alphabétique.

2. L'évaluation dès l'école maternelle

2-1. Suivi et évaluation des apprentissages à l'école maternelle

▶ L'évaluation doit être positive.

▶ Deux outils permettent d'assurer le suivi des apprentissages et des progrès des élèves :
– **le carnet de suivi des apprentissages**, renseigné tout au long du cycle ;
– **la synthèse des acquis de l'élève**, établie à la fin de la dernière année du cycle 1.

2-2. Le panel 2021

▶ Un groupe de travail constitué au sein du Conseil scientifique de l'Éducation nationale, présidé par Stanislas Dehaene, se penche particulièrement sur la petite enfance et sur les **conditions métacognitives** qui favorisent, dès le plus jeune âge, **les apprentissages fondamentaux,** la lecture et l'écriture, mais aussi les mathématiques. À cet égard, il souligne l'importance d'évaluer les enfants dès l'école maternelle (Note du CSP de décembre 2020).

▶ Commande a été faite à la DEPP (direction de l'évaluation, de la prospective et de la performance) d'un « panel d'élèves de petite section 2021[1] ». Il s'agit de proposer une **grille d'observation de chaque élève** dans l'objectif d'**améliorer sa préparation** aux attentes de l'école élémentaire.

1. Consultez les objectifs et les modalités de mise en œuvre du panel en flashant le QR Code ci-contre.

NOTES

Les questions qui font débat

Faut-il évaluer en maternelle ?

- Cette question a fait couler beaucoup d'encre !
- Le programme de 2015 pose le principe d'une « école [maternelle] qui pratique une évaluation positive. [...] Chaque enseignant s'attache à mettre en valeur, au-delà du résultat obtenu, le cheminement de l'enfant et les progrès qu'il fait par rapport à lui-même. »
- En même temps, une commande a été faite à la DEPP, en 2020, d'un « panel d'élèves de petite section 2021 » avec des grilles d'observation dans l'objectif d'améliorer l'entrée dans les apprentissages fondamentaux au CP.

3. La place des parents à l'école maternelle

3-1. Dialogue et enjeux

▶ Le premier point abordé par le programme de 2015 s'intitule : **« Une école qui accueille les enfants et leurs parents. »**

▶ L'enseignant doit offrir aux parents une qualité d'attention et d'écoute. Le dialogue qui s'instaure leur permet de suivre la scolarité de leur enfant et d'en comprendre les règles et les enjeux.

3-2. Les moyens à mettre en œuvre

Pour développer un climat de confiance, toutes les occasions d'expliquer les objectifs des activités doivent être recherchées :
- **échanges avec les parents** lors de l'accueil des enfants ;
- **organisation de réunions d'information** par classe ;
- **organisation d'opérations « portes ouvertes** » à l'occasion desquelles l'équipe pédagogique montre et explique les travaux des enfants ;
- **mise en place de cahiers de vie** qui s'échangent entre l'école et les parents ;
- **évaluation positive** : les enseignants rendent explicites les démarches, les attendus et les modalités d'évaluation propres à l'école maternelle.

REMARQUE

Un nouveau programme

- Un nouveau programme d'enseignement de l'école maternelle a paru au *BOEN* n° 25 du 24 juin 2021.
- Les aménagements essentiels de celui de 2015 concernent essentiellement :

– **le domaine « Mobiliser le langage dans toutes ses dimensions »** où est affirmée « la place primordiale de l'acquisition de la langue française à l'école maternelle, langue de scolarisation, comme condition essentielle de la réussite de toutes et de tous. » Apparaissent les paragraphes « Enrichir le vocabulaire » et « Construire la syntaxe » préparant l'apprentissage formel de la lecture et de l'écriture au cycle 2. Le nombre d'attendus en fin d'école maternelle s'accroît en conséquence ;

– **l'évaluation**, qui se recentre sur l'individu.

QUIZ EXPRESS

pour tester ses connaissances

1 Quelle est l'activité essentielle du jeune enfant lui permettant d'entrer dans les apprentissages ?

☐ **a.** La répétition

☐ **b.** Le jeu

☐ **c.** L'imitation

2 Cochez les cinq domaines d'apprentissage définis par le programme de 2015.

☐ **a.** Mobiliser le langage dans toutes ses dimensions

☐ **b.** Découvrir des situations mathématiques

☐ **c.** Agir, s'exprimer, comprendre à travers l'activité physique

☐ **d.** Se préparer à l'apprentissage de la lecture et de l'écriture

☐ **e.** Agir, s'exprimer, comprendre à travers les activités artistiques

☐ **f.** Construire les premiers outils pour structurer sa pensée

☐ **g.** Explorer le monde

3 Comment l'évaluation est-elle définie dans le programme de 2015 ?

☐ **a.** Progressive

☐ **b.** Préparatoire

☐ **c.** Positive

4 Quels guides de préconisation ont été publiés par le ministère depuis 2018 ?

☐ **a.** Pour enseigner le vocabulaire à l'école maternelle

☐ **b.** Pour aborder l'enseignement des mathématiques à l'école maternelle

☐ **c.** Pour développer les activités d'expression à la maternelle

☐ **d.** Pour préparer l'apprentissage de la lecture et de l'écriture à l'école maternelle

Réponses : 1. b ; 2. a-c-e-f-g ; 3. c ; 4. a-d.

10 Les personnels

▶ THÈME 2 : FONCTIONNEMENT DE L'ÉCOLE PRIMAIRE

De nombreuses personnes interviennent à l'école. Leur statut et leur rôle ne sont cependant pas tous identiques. Nous ne traitons pas ici de la dimension hiérarchique.

A Les personnels de l'Éducation nationale

1. Les professeurs des écoles

▶ Avant 1990, les enseignants du 1er degré se dénommaient « instituteurs » et étaient formés dans les écoles normales. Entre 1990 et 2019, les professeurs des écoles ont été formés dans les IUFM, puis dans les ESPÉ. Depuis 2019, les INSPÉ remplacent les ESPÉ. Les étudiants doivent être titulaires d'un master. En 2022, le concours se situe à la fin de la 2e année de formation.

▶ Leur rôle est d'assurer les enseignements dans des classes allant de la TPS (toute petite section) au CM2. Plusieurs postes sont possibles.

▶ **Enseignant responsable de classe(s) toute l'année**

- **Sur un poste classe** à temps plein.
- **Sur des postes segmentés** (mi-temps, tiers temps et quart de temps sur des classes différentes).

▶ **Titulaire remplaçant**

- **Sur un poste ZIL (zone d'intervention limitée) :** remplacement des professeurs des écoles absents de leur classe (congé de courte durée). Ces remplacements sont situés sur une circonscription correspondant à une inspection (une ou plusieurs communes en fonction de la taille).
- **Sur un poste de brigade :** remplacement des longs congés ou des professeurs des écoles partant en stage de formation continue. Ces remplacements ont lieu sur plusieurs circonscriptions.
- **En remplacement de maître formateur :** intervention sur les temps de décharge du PEMF.

2. Les directeurs

▶ Ce sont des professeurs des écoles qui ont réussi « l'entretien de direction » (certification). Leur mission consiste à **gérer l'école** sur laquelle ils sont nommés (mission d'encadrement).

▶ Ils sont en relation avec la commune et l'inspection. Ils peuvent bénéficier d'une **décharge d'enseignement totale ou partielle** selon le nombre de classes de l'école.

REMARQUE

Rappelons que le directeur de l'école n'est pas le supérieur hiérarchique du professeur des écoles.

3. Les postes d'enseignants spécialisés

▸ Maîtres formateurs

Ce sont des professeurs des écoles qui ont obtenu le certificat d'aptitude aux fonctions de maître formateur (CAFIPEMF). Le maître formateur contribue à la **formation initiale des professeurs des écoles**, qu'il s'agisse des étudiants préparant le concours de recrutement ou des professeurs stagiaires. Il est également susceptible de participer à la formation continue des maîtres du premier degré.

▸ Professeurs des écoles spécialisés chargés d'unités localisées pour l'inclusion scolaire (ULIS)

Ils sont titulaires du certificat d'aptitude professionnelle aux pratiques de l'éducation inclusive (CAPPEI). Selon leur option, ils sont **spécialisés auprès d'enfants déficients visuels, auditifs, cognitifs ou moteurs**.

▸ Professeurs des écoles spécialisés en réseaux d'aides spécialisées aux élèves en difficulté (RASED)

Titulaires du CAPPEI, ils ont pour mission de travailler tant la **prévention** que la **remédiation** des **difficultés rencontrées par certains élèves**. Ils accompagnent et complètent les mesures prises par le maître de la classe et l'équipe pédagogique, mesures qu'ils ont pu contribuer à définir dans certains cas.

▸ L'enseignant référent

Titulaire du CAPPEI, l'enseignant-référent est chargé du **suivi des actions menées en direction des enfants porteurs de handicap**.

B Les personnels non enseignants de l'Éducation nationale

▸ Le médecin de l'Éducation nationale (médecin scolaire)

Il est chargé des **actions de prévention individuelles et collectives** et de la promotion de la santé auprès de l'ensemble des élèves scolarisés. Il réalise le **bilan des « 6 ans »**, cherchant à dépister d'éventuels « handicaps » comme la dyslexie.

Il rédige les **PAI** (projets d'accueil individualisé) pour les enfants souffrant de certaines maladies (asthme, allergie, mucoviscidose…).

Il participe à la mise en place des **PPS** (projets personnalisés de scolarisation) avec les autres membres de l'équipe éducative afin d'adapter un projet éducatif pour les enfants en situation de handicap.
Il a aussi une fonction de **dépistage de maltraitance**.

▸ L'infirmier scolaire

Principalement affecté dans les établissements du second degré, il assiste le médecin scolaire, réalise des tests auditifs et visuels et intervient dans les classes à la demande des enseignants pour informer sur l'hygiène et la santé (équilibre alimentaire, sommeil, sexualité…).

▸ Le psychologue de l'Éducation nationale (PsyEN)

Le psychologue de l'Éducation nationale « éducation, développement et apprentissages » intervient le plus souvent au sein des RASED et des écoles de sa circonscription. Il apporte son aide à l'**analyse de la situation particulière des élèves** en liaison étroite avec les familles et les enseignants. Il s'appuie sur des outils et des méthodes spécifiques : entretiens, observations, bilans.

C Les personnels n'appartenant pas à l'Éducation nationale

1. Les agents territoriaux

Une partie des personnes qui travaillent dans les écoles sont des personnels recrutés par la commune. Ce sont donc des agents territoriaux. Les autres ont des statuts divers.

▸ Les agents territoriaux spécialisés en école maternelle (ATSEM)

Les ATSEM sont titulaires des CAP Petite Enfance. Ils sont placés sous l'autorité du directeur durant le temps scolaire. En dehors de ces horaires, ils sont sous l'autorité du maire. Leur mission consiste à **assister les professeurs des écoles** pour l'**hygiène**, la **préparation matérielle** et dans les **activités** proposées aux enfants.

▸ Le personnel de service

Le personnel de service regroupe les postes de **gardien, d'agent d'entretien**, etc. Les employés à ces postes n'ont aucune responsabilité éducative.

▸ Les intervenants extérieurs

Ce sont des personnels ayant une formation en éducation physique et sportive, dans un domaine artistique ou en langues régionales. Ils ont aussi une formation éducative.

– **Les intervenants en sport** sont agréés par l'inspection d'académie et rémunérés par la commune ou l'inspection académique.

– **Les intervenants artistiques** doivent être agréés par la direction régionale des affaires culturelles (DRAC) ou diplômés d'une discipline artistique.

Ces différents intervenants travaillent avec les classes des écoles de la commune. Ils travaillent **en collaboration avec le professeur des écoles** de la classe à qui ils apportent leurs **compétences spécifiques**. Le professeur des écoles garde la responsabilité du groupe et l'évaluation des compétences des élèves.

Le nombre d'intervenants extérieurs est très différent d'une commune à l'autre.

NOTES

Les questions qui font débat

L'enseignant titulaire a-t-il un rôle à avoir lorsqu'un intervenant extérieur intervient auprès de ses élèves ?

- Oui, et cela à plusieurs niveaux, lors de la programmation des activités, qui doivent se penser en commun.
- Lors des séances, le professeur des écoles conserve seul la responsabilité du groupe-classe, il participe aux activités, même si c'est l'intervenant extérieur qui les a organisées.
- L'évaluation des compétences demeure la prérogative du professeur des écoles.

2. Les autres intervenants

2-1. Les intervenants occasionnels

Des intervenants peuvent prendre part à des **projets définis par l'enseignant ou l'équipe pédagogique**. Par exemple, un parent d'élève présente son métier, une personne de l'association du patrimoine local vient évoquer l'histoire de la commune. Dans ce cas, seul le directeur de l'école doit être prévenu.

2-2. Des intervenants extérieurs non territoriaux

▶ Ils peuvent intervenir dans le cadre d'un projet de classe à la demande de l'enseignant, par exemple un comédien ou un chorégraphe dans le cadre d'un projet artistique. Il s'agit alors d'un **partenariat**, l'intervenant apportant son savoir et/ou son savoir-faire spécifique.

▶ Dans ce cas, **l'accord de l'IEN** représentant de l'inspection académique est nécessaire. La rémunération de l'intervenant se fait dans le cadre d'un financement sur des crédits académiques ou relevant d'autres institutions.

2-3. Les accompagnants des élèves en situation de handicap (AESH)

▶ Leurs activités s'exercent dans trois domaines :
- l'accompagnement des jeunes dans les **actes de la vie quotidienne** ;
- l'accès aux **activités d'apprentissage** ;
- les activités de la **vie sociale et relationnelle.**

REMARQUE

Les accompagnants d'élèves en situation de handicap sont intégrés à la communauté éducative.

▶ Les AESH doivent être titulaires du DEAS (diplôme d'État d'accompagnant éducatif et social).

▶ La loi de 2019 prévoit qu'ils sont recrutés par **contrat à durée déterminée de trois ans minimum**, renouvelable une fois avant transformation en contrat à durée indéterminée.

▶ Une **formation initiale d'adaptation à l'emploi** leur est garantie, ainsi qu'une **formation professionnelle continue** adaptée à la diversité des situations des élèves accueillis à l'école.

QUIZ EXPRESS

pour tester ses connaissances

1 Quel est le statut d'un directeur d'école ?

- ☐ a. Chef d'établissement
- ☐ b. Professeur des écoles chargé de direction
- ☐ c. Coordonnateur de l'équipe pédagogique

2 Le remplacement des professeurs des écoles absents (congé de courte durée) est assuré par :

- ☐ a. un PE nommé sur un poste ZIL.
- ☐ b. un PE nommé sur un poste de brigade.
- ☐ c. un collègue de la même école.

3 Quelles sont les missions du médecin de l'éducation nationale ?

- ☐ a. Bilan des 6 ans
- ☐ b. Rédaction de PAI (projet d'accueils individualisé)
- ☐ c. Rédaction du projet d'école

4 Les ATSEM sont placés sous l'autorité :

- ☐ a. du maire de la commune.
- ☐ b. du directeur de l'école.
- ☐ c. du PE de la classe dans laquelle ils travaillent.

5 Les intervenants artistiques doivent être agréés par :

- ☐ a. la direction régionale des affaires culturelles (DRAC).
- ☐ b. l'IEN de la circonscription.
- ☐ c. le directeur de l'école.

6 Les AESH (accompagnants des élèves en situation de handicap) interviennent :

- ☐ a. uniquement en dehors de la classe (cantine, récréation, sorties).
- ☐ b. en classe et en dehors de la classe.
- ☐ c. uniquement dans le cadre de la classe.

Réponses : 1. b ; 2. a ; 3. a-b ; 4. a (en dehors des heures scolaires) – b (pendant les heures scolaires) ; 5. a ; 6. b.

Le travail en équipe est une composante essentielle du métier de l'enseignant. Le service des professeurs des écoles s'organise ainsi en 24 heures hebdomadaires d'enseignement et 108 heures annuelles, dont 24 clairement identifiées comme travail en équipe.

A Les équipes

1. L'équipe pédagogique

▶ **Équipe pédagogique**

Elle englobe **l'ensemble des personnels enseignants intervenant auprès des élèves** de l'école (directeurs, enseignants titulaire et titulaire remplaçant affectés à l'école, membre du RASED). L'équipe pédagogique de chaque cycle peut consulter les personnes qualifiées et agréées intervenant durant le temps scolaire (ATSEM et intervenants territoriaux).

▶ **Équipe d'école**

Ce terme est une autre manière de nommer l'« équipe pédagogique ».

▶ **Équipe de cycle**

Elle regroupe les enseignants de l'école intervenant dans le cycle concerné, les enseignants du RASED et le directeur.

2. L'équipe éducative

▶ L'équipe éducative est un lieu de dialogue et de concertation où s'élabore et s'ajuste le projet individuel de **l'élève en difficultés avérées ou en intégration scolaire**.

▶ Elle est composée de l'ensemble des personnels de l'Éducation nationale qui travaillent avec l'élève, ainsi que du responsable légal de l'enfant et des personnes intervenant auprès de lui hors de l'école (centre médico-psycho-pédagogique (CMPP), instance médicale, sociale…).

NOTES

Les questions qui font débat

Travailler en équipe, est-ce obligatoire ?

- Il est obligatoire de participer aux conseils d'école, de maîtres, de cycle. Le travail en équipe est fortement encouragé.
- Toutefois, jusqu'à maintenant, chaque enseignant est libre de choisir la forme pédagogique, les manuels qui sont adaptés à sa classe tout en respectant les priorités dégagées par le projet d'école et les programmations du conseil de cycle.

B Les conseils

Les différents conseils poursuivent des missions diverses et, de fait, ne regroupent pas les mêmes personnes.

	Attributions	Les personnes	Fréquence
Conseil d'école	• Voter le règlement de l'école • Adopter le projet d'école • Établir un projet de semaine scolaire • Émettre des avis et des suggestions sur la vie de l'école • Donner un avis sur l'utilisation des locaux scolaires • Être informé du principe de choix des manuels, des matériels, de l'organisation de l'aide spécialisée, de l'organisation des rencontres parents/enseignants • Statuer sur proposition des équipes pédagogiques pour ce qui concerne la partie pédagogique du projet d'école	• Le directeur, qui préside ce conseil • Les enseignants • Un des membres du RASED • Les représentants élus des parents (en nombre égal au nombre de classes) • Le maire ou son représentant • Le délégué départemental de l'Éducation nationale chargé de visiter l'école (DDEN) • L'IEN (membre de droit)	**Une fois par trimestre,** en dehors des heures de présence des élèves
Conseil des maîtres*	Le conseil des maîtres donne son avis sur **l'organisation du service et sur tous les problèmes concernant la vie de l'école.** • Rédiger et réguler le projet d'école • Fixer le calendrier des évaluations • Gérer et réguler l'organisation des différents moments pédagogiques (décloisonnement, réalisation d'une fête du livre, réunion de parents) • Étudier les situations d'élèves en difficultés et organiser l'aide personnalisée • Proposer un redoublement à titre exceptionnel	**L'équipe pédagogique :** • Le directeur, qui préside ce conseil • Tous les enseignants de l'école, dont le ZIL affecté à l'école • Les membres du RASED	**Au moins une fois par trimestre,** en dehors des heures de présence des élèves et à chaque fois que cela est nécessaire
Conseil des maîtres de cycle	Le conseil des maîtres de cycle fait le point sur **la progression des enfants dans l'acquisition des compétences définies pour ce cycle.** Il formule les propositions concernant le passage ou non des élèves d'un cycle à l'autre. • Élaborer le projet pédagogique de cycle • Mettre les programmations en place • Analyser la progression des élèves • Examiner la situation d'élèves • Choisir les modalités d'intervention auprès d'élèves • Proposer le passage d'un cycle à l'autre • Saisir le dispositif ASH	• L'équipe du cycle (pour les écoles de moins de trois ou quatre classes, tous les maîtres de l'école) • Le directeur	**18 heures par an,** en dehors des heures de classe

* Lorsqu'une école comporte moins de trois classes, l'IEN regroupe les équipes de plusieurs écoles selon un découpage qu'il a adopté.

C Les projets

1. Le projet d'école

1-1. Définition

▶ Le projet d'école définit les **modalités particulières de mise en œuvre des objectifs et des programmes nationaux**, ainsi que les **activités scolaires et périscolaires** qui y concourent. Il précise les voies et les moyens mis en œuvre pour assurer la réussite de tous les élèves et associer les parents à cette fin. Il détermine également les **modalités d'évaluation** des résultats attendus.

REMARQUE

L'adoption d'un projet d'école est une obligation pour chaque école depuis la loi d'orientation de 1989.

▶ Il a une durée de **trois à cinq ans**.

▶ Tout projet d'école contient nécessairement :
- une analyse de la situation, du contexte ;
- une définition des objectifs retenus ;
- la justification du choix des stratégies ;
- le descriptif des actions prévues ;
- l'organisation des actions dans le temps et dans l'espace ;
- le descriptif des moyens à disposition (humains ou matériels) ;
- l'organisation de la coordination des éventuels intervenants.
- un volet culturel ;
- un volet sanitaire ;
- les modalités des aides ;
- l'organisation des activités pédagogiques complémentaires ;
- un volet numérique ;
- un volet consacré à l'inclusion scolaire.

1-2. Qui élabore le projet d'école ?

▶ Le **conseil des maîtres** élabore le projet d'école avec **les représentants de la communauté éducative**. L'équipe pédagogique comprend les membres du RASED intervenant sur l'école. Les personnels périscolaires sont associés pour le volet éducatif.

À RETENIR

Un projet en deux parties

- Le « cœur du projet » contient les axes de travail déterminés par l'équipe, avec le programme annuel d'actions. Une évaluation annuelle est prévue pour régulation.
- La déclinaison d'un certain nombre de volets obligatoires est réactualisée chaque année.

▶ **L'élaboration du projet s'appuie sur différents indicateurs :** résultats aux évaluations nationales et réalité de l'environnement de l'établissement (rural/urbain, centre-ville/éducation prioritaire).

▶ Le projet est présenté en conseil d'école qui l'entérine.

▶ L'IEN valide le projet.

2. Le projet de cycle

Le projet de cycle doit permettre **l'articulation et l'adaptation du projet d'école aux besoins du cycle**. En s'appuyant sur les résultats des évaluations, le cycle détermine des priorités pédagogiques, la programmation et, si besoin, l'organisation (échange de service, décloisonnement). Le projet de cycle laisse néanmoins une liberté pédagogique à chaque enseignant.

En classe...

Mises en pratique

Échange de service

Les enseignants permutent leurs classes : l'un fait l'histoire, l'autre les sciences. Cela permet aux enseignants d'approfondir la maîtrise didactique d'une discipline et donc de mieux gérer l'appropriation de compétences des élèves. Ces formes de travail sont souvent utilisées au cycle 3 ; elles doivent conduire les élèves à s'adapter à des habitudes de classes différentes comme c'est le cas au collège.

Décloisonnement

Les élèves d'une ou plusieurs classes sont répartis en groupes sur une plage horaire donnée. Sont sollicités parfois le directeur, les membres du RASED ou des intervenants extérieurs afin d'alléger les effectifs. Ils travaillent au choix sur :
– un même contenu en s'adaptant aux besoins des groupes (groupes de besoin en lecture : chaque groupe travaille selon un programme défini par l'enseignant responsable) ;
– une même compétence, chaque groupe ayant des supports ou des formes d'activités diverses ; cette forme de décloisonnement requiert un réel travail d'équipe de préparation.

3. Les projets personnalisés

▸ Chaque projet intéresse un **élève** et lui est **spécifique**. C'est l'équipe éducative qui le construit en fonction des **besoins de l'élève** par rapport aux **difficultés** qu'il rencontre.

▸ Les projets d'accueil individualisés (PAI)

Dédié aux enfants souffrant de **certaines maladies (asthme, allergie, etc.)**, ce type de projet est élaboré avec le concours du médecin de l'Éducation nationale ou du médecin du service de protection maternelle et infantile à la demande des parents et sous la responsabilité du directeur de l'école. Toute l'équipe éducative est associée à son élaboration.

▸ Les projets personnalisés de scolarisation (PPS)

Ces projets organisent **la scolarité des enfants porteurs de handicap**.

▸ Les programmes personnalisés de réussite éducative (PPRE)

Les PPRE s'adressent à des élèves rencontrant des **difficultés d'apprentissage**.

▸ Les plans d'accompagnement personnalisé (PAP)

Ces projets permettent à tout élève présentant des difficultés scolaires durables en raison d'un trouble des apprentissages (trouble spécifique du langage, par exemple) de bénéficier **d'aménagements et d'adaptations de nature pédagogique** (*cf.* difficultés et besoins éducatifs spécifiques, p. 282).

D Les caractéristiques et les indicateurs de l'école

Pour avoir une représentation suffisamment objective des particularités d'une école, de son contexte, il est nécessaire de se fonder sur **un certain nombre d'indicateurs.** Certains d'entre eux seront retenus pour **élaborer le projet d'école** qui doit prévoir des actions prioritaires permettant d'améliorer les résultats des élèves, d'assurer la continuité des apprentissages en tenant compte des spécificités de l'école.

1. Les indicateurs externes

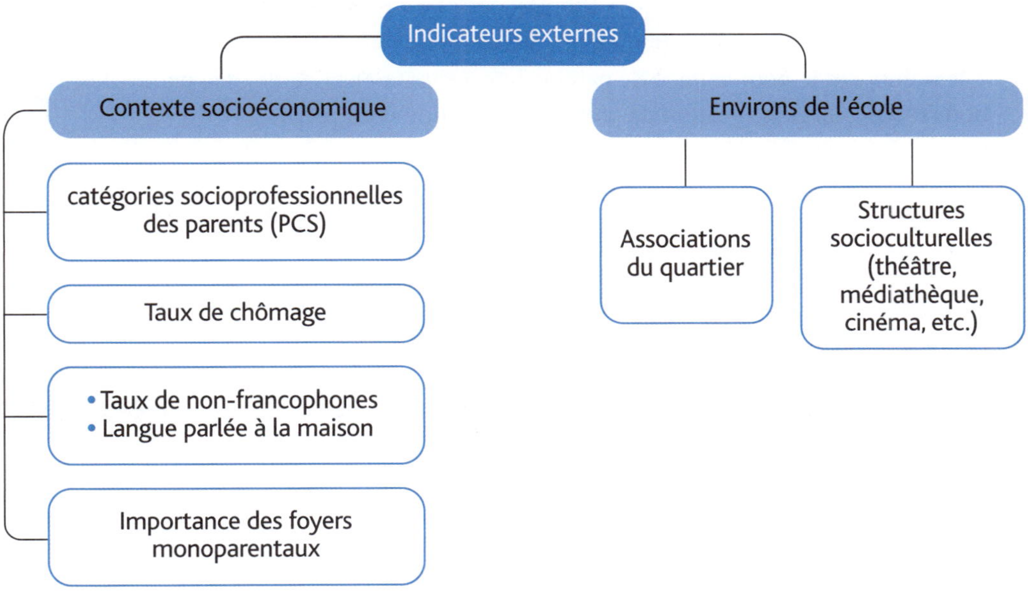

2. Les indicateurs internes

Ces indicateurs sont **centrés sur les élèves**. Entrent en compte les éléments suivants :
- le nombre et le pourcentage d'élèves fréquentant le restaurant scolaire, restant à l'étude ;
- les résultats aux évaluations nationales, l'évolution sur plusieurs années, les domaines où les élèves sont en difficulté ainsi que le taux de validation des paliers du socle commun ;
- le nombre et le pourcentage d'élèves ayant bénéficié des heures d'aide personnalisée ou d'un PPRE ou ayant fait l'objet d'un signalement au RASED ;
- le nombre et le pourcentage d'enfants en situation de handicap bénéficiant d'un PPS ;
- le nombre et le pourcentage de cas de violence, de signalements ;
- le nombre et le pourcentage d'enfants bénéficiant d'un PAP ;
- le nombre et le pourcentage d'enfants bénéficiant d'un PAI.

3. Les indicateurs centrés sur l'équipe

3-1. L'équipe pédagogique

Les indicateurs s'intéressent :
- à la **composition** de l'équipe pédagogique et à sa stabilité ;
- aux **stages** suivis par les enseignants (individuel/d'école) ;
- au **fonctionnement** (modalités du travail d'équipe, organisation des évaluations, gestion des heures d'aide personnalisée, intervention dans le domaine périscolaire).

3-2. L'équipe éducative

Sont ici pris en compte :
- les différents personnels intervenant dans l'école (ATSEM en maternelle, par exemple) et leurs rôles ;
- les différents partenaires associés à l'école et leur rôle (intervenants municipaux ; bibliothèque municipale, structure culturelle, etc.).

3-3. Les relations avec les parents

Dans les relations avec les parents, sont étudiés :
- la nature des concertations avec les parents et leur fréquence ;
- le pourcentage de parents participant aux élections ;
- le nombre et le pourcentage de parents intervenant dans l'école et la nature des interventions (sortie, ateliers, gestion de prêt dans la bibliothèque, etc.).

4. Les indicateurs centrés sur les ressources matérielles

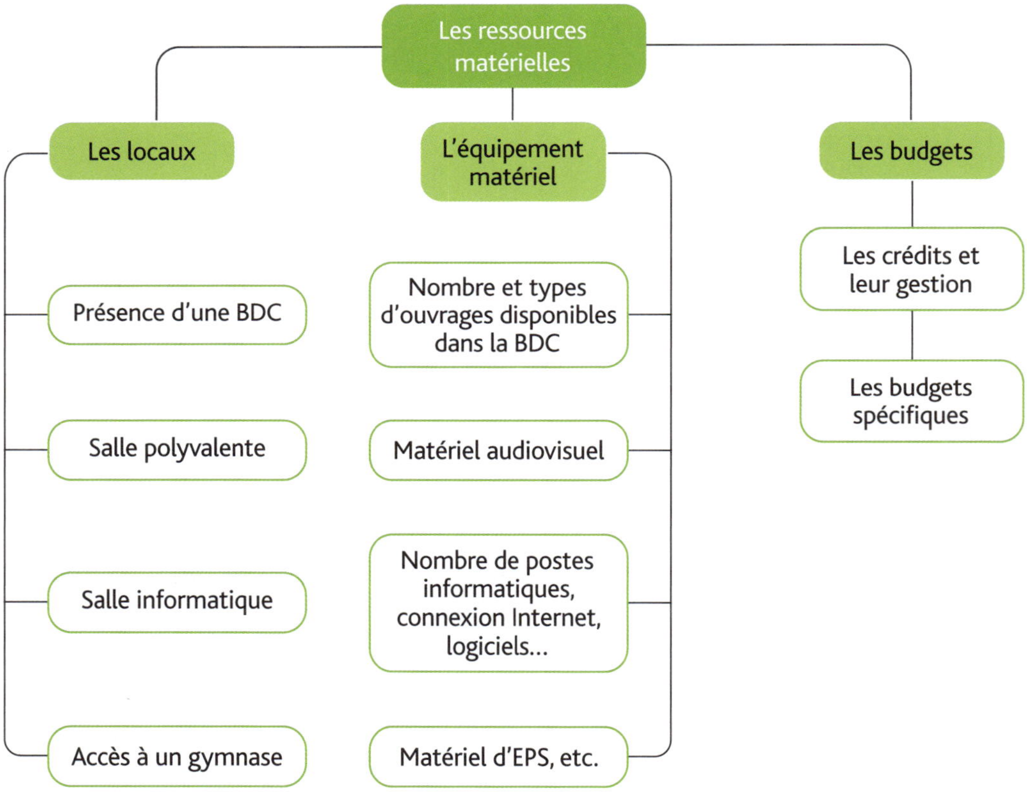

QUIZ EXPRESS

pour tester ses connaissances

1 Parmi les attributions suivantes, quelles sont celles (entre autres) du conseil d'école ?

- ☐ **a.** Voter le règlement de l'école
- ☐ **b.** Rédiger le projet d'école
- ☐ **c.** Adopter le projet d'école
- ☐ **d.** Donner son avis sur l'utilisation des locaux scolaires

2 Quels parents siègent au conseil d'école ?

- ☐ **a.** Un parent de chaque association de parents d'élèves
- ☐ **b.** Les représentants élus (un par classe)
- ☐ **c.** Les parents désignés par la mairie

3 Parmi les propositions suivantes, quelles sont celles ne relevant pas des contenus du projet d'école ?

- ☐ **a.** L'organisation des activités pédagogiques complémentaires
- ☐ **b.** Un volet culturel
- ☐ **c.** Un volet consacré à l'inclusion scolaire
- ☐ **d.** La liste des manuels utilisés dans les classes

4 Quelles sont les attributions du conseil des maîtres ?

- ☐ **a.** Rédiger et réguler le projet d'école
- ☐ **b.** Gérer et réguler l'organisation des différents moments pédagogiques
- ☐ **c.** Étudier les situations d'élèves en difficulté et organiser l'aide personnalisée
- ☐ **d.** Proposer un redoublement (à titre exceptionnel)

5 Quel projet s'adresse aux élèves rencontrant des difficultés d'apprentissage ?

- ☐ **a.** PPS
- ☐ **b.** PAI
- ☐ **c.** PPRE
- ☐ **d.** PAP

Réponses : 1. a-c-d ; 2. b ; 3. d ; 4. a-b-c-d ; 5. c.

12 Les partenaires de l'école

▶ THÈME 2 : FONCTIONNEMENT DE L'ÉCOLE PRIMAIRE

Le développement de partenariats autour de l'école répond à deux exigences : une école ouverte sur le monde extérieur et l'idée d'une co-éducation partagée par l'école, la famille et d'autres intervenants dans l'éducation de l'enfant pris dans sa globalité.

A Les différents types de partenaires

1. Pourquoi des partenariats ?

▸ **Les différents partenaires et intervenants**

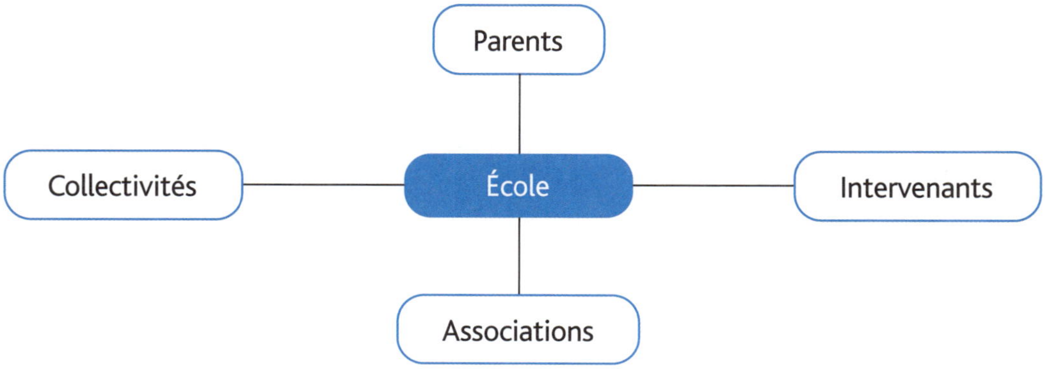

▸ **Une volonté d'ouverture sur le monde**

Pour poursuivre ses buts **d'ouverture sur le monde extérieur** et de **co-éducation,** l'école doit **accueillir des partenaires ou intervenants extérieurs,** et sortir de ses murs pour **participer à la vie de quartier** et **s'investir dans des missions sociales et culturelles.** Ceci sans bien sûr oublier ses missions fondamentales, qui restent instruire et éduquer.

2. Une politique active de l'Éducation nationale

▸ Cette politique de partenariats est particulièrement développée par l'Éducation nationale depuis les années 1980.

▸ Elle concerne d'abord la participation des **parents d'élèves,** reconnus comme « premiers partenaires », à la vie de l'école, mais aussi **les élus et les collectivités locales associées à la gestion et à la prise de décisions** (sur le financement ou le calendrier scolaire, par exemple), **les intervenants extérieurs** de différentes sortes associés aux activités d'encadrement ou d'enseignement, **les associations sportives ou culturelles** qui, en accord avec le ministère, proposent des activités parascolaires.

ZOOM SUR...

« L'école ouverte »

▶ Lancée en 1991, l'école ouverte désigne aujourd'hui des écoles, collèges et lycées qui décident de **rester ouverts durant les vacances scolaires.** Sur la base du volontariat, élèves, enseignants et animateurs se retrouvent dans les locaux scolaires pour des activités de loisirs et/ou de soutien scolaire.

▶ Les objectifs sont **d'aider les jeunes** à modifier leur **représentation de l'école** et de contribuer à la **lutte contre la violence,** ainsi qu'à **la réussite scolaire** et à **l'insertion sociale** des jeunes.

▶ L'équipe est composée d'enseignants, de conseillers d'éducation, d'aides éducateurs, d'agents administratifs, techniques et de service, ainsi que d'animateurs. Le projet « école ouverte » est **intégré au projet d'établissement.**

B Les parents d'élèves

1. Les textes réglementant la participation des parents d'élèves

▶ Le code de l'éducation stipule (art. L. 111.-4) que : « **les parents d'élèves sont membres de la communauté éducative.** Leur participation à la vie scolaire et le dialogue avec les enseignants et les autres personnels sont assurés dans chaque établissement. Les parents d'élèves participent par leurs représentants aux conseils d'école, aux conseils d'administration des établissements scolaires et aux conseils de classe. »

▶ Les articles D.111-1 à D.111-5 définissent l'accueil et l'information des parents :

«

Article D.111-1

Les parents des élèves nouvellement inscrits sont réunis par le directeur d'école ou le chef d'établissement dans les premiers jours suivant la rentrée scolaire.

Article D.111-2

Le conseil des maîtres, présidé par le directeur d'école dans le premier degré, le chef d'établissement dans le second degré, organise au moins deux fois par an et par classe une rencontre, qui peut prendre différentes formes, entre les parents et les enseignants. Dans les collèges et les lycées, l'information sur l'orientation est organisée chaque année dans ce cadre.

Article D.111-3

Les parents sont tenus régulièrement informés des résultats et du comportement scolaires de leurs enfants, notamment par l'intermédiaire du livret scolaire dans le premier degré ou du bulletin scolaire dans le second degré. L'école ou l'établissement scolaire prend toute mesure adaptée pour que les parents prennent connaissance de ces documents. .../...

> **Article D.111-5**
>
> Lors de sa première réunion, le conseil d'école ou le conseil d'administration examine les conditions d'organisation du dialogue avec les parents. Le conseil d'école ou le conseil d'administration peut prévoir toutes actions supplémentaires pour tenir compte des spécificités locales et des orientations du projet d'école ou d'établissement. Les conditions d'accueil des parents sont précisées, ainsi que les conditions dans lesquelles ils peuvent accéder aux espaces numériques de travail. Les parents d'élèves sont informés des décisions prises, notamment en ce qui concerne le nombre, la nature et la date des rencontres prévues. »

▶ Les articles D.111-6 à D.111-15 précisent quant à eux les **droits des représentants et des associations de parents d'élèves**, complétés par la circulaire n° 2006-137 du 25-8-2006.

▶ Est réaffirmé par cette circulaire le **droit des parents à l'information**, fondé sur le nécessaire partenariat impliqué par l'obligation d'une coéducation école-famille.

> « **Circulaire n° 2006-137 du 25-8-2006**
>
> L'obligation faite à l'État de garantir l'action éducative des familles requiert de soutenir et de renforcer le partenariat nécessaire entre l'institution scolaire et les parents d'élèves, légalement responsables de l'éducation de leurs enfants. L'École doit en conséquence assurer l'effectivité des droits d'information et d'expression reconnus aux parents d'élèves et à leurs représentants ainsi que, selon les procédures prévues à cette fin, leur participation aux instances collégiales de l'établissement. Elle doit également reconnaître les droits des associations de parents d'élèves.
>
> [...] Ce droit [à l'information] s'analyse principalement pour les parents d'élèves comme le droit d'avoir accès aux informations nécessaires au suivi de la scolarité de leurs enfants et à celles relatives à l'organisation de la vie scolaire. »

▶ Les parents d'élèves, même séparés, sont également **responsables de la scolarisation de leur enfant**, et ont également **droit à la communication des informations** le concernant.

▶ Les informations concernant les résultats et le comportement de l'élève passent principalement par les outils suivants :
- **livret scolaire,**
- **carnet de correspondance,**
- **nouvelles technologies** (SMS, messagerie et portail électronique).

▶ L'attention est spécialement attirée sur le **suivi de l'assiduité**.

▶ Suivent les modalités précises d'exercice des droits des représentants et associations de parents d'élèves (information, formation, réunion, diffusion, élections). Les principales associations de parents d'élèves sont les suivantes :
- **la FCPE** (Fédération des conseils de parents d'élèves des écoles publiques) ;
- **la PEEP** (Fédération des parents d'élèves de l'enseignement public) ;
- **l'UNAAPE** (Union nationale des associations autonomes de parents d'élèves).

2. Les attentes des parents

2-1. Un « consumérisme » familial

▶ Avec l'élévation du niveau d'instruction de la population, les familles sont plus attentives et exigeantes quant à la réussite scolaire de leurs enfants. Particulièrement dans les milieux aisés, les parents sont mieux informés des problèmes éducatifs et pédagogiques, et exercent une vigilance croissante sur le fonctionnement de l'école et la qualité de l'enseignement.

Ils vont souvent jusqu'à faire jouer la « concurrence » entre public et privé ou entre écoles publiques (contournement de la carte scolaire).

2-2. Une double exigence

La participation croissante des parents à la vie de l'école est donc le résultat à la fois de cette évolution sociale et d'une demande de l'institution scolaire de mieux impliquer et responsabiliser les familles dans la scolarisation de leurs enfants.

2-3. Le « malentendu » école-famille

En classe...

Témoignage d'une mère d'élève

« Très vite l'école se ferme aux parents. Dans la petite section, les parents sont accueillis dans la classe, il y a un contact chaleureux et dès la deuxième année c'est fini, on conduit l'enfant à la porte de la classe. […] En contrepartie, il faudrait que les contacts avec les parents soient plus réguliers. […] Nous avons un retour trimestriel sous la forme d'un cahier où l'on voit ce qu'ils ont fait, cela me semble très insuffisant. Car c'est aussi l'occasion d'avoir une relation avec ses enfants qui porterait sur l'école, sur ce qui se passe à l'école. Il y a le cahier de liaison qui donne des informations lorsqu'il y a une sortie, un pique-nique… sinon c'est nous les parents qui devons aller à la pêche aux informations. Mais tous les parents ne font pas cette démarche-là. Ce sont toujours les parents les plus dynamiques, peut-être les plus exigeants, qui vont vers l'école. »

▶ Le conflit entre école et famille est l'héritage d'une vieille méfiance réciproque : l'école voit dans les parents des « empêcheurs de tourner en rond » et des intrus qui se mêlent de ce qui ne les regarde pas ; les parents voient dans l'école un lieu fermé d'où ils sont exclus, alors qu'ils lui confient leur bien le plus précieux.

Les enseignants	Les parents
• Jugent les parents « démissionnaires », les accusant de ne plus enseigner la politesse ou de dévaloriser l'école et les enseignants aux yeux des enfants • Souffrent d'une dévalorisation de leur prestige social : ils ne sont plus des « notables » respectés, ni la seule source de savoir • Accusent les parents de « consumérisme », cherchant l'intérêt égoïste de leur enfant, sans tenir compte des hautes missions de l'école publique garante d'égalité, de justice et de civisme, et traitant l'école comme un supermarché • Accusent les parents de se mêler de pédagogie, de vouloir leur donner des leçons, et de mépriser ainsi leur compétence professionnelle	• Jugent les enseignants privilégiés et corporatistes, plus soucieux de leurs « avantages acquis » que de l'intérêt des élèves • Accusent les enseignants d'être « intouchables », à l'abri de toute critique ou sanction • Reprochent aux enseignants leur manque de transparence, leur refus d'ouvrir leur classe, leur frilosité face aux innovations et aux initiatives

▶ Ces plaintes sont en partie abusives, mais recouvrent **un malaise et des reproches réciproques.**

▶ Le terme de **« malentendu »** est utilisé par François Dubet ; mais on peut se demander s'il ne s'agit pas aussi d'un réel conflit d'intérêts.

REMARQUE

Afin de remédier à ce « malentendu », l'école développe des moyens de communiquer avec les parents et de les faire participer à la vie scolaire.

NOTES

Les questions qui font débat

Un parent peut-il critiquer ou se plaindre d'un enseignant ?

- Les parents interviennent de plus en plus en s'adressant au directeur, à l'inspecteur ou à l'enseignant lui-même. Ce sont des procédures acceptables dans la mesure où elles sont justifiées. Elles sont justifiées en cas de faute professionnelle de l'enseignant : absences ou retards fréquents et non justifiés, mise en danger de la sécurité des élèves, non-respect de ses obligations de neutralité ou de réserve, gestes ou propos déplacés…
- Un parent peut se plaindre de l'enseignement dispensé si ce dernier n'entre pas dans le cadre des programmes (« tout le programme, rien que le programme » est la meilleure protection contre ce type de critique). Ainsi, un parent qui se plaindrait d'un enseignant sous prétexte qu'il aurait abordé un aspect de l'histoire des religions ou enseigné l'explication scientifique sur l'origine de l'homme, se verrait opposer l'obligation légale d'appliquer les programmes.
- En revanche, aucune critique parentale n'est recevable en matière de choix de méthode pédagogique : l'enseignant est libre de choisir sa pédagogie (à condition de l'expliquer aux parents), et seul l'inspecteur est juge en matière de compétence pédagogique.

Peut-on faire intervenir un parent d'élève en classe ?

Certains parents peuvent faire profiter la classe de leur expérience professionnelle, de leur culture ou de leur langue étrangère. Aussi des enseignants font-ils appel à eux, ou des parents proposent eux-mêmes leur aide. Pour une intervention ponctuelle, l'autorisation du directeur suffit. Pour une intervention régulière, il faut une autorisation de l'IEN.

3. Les outils du partenariat

3-1. Le conseil d'école

Des représentants de parents d'élèves y participent depuis 1977. Cela permet d'associer les familles à l'information et aux décisions : règlement intérieur, restauration, travaux, équipements, calendrier scolaire, etc.

3-2. La réunion de rentrée

Elle permet à l'enseignant d'informer les parents des élèves de sa classe sur les programmes de l'année, ses choix pédagogiques, le matériel à se procurer, l'aide éventuelle demandée aux parents pour des sorties ou voyages scolaires.

3-3. Le carnet de liaison (ou de correspondance)

Ce carnet est l'outil privilégié de communication entre l'enseignant et la famille : absences, sorties, matériel demandé, demande de rendez-vous…

3-4. Les rendez-vous individuels

Les rendez-vous individuels ont lieu à la demande de l'enseignant ou de la famille et permettent de discuter de problèmes de discipline, d'apprentissage, de santé ou d'orientation.

3-5. Le livret scolaire

Avec ses bulletins périodiques, le livret scolaire répond au devoir d'informer les familles sur les résultats scolaires de leurs enfants.

3-6. Les sites Internet

Ils contribuent à une meilleure communication avec les familles.

À RETENIR

La semaine de la démocratie scolaire[1]

Les élections des représentants des parents d'élèves aux conseils d'école et aux conseils d'administration et les élections aux conseils des délégués pour la vie lycéenne (CVL) représentent un moment essentiel de la vie des écoles et des établissements. C'est pour faire prendre conscience à tous des enjeux de cet engagement qu'a été créée la semaine de la démocratie scolaire.

4. Les droits et devoirs des parents

4-1. Les droits des parents

Les parents ont le droit :
- à la scolarisation de leur enfant dans une **école publique** (applicable à tout enfant, y compris étranger ou handicapé) ;
- à être informés **des objectifs, des programmes et des méthodes d'enseignement** ;
- d'être informés **des évaluations et résultats scolaires de leur enfant** ;
- **de refuser ou d'accepter un redoublement** ;
- **de demander un passage anticipé** ;
- de refuser ou d'accepter **une prise en charge spécialisée** (par le RASED, par exemple) ;
- à être **représenté dans les instances décisionnelles** (conseil d'école).

4-2. Les devoirs des parents

Les parents ont le devoir :
- de remplir **l'obligation d'instruction** jusqu'à 16 ans ;
- de **justifier les absences** de leur enfant ;
- de **répondre aux demandes de rencontre** de la part du professeur ;
- de consulter régulièrement le **carnet de liaison**.

4-3. L'accompagnement des sorties scolaires

▸ Depuis quelques années le débat s'est cristallisé autour du **droit des parents à accompagner les sorties scolaires** (voir le chapitre 13 « Les sorties et les voyages scolaires »).

▸ D'une part, **la participation des parents est nécessaire** pour assurer un encadrement suffisant, et leur participation est reconnue comme un bon moyen de les intégrer à la vie scolaire.

▸ D'autre part, la présence de mères voilées est **perçue comme une atteinte à la laïcité,** dans la mesure où ces sorties sont obligatoires sur le temps scolaire.

▸ Le 30 mars 2021, un amendement du Sénat propose **d'interdire l'accompagnement des sorties scolaires aux parents porteurs de signes religieux.**

1. Consultez les informations en ligne concernant la semaine de la démocratie scolaire sur le site Éduscol en flashant le QR Code ci-contre.

NOTES

Les questions qui font débat

Faut-il donner des devoirs à la maison ?

Depuis la circulaire du 23 novembre 1956, les devoirs écrits à la maison sont interdits à l'école primaire. Le travail donné par les maîtres aux élèves doit se limiter à un travail oral ou des leçons à apprendre. Cependant, à la demande des parents, beaucoup d'enseignants donnent malgré tout des devoirs écrits à la maison. Cela représente une tolérance, et 70 % des enseignants déclarent en donner.
Contre les devoirs à la maison, on peut avancer que le temps passé en classe est suffisamment long pour permettre à l'élève de faire tout son travail, et que le travail à la maison favorise les enfants de milieux aisés que les parents peuvent aider, aggravant ainsi les inégalités sociales.
En faveur des devoirs à la maison, les parents avancent que cela augmente les chances de réussite de leur enfant, et que cela développe son autonomie, son habitude de travail personnel, et le prépare ainsi à l'entrée en sixième.

C Les collectivités locales

1. Les responsabilités des collectivités

▸ Depuis **la loi de décentralisation de 1982,** les écoles dépendent financièrement de la commune, les collèges du conseil général (département), les lycées du conseil régional et les universités de l'État.

▸ Cela signifie que **chaque collectivité**, à son niveau, **est propriétaire des locaux scolaires,** qu'elle en assure la construction, l'entretien, le mobilier, l'équipement, et la rémunération des personnels non enseignants.

▸ Les relations de l'école avec la mairie passent par :
– un **représentant du maire** au conseil d'école ;
– un **adjoint au maire** chargé de l'enseignement (pour les grandes villes) ;
– la **caisse des écoles** ;
– le **directeur**, qui est l'interlocuteur avec la mairie et le responsable des locaux et du matériel. Il figure souvent au conseil d'administration de la caisse des écoles, comme représentant de l'IEN.

À RETENIR

La caisse des écoles

• Instituée en 1867 par le ministre Victor Duruy, avec pour fonction d'assurer des subventions municipales à l'école, la caisse des écoles est généralisée en 1882 par Jules Ferry.
• Présidée par le maire, elle intervient dans tous les domaines de la vie scolaire (social, culturel, éducatif et sanitaire). Elle vise à faciliter la fréquentation de l'école par des aides financières proportionnées au revenu des familles.
• Elle est alimentée par des subventions de la commune, du département ou de l'État.
• La caisse des écoles intervient sur le premier et le second degré. Depuis 2005, elle peut aider aussi des élèves de l'enseignement privé.
• Elle peut également contribuer aux dispositifs de réussite éducative, en vertu de la loi de programmation pour la cohésion sociale du 18 janvier 2005 (art. 130).

▸ Pour l'école, la mairie est responsable :
– de l'**inscription** des élèves et de leur **répartition** dans les écoles ;
– des **locaux (construction, entretien) ;**

– des **équipements** (manuels, photocopies, cahiers, ordinateurs, audiovisuel, matériel sportif, jeux) ;
– des **personnels non enseignants** (gardienne, ATSEM, personnel de service) ;
– des **intervenants** (EPS, disciplines artistiques ; ceci n'est pas une obligation, mais un « service » que la mairie offre à ses administrés. D'où de fortes inégalités entre communes) ;
– de la restauration scolaire (assurée par une cuisine municipale ou sous-traitée à une entreprise privée) ;
– de la **garderie** (en maternelle), des **études surveillées** (en élémentaire), des **activités périscolaires** (centre de loisirs, ateliers culturels ou sportifs) ;
– des **transports scolaires** (en dehors des grandes villes, les communes financent un service de « ramassage scolaire », en particulier dans les cas de RPI – regroupement pédagogique intercommunal – qui répartit les niveaux d'enseignement entre plusieurs communes).

2. Le projet éducatif territorial (PEDT)

▶ Le projet de loi pour la refondation de l'école prévoit que **les activités périscolaires** prolongeant le service public de l'éducation peuvent être **organisées dans le cadre d'un projet éducatif territorial (PEDT).**

▶ Élaboré à l'initiative de la collectivité territoriale, il associe à cette dernière **l'ensemble des acteurs intervenant dans le domaine de l'éducation** (administrations de l'État concernées, associations, institutions culturelles et sportives, etc.). (Voir aussi le chapitre 14 « Les rythmes scolaires ».)

3. Le Plan mercredi

▶ « Le Plan mercredi[1] crée un cadre de confiance pour les familles, les collectivités et leurs partenaires. Il offre aux communes et à leurs groupements des conseils et outils permettant de proposer, à compter de la rentrée 2018, des activités de grande qualité le mercredi. »

À RETENIR

Une nouvelle génération de projets éducatifs territoriaux

• « Le Plan mercredi est le cadre idéal d'un partenariat renouvelé entre les collectivités territoriales et les services de l'État pour répondre à des besoins éducatifs identifiés sur le territoire. [...] Une collectivité qui choisit de s'engager dans la dynamique du Plan mercredi sera accompagnée dans l'organisation des activités périscolaires diversifiées de grande qualité.

• Une charte qualité Plan mercredi organise l'accueil du mercredi autour de quatre axes.

1. Veiller à la complémentarité éducative des temps périscolaires du mercredi avec les temps familiaux et scolaires.
2. Assurer l'inclusion et l'accessibilité de tous les enfants souhaitant participer à l'accueil de loisirs, en particulier des enfants en situation de handicap.
3. Inscrire les activités périscolaires sur le territoire et en relation avec ses acteurs.
4. Proposer des activités riches et variées en y associant des sorties éducatives et en visant une réalisation finale (œuvre, spectacle, exposition, tournoi, etc.).

• Le Plan mercredi procède d'un effort conjoint de l'État, des organismes sociaux et du secteur associatif pour accompagner les collectivités volontaires. »

1. Consultez les informations sur le Plan mercredi mises en ligne sur le site education.gouv en flashant le QR Code ci-contre.

D Les intervenants extérieurs

(Se reporter au chapitre 10 « Les personnels », C. Les personnels n'appartenant pas à l'Éducation nationale, p. 174.)

E Associations et institutions

Le ministère de l'Éducation nationale entretient des relations de partenariats avec différentes associations agréées dans le cadre d'activités touchant divers domaines.

1. Les principaux partenariats

1-1. L'Union sportive de l'enseignement du premier degré (USEP)

▶ Une convention de partenariat, signée en 2006, précise « la mission de service public confiée à l'USEP », fédération sportive scolaire des écoles maternelles et élémentaires publiques et secteur de la Ligue de l'enseignement. Cette mission portera sur :
– la construction d'une véritable culture sportive par l'organisation de rencontres adaptées à l'âge des enfants ;
– la contribution à l'engagement civique et social des enfants par leur responsabilisation progressive dans le fonctionnement de l'association d'école.

▶ « Pour mener à bien ces objectifs, le ministère **favorisera et accompagnera la création des associations USEP dans toutes les écoles publiques primaires.** [...] Enfin, au regard de la place et du rôle spécifique occupés par le sport scolaire dans l'enseignement du premier degré, la traduction locale de cette convention, déclinée par chaque inspection académique et chaque comité départemental USEP, sera effectuée avec le soutien des équipes de circonscription de l'Éducation nationale. »

1-2. L'Office central de la coopération à l'école (OCCE)

▶ Cette association gère notamment les **coopératives scolaires** dont les ressources proviennent des dons, des produits des fêtes d'école et des versements libres et volontaires des familles.

▶ Elle poursuit des objectifs éducatifs et « son existence dans un établissement ne saurait avoir comme seule justification la possibilité de gérer de l'argent pour l'amélioration des conditions matérielles. »

▶ Un délégué de l'OCCE est présent dans chaque Inspection départementale.

▶ L'OCCE **impulse ainsi un certain nombre d'actions.** « Jardinons à l'école » permet ainsi aux écoles de développer des projets de jardinage débouchant sur le concours « écoles fleuries » avec le soutien des DDEN (délégués départementaux de l'Éducation nationale) et de l'inspection générale.

2. Autres associations

2-1. Associations spécifiques à un domaine

▶ D'autres opérations sont menées en partenariat avec des associations compétentes dans un domaine particulier. Des partenariats peuvent ainsi être conclus entre **différentes institutions et avec des collectivités locales.**

▶ Ainsi, **dans le cadre de l'éducation au développement durable (EDD),** l'opération « À l'école de la forêt » regroupe les ministères de l'Éducation nationale et de l'Agriculture, les collectivités intéressées et des associations compétentes. Dans le cadre de l'écologie, un partenariat existe également avec **Maisons de la nature**.

▶ Dans le cadre de **la charte de l'accompagnement scolaire** signé par le ministère de l'Éducation nationale, certaines actions peuvent être confiées à des associations.

▶ D'autres partenariats sont pérennisés depuis plusieurs années avec certaines institutions. C'est le cas de la Justice dans le cadre de la prévention, et de la Santé, notamment en ce qui concerne **l'éducation à l'alimentation**. Notamment, l'**Action et documentation santé pour l'Éducation nationale (ADOSEN),** placée sous l'égide de la Mutuelle générale de l'Éducation nationale, peut intervenir pendant et en dehors du temps scolaire sur un certain nombre de thèmes liés à la santé des élèves.

▶ Des institutions, comme l'**Académie des sciences,** ont participé activement, en tant que partenaires de l'Éducation nationale, à des opérations de relance de certains domaines d'enseignement. L'association La main à la pâte concernant l'enseignement scientifique et technologique en est un exemple. Citons également des ateliers scientifiques et techniques, clubs sciences pour enfants et adolescents comme **Les petits débrouillards.**

▶ Certaines associations apportent leur aide aux parents et aux enseignants pour mieux comprendre des problèmes particuliers. Ainsi, **l'association française pour les enfants précoces (AFEP)** aide à prévenir l'échec scolaire et social auquel certains enfants sont confrontés.

▶ D'autres structures sont investies dans un domaine artistique. Par exemple, **l'Association nationale de recherche et d'action théâtrale (ANRAT)** « rassemble des artistes et des enseignants qui sont engagés dans des actions d'initiation, de formation et d'accompagnement des jeunes aux pratiques théâtrales au sein de l'école ou hors temps scolaire. »

2-2. Mouvements pédagogiques et humanitaires

▶ Certaines associations s'inscrivent dans **des mouvements pédagogiques** comme :
– **l'Association française pour la lecture (AFL)** impliquée dans les questions d'informations, d'apprentissage et de perfectionnement liés à la lecture ;
– **le Groupe français d'éducation nouvelle (GFEN)** dont les domaines d'intervention concernent l'écriture, l'animation, l'accompagnement scolaire, la création, etc. ;
– **l'Institut coopératif de l'école moderne – pédagogie Freinet (ICEM),** mouvement pédagogique de recherche, d'innovation et de diffusion de la pédagogie Freinet en France.

▶ Existent aussi **des mouvements humanitaires** comme, entre autres :
– **ATD Quart Monde,** association qui « veut donner la priorité aux plus démunis, aux plus exclus » ;
– **le Secours populaire français** « particulièrement attentif aux problèmes d'exclusion de l'enfance et des familles défavorisées. »

QUIZ EXPRESS

pour tester ses connaissances

1 Quel est le principal moyen de communiquer avec les parents à l'école primaire ?

☐ a. Le téléphone

☐ b. Le carnet de liaison

☐ c. Le LSU

2 Les parents ont l'obligation de contrôler que leur enfant fait ses devoirs à la maison.

☐ a. Vrai ☐ b. Faux

3 Que signifie le terme de « consumérisme » appliqué aux parents d'élèves ?

☐ a. Le fait de considérer l'école publique comme un service commercial

☐ b. Le fait de participer pleinement à la vie de l'école

☐ c. Le fait de remplir l'obligation d'instruction

4 Comment les parents participent-ils à la vie de l'école ?

☐ a. À travers leurs représentants au Conseil d'école

☐ b. En assistant à la réunion de rentrée

☐ c. En donnant leur avis à propos de l'école sur les réseaux sociaux

5 Parmi les droits suivants, lequel (ou lesquels) ne constitue(nt) pas un droit officiel des parents ?

☐ a. Le droit d'être informé sur la pédagogie utilisée par le professeur

☐ b. Le droit de contester la pédagogie utilisée par le professeur

☐ c. Le droit d'assister à un cours en classe

6 La caisse des écoles est :

☐ a. une coopérative de classe alimentée par les dons des familles.

☐ b. une « caisse noire » aidant à financer les voyages scolaires.

☐ c. un service de la mairie en charge du financement des écoles.

Réponses : 1. b ; 2. b ; 3. a ; 4. a-b ; 5. b-c ; 6. c.

13 Les sorties et les voyages scolaires

▶ THÈME 2 : FONCTIONNEMENT DE L'ÉCOLE PRIMAIRE

On parle ordinairement de « sortie » pour un déplacement ne dépassant pas la journée, et de « voyage » dans le cas d'un déplacement sur plusieurs jours.

A Différents types de sorties

1. Sortie ou voyage ?

▶ Officiellement, on doit distinguer :

1. Les sorties régulières (autorisées par le directeur).
2. Les sorties occasionnelles sans nuitée (autorisées par le directeur).
3. Les sorties occasionnelles avec nuitées (autorisées par l'inspecteur d'académie).

▶ Parmi ces dernières, le *BO* du 13 janvier 2005 distingue les séjours scolaires courts (inférieurs à cinq jours) et les classes de découvertes (égales ou supérieures à cinq jours). Notons que le *BO* choisit d'écrire « découvertes » au pluriel pour marquer la diversité des apports et des contextes.

REMARQUE

Par commodité, nous parlerons en général de « sorties » puisque les « voyages » en sont une modalité particulière.
De plus, le terme « voyage » ne figure pas dans les textes officiels, qui parlent plutôt de « sorties avec nuitées », de « séjours » ou de « classes de découvertes ».

2. Sorties régulières ou occasionnelles

Plus précisément, on peut distinguer différents types de sorties.

2-1. Les sorties régulières et obligatoires

Elles sont inscrites à l'emploi du temps (du type piscine), se tiennent sur une demi-journée et sont gratuites.

2-2. Les sorties occasionnelles et obligatoires

Gratuites, elles se tiennent sur une demi-journée (par exemple, la visite d'un centre de tri).

2-3. Les sorties occasionnelles et facultatives

Elles sont payantes et/ou dépassent le temps scolaire (par exemple, la visite du château de Versailles sur la journée).

2-4. Les sorties occasionnelles avec nuitées

Appelées ordinairement « voyages » ou « séjours », elles sont facultatives et payantes.

B Intérêt pédagogique des sorties scolaires

▶ Les sorties ne sont pas faites pour l'agrément. S'inscrivant dans les activités scolaires, **elles doivent enrichir les apprentissages** dans le cadre des objectifs fixés par les programmes.

▶ Sorties et séjours se justifient quand elles permettent **des apprentissages qui ne pourraient pas se faire dans le cadre de la classe.** Par exemple, la découverte d'un milieu naturel ou l'apprentissage de l'autonomie hors du cadre familial.

▶ Les sorties favorisent **le décloisonnement** des enseignements.

▶ Cela permet également de développer d'autres formes d'organisation du travail, de favoriser la socialisation entre élèves et de changer le rapport à l'adulte (l'enseignant).

REMARQUE

Développer la socialisation

« Un moment de vie collective partagé avec l'ensemble de la classe n'est jamais banal dans l'expérience sociale d'un enfant. » (*BO* hors-série n° 7 du 23 septembre 1999.)

▶ Sorties et voyages donnent **plus de sens aux apprentissages en milieu réel** : « Les sorties scolaires contribuent à donner du sens aux apprentissages en favorisant le contact direct avec l'environnement naturel ou culturel, avec des acteurs dans leur milieu de travail, avec des œuvres originales… Les supports documentaires, papier ou multimédia aussi précieux soient-ils, ne suscitent ni la même émotion, ni les mêmes découvertes. Les sorties concourent ainsi à faire évoluer les représentations des apprentissages scolaires en les confrontant avec la réalité… » (*BO* hors-série n° 7 du 23 septembre 1999.)

▶ Sorties et voyages tendent à **lutter contre les inégalités sociales** en donnant à des enfants de milieu défavorisé accès à des lieux et à des milieux nouveaux (théâtre, montagne, etc.).

▶ Les sorties scolaires occasionnelles doivent s'inscrire dans le **projet d'école**.

▶ Les voyages ou classes de découvertes s'organisent autour de **six dominantes disciplinaires** : EPS ; éducation artistique et culturelle ; patrimoine et histoire-géographie ; découverte du monde/sciences expérimentales et technologie ; lecture, écriture, littérature ; langues étrangères ou régionales.

C Préparer une sortie

Préparer une sortie demande à l'enseignant un certain nombre de démarches en amont.

1. Préparation administrative

- Les autorisations.
- Les assurances.

2. Préparation matérielle

- Repérer les lieux et le trajet.
- Réserver le transport.
- Trouver les financements.
- Prévoir l'encadrement.

3. Préparation pédagogique

- Élaborer le projet pédagogique.
- Mobiliser les élèves et rappeler les règles de sécurité.
- Travailler sur la documentation.
- Repérer les lieux et le trajet sur un plan.

REMARQUE

Sauvegarder les acquis

La tenue d'un journal collectif ou individuel est conseillée afin de sauvegarder les nombreux acquis et expériences d'une sortie scolaire et d'éviter une activité sans lendemain.

4. Les assurances

• En cas de sortie facultative, une assurance responsabilité civile individuelle et accident corporel est exigée.

• Cette même assurance est recommandée pour les accompagnateurs.

À RETENIR

Procédé mnémotechnique

L'assurance est facultative pour toutes les activités obligatoires, et obligatoire pour toutes les activités facultatives.

5. Les autorisations

• Autorisation préalable par le directeur, sans condition de délai, pour les sorties obligatoires.

• Autorisation du directeur demandée une semaine avant et obtenue trois jours avant pour les sorties facultatives.

• Pour les voyages (sorties avec nuitées) : autorisation de l'IA, 5 semaines avant pour une sortie dans le département, 8 semaines avant pour une sortie hors du département, 10 semaines avant pour une sortie à l'étranger.

• Demander aux parents les autorisations de suivi de traitements, soins ou interventions médicales. En cas de PAI, veiller à ce que l'élève emporte son traitement et se renseigner sur les structures médicales proches du lieu de séjour.

ZOOM SUR...

Le dossier de demande d'autorisation de sortie à l'IA

▸ Le dossier transmis à l'IA doit comprendre :
– la demande d'autorisation de départ ;
– le projet pédagogique ;
– la fiche d'information sur le transport et, éventuellement, une attestation de prise en charge, si le transport est organisé par une collectivité territoriale ou par un centre d'accueil ;
– le programme détaillé du séjour incluant, le cas échéant, la liste des déplacements prévus pendant le séjour ;
– le budget prévisionnel ;
– une autorisation des parents en cas d'hébergement prévu dans des familles d'accueil.

▸ L'IA valide le projet pédagogique, vérifie la qualification des accompagnateurs, vérifie que le transporteur est inscrit au registre préfectoral et, enfin, signe l'autorisation.

▸ C'est l'IA du département d'accueil qui a la charge de vérifier la qualification des intervenants, la sécurité des lieux d'accueil et des transporteurs locaux.

6. L'information des familles

- **Pour une sortie régulière :** information écrite sur le lieu, le jour, l'horaire, et la nature de l'activité.
- **Pour une sortie occasionnelle facultative :** même information, avec accord des parents daté et signé.

7. Le financement

- **Toutes les sorties obligatoires sont gratuites** (principe de gratuité).
- Pour les sorties facultatives, **une participation peut être demandée aux familles,** mais elle doit être aussi réduite que possible.
- En aucun cas **un élève ne peut être écarté pour des raisons financières.** Il s'agit, dans ce cas, de trouver des aides auprès des collectivités locales ou d'autres organismes (coopérative scolaire, associations).
- On peut accepter des **aides et financements privés,** d'entreprises par exemple, à condition qu'il n'y ait pas de contrepartie publicitaire (en vertu du principe de neutralité commerciale de l'école publique). On peut donc accepter un mécénat, mais non un parrainage.
- L'école ne peut donc pas organiser en son nom des activités pour financer un voyage telles que des ventes d'objets, le lavage de voitures… En revanche, certaines associations (associations de parents d'élèves, coopérative scolaire, etc.) peuvent tout à fait organiser **des manifestations lucratives en vue de financer un voyage scolaire** sous réserve cependant que le type d'opération (tombola, bal, collecte, kermesse, fête d'école, spectacle…) soit prévu dans les statuts et autorisé par arrêté préfectoral.
- Pour les sorties facultatives, **les parents sont en droit de refuser le départ de leur enfant.** Dans ce cas, il doit être accueilli dans une autre classe durant la durée du séjour.

8. Le trajet

- Le départ et le retour se font **à l'école.**
- Le **taux d'encadrement** des élèves s'applique y compris dans le cadre du transport. Le chauffeur n'est en aucun cas pris en compte dans le taux d'encadrement.
- Concernant **l'encadrement lors d'un transport en car,** l'ensemble des élèves, qu'ils soient d'une ou de plusieurs classes, est considéré comme constituant une seule classe. Cette donnée permet d'alléger le nombre d'adultes nécessaire à l'encadrement sur le temps de transport uniquement.
- **Le nombre de personnes** ne peut dépasser le nombre de places adultes assises, hors strapontins, signalé sur la carte violette du véhicule. Dans cette éventualité, il est de votre devoir et de votre responsabilité d'annuler la sortie. Même chose si vous estimez que le chauffeur n'est pas en état de conduire.
- Si le trajet s'effectue **en transports en commun,** l'enseignant ne peut être seul, et le taux minimal d'encadrement « vie collective » (tableau ci-après) doit être appliqué.
- À titre exceptionnel, et uniquement en école élémentaire, en cas d'absence de transporteur ou de refus, **l'utilisation de véhicules personnels** peut être autorisée par l'inspecteur d'académie ou l'inspecteur de circonscription qu'il aura désigné. Cette utilisation ne peut se faire qu'avec autorisation (note de service n° 86-101 du 5 mars 1986).

9. L'encadrement

9-1. Lors des sorties régulières

▸ À l'école élémentaire, **l'enseignant peut sortir seul avec sa classe** soit à pied, soit en car spécialement affrété pour la sortie scolaire pour une durée globale qui ne dépasse pas la demi-journée de classe (par exemple : sortie au gymnase, à la salle de sport, à la bibliothèque municipale, à la piscine…).

▸ Ces sorties régulières sont dites **« sorties régulières de proximité ».**

9-2. Lors des sorties et des séjours

▸ Un **taux minimal d'encadrement** est exigé.

▸ L'encadrement comprend d'une part **le personnel encadrant la vie collective en dehors des temps d'enseignement,** d'autre part **un encadrement qualifié et renforcé pour les activités sportives.**

9-3. Pour l'accompagnement des sorties et l'encadrement de la vie collective

▸ Les adultes accompagnant l'enseignant peuvent être : un autre enseignant, un aide-éducateur, un agent territorial spécialisé d'école maternelle (ATSEM), un parent ou autre bénévole.

▸ En ce qui concerne **les personnes chargées de la vie collective,** en dehors des activités d'enseignement et l'animation des activités physiques et sportives, le brevet d'aptitude aux fonctions d'animateur (BAFA) est conseillé.

▸ **Taux minimal d'encadrement de la vie collective**

	École maternelle	École élémentaire
Sortie régulière	• Au moins 2 adultes, dont le maître de la classe, quel que soit l'effectif de la classe. • Au-delà de 16 élèves, un adulte supplémentaire pour 8.	• Au moins 2 adultes, dont le maître de la classe, quel que soit l'effectif de la classe. • Au-delà de 30 élèves, un adulte supplémentaire pour 15.
Sortie occasionnelle sans nuitée	• Au moins 2 adultes, dont le maître de la classe, quel que soit l'effectif de la classe. • Au-delà de 16 élèves, un adulte supplémentaire pour 8.	• Au moins 2 adultes, dont le maître de la classe, quel que soit l'effectif de la classe. • Au-delà de 30 élèves, un adulte supplémentaire pour 15.
Sortie avec nuitée(s)	• Au moins 2 adultes, dont le maître de la classe, quel que soit l'effectif de la classe. • Au-delà de 16 élèves, un adulte supplémentaire pour 8.	• Au moins 2 adultes, dont le maître de la classe, quel que soit l'effectif de la classe. • Au-delà de 20 élèves, un adulte supplémentaire pour 10.

▸ **Taux minimal d'encadrement pour les activités sportives**

École maternelle, classe maternelle ou classe élémentaire avec section enfantine	École élémentaire
Jusqu'à 16 élèves, le maître de la classe plus un intervenant, qualifié ou bénévole, agréé ou un autre enseignant.	Jusqu'à 30 élèves, le maître de la classe plus un intervenant, qualifié ou bénévole, agréé ou un autre enseignant.
Au-delà de 16 élèves, un intervenant, qualifié ou bénévole, agréé ou un autre enseignant supplémentaire pour 8 élèves.	Au-delà de 30 élèves, un intervenant, qualifié ou bénévole, agréé ou un autre enseignant supplémentaire pour 15 élèves.

(Source : *BO* du 23 septembre 1999)

▸ Cependant, pour certaines **activités à risque,** comme la spéléologie, l'escalade, le ski, etc., le taux est renforcé : 2 pour 12 en maternelle, 2 pour 24 en élémentaire.

À RETENIR

Activités interdites

Les activités suivantes sont interdites à l'école primaire : le tir avec armes à feu, les sports aériens, les sports mécaniques, la musculation avec emploi de charges, l'haltérophilie, la spéléologie (Classes III et IV), la descente de canyon, le rafting et la nage en eau vive.

▸ **L'enseignant responsable** assure la mise en œuvre des activités par sa participation et sa présence effectives. Il peut être déchargé momentanément de la surveillance de groupes d'élèves confiée à des intervenants sous réserve :
– qu'il sache constamment où sont tous ses élèves et qu'en cas d'incident il puisse être très rapidement sur place ;
– que les intervenants aient été régulièrement agréés ou autorisés et placés sous son autorité.

▸ Trois situations doivent être distinguées :
– **La classe fonctionne en un seul groupe.** C'est l'organisation habituelle de la classe.
– **La classe est divisée en groupes dispersés et l'enseignant n'a en charge aucun groupe particulier** (en ski, par exemple). Dans ce cas, chaque groupe est encadré par au moins un intervenant. Le maître assure l'organisation pédagogique, procède au contrôle successif du déroulement de la séance dans les différents groupes et à la coordination de l'ensemble.
– **La classe est divisée en groupes dispersés et l'enseignant a en charge l'un de ces groupes.** Dans ce cas, certains groupes sont encadrés par au moins un intervenant et l'un de ces groupes est pris en charge par l'enseignant. L'enseignant n'a pas à assurer le contrôle du déroulement de la séance. Il définit au préalable l'organisation générale de l'activité avec une répartition précise des tâches et procède a posteriori à son évaluation.

▸ En cas de situation mettant en cause sérieusement **la qualité de la séance** ou **la sécurité des élèves,** le maître suspend ou interrompt immédiatement l'intervention.

10. Activités pédagogiques proposées lors d'une sortie

- La collecte de documents.
- Des activités disciplinaires en relation avec le thème du voyage.
- Des réaménagements possibles de l'emploi du temps.

REMARQUE

Chaque jour doivent être assurées des activités de lecture, d'écriture et de mathématiques.

11. Comment exploiter une sortie scolaire ?

▸ « Le retour est le moment de l'inventaire des récoltes individuelles et collectives, de leur tri et de leur exploitation sous des formes variées : exposition, film, présentation commentée lors de réunions, spectacles, etc. présentés aux parents et/ou aux autres classes de l'école. » (*BO* du 13 janvier 2005)

▸ « Une sortie scolaire suscite un grand nombre d'activités dans toutes les matières. Elle est aussi l'occasion d'établir des rapports maître-élèves d'un type nouveau et, par là même, favorise une pédagogie plus ouverte. Une sortie scolaire favorise l'interdisciplinarité et privilégie le travail en groupes ou en ateliers. Outre le retour fait en classe et l'information aux familles, un bilan doit être adressé aux collectivités et organismes qui ont financé ou collaboré au projet. »

QUIZ EXPRESS

pour tester ses connaissances

1 La sortie piscine est :

☐ **a.** une sortie occasionnelle obligatoire.

☐ **b.** une sortie régulière obligatoire.

☐ **c.** une sortie occasionnelle avec nuitées.

2 Quel est l'avantage pédagogique d'une sortie scolaire ?

☐ **a.** L'interdisciplinarité

☐ **b.** Donner du sens aux apprentissages en milieu réel

☐ **c.** Mettre en œuvre le programme

3 Quel document ne faut-il pas oublier lors d'un voyage scolaire ?

☐ **a.** Son passeport

☐ **b.** Les carnets de liaison

☐ **c.** Les éventuels PAI des élèves

4 Si les parents ne peuvent contribuer au voyage de leur enfant, faut-il :

☐ **a.** exclure l'élève du voyage ?

☐ **b.** annuler le voyage ?

☐ **c.** trouver une aide extérieure complémentaire ?

Réponses : 1. b ; 2. a-b ; 3. c ; 4. c.

14 Les rythmes scolaires

▶ THÈME 2 : FONCTIONNEMENT DE L'ÉCOLE PRIMAIRE

Depuis une trentaine d'années, l'école essaie de concilier rythme de l'école et rythme de l'enfant.

A Rythme de l'élève et rythme de l'enfant

1. Mise en place des cycles

- **1989** Mise en place des cycles, dans un souci de **respecter les rythmes d'apprentissages** et de mieux tenir compte de **l'évolution psychologique et physiologique de chaque enfant**.
La même année est adopté un rythme annuel de vacances scolaires qui s'efforce d'alterner sept semaines de classe et deux semaines de vacances.
- **2008** Le samedi matin est supprimé, réduisant la semaine à quatre jours.
- **2013** **La semaine de quatre jours et demi est rétablie** : le mercredi matin est ouvré, mais le samedi matin reste supprimé. La formule dite de la **« semaine continue »** de cinq jours, la plus répandue en Europe, est adoptée. Elle rencontre cependant de grandes difficultés dans sa mise en application, en particulier du fait de l'impréparation des activités périscolaires assurées par les collectivités.
- **2017** Le choix de l'organisation de la semaine en quatre ou cinq jours est laissé aux communes.
- **2018** À la rentrée de cette année, 85 % des communes sont revenues à la semaine de 4 jours, ce qui représente 80 % des élèves.

2. Les différents rythmes

▶ Un emploi du temps quotidien confronté aux rythmes biologiques circadiens

Lundi matin et vendredi après-midi sont **des moments sensibles de transition**, avec reprise de repères ou grande fatigue. La fin de matinée est jugée plus propice aux apprentissages, alors que le début d'après-midi est déconseillé. Les journées de six heures (2 fois 3 heures) sont **raccourcies à quatre ou cinq heures**.

▶ Un rythme hebdomadaire controversé

Beaucoup critiquent le principe d'une semaine de quatre jours de classe. Certains préfèrent la classe le samedi matin, évitant ainsi une coupure trop longue jusqu'au lundi et permettant une journée entière de repos le mercredi, d'autres préfèrent libérer le week-end et garantir la régularité d'une semaine continue. La semaine de cinq jours permet de raccourcir les journées.

REMARQUE

L'intérêt de l'enfant est souvent invoqué mais dans les faits, la réalité est plus complexe et les rythmes scolaires doivent concilier des intérêts multiples et contradictoires.

▶ Le rythme annuel : les vacances scolaires en 7/2

Deux semaines de congés pour sept semaines de classe. Les vacances d'été, elles, sont jugées trop longues, et le ministère voudrait les ramener à six semaines afin de pouvoir alléger la journée et mieux répartir les vacances intermédiaires.

▶ **Comparaisons avec les pays européens**

Dans ces comparaisons, la France paraît avoir des journées trop longues, des semaines trop courtes et une année scolaire trop courte. Dans l'ensemble, le nombre de semaines de cours est plus élevé qu'en France (autour de 38) ; à quelques exceptions près (Italie ou Finlande), la durée des vacances d'été est plus courte qu'en France ; dans plusieurs pays (Danemark, Allemagne, Finlande), la durée d'un cours est plus réduite qu'en France.

2. Des intérêts contradictoires

2-1. L'intérêt de l'enfant

▶ **La chronobiologie,** ou études des rythmes biologiques, indique les besoins de sommeil, de repos, ou les pics d'attention au cours de la journée. À la fois dans un souci de santé de l'enfant et d'efficacité de ses apprentissages, l'école essaie de **suivre au mieux ses rythmes biologiques.** Par exemple, dans la répartition des activités du matin et de l'après-midi ou dans la répartition régulière des vacances intermédiaires.

▶ Cependant, l'école est une institution qui ne peut s'adapter totalement au rythme individuel de chacun. Ajoutons que certains chronobiologistes avancent que les différentes organisations du temps scolaire ont **peu d'incidence** sur les résultats des élèves.

2-2. L'intérêt de l'école

▶ L'école a une **mission de socialisation et de scolarisation de l'enfant** qui demande qu'il se soumette à **des rythmes collectifs.** Dès la maternelle, les rituels donnent à l'enfant des repères communs qui permettent une vie sociale et un apprentissage de l'autonomie : accueil, récréation, habillage/déshabillage, passage aux toilettes, restauration… ouvrent l'enfant à une vie sociale en contrôlant et en adaptant ses rythmes biologiques aux activités collectives.

▶ Ces missions essentielles de l'école doivent trouver un compromis avec **le respect des rythmes individuels de l'enfant.** Par exemple, se pose la question de savoir si l'on peut tolérer qu'un enfant qui a sommeil fasse la sieste en classe.

2-3. L'intérêt des familles

▶ Les parents ont leurs rythmes propres qui les amènent parfois à prendre **des libertés avec l'assiduité** pour un week-end, une fête ou des vacances prolongées en famille. La plupart des familles ont vu d'un bon œil la suppression du samedi matin.

▶ Mais la demande des familles favorisées ne coïncide pas avec celle des familles défavorisées qui préfèrent savoir leur enfant à l'école plutôt que désœuvré à la maison ou dans la rue. L'école rentre parfois en conflit avec les familles sur des horaires de sommeil, inadaptés à la santé et à l'attention en classe des enfants.

2-4. L'intérêt des collectivités locales

▶ Les mairies sont en charge des écoles pour tout ce qui concerne les activités périscolaires : cantine, ateliers, études surveillées. La réforme de 2013 raccourcissant la journée a montré **le poids financier** que cela représente pour les collectivités, le personnel et les locaux qui relèvent de leur responsabilité. Tout allègement du temps scolaire a pour conséquence un **alourdissement des tâches éducatives des municipalités,** qui sont donc des partenaires privilégiés dans l'aménagement des rythmes scolaires.

▸ Divers dispositifs d'aménagement du temps de l'enfant s'efforcent **d'articuler temps scolaire et temps périscolaire.** La circulaire du 20 mars 2013 précise les modalités du projet éducatif territorial qui doit coordonner les interventions des collectivités locales avec celles des services de l'État.

2-5. L'intérêt de l'industrie touristique

▸ **L'industrie touristique** a aussi des intérêts financiers importants. Ainsi, le taux de remplissage optimal des stations de ski dépend directement du « **zonage** » des vacances d'hiver.

▸ De même, pour les **courtes vacances** et les **week-ends prolongés,** les rythmes scolaires doivent ménager ce secteur économique qui a son mot à dire.

2-6. L'Europe

▸ L'Europe pousse à une **harmonisation des systèmes scolaires,** y compris dans la répartition des rythmes scolaires. Or la France a des semaines trop courtes, donc trop d'heures de classes, avec des vacances d'été trop longues.

NOTES

Les questions qui font débat

Le calendrier scolaire est-il seulement une affaire de chronobiologie ?

Hélas non ! pourrait-on répondre. De nombreux facteurs et groupes de pression entrent en conflit sur cette question. Les conclusions de l'Académie de médecine peuvent ainsi ne pas coïncider avec la demande des familles de libérer le samedi matin, les exigences de l'industrie du tourisme d'organiser des zones de vacances, les attentes des associations sportives, culturelles ou religieuses en ce qui concerne l'organisation de la semaine, ni la perspective d'un éventuel « alignement européen ». On saisit ainsi la complexité d'un problème qui ne peut se régler que dans une longue négociation entre différents protagonistes !

B La réforme de 2013 et sa remise en cause en 2017

1. Rappel historique

▸ Depuis la rentrée 2013, **la semaine était en principe de quatre jours et demi** : 24 heures d'enseignement hebdomadaire sur neuf demi-journées, incluant le mercredi matin ; une journée de classe de maximum 5 heures 30 et une demi-journée de maximum 3 heures 30 ; une pause méridienne de 1 heure 30 au minimum.

▸ « La réforme des rythmes scolaires vise à **mieux répartir les heures de classe sur la semaine,** à alléger la journée de classe et à programmer les enseignements à des moments où la faculté de concentration des élèves est la plus grande. Un décret, publié le 26 janvier 2013, précise le cadre réglementaire national de la nouvelle organisation du temps scolaire, à l'intérieur duquel **des adaptations locales seront possibles.** » (Présentation de la réforme sur le site du MEN)

2. Avantages et désavantages de la réforme

2-1. Les avantages

- Une meilleure répartition des heures sur l'année grâce à un plus grand nombre de jours de classe.
- Un allègement des journées qui facilite l'attention de l'enfant et réduit la fatigue.
- Une meilleure articulation des temps scolaire et périscolaire.
- L'accès facilité des élèves à des activités artistiques, culturelles et sportives.

2-2. Les critiques et difficultés rencontrées

- La charge financière nouvelle pour les communes.
- L'impréparation dans l'organisation des activités périscolaires.
- Le manque de formation des animateurs encadrant ces activités.
- Une perte de repères pour des élèves et des familles, surtout en maternelle.
- La fatigue induite par la suppression de la coupure du mercredi.

▸ En 2017, la semaine de cinq jours est remise en cause dans sa systématicité : le nouveau ministre décide de **décentraliser les rythmes scolaires** en laissant aux communes le choix d'une semaine de quatre ou de cinq jours.

▸ Rappelons qu'un **choix majoritaire** a été effectué pour le **retour à la semaine de quatre jours à la rentrée 2018.** Une opération ministérielle intitulée « Plan mercredi » a été initiée (voir p. 191).

? QUIZ EXPRESS

pour tester ses connaissances

1 Quelle est, depuis 2017, l'organisation de la semaine scolaire ?

- ☐ **a.** Lundi-mardi-jeudi-vendredi
- ☐ **b.** Lundi-mardi-mercredi matin-jeudi-vendredi
- ☐ **c.** Le choix est laissé aux communes

2 Selon quel rythme est organisé le calendrier de l'année scolaire ?

- ☐ **a.** Sept semaines de cours / deux semaines de congés
- ☐ **b.** Trois mois de cours / quinze jours de congés
- ☐ **c.** Trois semaines de cours / une semaine de congés

3 Comment se nomme la science des rythmes naturels de vie ?

☐ **a.** L'arythmie ☐ **b.** La chronobiologie ☐ **c.** La chronophagie

Réponses : 1. c ; 2. a ; 3. b.

15 L'évaluation

▶ THÈME 2 : FONCTIONNEMENT DE L'ÉCOLE PRIMAIRE

Évaluer est associé à de nombreux verbes renvoyant à des domaines différents : noter, contrôler, vérifier, mesurer, comparer, valider, sélectionner, mais aussi juger, récompenser, sanctionner, encourager, ou encore remédier ou former.
L'évaluation est un concept ambigu qui a évolué avec le temps et les conceptions de l'apprentissage.

A Quelques repères historiques

1. Le classement

▶ Au XVIe siècle, dans les collèges jésuites, les copies et compositions sont **classées selon le nombre de** « fautes » ; elles sont ordonnées selon le mérite, ce qui conduit à la « distribution des prix ».

▶ Il n'existe **ni examens ni concours** délivrant des diplômes professionnels avant Napoléon : les charges sont héréditaires.

▶ Les habitudes des collèges de l'Ancien Régime perdurent et s'amplifient au XIXe siècle, l'école primaire finissant par « copier » les procédés du collège.

2. La notation

Vers 1920, la **docimologie** (science des examens) se développe sous l'influence d'Henri Piéron. Ses recherches soulignent l'imprécision voire **l'arbitraire des notations** (une même copie corrigée par des personnes différentes reçoit des notes parfois très diverses, une même copie corrigée par le même enseignant peut aussi recevoir des notes sensiblement différentes selon qu'elle est corrigée avant ou après une bonne ou une mauvaise copie).

2-1. Courbe de Gauss et « constante macabre »

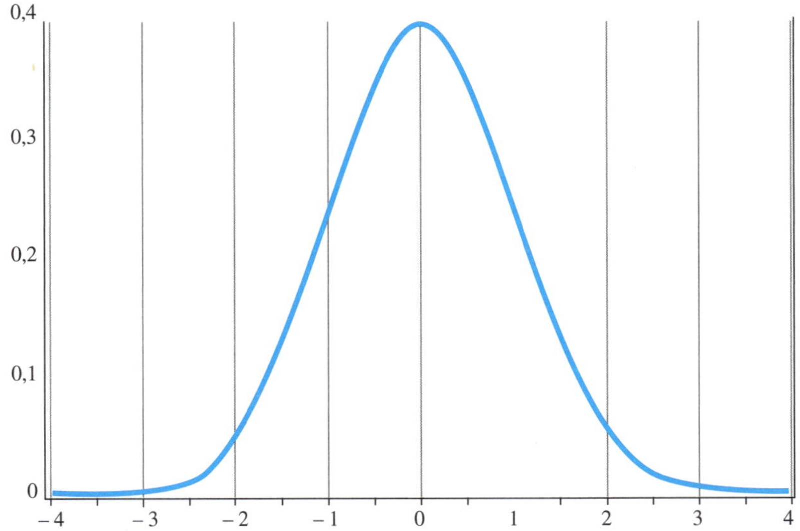

▸ **La courbe de Gauss** est une réalité mathématique : plus les notes sont nombreuses, plus elles forment une courbe régulière regroupée autour de la moyenne et diminuant aux deux extrêmes.

▸ **La** « constante macabre[1] » constate que, quel que soit le nombre de notes, on retrouve toujours une même répartition : un tiers de bons, un tiers de moyens, un tiers de mauvais…

2-2. Différentes enquêtes

En 1931, l'Université américaine Columbia lance une enquête internationale sur « les conceptions, les méthodes, la technique et la portée pédagogique et sociale des examens et concours », l'enquête Carnégie. En 1936, la commission française de l'enquête effectue une expérience de multi-correction de copies du baccalauréat et observe un écart significatif de notation d'un correcteur à l'autre.

REMARQUE

Les auteurs de l'étude Carnégie, H. Laugier et D. Weinberg, en concluent qu'il faudrait 13 correcteurs pour obtenir la « note vraie » en mathématiques, 78 en français et… 127 en philosophie !

2-3. L'effet Pygmalion

En 1971, les chercheurs américains Jakobson et Rosenthal développent **les facteurs subjectifs de l'évaluation** déjà mis en évidence à travers la notation. Ils montrent que les attentes de l'enseignant influent également sur les résultats scolaires de l'élève.

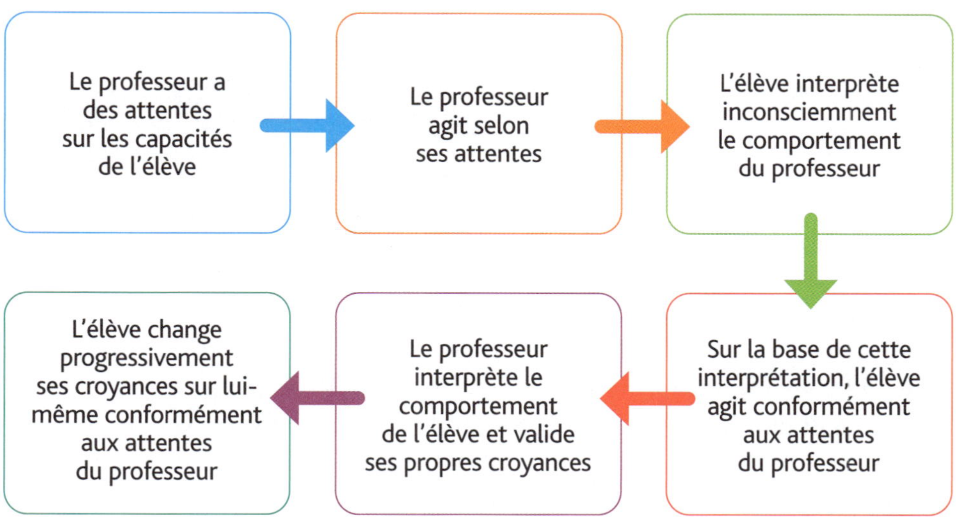

3. Du subjectif à l'objectif

▸ La nécessité de dépasser le caractère subjectif de l'évaluation associée à la volonté de la rendre plus efficace va progressivement faire émerger **la notion de capacité**. Il sera question dès lors d'évaluer non plus un individu mais des capacités objectivement observables.

▸ Les années 1970, avec la « massification de la scolarisation » voient ainsi se mettre en place **la pédagogie par objectifs.**

1. André Antibi, *La Constante macabre*, Éditions Math'Adore, 2003.

B L'évaluation : une obligation et un geste professionnels

1. Une nouvelle culture de l'évaluation

▶ « La correction des devoirs, l'établissement et la communication des notes et appréciations concernant le travail des élèves, la préparation et l'organisation des examens doivent être assurés scrupuleusement. » (Circulaire du 20 avril 1961)

À RETENIR

Loi d'orientation de 1989

Cette loi développe une nouvelle culture de l'évaluation. Il est rappelé que si celle-ci est une obligation, ses modalités sont laissées à la liberté pédagogique de l'enseignant.

▶ La volonté institutionnelle est de faire de la notation **un véritable outil** au service de l'enseignant et des équipes pédagogiques.

▶ Les premières évaluations nationales sont mises en place pour permettre au ministère d'avoir une vue d'ensemble sur les résultats des élèves.

▶ Depuis les années 2000, l'évaluation évolue vers une **« évaluation par compétences »**.

▶ Dans ce cadre, l'évaluation implique la prise en compte de :
- la complexité d'un ensemble de situations mobilisant la compétence visée ;
- la mise en œuvre pratique de connaissances appliquées à la résolution d'un problème ;
- la continuité des apprentissages qui suppose du temps, d'où l'idée de cycles.

REMARQUE

Les compétences définies dans le socle commun sont « une combinaison de connaissances fondamentales pour notre temps, de capacités à les mettre en œuvre dans des situations variées mais aussi d'attitudes indispensables tout au long de la vie. » (site Éduscol)

REMARQUE

La notation n'est qu'une part de l'évaluation

« La notation n'est pas contradictoire avec l'évaluation de compétences. La notation est un élément de l'évaluation mais elle n'a pas vocation à définir un seuil de validation de la compétence. » (Circulaire de rentrée 2011 à propos du livret de compétences)

▶ Il ne s'agit plus d'opérer une succession d'évaluations portant sur des actions isolées (relevant du modèle béhavioriste de la pédagogie par objectifs) mais d'évaluer **un ensemble de connaissances et d'attitudes complémentaires** construisant la compétence visée.

2. Les différentes formes d'évaluation

2-1. Avant : l'évaluation diagnostique

Elle permet de faire un **état des compétences** d'un élève et de prendre connaissance de ses besoins avant de débuter des séances d'apprentissage.

2-2. Pendant : l'évaluation formative

Elle permet de gérer au plus près les apprentissages. Dans la mesure où elle se pratique durant la séquence, elle permet de remédier, de **réajuster l'action pédagogique** en fonction des besoins des élèves.

2-3. Après : l'évaluation sommative

C'est l'évaluation type « contrôle », ou bilan, qui vise à voir si les objectifs d'apprentissages ont été atteints, c'est-à-dire **si les compétences attendues des élèves sont acquises.** Ce type d'évaluation est mise en place à la fin d'une séquence (évaluation à court terme) et/ou d'une période (évaluation à moyen terme).

2-4. L'évaluation normative ou certificative

C'est une évaluation **par rapport à une norme** (ex. : les concours, diplôme) ; elle n'existe pas à l'école primaire.

Évaluation	Diagnostique	Formative	Sommative
Quand ?	Avant l'apprentissage	Pendant	Après
Quoi ?	Les besoins Les capacités	Les progrès Les obstacles Les initiatives	La réalisation des objectifs Les compétences acquises
Pourquoi ?	Prévoir Définir les objectifs Élaborer un projet	Réguler Remédier Adapter la démarche	Sanctionner Certifier Orienter Sélectionner
Par qui ?	L'enseignant	L'élève L'enseignant	L'enseignant
Comment ?	Tests QCM Questionnaire	Auto-évalutation Observation du maître Analyse des erreurs Bilans intermédiaires	Examens, concours, notes, QCM Exercices d'application
Pour qui ?	L'enseignant	L'élève L'enseignant	L'institution L'enseignant L'élève Les parents

3. Évaluer : un geste professionnel

L'évaluation fait partie des responsabilités du professeur des écoles. Elle intéresse différents acteurs de l'éducation.

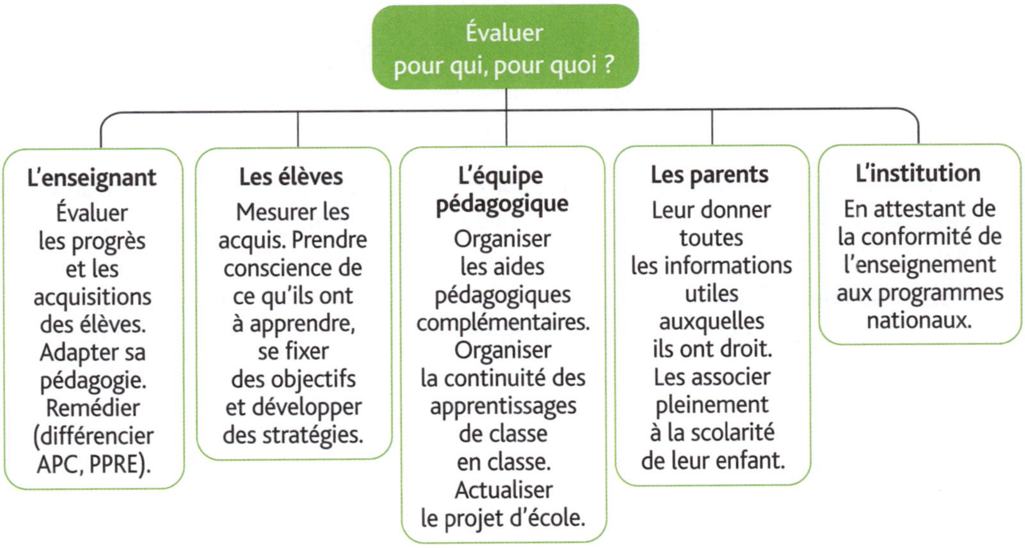

4. Évaluer : entre pouvoir et équité

Évaluer suppose que l'enseignant ait en mémoire trois grandes questions.

- La relation « asymétrique » que suppose l'enseignement comporte le risque de transformer l'évaluation, si l'enseignant n'y prend garde, en jugement de valeur.
- À travers les résultats de l'élève, c'est la pratique pédagogique et au-delà les compétences professionnelles du professeur des écoles qui sont implicitement évaluées.
- Les prises de décisions, même quand elles sont agréées par l'équipe, restent le plus souvent de la responsabilité du PE. Cela suppose aussi de bien réfléchir à la manière de les annoncer, dans le respect des prérogatives de chacun.

5. Évaluer les apprentissages

Cette compétence est déclinée dans le **référentiel des compétences** à la rubrique « Les professeurs, praticiens experts des apprentissages[1] ».

5-1. Au niveau de l'élève

▶ Le maître se doit **d'aider l'élève à se situer dans ses acquisitions,** et bien sûr de l'accompagner pour **favoriser les apprentissages.**

▶ Lors de la préparation d'une séance : il faut prévoir **les critères concrets d'évaluation finale** qui permettront de vérifier si l'objectif a été atteint ou non par les élèves.

▶ Lors des séquences d'apprentissages. Il est indispensable de recueillir des informations sur **les procédures des élèves** (notamment à partir de grille d'observation mais aussi lors de mises en commun).

À RETENIR

Le livret scolaire de l'élève

Le LSU (livret scolaire unique numérique) est construit sur un format national identique du CP à la 3e. À la fin de chaque trimestre, l'enseignant doit remplir un bulletin détaillant :
– au recto, le niveau des élèves par matière ;
– au verso, les appréciations générales et les projets menés.

Le bulletin périodique

Le bulletin périodique est un outil simple et précis. Il indique aux parents les éléments du programme sur lequel leur enfant est évalué :
– il renseigne sur les éventuelles modalités spécifiques d'accompagnement mises en place ;
– l'enseignant situe l'élève dans chaque matière sur des objectifs d'apprentissage (non atteints, partiellement atteints, atteints, dépassés).

▶ À la fin de chaque cycle (CE2, 6e, 3e), une fiche dresse un **bilan global sur huit champs d'apprentissage du socle** grâce à un indicateur simple : maîtrise insuffisante, fragile, satisfaisante ou très bonne.

▶ Les **bilans périodiques** ne sont accessibles par l'Éducation nationale que pendant la durée du cycle et l'année qui le suit. Seuls les bilans de fin de cycle suivent les élèves jusqu'au terme de leur scolarité au collège.

1. Consultez le Référentiel des compétences professionnelles des métiers du professorat et de l'éducation en flashant le QR Code ci-contre.

▸ Les attendus de fin de cycle ainsi que les attendus annuels en mathématiques, français et enseignement moral et civique sont précisés dans les programmes.

5-2. Au niveau de la classe

Les évaluations permettent ainsi de mettre en œuvre les **différentes ressources de la différenciation.** Elles servent de supports pour proposer des activités pédagogiques complémentaires aux élèves rencontrant des difficultés passagères ou élaborer des PPRE pour ceux dont les difficultés semblent avérées.

REMARQUE

Les différentes évaluations sont des outils pour le maître. Elles lui servent à préciser les objectifs de ses séquences mais aussi à réguler son action pédagogique si besoin. Outre la régulation de l'acquisition des compétences, l'analyse fine des réponses lui permet de mieux préciser les consignes et les attentes.

6. Le redoublement (en fin d'année) ou « maintien » (en fin de cycle)

▸ C'est le **conseil des maîtres** qui peut proposer un redoublement, à titre exceptionnel. Cette proposition est soumise et expliquée à la famille, qui peut la refuser. Il est dès lors nécessaire d'entamer un dialogue dès lors que l'on constate des difficultés dans les apprentissages : informer, essayer de trouver ensemble des solutions de façon à se placer dans une dynamique de coopération et d'aide.

▸ En cas de désaccord persistant avec la famille, c'est **l'inspecteur qui tranche** en dernier recours.

▸ Rappelons que **l'efficacité du redoublement est fortement contestée,** mais que la création des cycles en 1989 n'a pas mis fin pour autant à cette pratique.

7. Aspects didactiques et pédagogiques

▸ Évaluer suppose pour le maître de **définir le niveau d'exigence** attendu pour ses élèves.

▸ Évaluer nécessite de **tenir les élèves informés de ces exigences** (particulièrement pour les évaluations sommatives).

Évaluation ⟶ Analyse des réponses par le maître ⟶ Remédiations

7-1. Évaluation formative : l'incontournable analyse des erreurs

▸ L'analyse des réponses des élèves est un temps important, il doit permettre de comprendre la procédure de l'élève et **les causes des difficultés éventuelles.**

▸ Penser une typologie des erreurs[1] permet **d'envisager des remédiations adaptées.** Par exemple, des erreurs relevant de la compréhension des consignes (la consigne est ambiguë ou trop complexe).

7-2. L'importance de la correction

▸ L'apprentissage ne s'arrête pas une fois la tâche réalisée par l'élève. L'enseignant doit :
– **informer l'élève de ses réussites et de ses erreurs** ; à l'oral et/ou par écrit ; la correction est donc un temps important qu'elle soit réalisée de manière individuelle et/ou collective ;
– **proposer, si besoin, des remédiations** même après une évaluation sommative.

1. J.-P. Astolfi, *Les erreurs, un outil pour enseigner*, ESF, 1997.

8. La place de l'élève dans l'évaluation

▶ **L'**« auto-évaluation » est un outil et une attitude qui permet de réguler les apprentissages. Elle se met lentement en place chez l'apprenant si les situations pédagogiques sont favorables à cette prise d'autonomie.

▶ **Dès l'école maternelle**, les enfants peuvent être amenés à évaluer leur production.

▶ L'auto-évaluation peut progressivement, à l'école élémentaire, reposer en partie sur des **grilles d'évaluation remplies par l'élève** de façon à l'aider à cerner les points forts et les difficultés qu'il rencontre.

▶ Des fichiers dits **autocorrectif** (*cf.* Freinet et les pédagogies nouvelles) permettent également de mettre en œuvre l'auto-évaluation.

REMARQUE

Le rôle de l'enseignant dans l'auto-évaluation

L'enseignant n'est pas exclu du travail d'auto-évaluation. Bien au contraire, il a pour tâches d'aider et d'accompagner, d'objectiver les réponses et les choix des élèves.

▶ **Lien entre évaluation, échec scolaire et image de soi**

▶ L'évaluation n'est pas un simple geste « technique » de l'enseignant. Elle a **des conséquences sur l'apprentissage** mais aussi sur **la représentation que l'élève a de lui**.

▶ Dans les cas de difficultés scolaires avérées et répétées, on constate, essentiellement au collège, **une atteinte narcissique**. Il s'ensuit souvent un engrenage : l'évaluation peut être ressentie comme douloureuse, voire injuste ; la démotivation peut s'installer ; l'élève peut « décrocher scolairement ».

▶ Des adaptations pédagogiques **doivent éviter cet engrenage**.

C Les évaluations nationales

1. Mise en place des évaluations nationales

▶ Les premières évaluations nationales ont été **mises en place avec la loi d'orientation de 1989.** Elles concernaient le CE2 et la 6e et portaient sur le français et les mathématiques. Volontairement placées en début de cycle, elles devaient donner de nouveaux outils aux enseignants pour gérer leur classe en s'appropriant une nouvelle démarche qui rompe avec la vision habituellement sommative de l'évaluation.

▶ **De 2006 à 2014,** les évaluations ont été organisées **en CE1 et en CM2, paliers du socle commun** de l'époque. Elles servaient de support à la mise en place de PPRE.

▶ La publication des **programmes de 2015** s'est accompagnée de l'annonce du **rétablissement de l'évaluation nationale en début de CE2** avec un caractère résolument diagnostique au service de l'équipe de chaque école.

▶ Les résultats des évaluations nationales ont été progressivement utilisés à différents niveaux.
- **Au niveau de l'institution scolaire** : rédaction des programmes ; décisions de classement des établissements et écoles en éducation prioritaire.
- **Au niveau de l'école** : aide à la rédaction du projet d'école.
- **Au niveau du cycle** : organisation des progressions.

• **Dans la classe** : sélection des priorités à travailler/compétences définies dans les programmes.
• **Pour chaque élève** : mise en place de PPRE si des difficultés importantes sont révélées.

NOTES

Les questions qui font débat

Faut-il tout évaluer ?

• On ne peut réellement évaluer que ce qui est en jeu dans les programmes d'un cycle. De nombreuses compétences (liées aux savoir-faire et aux savoir-être) ne peuvent se développer qu'avec du temps à travers une grande variété de situations.
• Par ailleurs, il ne saurait être question de passer son temps à évaluer les compétences des élèves. L'évaluation fait partie de l'apprentissage mais n'est pas l'apprentissage. Trop d'évaluations « tuent » l'évaluation !

2. Les évaluations nationales depuis la rentrée 2018

▶ Elles concernent tous les élèves des classes de CP et de CE1.

▶ Les évaluations sont conçues par la Direction de l'évaluation, de la prospective et de la performance (DEPP) en collaboration étroite avec le Conseil scientifique de l'Éducation nationale (CSEN) et la Direction générale de l'enseignement scolaire (DGESCO).

REMARQUE

Les trois objectifs des évaluations nationales

« – Donner des repères aux enseignants pour aider les élèves à progresser,
– permettre d'avoir localement des éléments pour aider les inspecteurs dans le pilotage de proximité,
– ajuster les plans nationaux et académiques de formation et proposer des ressources pertinentes. »

2-1. Les évaluations au CP[1]

▶ Elles se déroulent en deux temps : en septembre pour donner des repères et fin janvier pour un point d'étape mi-CP.

▶ **Compétences évaluées** :
– en début de CP, en français, les élèves doivent savoir : « reconnaître des sons ; comprendre des mots, des phrases, des textes à l'oral ; identifier les lettres de l'alphabet ». En mathématiques, les élèves sont évalués sur la connaissance et l'utilisation des nombres jusqu'à 10, la résolution de problèmes et l'identification de formes ;
– à la mi CP, en français, les élèves doivent savoir : « reconnaître des sons ; comprendre des phrases à l'oral et à l'écrit ; écrire des syllabes, des mots ; lire à voix haute. En mathématiques, les élèves sont évalués sur la connaissance et l'utilisation des nombres jusqu'à 39, le calcul en ligne et la résolution de problèmes.

▶ **Le traitement et l'utilisation des données**. L'enseignant saisit les réponses des élèves par l'intermédiaire de l'application nationale dédiée. Il reçoit en retour le profil de chaque élève et le profil de sa classe. Les données personnelles transmises sont anonymisées.

1. Pour consulter les fiches ressources mises en ligne sur Éduscol pour aider à l'évaluation des élèves, flashez le QR Code ci-contre.

2-2. Les évaluations au CE1[1]

▸ Elles se déroulent uniquement en septembre.

▸ **Compétences évaluées :**
– Deux séances collectives de 12 minutes et 2 épreuves orales individuelles d'une minute sont consacrées au français. Les élèves sont évalués sur leur capacité à comprendre des mots et des phrases à l'oral, comprendre des phrases et des textes à l'écrit, lire à voix haute et écrire des mots.
– Deux séances de 15 minutes sont consacrées aux mathématiques ; les élèves sont évalués sur leur capacité à connaître et utiliser les nombres jusqu'à 100, calculer en ligne mentalement, résoudre des problèmes par le calcul et identifier des formes.

2-3. Les évaluations en 6e

Les acquis des élèves entrant en 6e sont évalués en français et en mathématiques en septembre à des fins diagnostiques.

3. Les documents d'évaluation

▸ La nécessité d'évaluer les progrès des élèves et d'en rendre compte s'impose à tous les enseignants, y compris à l'école maternelle[2]. Mais, au regard du très jeune âge des élèves, **une grande souplesse est nécessaire** dans la mise en œuvre.

▸ Cette évaluation se définit comme **positive** et doit s'attacher à « mettre en valeur, au-delà du résultat obtenu, **le cheminement de l'enfant** et les progrès qu'il fait par rapport à lui-même. »

REMARQUE

À l'école maternelle, deux outils permettent d'assurer le suivi des apprentissages et des progrès des élèves : **le carnet de suivi des apprentissages**, renseigné tout au long du cycle, et **la synthèse des acquis de l'élève**, établie à la fin de la dernière année du cycle.

ZOOM SUR...

Le LSU (livret scolaire unique numérique)

▸ Le LSU regroupe :
– les bilans périodiques du cycle en cours ;
– les bilans de fin des cycles précédents et, en première année d'un cycle, les bilans périodiques de l'année précédente ;
– les attestations déjà obtenues : PSC1, ASSR 1 et 2, AER, attestation scolaire « savoir-nager » (ASSN), etc. (seule l'attestation « savoir nager » peut concerner l'école élémentaire).

.../...

1. Pour consulter l'évaluation des acquis des élèves en CE1 sur Éduscol, flashez le QR Code ci-contre.

2. Pour consulter le suivi et l'évaluation des apprentissages des élèves à l'école maternelle, flashez le QR Code ci-contre.

.../...

▶ À la fin de la scolarité obligatoire, les parents pourront s'être constitués un dossier d'une trentaine de bilans. Le LSU garantit la continuité du suivi des acquis des élèves quel que soit leur parcours (changement d'établissement ou d'académie, passage du public au privé, etc.).[1]

4. Une recommandation sur la note chiffrée

▶ Le jury de la conférence nationale sur l'évaluation des élèves a remis son rapport au ministère en 2015. Sa proposition de supprimer les notes chiffrées jusqu'à la classe de 6e n'a pas été suivie.

▶ À la rentrée de 2016, le ministère a précisé ses directives : « Dans le quotidien de la classe les notes ne sont supprimées ni en élémentaire, ni au collège. **La liberté est laissée aux équipes enseignantes.** Ainsi, les professeurs des écoles utilisant encore les notes pourront poursuivre les exercices notés ; les "collèges sans notes" pourront par ailleurs poursuivre cette pratique. Dans les bilans périodiques, un positionnement sur une échelle à quatre niveaux est possible dans toute classe de la scolarité obligatoire, mais les notes ne sont utilisables qu'en collège. »

NOTES

Les questions qui font débat

Faut-il encore noter ?

- L'idée de notation reste encore majoritairement associée à la note chiffrée et à l'idée de moyenne sur des carnets de notes (à ne pas confondre avec le livret de compétences, le seul aujourd'hui imposé par l'Institution).
- C'est bien le problème du « sens derrière la note » qui pose problème. Ainsi, que signifie avoir 8/10 en mathématiques ? Quelles informations pouvons-nous en déduire quant aux compétences du « noté » ?
- D'autre part, que veut dire avoir la moyenne ? À l'école primaire, cela n'a guère de sens. 5/10 renvoie à la non-maîtrise de compétences et non à cette idée répandue qu'« il a la moyenne donc ça va » résultant d'une tradition scolaire du secondaire.
- Notation chiffrée et moyenne conduisent aussi implicitement à l'établissement d'un classement entre élèves, même si l'enseignant n'en produit pas d'officiel au sein de sa classe.
- Il est vrai que la demande des parents de notation chiffrée reste très forte surtout en cycle 3. Une explication est bien sûr indispensable auprès des familles quant au système choisi par le professeur des écoles.

1. Consultez la brochure en flashant le QR Code ci-contre.

? QUIZ EXPRESS

pour tester ses connaissances

1 Quelle forme d'évaluation n'existe pas à l'école primaire ?

☐ a. Formative ☐ b. Certificative ☐ c. Diagnostique

2 L'évaluation diagnostique permet de :

☐ a. réguler. ☐ b. sanctionner. ☐ c. définir les objectifs.

3 Les compétences définies dans le socle commun sont une combinaison de :

☐ a. capacités. ☐ b. performances. ☐ c. attitudes. ☐ d. connaissances.

4 Le LSU concerne :

☐ a. la scolarité du CP à la 6e.

☐ b. la scolarité sur l'ensemble de l'école primaire.

☐ c. la scolarité du CP à la 3e.

5 Combien de niveaux de positionnement de l'élève les bilans périodiques comportent-ils ?

☐ a. 5 ☐ b. 3 ☐ c. 4

6 La note chiffrée est :

☐ a. supprimée à l'école élémentaire depuis 2015.

☐ b. autorisée dans le quotidien de la classe.

☐ c. obligatoire à partir de la 6e.

7 De quand datent les premières évaluations nationales ?

☐ a. 2006 ☐ b. 1989 ☐ c. 1995

8 Les évaluations du CP se déroulent :

☐ a. en septembre. ☐ b. en fin d'année scolaire. ☐ c. en septembre et fin janvier.

9 Quelle compétence ne figure pas dans l'évaluation du CP en mathématique ?

☐ a. La connaissance et utilisation des nombres jusqu'à 99

☐ b. Le calcul en ligne

☐ c. La résolution de problèmes

10 Quelle compétence ne figure pas dans l'évaluation du CE1 en français ?

☐ a. Comprendre des mots et des phrases à l'oral

☐ b. Comprendre des phrases et des textes à l'écrit

☐ c. Écrire des textes simples de deux phrases

Réponses : 1. b ; 2. c ; 3. a-c-d ; 4. c ; 5. c ; 6. b ; 7. b ; 8. c ; 9. a ; 10. c.

16 Les valeurs de l'école

L'éducation suppose d'abord une valorisation de l'adulte par rapport à l'enfant. En effet, le désir de grandir et de devenir adulte ne peut exister chez l'enfant que si les adultes donnent un exemple positif. Elle vise à faire de l'enfant un adulte, selon certaines règles et certaines valeurs.

A Les finalités de l'éducation

1. Définir l'adulte pour éduquer l'enfant

▶ Reste à savoir quel type d'adulte doit viser l'éducation.

▶ L'adulte se caractérise d'abord par **l'achèvement du développement physique.** L'éducation doit donc assurer la santé et les soins matériels (alimentation, exercices, hygiène…) de l'enfant. Il s'agit là d'élever l'enfant, tâche incombant prioritairement aux parents, mais que l'école prolonge et complète.

▶ L'adulte se définit ensuite par **l'indépendance matérielle.** L'enfant doit donc apprendre à se passer de l'adulte, d'abord dans les gestes de la vie quotidienne, puis, devenu adolescent, dans ses moyens de subsistance. Il doit apprendre à travailler afin de pouvoir un jour ne plus dépendre de ses parents.

▶ Enfin, et surtout, l'adulte se définit par **l'autonomie et la responsabilité morale.** L'enfant doit donc apprendre à se passer de l'adulte dans ses décisions et ses choix de vie. Il doit peu à peu apprendre à assumer les conséquences de ses actes (responsabilité), et à s'imposer de lui-même des règles de conduite (autonomie).

2. Transmettre des valeurs

▶ **Des valeurs humanistes.** L'éducation a hérité de l'Antiquité et de la Renaissance certaines valeurs qui orientent la conception de l'homme à réaliser.

▶ C'est ainsi que la liberté d'esprit et de pensée suppose dès l'enfance une éducation à l'esprit critique. C'est un puissant ressort au développement de l'esprit scientifique. Pour cela, les connaissances sont certes nécessaires, mais la priorité va à la **culture du jugement**, qui permet de trier et sélectionner les connaissances (« une tête bien faite, plutôt qu'une tête bien pleine » disait Montaigne).

> **REMARQUE**
>
> **Visée de l'éducation humaniste**
> L'éducation humaniste veille à ne pas mutiler l'homme en négligeant telle ou telle dimension, et à assurer l'épanouissement harmonieux et complet de sa personnalité. C'est pourquoi l'éducation ne saurait se réduire à une formation spécialisée.

3. Préparer à la vie en société

▸ L'éducation a pour **fin la socialisation de l'enfant,** son intégration à une société dont il doit intérioriser les normes et les conduites (Durkheim).

▸ Cela ouvre la question de savoir si l'éducation du citoyen, à laquelle doit aboutir cette socialisation, consiste en une soumission de l'individu à un conformisme social, permettant la reproduction de la société telle quelle, ou si elle doit créer un citoyen capable de critiquer, voire de transformer, la société existante (Rousseau). Sans doute l'éducation doit-elle assurer ces deux missions à la fois, et permettre d'innover en s'appuyant sur les acquis des générations passées.

B Les missions de l'école

1. Partager les valeurs de la République

« Outre la transmission des connaissances, la Nation fixe comme mission première à l'école de **faire partager aux élèves les valeurs de la République.** » (art. 2 de la loi d'orientation de 2005)

À RETENIR

Quelles sont les valeurs républicaines de l'école ?

Les valeurs de l'école sont celles de la République. Liberté, égalité, fraternité sont les trois valeurs inscrites dans la devise de la République française.

- **La liberté** comprend la liberté de pensée, d'expression et de circulation. Elle comprend aussi la sûreté qui empêche tout emprisonnement arbitraire.
La liberté d'enseignement autorise l'enseignement privé ou familial, et interdit le monopole de l'État. Il est une application de la liberté d'expression.
- **L'égalité** signifie les mêmes droits civiques (vote, éligibilité), ainsi que des droits économiques et sociaux (éducation, santé, travail). Elle impose le refus de toute discrimination, sociale, raciale, sexiste ou religieuse.
- **La fraternité** désigne le sentiment d'appartenir à une même famille : fraternité nationale dans le cadre de la patrie, fraternité humaine au niveau mondial.

De ces valeurs fondamentales découlent les principes de solidarité, de laïcité ou de mixité. L'école publique doit à la fois respecter ces valeurs et ces principes dans son fonctionnement, et les faire partager par son enseignement.

2. Instruire, éduquer et former

2-1. Transmettre des connaissances

L'école instruit, elle transmet à la nouvelle génération **les savoirs, l'expérience et les valeurs des générations passées.** L'instruction transmet avant tout des connaissances objectives et rationnelles permettant de comprendre le monde, d'agir sur lui, et d'obtenir un accord de toute l'humanité sur un savoir universel.

2-2. Former le citoyen

L'école transmet **les valeurs républicaines et démocratiques** qui doivent obtenir l'adhésion des élèves par une libre conviction. L'école est responsable de la formation d'un citoyen qui sera capable de faire des choix politiques éclairés et responsables, dans le sens de la défense des valeurs de la République.

NOTES

Les questions qui font débat

L'école doit-elle donner un bon métier ou former le citoyen ?

La majorité des parents d'élèves attendent de l'école qu'elle assure à leurs enfants un avenir professionnel. La majorité des enseignants pensent plutôt que l'école doit former à la citoyenneté et donner une bonne culture générale. Ce malentendu sur l'utilité de l'école reflète des attentes légitimes. Pourtant, l'école doit hiérarchiser ses priorités. Il est évident que l'école primaire ne saurait consister en une formation professionnelle ; mais elle doit donner aux élèves les « fondamentaux » nécessaires à une bonne orientation professionnelle future. En ce sens, l'école prépare au métier par la solidité des compétences fondamentales et par l'ouverture maximale des domaines d'apprentissages permettant une solide culture commune. D'autre part, l'école a une responsabilité politique visant à assurer la cohésion de la communauté nationale dès le premier âge, grâce au partage d'une même langue, d'une même culture, et de valeurs fondant la citoyenneté.

2-3. Assurer l'épanouissement de la personnalité

L'école doit permettre à l'enfant d'exercer et de réaliser ses talents et ses capacités naturelles. La personnalité de l'enfant doit être développée autant dans ses dimensions intellectuelles que manuelles, physiques, artistiques, scientifiques ou morales. C'est pourquoi les programmes de l'école doivent garantir un équilibre entre toutes ces activités.

NOTES

Les questions qui font débat

L'école doit-elle servir l'individu ou la société ?

- Autrement dit, l'école doit-elle privilégier le souci d'un épanouissement individuel ou servir aux besoins politiques ou économiques de la société ? Dans le premier cas, elle risque de favoriser un individualisme irresponsable. Dans le second cas, elle risque de trahir ses idéaux humanistes, en sacrifiant les aspirations individuelles aux réalités socio-économiques.
- Concrètement, faut-il maintenir une éducation artistique à l'école, alors que les débouchés professionnels exigeraient plus d'informatique et de langues vivantes ? La réponse est de refuser cette alternative : l'individu a besoin de s'intégrer socialement, mais la société a besoin de citoyens et de travailleurs épanouis, polyvalents, et d'un niveau d'éducation le plus élevé et le plus riche possible pour affronter les défis à venir.

2-4. Préparer à la vie professionnelle

L'école doit donner aux élèves les moyens de s'intégrer ultérieurement à la vie économique et sociale. Sans vouloir donner une formation professionnelle prématurée, l'école doit apporter les compétences fondamentales qui permettront à l'élève de s'orienter plus tard dans ses choix professionnels, et de s'adapter à différents métiers. Même si le diplôme n'est pas une garantie de travail, un solide niveau d'instruction ouvre plus de choix et de promotion sociale.

2-5. Lutter contre les inégalités sociales

L'école républicaine a le devoir de réduire les inégalités dues à l'origine sociale et familiale des élèves. Par des moyens financiers (bourses) et pédagogiques (pédagogie différenciée, soutien scolaire), elle tente de compenser les difficultés des élèves défavorisés, et de garantir au mieux l'égalité des chances. L'école reste, ou doit rester, le meilleur instrument de justice sociale.

2-6. Mission de service public

L'école publique a une « mission de service public » en ce qu'elle doit garantir un traitement égal et équitable de tous les citoyens en matière d'éducation. Elle doit assurer une éducation de même qualité sur tout le territoire national et pour toutes les catégories de la population. L'école assume ainsi un « droit à l'éducation » inscrit dans la Constitution et la Déclaration universelle des droits de l'homme.

NOTES

Les questions qui font débat

Faut-il recentrer l'école sur les objectifs fondamentaux (lire-écrire-compter) ?

Ce débat résulte d'une critique à l'encontre d'une trop grande dispersion des missions de l'école. Cette impression d'une mobilisation abusive de l'école pour remédier à tous les maux de l'époque a conduit à une demande de « recentrement » sur les priorités fondamentales de l'école, sur les apprentissages « traditionnels » : lire, écrire, compter. À un excès, ne doit pas répondre un excès inverse : s'il est excessif de faire porter à l'école la solution à tous les problèmes sociaux, on ne peut réduire aujourd'hui l'école aux missions de l'époque de Jules Ferry. Il convient donc de renforcer sans doute les apprentissages fondamentaux, mais sans crispation passéiste.

? QUIZ EXPRESS

pour tester ses connaissances

1 Instruire, c'est :

- ☐ **a.** intégrer l'enfant à la société.
- ☐ **b.** transmettre des connaissances.
- ☐ **c.** préparer à un métier.

2 Quelles sont les missions fondamentales de l'école depuis Jules Ferry ?

- ☐ **a.** Instruire, former, socialiser
- ☐ **b.** Éduquer, socialiser, moraliser
- ☐ **c.** Lire, écrire, compter

3 La liberté d'enseignement assure le droit :

- ☐ **a.** pour le professeur de choisir sa pédagogie.
- ☐ **b.** pour les parents de choisir l'établissement de leur enfant.
- ☐ **c.** d'enseigner dans une école privée.

Réponses : 1. b ; 2. c ; 3. c.

Les principes de l'école

La laïcité et la mixité sont des principes fondamentaux de l'école publique, qui s'appuient directement sur les valeurs de la République.

A La laïcité

1. Définition

▶ Le terme « laïcité » vient du mot grec *laos* qui signifie « peuple » ou « foule », et de l'adjectif *laikos*, « qui appartient au peuple ». Aujourd'hui, le nom « laïc » désigne quelqu'un qui mène une existence séculière et vit hors de l'Église ; l'adjectif « laïque » désigne ce qui affirme **la séparation d'avec la religion**. Le mot « laïcité » apparaît en France en 1871.

▶ Laïcité signifie d'abord la **séparation de l'Église et de l'État** proclamée, en France, par la **loi de 1905.** Mais l'esprit en est énoncé dès 1850 par Edgar Quinet : « l'instituteur à l'école et le prêtre à l'Église ». Ce principe apparaît explicitement dans le préambule de la Constitution de 1946, repris en 1958 dans la Constitution de la Ve République.

▶ L'État, et donc l'école publique, sont au service de tous les citoyens ; ils doivent donc être **au-dessus de tous les intérêts privés,** et ne doivent avantager ni une religion, ni une opinion politique ou philosophique, ni des entreprises industrielles ou commerciales privées.

REMARQUE

La laïcité comme neutralité obéit à une exigence d'impartialité de l'État. On voit qu'elle ne se réduit pas à la neutralité religieuse.

NOTES

Les questions qui font débat

L'existence d'un enseignement privé est-elle contraire à la laïcité ?

La laïcité n'exige pas un monopole de l'école publique. Aucune démocratie n'interdit, par conséquent, l'enseignement privé. Ce choix laisse aux familles qui souhaitent donner à leurs enfants une éducation strictement religieuse une alternative hors de l'école publique. Depuis la loi Debré de 1959, l'enseignement privé sous contrat bénéficie d'un financement public. Ce financement public du privé est, en France, l'objet d'une polémique.

▶ La laïcité est un moyen politique pour réaliser deux valeurs : l'égalité et la liberté. La laïcité garantit **la liberté de conscience** en n'excluant aucun citoyen en raison de ses opinions : tout élève a sa place dans l'école laïque ; tout enseignant a le droit d'exercer dans une école laïque, quelles que soient ses opinions religieuses ou politiques. Elle garantit ainsi **l'égalité,** aucune discrimination religieuse ou politique ne peut exclure quelqu'un pour ses opinions. À condition que ces opinions restent dans le domaine privé, et ne fassent pas l'objet de propagande ou de prosélytisme dans l'espace de l'école publique.

À RETENIR

Laïcité et tolérance

Les deux termes doivent être distingués : la laïcité désigne un principe constitutionnel ; la tolérance désigne une attitude souple dans l'application de la loi et des principes. On peut parler d'une mise en œuvre plus ou moins tolérante de la laïcité, mais on ne doit ni les confondre, ni les opposer.

Textes officiels

«

Loi du 28 mars 1882
(sur l'instruction primaire obligatoire)

Article 2

Les écoles primaires vaqueront un jour par semaine, en outre du dimanche, afin de permettre aux parents de faire donner, s'ils le désirent, à leurs enfants l'instruction religieuse en dehors des édifices scolaires.

Loi de 1905

Article premier

La République assure la liberté de conscience. Elle garantit le libre exercice des cultes…

Article 2

La République ne reconnaît, ne salarie ni ne subventionne aucun culte…

Constitution de 1958

La France est une République indivisible, laïque, démocratique et sociale.
L'école publique y est dite également laïque :
La Nation garantit l'égal accès de l'enfant et de l'adulte à l'instruction, à la formation et à la culture ; l'organisation de l'enseignement public gratuit et laïque à tous les degrés est un devoir de l'État.

Loi du 15 mars 2004

Dans les écoles, les collèges et les lycées publics, le port de signes ou de tenues par lesquels les élèves manifestent ostensiblement une appartenance religieuse est interdit.

Circulaire du 18 mai 2004

Les signes et tenues qui sont interdits sont ceux dont le port conduit à se faire immédiatement reconnaître par son appartenance religieuse tels que le voile islamique, quel que soit le nom qu'on lui donne, la kippa ou une croix de dimension manifestement excessive. La loi est rédigée de manière à pouvoir s'appliquer à toutes les religions et de manière à répondre à l'apparition de nouveaux signes, voire à d'éventuelles tentatives de contournement de la loi. La loi ne remet pas en cause le droit des élèves de porter des signes religieux discrets.

Modèle d'article à insérer dans le règlement intérieur de l'établissement

Conformément aux dispositions de l'article L. 141-5-1 du code de l'éducation, le port de signes ou de tenues par lesquels les élèves manifestent ostensiblement une appartenance religieuse est interdit. Lorsqu'un élève méconnaît l'interdiction posée à l'alinéa précédent, le chef d'établissement organise un dialogue avec cet élève avant l'engagement de toute procédure disciplinaire.

Circulaire du 6 septembre 2013

Charte de la laïcité à l'école • Valeurs de la République

Il est recommandé de joindre cette charte au règlement intérieur. Elle est affichée dans l'école de manière à être visible de tous. »

NOTES

Les questions qui font débat

La laïcité française contredit-elle les droits de l'homme ?

• Cette accusation s'appuie sur la Déclaration universelle des droits de l'homme qui affirme la liberté de pensée, de conscience et de religion, et précise le droit de « manifester sa religion ou sa conviction, seul ou en commun, tant en public qu'en privé » (art. 28). Or les pays anglo-saxons, en particulier, acceptent au nom de cette liberté tous les signes et toutes les tenues religieuses dans les établissements publics ; et reprochent donc à la laïcité française de violer ce droit de l'homme.

• La réponse française s'appuie sur la Convention européenne des droits de l'homme, qui stipule que la liberté religieuse « ne peut faire l'objet d'autres restrictions que celles qui, prévues par la loi, constituent des mesures nécessaires, dans une société démocratique, à la sécurité publique, à la protection de l'ordre, de la santé ou de la moralité publiques, ou à la protection des droits et libertés d'autrui » (art. 9). Le désaccord porte donc sur le fait de savoir si la religion est une affaire strictement privée ou si elle peut se manifester en public, ainsi que de savoir à partir de quel moment des manifestations religieuses peuvent troubler l'ordre public.

2. La laïcité à l'école

2-1. Indépendance envers les pouvoirs

La laïcité suppose que l'école soit **protégée contre les pressions de groupes religieux, politiques, ou économiques.** Un service public ne saurait servir des intérêts particuliers.

2-2. Savoir et croyance

L'école laïque doit enseigner **des savoirs objectifs qui fassent l'objet d'un consensus,** et non des croyances qui excluraient ceux qui ne les partagent pas. C'est le rôle de l'« instruction », au sens de Condorcet : n'enseigner que ce qu'admet la raison commune à tous, ce qu'on peut prouver ou démontrer.

NOTES

Les questions qui font débat

Peut-on parler de religion à l'école ?

La laïcité interdit tout enseignement religieux dans l'école publique. Cependant, depuis le rapport Debray (2002), les programmes prévoient l'enseignement du « fait religieux ». Cet enseignement fait suite à un constat de perte des repères culturels nécessaires pour comprendre l'histoire et l'art occidental chez beaucoup d'élèves. Cet enseignement vise à favoriser la connaissance et la compréhension des différentes religions, et donc la tolérance. Il n'est donc pas une entorse à la laïcité, car il ne favorise aucune religion, et ne vise pas à convertir à une croyance. On peut et on doit parler de religion à travers l'histoire, l'art ou la littérature, ou encore à travers un débat argumenté dans le cadre de l'éducation civique. Cela doit se faire sans prosélytisme, selon une approche scientifique, et dans le respect des convictions des élèves.

2-3. Devoir de neutralité des enseignants

Un enseignant, par respect pour la liberté de conscience des élèves qui lui sont confiés, **ne doit pas exprimer en classe ses convictions** ou croyances personnelles.

2-4. Interdiction de signes ostentatoires

Les élèves n'ont pas le droit, depuis la loi de 2004, de manifester, **par des signes ou des tenues,** leur appartenance religieuse. Mais cela, en principe, vaut aussi pour les appartenances politiques (les parents d'élèves, en revanche, ne sont pas soumis à cette interdiction).

NOTES

Les questions qui font débat

Faut-il exclure une élève voilée ?

Aux termes de la loi de 2004, on doit privilégier d'abord la discussion avec l'élève et la famille. En cas de refus, la sanction doit être appliquée, allant de l'exclusion temporaire à l'exclusion définitive. Dans les faits, un compromis est souvent trouvé, consistant, par exemple, en la substitution d'un « bandana » discret à la place du voile. Mais en aucun cas une élève ne saurait être dispensée d'une partie des activités obligatoires comme l'EPS.

Puis-je accepter, pour encadrer une sortie scolaire, un parent portant une tenue religieuse ?

- La loi de 2004 ne concerne pas les parents. On ne peut pas leur refuser de porter la tenue de leur choix lors d'un entretien ou d'une réunion dans les locaux scolaires. En revanche, la question se pose pour l'encadrement d'une sortie scolaire obligatoire.
- En 2013, le Conseil d'État a jugé que les mères voilées accompagnant les sorties scolaires ne sont pas soumises aux « exigences de neutralité religieuse ».

2-5. Un principe enseigné en éducation civique

La laïcité suppose **une éducation civique** qui enseigne les valeurs de liberté et d'égalité, le respect des différences, la lutte contre les discriminations et les racismes, et le sens du service public.

NOTES

Les questions qui font débat

Enseigner l'éducation civique, est-ce faire de l'endoctrinement politique ?

Certains enseignants considèrent que l'éducation civique nuit à la neutralité de l'école, dans la mesure où elle veut inculquer aux élèves les valeurs de la République, les principes de la démocratie, ou leur faire chanter *La Marseillaise*. C'est oublier, d'abord, que laïcité ne signifie pas neutralité sur les principes fondamentaux, et que choisir la laïcité est déjà un choix politique : toute école repose sur un choix politique, et l'école laïque ne peut rester neutre sur les principes qui la fondent. D'autre part, l'éducation civique ne doit pas être un endoctrinement, mais une formation à l'esprit critique et à la liberté de pensée nécessaires à un citoyen éclairé.

2-6. Un financement public

Le financement public a pour but de garantir **l'indépendance de l'école** envers les intérêts privés, qui pourraient infléchir l'enseignement public à leur avantage.

3. Une politique éducative de la laïcité

3-1. Onze mesures pour la laïcité

▶ Depuis les attentats de janvier 2015, le ministère veut **relancer une politique éducative de la laïcité.** En effet, ceux-ci ont révélé un désarroi des enseignants face au refus de la minute de silence par certains élèves, voire à la justification des attentats ou au recours à la « théorie du complot ». Cela s'ajoute au constat d'une augmentation des contestations de la laïcité : refus de visiter des édifices religieux, refus de chanter ou de souffler dans un instrument à vent, refus de la natation, refus de l'éducation à la sexualité, refus de l'histoire de l'évolution en biologie, refus de l'enseignement de la Shoah (rapport de la DGESCO, avril 2014).

▶ En réaction, le ministère décide de « Onze mesures pour une grande mobilisation de l'école pour les valeurs de la République. »

> **REMARQUE**
>
> **Les référents laïcité**
>
> La création de « référents laïcité », au niveau de chaque académie et de chaque établissement, doit mobiliser une formation à la laïcité.

▶ Parmi les principales mesures, on note :

– **la création d'un « parcours citoyen »** de l'école élémentaire à la terminale, appuyé sur les nouveaux programmes d'enseignement moral et civique, et sur une éducation aux médias ;

– **la création d'une « réserve citoyenne »** de volontaires appelés à intervenir dans les établissements pour expliquer les valeurs républicaines ;

– **la création d'une « Journée laïcité »** le 9 décembre, à célébrer dans tous les établissements en commémoration de la loi de 1905 de séparation de l'Église et de l'État.

3-2. Faire respecter la laïcité

En classe...

Faire respecter le principe de laïcité à l'école

Pour soutenir les professeurs, les directeurs d'école et les chefs d'établissement qui sont parfois confrontés à des remises en cause du principe de la laïcité, un dispositif a été mis en place début 2018.

Le conseil des sages de la laïcité

Un conseil des sages réunit les experts en mesure de les éclairer sur cette question. Il réfléchit aux modalités concrètes pour faire respecter le principe de laïcité à l'école.

Des équipes nationales et académiques « laïcité et fait religieux »

Dans chaque académie, une équipe laïcité et fait religieux apporte aux équipes pédagogiques et éducatives une réponse concrète en cas d'atteinte au principe de laïcité. Elle les forme et aide les établissements à réagir de manière appropriée.

Un vade-mecum laïcité

Un vade-mecum laïcité, validé par le conseil des sages, apporte des réponses juridiques précises et donne des conseils d'action aux équipes éducatives.

NOTES

Les questions qui font débat

La laïcité est-elle dirigée contre l'Islam ?

Cette objection a été soulevée lors du vote de la loi du 15 mars 2004, surnommée « loi sur le voile islamique ». Rappelons que la laïcité s'est imposée en France en 1905, dans une lutte contre l'Église catholique qui contrôlait alors une grande partie de l'enseignement et occupait officiellement une position privilégiée. La neutralité de l'État concerne donc toutes les religions, et la loi de 2004 s'applique à tous les signes religieux. Il est vrai, cependant, que, depuis 1989, où deux filles voilées furent exclues d'un collège de Creil, le voile dit « islamique » a concentré sur lui les polémiques. Depuis le vote de la loi, la situation semble revenue à un certain calme, s'accompagnant de l'ouverture d'écoles confessionnelles musulmanes privées.

Faut-il respecter les croyances religieuses des élèves ?

Ce respect de la liberté de conscience est au fondement de la laïcité. Mais ce respect des élèves et des familles ne peut aller jusqu'à renoncer à l'enseignement de vérités scientifiques. Darwin ne doit pas être censuré au prétexte que, pour certains, l'homme a été créé par Dieu. Le respect des consciences ne doit pas conduire à abandonner une partie des programmes (histoire, sciences…), ni à renoncer à la formation d'un esprit scientifique et d'un esprit critique, qui restent des objectifs fondamentaux d'une école laïque. Quitte à ce que cela contredise, sans choquer, des convictions religieuses.

L'école laïque doit-elle tolérer les fêtes religieuses ?

Cette question se pose régulièrement à l'école : faut-il fêter Noël en maternelle ? Oui, à condition d'en retirer les symboles directement religieux (l'enfant Jésus, la crèche) et d'en faire une fête des enfants. Chaque année, le ministère rappelle par circulaire, à l'approche des grandes fêtes religieuses juives ou musulmanes, de veiller à accorder des autorisations d'absences pour les élèves concernés. Les fêtes religieuses font donc l'objet d'une tolérance bienveillante de la part du ministère. De fait, le calendrier est chrétien, les vacances scolaires « calées » souvent sur les fêtes chrétiennes (vacances « de Noël », vacances « de Pâques », lundi « de Pentecôte », jeudi « de l'Ascension »), et la tolérance envers les fêtes des autres grandes religions rétablit une sorte d'équilibre et d'équité entre les principales religions du pays. Rappelons que la commission Stasi, en 2003, avait proposé d'instaurer des jours fériés officiels pour les fêtes de Kippour et de l'Aïd, mais que le gouvernement recula devant cette mesure au moment même où il supprimait le jour férié du lundi de Pentecôte…

B La mixité

1. La mixité sexuelle

▸ La mixité sexuelle s'est imposée dans les années 1960, pour **être généralisée officiellement en 1969.** Auparavant existaient des écoles de garçons et de filles séparées, sauf dérogation accordées aux communes rurales qui ne pouvaient entretenir deux écoles. Au début du XXe siècle, même les mouvements progressistes en faveur de l'École nouvelle n'osaient envisager la mixité, mais défendaient une « complémentarité » des éducations masculine et féminine, dans la lignée de Rousseau.

REMARQUE

La mixité est la conséquence du principe d'égalité, qui veut que les différences bénéficient d'un égal traitement au regard de la loi.

▶ Aujourd'hui, la mixité est admise comme une évidence. Cependant, elle est **mise en débat** à partir de deux faits nouveaux :

– le **refus de la mixité par les intégrismes religieux** qui exigent la séparation des sexes. Dans certains cas, des parents peuvent refuser que leur fille aille à la piscine ou partage les activités sportives avec les garçons. Cette contestation est récusée au nom de la laïcité et de l'égalité des sexes ;

– en raison d'une réflexion sur les difficultés de certains élèves et sur les établissements « difficiles » de quartiers défavorisés. Depuis les années 1980, on s'interroge pour **savoir si la mixité ne favorise pas des inégalités.** On sait que l'école mixte est plus propice à la réussite des filles jusqu'en fin d'études secondaires, les choses s'inversant dans le supérieur. Sans remettre en cause le principe de la mixité, ces recherches conduisent à envisager une application différenciée afin que la mixité ne soit pas facteur d'inégalités sexistes ou sociales (Michel Fize).

2. La mixité sociale

▶ La mixité sociale désigne une volonté de **mélanger les catégories sociales au sein d'une même école** afin d'éviter que ne se forment des écoles « pour riches » et des écoles « pour pauvres ». Cette question est devenue critique ces dernières années du fait de la formation de véritables ghettos sociaux et ethniques dans les banlieues, et de la multiplication des tentatives familiales pour diriger leurs enfants vers un « bon établissement ».

▶ Le débat s'est cristallisé autour de la carte scolaire, censée garantir, depuis 1963, la mixité sociale en obligeant les familles à envoyer leurs enfants dans l'école la plus proche du domicile.

REMARQUE

La carte scolaire, de plus en plus contournée, fait l'objet d'une controverse politique.

▶ Les **défenseurs du maintien de la carte scolaire** considèrent que laisser une totale liberté de choix aux parents conduirait à une forte ségrégation sociale des établissements, puisque les parents favorisés mettraient leurs enfants dans les mêmes établissements, alors que les établissements de quartiers pauvres se videraient de leurs meilleurs éléments.

▶ Les **adversaires de la carte scolaire** demandent sa suppression en considérant qu'elle n'a pu empêcher cette ségrégation, en raison des nombreuses dérogations et de domiciliations fictives.

▶ La **mixité sociale est aujourd'hui de plus en plus menacée** du fait de ces contournements croissants ainsi que d'une politique d'urbanisme qui sépare quartiers riches et quartiers pauvres, vidant ainsi l'école de quartier de toute possibilité de mixité sociale.

QUIZ EXPRESS

pour tester ses connaissances

1 Le principe de laïcité interdit le port ostensible de signes religieux :

- □ **a.** aux élèves.
- □ **b.** aux parents d'élèves.
- □ **c.** aux intervenants extérieurs.

2 Pour préserver une mixité sociale dans les écoles, on utilise :

- □ **a.** la profession des parents.
- □ **b.** le taux de familles non francophones.
- □ **c.** la carte scolaire.

3 À quelle date la mixité des écoles se généralise-t-elle ?

- □ **a.** 1881
- □ **b.** 1905
- □ **c.** 1969

4 Que se passe-t-il en cas de fête religieuse non catholique ?

- □ **a.** L'élève doit demander une autorisation d'absence.
- □ **b.** Le ministère accorde une tolérance quant aux absences sur les principales fêtes.
- □ **c.** Toute absence est interdite.

5 La laïcité est une application du principe de neutralité en matière :

- □ **a.** religieuse.
- □ **b.** économique.
- □ **c.** politique.

6 En vertu de quelle valeur démocratique l'enseignement privé est-il autorisé ?

- □ **a.** La libre concurrence
- □ **b.** La liberté de circuler
- □ **c.** La liberté d'expression

Réponses : 1. a-c ; 2. c ; 3. c ; 4. b ; 5. a ; 6. c.

18 Les droits et les devoirs du professeur des écoles

▶ THÈME 3 : LE MÉTIER DE PROFESSEUR DES ÉCOLES

En 1992, le professorat des écoles est créé pour remplacer le corps des instituteurs. Ce titre de « professeur » aligne les instituteurs sur le statut et la rémunération des professeurs certifiés du second degré : comme eux, ils sont recrutés à bac + 5 et bénéficient du même indice de rémunération. La spécificité du professeur des écoles est qu'il reste polyvalent, contrairement à ses collègues spécialistes disciplinaires du secondaire.

A Compétences professionnelles du professeur des écoles

1. Service du professeur des écoles

▸ La création des professeurs des écoles correspond à une volonté **d'augmenter le niveau de qualification universitaire** des enseignants du premier degré, et de **revaloriser leur image sociale** et **leur rémunération.** Elle repose sur l'idée qu'enseigner en maternelle ou en CP est aussi difficile et valorisant qu'enseigner en terminale.

REMARQUE

Évolution de carrière

Dans sa carrière, un professeur des écoles pourra devenir directeur d'école en obtenant son inscription sur une liste d'aptitude, devenir maître formateur et intervenir en INSPÉ en passant le CAFIPEMF, s'orienter vers l'enseignement spécialisé (ULIS, RASED, SEGPA…) en passant le CAPPEI, ou inspecteur de l'Éducation nationale en passant un concours.

▸ Depuis 2013, le service des professeurs des écoles est de : « 24 heures hebdomadaires d'enseignement, auxquelles s'ajoutent 108 heures annuelles dédiées à des activités complémentaires. […] Les 108 heures se décomposent comme suit :
– 60 heures d'aide personnalisée, dont 36 heures d'activités pédagogiques complémentaires auprès des élèves et 24 heures de travail pédagogique dans le cadre du projet d'école ;
– 24 heures consacrées au travail en équipe, aux relations avec les parents et au suivi des élèves en situation de handicap ;
– 18 heures consacrées aux animations pédagogiques qui seront davantage axées vers les actions de formation continue, notamment dans le cadre de formations à distance sur supports numériques ;
– 6 heures consacrées à la participation aux conseils d'école[1]. »

NOTES

Les questions qui font débat

Faut-il maintenir la polyvalence du professeur des écoles ?

• Cette question se pose dans la mesure où la polyvalence différencie le professeur des écoles du professeur de lycée et collège, et dans la mesure où cette polyvalence est battue en brèche par la multiplication des intervenants qui, financés par certaines municipalités, prennent en charge l'enseignement d'arts visuels, d'EPS ou d'anglais.

1. Circulaire n° 2013-019 du 4 février 2013 : Personnels enseignants du premier degré – Obligations de service.

• La polyvalence est nécessaire pour assurer une unité de l'enseignement qui permette une approche cohérente pour l'élève, une pratique favorable au développement des compétences transversales, et une relation pédagogique et affective centrée sur un adulte référent. Ces dimensions sont d'autant plus nécessaires que l'élève est plus jeune. C'est pourquoi on peut envisager qu'à l'approche de l'entrée au collège, soit introduite progressivement une diversité des enseignants.

2. Formation des enseignants

▸ La formation de tous les enseignants des premier et second degrés est confiée aux **INSPÉ**, Instituts nationaux supérieurs du professorat et de l'éducation.

▸ La formation initiale alterne des temps de **formation théorique** et des temps de **stages pratiques** dans les classes.

3. Les compétences professionnelles du PE

L'arrêté du 1er juillet 2013, paru au *BOEN* du 25 juillet, intitulé « Formation des enseignants », décrit les quatorze compétences communes à tous les professeurs et personnels d'éducation.

3-1. Acteurs du service public d'éducation

(1) Faire partager les valeurs de la République

(2) Inscrire son action dans le cadre des principes fondamentaux du système éducatif et dans le cadre réglementaire de l'école

3-2. Pédagogues et éducateurs au service de la réussite de tous les élèves

(3) Connaître les élèves et les processus d'apprentissage

(4) Prendre en compte la diversité des élèves

(5) Accompagner les élèves dans leur parcours de formation

(6) Agir en éducateur responsable et selon des principes éthiques

(7) Maîtriser la langue française à des fins de communication

(8) Utiliser une langue vivante étrangère dans les situations exigées par son métier

(9) Intégrer les éléments de la culture numérique nécessaires à l'exercice de son métier

3-3. Acteurs de la communauté éducative

(10) Coopérer au sein d'une équipe

(11) Contribuer à l'action de la communauté éducative

(12) Coopérer avec les parents d'élèves

(13) Coopérer avec les partenaires de l'école

(14) S'engager dans une démarche individuelle et collective de développement professionnel.

B Le statut de fonctionnaire

▸ Le fonctionnaire est dit dans une **situation statutaire,** c'est-à-dire que ses conditions de recrutement, de travail et de rémunération sont définies dans le cadre d'un « statut général » fixé par la loi.

▸ Sous ce statut général, chaque « métier » de la fonction publique fait l'objet d'un « statut particulier » qui détermine sa place dans la hiérarchie, les fonctions auxquelles il correspond ainsi que les modalités de recrutement et de carrière. Les agents soumis au même statut sont dits former un **« corps »**. Le « statut général des fonctionnaires » se compose de :
– la loi du 13 juillet 1983 portant droits et obligations des fonctionnaires ;
– la loi du 11 janvier 1984 (fonction publique de l'État) ;
– la loi du 26 janvier 1984 (fonction publique territoriale) ;
– la loi du 9 janvier 1986 (fonction publique hospitalière).

REMARQUE

Contrairement au secteur « privé » où la situation du salarié dépend d'un contrat, les agents des administrations de l'État, des collectivités territoriales et du secteur sanitaire et social public ne sont pas régis par le code du travail et des conventions collectives.

C Les devoirs et les responsabilités civiles du PE

Les devoirs du PE découlent de son statut de fonctionnaire et des obligations liées au service public d'éducation. Cela signifie qu'il représente l'État et la loi, qu'il est en charge de l'application de la loi, et qu'il est au service de tous les citoyens, sans discrimination aucune.

1. Les devoirs du PE

1-1. L'obligation de neutralité

▸ Le principe de neutralité du service public interdit au fonctionnaire de faire de sa fonction l'instrument d'une propagande quelconque ou le lieu d'expression de ses opinions personnelles.

▸ L'enseignant, dans l'exercice de ses fonctions, est tenu de **s'abstenir d'exprimer ses opinions politiques, philosophiques, religieuses, et de favoriser un intérêt commercial.**

REMARQUE

Cette obligation cesse dès lors que l'enseignant sort du cadre professionnel ; il retrouve alors ses droits de citoyen ordinaire à l'entière liberté d'expression et d'engagement. Seul le devoir de réserve limite cette liberté d'expression hors du cadre professionnel.

NOTES

Les questions qui font débat

Un professeur des écoles peut-il exercer dans une école publique s'il a des opinions royalistes ?

La laïcité du service public interdit toute discrimination à l'embauche en fonction des opinions religieuses ou politiques. De plus, tout fonctionnaire conserve son droit constitutionnel à la liberté d'opinion et de conscience, en tant que citoyen. Néanmoins, le devoir de réserve oblige tout fonctionnaire à ne pas manifester ses opinions ou appartenances, religieuses ou politiques, dans l'exercice de ses fonctions.

1-2. L'obligation de réserve

▶ L'obligation de réserve consiste à une **limitation de la liberté d'expression même en dehors du service.** « Réserve » signifie l'obligation d'une certaine mesure à respecter dans ses propos publics, et le risque d'être poursuivi si l'on tient des propos excessifs (injures, caricatures, propos tendancieux ou calomniateurs) à l'encontre de ses supérieurs ou du service public.

▶ L'obligation de réserve **varie en fonction de critères divers** (place du fonctionnaire dans la hiérarchie, circonstances dans lesquelles il s'est exprimé, modalités et formes de cette expression). C'est ainsi que le Conseil d'État a jugé de manière constante que l'**obligation de réserve est particulièrement forte pour les titulaires de hautes fonctions administratives**. À l'inverse, les fonctionnaires investis d'un mandat politique ou de responsabilités syndicales disposent d'une plus grande liberté d'expression.

NOTES

Les questions qui font débat

Le devoir de réserve interdit-il de faire grève ?

Bien sûr que non ! Le droit syndical et le droit de grève sont garantis par la Constitution, y compris pour les fonctionnaires. Cependant, l'exercice de ce droit ne dispense pas du devoir de réserve qui interdit de manifester ses opinions syndicales ou politiques en présence des élèves ou des parents d'élèves.

1-3. L'obligation d'obéissance hiérarchique

▶ Le fonctionnaire « **doit se conformer aux instructions de son supérieur hiérarchique,** sauf dans le cas où l'ordre donné est manifestement illégal et de nature à compromettre gravement un intérêt public » (art. 28, loi n° 83.634 du 13-07-83). Le refus d'obéissance équivaut à une faute professionnelle.

▶ Les supérieurs hiérarchiques du professeur des écoles sont : l'inspecteur de l'Éducation nationale, responsable d'une circonscription (IEN), l'inspecteur d'Académie, responsable départemental (IA), le recteur (responsable de l'Académie), le ministre de l'Éducation nationale. (NB : le directeur d'école n'est pas un supérieur hiérarchique.)

1-4. L'obligation de désintéressement

▶ Le fonctionnaire **ne peut exercer à titre professionnel une activité privée** lucrative de quelque nature que ce soit. Cette interdiction générale de cumul s'applique à l'ensemble des agents, fonctionnaires et agents non titulaires exerçant leur activité à temps complet ou à temps non complet. Pour les cumuls d'activités publiques, le fonctionnaire ne peut pas exercer une deuxième fonction qui occuperait à elle seule son activité et dont la rémunération constituerait un traitement normal.

▶ **Il existe des dérogations :** une décision favorable conjointe des deux administrations ; une durée limitée ; pas plus de deux emplois ; pas de préjudice à l'activité principale ; une rémunération totale inférieure à deux fois le traitement principal (loi du 13-07-83, art. 25 et décret-loi du 29-10-1936).

1-5. L'obligation d'information au public

▶ « Les fonctionnaires ont le devoir de satisfaire aux demandes d'information du public » (art. 27, loi n° 83.634 du 13-07-83). Ce devoir d'information correspond au droit de toute personne à **l'accès aux documents administratifs** la concernant.

▶ Cette obligation de « transparence » administrative concerne **l'accès des parents** au dossier scolaire de leur enfant, mais aussi **l'accès des fonctionnaires** à leur propre dossier administratif.

1-6. L'obligation de secret professionnel

▶ « Les fonctionnaires sont **tenus au secret professionnel dans le cadre des règles instituées dans le code pénal**. [...] Cette disposition a pour objet de protéger les intérêts matériels et moraux des particuliers. L'obligation n'est pas absolue. La révélation des secrets acquis est parfois permise, voire même obligatoire » [dans les cas où le fonctionnaire doit prouver son innocence ou sur réquisition de la justice] (loi n° 83.634 du 13-07-83, article 26).

▶ Par exemple, le secret concerne des informations sur la situation familiale ou l'état de santé d'un élève que l'enseignant a obtenues dans le cadre d'une réunion professionnelle.

1-7. L'obligation de discrétion professionnelle

▶ « Les fonctionnaires doivent **faire preuve de discrétion professionnelle** pour tous les faits, informations ou documents dont ils ont connaissance dans l'exercice ou à l'occasion de l'exercice de leurs fonctions. En dehors des cas expressément prévus par la réglementation en vigueur, notamment en matière de liberté d'accès aux documents administratifs, les fonctionnaires ne peuvent être déliés de cette obligation de discrétion professionnelle que par décision expresse de l'autorité dont ils dépendent » (loi n° 83.634 du 13-07-83, article 26).

▶ Plus légère que le secret, la discrétion vise surtout des informations acquises dans le cadre de l'activité professionnelle du professeur des écoles et qui pourraient **nuire à l'image ou à la réputation du service public ou de l'établissement** si elles étaient divulguées. Attention, il ne s'agit pas d'une « loi du silence », et cette obligation de discrétion ne s'applique pas à des faits tombant sous le coup de la loi.

REMARQUE

La discrétion s'impose, par exemple, pour des informations délicates sur la vie privée d'un collègue mais sans aucune retombée sur sa vie professionnelle. Ou encore pour des maladresses administratives ou financières dans la gestion de l'établissement, commises involontairement et vite réparées. Par contre, il ne peut y avoir de discrétion sur un détournement de fonds.

1-8. L'obligation de signalement

Tout fonctionnaire qui, dans l'exercice de ses fonctions, acquiert la connaissance d'un crime ou d'un délit doit en aviser sans délai le procureur de la République. (Circulaire n° 97175 du 26 août 1997. *Bulletin officiel* hors-série n° 5 du 4 septembre 1997.)

À RETENIR

Obligation de signalement ou secret professionnel ?

- La question se pose, en particulier, lorsque l'enseignant est en possession d'informations sur la situation familiale d'un élève qui font apparaître une menace sur sa santé ou son intégrité (alcoolisme, abus sexuels, prédélinquance…), ou lorsqu'un enseignant sait qu'un collègue se livre à des attouchements sexuels sur les élèves ou à de graves humiliations condamnées par la loi.
- Aujourd'hui, le souci de lutter contre la maltraitance et de protéger l'enfant amène à insister sur l'urgence de l'obligation de signalement. C'est le sens de la loi du 5 mars 2007 qui modifie le code pénal en levant clairement le secret professionnel au profit de l'obligation de signalement.

« **Code pénal**

Article 226-13

La révélation d'une information à caractère secret par une personne qui en est dépositaire soit par état ou par profession, soit en raison d'une fonction ou d'une mission temporaire, est punie d'un an d'emprisonnement et de 15 000 euros d'amende.

Article 226-14 modifié par loi n° 2007-297 du 5 mars 2007

L'article 226-13 n'est pas applicable dans les cas où la loi impose ou autorise la révélation du secret. En outre, il n'est pas applicable :

1. À celui qui informe les autorités judiciaires, médicales ou administratives de privations ou de sévices, y compris lorsqu'il s'agit d'atteintes ou mutilations sexuelles, dont il a eu connaissance et qui ont été infligées à un mineur ou à une personne qui n'est pas en mesure de se protéger en raison de son âge ou de son incapacité physique ou psychique.

[…] Le signalement aux autorités compétentes effectué dans les conditions prévues au présent article ne peut faire l'objet d'aucune sanction disciplinaire.

Article 434-3

Le fait pour quiconque ayant eu connaissance de mauvais traitements ou privations infligés à un mineur de 15 ans ou à une personne qui n'est pas en mesure de se protéger en raison de son âge, d'une maladie, d'une infirmité, d'une déficience physique ou psychique ou d'un état de grossesse, de ne pas informer les autorités judiciaires ou administratives est puni de 3 ans d'emprisonnement et de 45 000 euros d'amende. »

▸ Quels sont les crimes et délits concernés par l'obligation de signalement ?

- **Les atteintes à l'intégrité physique** (coups et blessures, violences sexuelles, racket) ou à la dignité de la personne (insultes racistes, sexistes…).
- **Les atteintes graves aux biens** (incendie, vol, détérioration des locaux ou d'un véhicule).

▸ Dans la pratique, cette obligation de signalement peut s'avérer délicate et poser des cas de conscience. Par exemple, signaler un élève maltraité peut entraîner le fait qu'il soit retiré à ses parents. Lourde responsabilité ! Cette décision est généralement prise en concertation avec l'équipe pédagogique, le directeur ou l'inspecteur.

▸ L'autre difficulté réside dans les risques de rumeurs : ainsi, il arrive que des enseignants soient poursuivis à la suite de dénonciations pour sévices sexuels qui se révèlent infondées. L'obligation de signalement se montre parfois source de cas délicats d'éthique professionnelle.

1-9. L'obligation de surveillance

▶ L'obligation de surveillance est rappelée par une circulaire du 18 septembre 1997. Le manquement à cette obligation peut constituer **une faute civile.**

▶ L'obligation de surveillance concerne prioritairement la récréation en raison des risques accrus durant cette période. Mais les enseignants sont soumis à **une obligation de surveillance continue** durant tout le temps où l'enfant est confié à l'école[1].

2. Les responsabilités de l'enseignant

2-1. La responsabilité civile

▶ En cas d'accident subi par un élève, la responsabilité civile est engagée si l'enseignant a commis une faute ayant **favorisé involontairement** cet accident (défaut de surveillance, par exemple). Elle est définie par l'article L. 911-4 du code de l'éducation.

▶ Elle consiste dans l'obligation de réparer un préjudice causé à autrui (les dommages). Deux principes :
– **principe de responsabilité pour faute** des enseignants ;
– **principe de substitution de l'État** : si l'enseignant a commis la faute dans l'exercice de ses fonctions, l'État prend à sa place la responsabilité et la réparation du dommage.

«

Article 1 383 du code civil

Chacun est responsable du dommage qu'il a causé non seulement par son fait, mais encore par sa négligence ou son imprudence.

Article 121-3 du code pénal

Il y a également délit, lorsque la loi le prévoit, en cas de faute d'imprudence, de négligence ou de manquement à une obligation de prudence ou de sécurité prévue par la loi ou le règlement, s'il est établi que l'auteur des faits n'a pas accompli les diligences normales compte tenu, le cas échéant, de la nature de ses missions ou de ses fonctions, de ses compétences ainsi que du pouvoir ou des moyens dont il disposait.

»

▶ L'enseignant est dégagé de cette responsabilité en cas de force majeure, de faute commise par la victime, ou d'intervention d'un tiers (clauses exonératoires).

2-2. La responsabilité pénale

▶ La responsabilité pénale est engagée si **l'enseignant a provoqué volontairement** cet accident. La faute pénale conduit à subir personnellement une peine (l'État ne se substitue pas à la responsabilité personnelle de l'enseignant en ce cas).

▶ Comme tout citoyen, l'enseignant est **poursuivi pénalement** en cas de crime ou délit commis délibérément : accidents graves, atteintes à l'intégrité physique d'un élève, homicide involontaire par défaut de surveillance…

REMARQUE

Depuis la loi du 10 juillet 2000, la responsabilité pénale est atténuée en cas de faute involontaire ou indirecte, par imprudence ou négligence. Dans ce cas, l'enseignant pourra ne pas être condamné pénalement, sauf si la faute revêt une gravité particulière : violation délibérée d'une règle de sécurité, mise en danger d'autrui en connaissance de cause…

1. Consultez des études de cas portant sur différentes affaires concernant des accidents survenus au sein de l'école en flashant le QR Code ci-contre.

D Les droits du PE

▸ Les principaux droits du professeur des écoles sont :
- la liberté d'opinion (non d'expression !) politique, syndicale, philosophique ou religieuse ;
- le droit de grève ;
- le droit syndical ;
- le droit à la formation permanente (l'inspection académique doit proposer chaque année des actions ou des stages de formation aux professeurs des écoles) ;
- le droit de participation aux diverses instances (par des représentants élus) ;
- la rémunération après service fait (tout travail effectué doit être payé) ;
- le droit à la carrière (droit à un avancement dans les échelons supérieurs) ;
- le droit aux congés ;
- le droit à la protection : « Les fonctionnaires et les agents non titulaires ont droit à une protection et le cas échéant à une réparation lorsqu'ils ont fait l'objet, à l'occasion de leurs fonctions, de menaces, d'outrages, de voies de fait, d'injures ou de diffamations. Ils ont droit à une protection, dans certaines circonstances, en cas de poursuites pénales et civiles engagées par un tiers pour faute de service » (loi n° 83.634 du 13-07-83, article 11) ;
- l'État protège ses fonctionnaires ; en cas d'agression, il peut déposer plainte, ou fournir une assistance juridique à un fonctionnaire poursuivi.

ZOOM SUR…

Un « droit d'accueil les jours de grève »

▸ La loi instituant un droit d'accueil a été promulguée par le parlement le 20 août 2008.
Le principe de la loi est défini dans l'article 2 : « Tout enfant scolarisé dans une école maternelle ou élémentaire publique ou privée sous contrat est accueilli pendant le temps scolaire pour y suivre les enseignements prévus par les programmes. Il bénéficie gratuitement d'un service d'accueil lorsque ces enseignements ne peuvent lui être délivrés en raison de l'absence imprévisible de son professeur et de l'impossibilité de le remplacer. Il en est de même en cas de grève [...].
▸ Cette loi permet de concilier deux libertés :
– la liberté pour les enseignants de faire grève ;
– la liberté pour les familles de poursuivre leurs activités professionnelles les jours de grève.

L'organisation du service d'accueil

▸ Les jours de grève, les enfants sont accueillis même si leur enseignant est absent pour fait de grève. L'État assure cet accueil si le nombre prévu d'enseignants faisant grève dans une école est inférieur à 25 %.
▸ Les communes assurent le service d'accueil si le nombre d'enseignants faisant grève est supérieur ou égal à 25 % des enseignants des écoles publiques maternelles et élémentaires. »

E Les obligations sur l'usage du numérique

1. Chartes d'usage d'Internet

▸ Le développement du numérique à l'école impose le rappel de **règles et de devoirs dans l'utilisation des TIC** (technologies de l'information et de la communication).

▸ Dès 2004 (circulaire du 18-2-2004), le ministère a mis en place des **chartes d'usage d'Internet.**

> **Charte d'usage d'Internet dans le premier degré (extraits)**
>
> **Respect de la législation**
> Les utilisateurs sont tenus de respecter la législation en vigueur :
> – le respect des personnes (pas d'atteinte à la vie privée ou au secret de la correspondance, ni d'injures ou de diffamation) ;
> – la protection des mineurs contre les contenus dégradants, violents ou favorisant sa corruption ;
> – le respect l'ordre public qui condamne le racisme, l'antisémitisme ou l'apologie du crime ;
> – le respect du droit d'auteur des œuvres littéraires, musicales, photographiques ou audiovisuelles mises en ligne, et d'une manière générale, le respect du code de la propriété intellectuelle. [...]
>
> **Les droits des utilisateurs**
> • Ils bénéficient du droit d'usage des services proposés par l'établissement ; ce droit d'accès est personnel, incessible et lié à l'appartenance à l'établissement ou à l'école.
> • Ils ont droit au respect de la vie privée et à la confidentialité des informations personnelles.
> • Ils doivent être prévenus des contrôles qui peuvent être effectués sur l'usage des ressources informatiques.
>
> **Les obligations des utilisateurs**
> • Préservation de l'intégrité des services : l'usager ne doit pas effectuer, de manière volontaire, d'actions pouvant nuire à l'intégrité des systèmes.
> • Utilisation des ressources pour les activités pédagogiques : il s'agit d'un usage dans le cadre éducatif et non personnel[1] [...].

2. Le droit de l'image

▸ La facilité de récupérer des photographies numériques, de les diffuser, voire de les modifier font souvent oublier qu'il existe un droit à l'image très réglementé.

À RETENIR

Les trois protections qui s'appliquent à une photographie
• Celle de l'auteur (le photographe), et de l'artiste (s'il n'est pas dans le domaine public).
• Celle de l'éventuel diffuseur (agence photo, éditeur…).
• Celle du sujet (personne, bien entendu, mais aussi des œuvres architecturales récentes, des habitations privées…).

▸ Numériser la photographie d'une personne nécessite donc un double accord : **l'autorisation de la personne concernée et l'acquittement de droits** pour la photographie.

1. Consultez le guide d'élaboration d'une charte en flashant le QR Code ci-contre.

▸ Le droit à l'image d'une personne repose sur :
- le respect de sa vie privée ;
- le respect absolu sur son image.

▸ Toute personne concernée peut s'opposer à la diffusion et à l'utilisation de son image. En ce qui concerne les mineurs, la protection est encore plus affirmée, même en milieu scolaire. **L'autorisation préalable des tuteurs ou parents est obligatoire.**

? QUIZ EXPRESS

pour tester ses connaissances

1 Qu'est-ce qui différencie un PE d'un professeur de collège ?

- ☐ a. Le temps de service
- ☐ b. Le niveau de recrutement
- ☐ c. La polyvalence

2 L'obligation de réserve interdit :

- ☐ a. l'expression d'opinions personnelles.
- ☐ b. l'expression excessive de critiques en dehors du service.
- ☐ c. le fait d'avoir des opinions personnelles subversives.

3 À quelle condition peut-on prendre des photos des élèves ?

- ☐ a. Avec l'autorisation écrite des parents
- ☐ b. Avec l'autorisation de l'élève
- ☐ c. Avec l'autorisation du directeur

4 En cas de poursuites contre un enseignant, le principe de « substitution de l'État » consiste :

- ☐ a. en ce que l'État prend en charge la responsabilité civile à la place de l'enseignant.
- ☐ b. en ce que l'État prend en charge la responsabilité pénale de l'enseignant.
- ☐ c. en ce que l'État assure la protection juridique de l'enseignant.

5 L'obligation de surveillance impose :

- ☐ a. que tous les enseignants surveillent la récréation.
- ☐ b. qu'au moins un enseignant surveille la récréation.
- ☐ c. que les enseignants sont responsables de tous les élèves dans toute l'école.

Réponses : 1. a-c ; 2. b ; 3. a ; 4. a ; 5. b-c.

19 Instruire, éduquer, former

▶ THÈME 3 : LE MÉTIER DE PROFESSEUR DES ÉCOLES

« Professeur », « instituteur », « enseignant », « pédagogue »…, le vocabulaire de l'éducation est multiple, et l'on ne sait pas toujours quel terme adéquat utiliser. De plus, certaines notions, comme « éducation » ou « instruction », renvoient à des débats sur les missions de l'école et le métier d'enseignant.

A Les termes

1. Éduquer

▶ « Éduquer » vient du verbe latin *educare* qui signifie « faire croître », ou *educere* qui signifie « faire sortir ». L'éducation est **l'activité qui fait grandir les enfants** pour les rendre adultes, et qui les aide à sortir de l'enfance et de l'ignorance.

▶ L'éducation est propre à l'homme, au sens où les animaux naissent déjà pourvus des instincts qui guideront leur vie. Le petit d'homme, au contraire, naît « inachevé » : sans ses parents, sans la société et l'éducation, il ne saura jamais marcher, parler, écrire, compter, créer, etc.

▶ Elle **développe des capacités « programmées »** chez l'enfant (parler, marcher, écouter, observer, créer…) et apporte des savoirs et des savoir-faire produits par la civilisation (technologie, sciences, religions, arts, histoire, etc.).

▶ L'éducation concerne globalement toute la personnalité de l'enfant : elle vise plus **les compétences, savoir-faire et savoir-être,** que les contenus de connaissance.

REMARQUE

Le terme d'éducateur

Au sens large, il désigne tout adulte contribuant à l'éducation d'un enfant (parents, enseignants, etc.) ; au sens restreint, il désigne un métier précis : celui d'encadrer des enfants ou des adolescents dans des internats ou des centres d'enseignement spécialisé. Leur tâche est complémentaire de celle des enseignants.

2. Instruire

▶ « Instruire » vient du verbe latin *instruere* qui signifie « meubler, équiper », mais aussi « ranger ». Instruire, c'est **transmettre des connaissances**, mais aussi aider à les **ranger** pour en faire un **savoir méthodique**.

▶ Le terme d'« instructeur » a pris aujourd'hui un sens retreint (instructeur militaire, par exemple), peu compatible avec l'enseignement. En revanche, **l'instruction reste au cœur des missions propres de l'école**, sur lesquelles on propose parfois de la recentrer : apprendre à lire, écrire, compter…

REMARQUE

Transmettre des connaissances ou instruire constitue, depuis Condorcet et Jules Ferry, la mission essentielle de l'école républicaine.

3. Enseigner

▶ « Enseigner » vient du verbe latin *insignire,* qui signifie « faire connaître ». C'est le terme aujourd'hui le plus générique, et le plus usuel.

▸ L'enseignement désigne spécialement les activités scolaires visant **les apprentissages prévus dans les programmes officiels** et dispensés par des professionnels de la pédagogie et des savoirs : les enseignants.

4. Apprendre

▸ « Apprendre » est le **symétrique d'« enseigner »** : le maître enseigne, l'élève apprend. Mais on dit aussi que l'enseignant apprend aux élèves l'alphabet, par exemple.

▸ Apprendre **renvoie à l'acte d'apprentissage,** c'est-à-dire à l'activité de l'élève dans sa compréhension de la consigne, dans l'affrontement des obstacles et des erreurs, dans l'exercice ou la production, dans l'évaluation de son travail.

5. Professer

▸ « Professer » vient du verbe latin *profere* qui signifie « déclarer, parler en public ». Le professeur est littéralement quelqu'un qui « parle devant ». C'est le **terme officiel pour désigner le métier**.

▸ En principe, le professeur fait cours : le professeur parle, et les élèves écoutent… C'est le modèle pédagogique dominant dans l'enseignement secondaire et supérieur, moins dans le primaire.

6. Instituer

▸ « Instituer » est l'acte des instituteurs. Principaux défenseurs de la République laïque à partir de Jules Ferry, on leur doit **la scolarisation des campagnes** et **l'instruction élémentaire du peuple** au cours du XXe siècle.

▸ C'est l'héritage humaniste de la Renaissance qui veut que l'humanité ne soit pas une donnée naturelle, mais une construction volontaire de l'homme se modifiant lui-même. Par exemple, l'apprentissage du langage humanise et « institue » l'humanité. Toute « institution » (école, religion, État, etc.) est une création de la liberté humaine qui construit ainsi la civilisation.

REMARQUE

Les instituteurs

Leur mission fut d'« instituer » l'humanité en l'enfant, c'est-à-dire de créer l'humanité à partir de l'animalité première de l'enfant (Montaigne intitule son essai *De l'institution des enfants*).

7. Maître

▸ « Maître » et « maîtresse » restent les appellations préférées des enfants. Mais cela correspond aussi à une réalité professionnelle : le « maître d'école » est censé **maîtriser les savoirs** qu'il doit enseigner. Ces savoirs font sa polyvalence et sont dispensés au niveau de l'école « élémentaire ».

▸ Secondairement, le « maître » doit aussi être apte à « maîtriser » sa conduite de classe, sa pédagogie et la discipline.

8. Pédagogue

▸ « Pédagogie » vient du grec *paîs ageîn* qui signifie « conduire l'enfant ». Dans l'Antiquité, le pédagogue est un esclave qui conduit l'enfant à l'école. Par dérivation, le pédagogue devient le maître d'école lui-même.

REMARQUE

L'enseignant est un pédagogue au sens où il doit savoir mettre le savoir à la portée de l'enfant, et organiser les apprentissages de l'élève. La pédagogie désigne alors une méthode, par opposition aux contenus de connaissance.

▶ L'enseignant est **libre de choisir sa pédagogie,** à condition de pouvoir justifier son choix par l'efficacité des apprentissages.

9. Former

▶ Former est une des missions de l'école. « Former » signifie **imposer une forme pour adapter à une fonction.**

▶ Cependant, former paraît désigner **une intervention trop dirigiste** pour l'école. L'école n'est pas un « conditionnement » selon un modèle imposé : elle veut être au service de l'épanouissement de l'enfant dans sa diversité et son originalité. À l'inverse de la formation, l'éducation n'impose pas un modèle, mais ouvre la personnalité de l'enfant à toutes ses possibilités.

▶ C'est pourquoi la formation, comme spécialisation fonctionnelle, n'intervient qu'après l'éducation et le développement général de la personnalité.

10. Élever

▶ L'école accueille des élèves pour qu'ils ne soient plus des enfants : il s'agit de les « élever » à l'âge adulte par l'éducation à la responsabilité, l'apprentissage de l'autonomie, et l'enseignement des savoirs. En ce sens, l'éducation permet **l'« élévation » du niveau des élèves** qui se dépassent à chaque progrès.

▶ En revanche, l'« élevage » est traditionnellement de la responsabilité des familles. Au-delà de l'aspect choquant du terme qui évoque le monde animal, il désigne pourtant **l'ensemble des tâches matérielles qui accompagnent la petite enfance** : l'apprentissage de la propreté, l'alimentation, l'affection qui l'entoure, la protection, les premiers jeux, les premiers pas. Rappelons que l'entrée à l'école maternelle est, en principe, conditionnée par la propreté de l'enfant.

11. Dresser

▶ Ce terme peut choquer en ce qu'il s'applique d'ordinaire aux animaux de cirque, et qu'on imagine mal le professeur des écoles en « dresseur »…

▶ Pourtant, le terme fait débat : **Kant considère que le dressage doit précéder l'éducation**, au sens où l'enfant doit contrôler son corps et ses désirs avant de pouvoir accéder aux apprentissages intellectuels. À l'école, on apprend d'abord à rester assis… La contrainte est le détour indispensable pour éduquer à la liberté, comme autonomie et contrôle de soi.

▶ De même, **Freud définit l'éducation essentiellement comme une inhibition et une frustration des désirs** : apprendre à patienter et à différer la satisfaction de ses pulsions. « L'éducation, dit-il, doit inhiber, interdire, réprimer, et c'est à quoi elle s'est, depuis toujours, largement appliquée » (*L'avenir d'une illusion*, 1927).

▶ Enfin, le béhaviorisme, ou psychologie du comportement, voit dans l'éducation **une suite de conditionnements et de renforcements**, selon le schéma « stimulus-réponse », qui ne diffèrent pas fondamentalement des mécanismes du dressage animal.

▶ Ces conceptions s'opposent, bien sûr, aux éducations qui s'appuient sur **la volonté consciente de l'enfant** et sa capacité à **comprendre le sens des règles** (Alain, Freinet…). Néanmoins, l'hypothèse du « dressage » soulève la question des premiers apprentissages et du rapport de l'enfant aux contraintes éducatives : est-il capable de les comprendre sans qu'elles lui soient imposées par force ? Jusqu'où l'enfant peut-il « entendre raison » ?

NOTES

Les questions qui font débat

L'enseignant est-il un animateur ?

- « Animateur » désigne aujourd'hui un emploi précis et l'on sait qu'un certain nombre de candidats sont ou ont été animateurs auprès d'enfants ou d'adolescents.
- Il faut distinguer ces deux professions : le professeur n'est pas un animateur. La fonction de l'animateur est essentiellement d'encadrer et de divertir les enfants. La fonction du professeur est principalement d'instruire, d'enseigner et de transmettre des savoirs.
- Cela dit, ces deux activités professionnelles peuvent se rejoindre dans une mission commune d'éducation : l'animateur et le professeur des écoles ont à socialiser l'enfant, à lui apprendre des règles de vie ou des valeurs. De plus, on demande de plus en plus aux enseignants des talents d'animation dans la classe : intéresser les élèves, les motiver, mettre en place des activités attrayantes, ménager des temps de relaxation ou de jeu, rythmer et diversifier les activités. Cette capacité est d'autant plus exigée quand les publics scolaires présentent des difficultés à s'investir dans les apprentissages ou des comportements de refus de la discipline.
- En bref, l'enseignant doit savoir être « animateur » quand c'est nécessaire, sans réduire les activités proposées à de l'« occupationnel » ou du divertissement.

B Éduquer et instruire : la querelle

1. Un débat initié à la Révolution

▸ L'opposition entre éduquer et instruire est clairement posée dès la Révolution, qui vit la confrontation en 1792 entre **un projet d'Instruction publique,** élaboré par Condorcet et soutenu par les Girondins, et **un projet d'Éducation nationale,** élaboré par Lepeletier de Saint-Fargeau et soutenu par Robespierre.

▸ Dès cette époque, le clivage politique est net entre une **volonté d'éducation globale** qui forme l'ensemble de la personnalité de l'enfant, et un projet plus restreint qui limite l'école à **la transmission de connaissances,** laissant l'éducation à la famille.

▸ Pour Condorcet, l'instruction enseigne non des opinions, mais des vérités rationnelles. Elle vise à donner aux citoyens la connaissance des lois et des droits de l'homme, ainsi que les connaissances scientifiques qui forment la raison et libèrent des superstitions. L'instruction permet de libérer le peuple et de fonder la démocratie, dans le droit fil des Lumières.

▸ L'éducation, au contraire, « embrasse toutes les opinions politiques, morales et religieuses » (Condorcet) ; elle s'adresse plus au cœur et à l'imagination qu'à la raison.

2. De l'Instruction publique à l'Éducation nationale

▸ Le ministère de l'Instruction publique devient ministère de l'Éducation nationale en 1934.

▸ Traditionnellement, l'école républicaine avait mission d'instruire, et l'éducation incombait aux familles. Mais aujourd'hui, cette répartition des rôles est brouillée : certains parents entreprennent d'apprendre à lire à leurs enfants, et l'école doit éduquer à la politesse ou au respect des règles de vie commune.

▸ Certaines disciplines scolaires parlent d'éducation : l'éducation physique et sportive, l'éducation artistique, l'éducation civique. Ces disciplines visent d'abord à développer des comportements, des valeurs, des savoir-faire et des savoir-être. Mais on peut considérer que toutes les disciplines comportent une part d'instruction et une part d'éducation : les mathématiques, par exemple, apportent des contenus instructifs, mais aussi une éducation à la rigueur ; l'éducation civique instruit quand elle enseigne l'histoire du droit de vote (contenus de connaissances), mais elle éduque quand elle persuade qu'il faut aller voter (comportement) et que l'exercice du droit de vote garantit la démocratie (valeurs).

▶ Enfin, les politiques ministérielles favorisent l'instruction quand elles veulent recentrer l'école sur ses « missions fondamentales » (lire, écrire, compter ; la transmission des connaissances), ou inclinent vers l'éducation quand elles veulent ouvrir l'école à des dimensions artistiques, sociales ou politiques plus globales.

NOTES

Les questions qui font débat

Enseigner, est-ce transmettre des connaissances ?

- Cette définition de l'enseignement limite la mission de l'école à la seule instruction, et, de plus, sur un modèle pédagogique magistral et « transmissif ».
- On peut objecter que l'école aujourd'hui doit aussi s'ouvrir à une mission d'éducation morale, sociale, civique et que l'enseignement n'est pas une simple « transmission », mais une aide à la construction des connaissances par un élève actif.
- Cela dit, si enseigner ne se réduit pas à cette tâche, la transmission des connaissances demeure une mission fondamentale de l'école, au sens où l'école a la responsabilité de transférer d'une génération à l'autre les connaissances acquises, mais aussi des valeurs ou des normes. « Transmettre des connaissances » reste donc une mission essentielle de l'école, mais cette dernière ne s'y réduit pas, et cela ne condamne pas à pratiquer une pédagogie « transmissive » : on peut transmettre le patrimoine de l'humanité par des méthodes actives (recherche documentaire, enquête, expériences, visites, etc.).

? QUIZ EXPRESS
pour tester ses connaissances

1 Que signifie « Éduquer » ?

☐ a. Élever l'enfant en développant ses capacités

☐ b. Former l'enfant à son futur métier

☐ c. Donner à l'enfant des connaissances

2 Que signifie le terme « instituteur » selon son étymologie ?

☐ a. Celui qui enseigne à l'école primaire

☐ b. Celui qui institue l'humanité en l'enfant

☐ c. Celui qui dispense une instruction élémentaire

3 La pédagogie est :

☐ a. l'art d'organiser l'enseignement dans la classe.

☐ b. l'art de conduire l'éducation de l'enfant.

☐ c. la maîtrise des savoirs scolaires.

Réponses : 1. a ; 2. b ; 3. a-b.

20 Autorité et discipline

▶ THÈME 3 : LE MÉTIER DE PROFESSEUR DES ÉCOLES

Autorité et discipline font partie intégrante du métier d'enseignant. Si elles ne constituent pas un but en soi, elles sont les garantes de la possibilité du professeur d'assurer son enseignement.

A L'autorité

1. Comment définir l'autorité ?

1-1. Autorité et pouvoir

▶ Le mot « autorité » vient du mot latin *auctoritas*, dérivé du verbe *augere* qui signifie « élever » ou « faire grandir ». Cette étymologie indique que **l'autorité permet de tirer quelqu'un vers le haut,** de l'aider à grandir. On voit le **lien étroit avec l'éducation** : la personne détentrice d'autorité en use pour le bien de l'enfant, pour l'aider à grandir.

▶ L'autorité est légitime dans la mesure où elle sert celui qui y est soumis. Sinon, elle se confond avec le pouvoir comme domination par la force.

1-2. Se faire obéir sans recourir à la force

▶ Le recours à la force marque la limite et l'échec de l'autorité. Un maître qui a de l'autorité punit rarement.

▶ Selon Hannah Arendt dans son ouvrage, *La crise de la culture,* l'autorité suppose :

① un inférieur et un supérieur, une hiérarchie ;

② que le supérieur commande à l'inférieur pour le bien de ce dernier ;

③ que l'inférieur obéisse volontairement, sans résister ;

④ de ne pas avoir recours à la force ;

⑤ de ne pas faire usage de la persuasion, ou de l'argumentation qui suppose une relation d'égalité.

▶ Ainsi, l'autorité est une forme de **domination intermédiaire entre le pouvoir de la force, et celui de la raison.** Elle est le passage obligé de l'hétéronomie (obéir à la force d'autrui) à l'autonomie (obéir à sa propre raison). D'où son rôle central dans un processus éducatif.

1-3. Autorité et autoritarisme

Les deux sont souvent confondus. Quelqu'un d'« autoritaire » désigne une personne qui use et abuse de la force et des punitions. Au contraire, l'autorité consiste à être obéi **sans recourir à la force**, ou le moins possible.

1-4. Autorité et discipline

▶ L'autorité doit être distinguée de la discipline. La discipline et les sanctions sont nécessaires quand l'autorité n'est pas acceptée.

▸ **Un enseignant dont l'autorité est respectée recourt peu aux sanctions.** Cela n'interdit pas, si besoin est, de conforter ou de rétablir son autorité par des mesures disciplinaires.

1-5. Autorité et respect

▸ Avoir de l'autorité, c'est d'abord **se faire obéir** ; mais l'autorité impose une obéissance juste et légitime dans la mesure où elle s'établit dans un rapport de respect réciproque.

▸ La véritable autorité doit être « reconnue » comme voulant le bien de celui qui y est soumis. En règle générale, un élève respecte un maître même sévère, mais juste et bienveillant.

2. Les différents types d'autorité

Les différentes formes d'autorité peuvent se classer de la plus arbitraire à la plus consensuelle.

2-1. Le charisme

Il désigne une **autorité naturelle et immédiate,** une sorte de force invisible qui émane de la personne et qui obtient de façon irrésistible obéissance et admiration. Elle peut être dangereuse en matière d'éducation, en ce qu'elle maintient l'inférieur dans une admiration infantilisante, et peut ainsi l'empêcher de grandir.

2-2. L'arbitre

L'arbitre fonde son autorité sur **son impartialité et sa neutralité.** Cette autorité intervient dans les conflits, pour y mettre fin en se plaçant au-dessus des parties et en imposant une solution respectueuse des règles. L'enseignant joue souvent ce rôle dans la gestion de classe.

2-3. L'expert

Ce dernier fonde son autorité sur **sa compétence** ou **son savoir.** Cette autorité s'exerce sous forme de conseils ou d'avis, que l'on peut suivre ou non. L'enseignant tire en grande partie son autorité de la reconnaissance de son savoir.

2-4. Le contrat

Il s'agit de l'autorité la plus rationnelle et la plus consensuelle, car impersonnelle. C'est l'autorité de la **règle commune** ou de la **loi démocratique,** élaborée par tous dans l'intérêt commun. L'autorité rejoint ici l'autonomie. Les pédagogies nouvelles privilégient ce type d'autorité.

3. D'où l'enseignant tire-t-il son autorité ?

3-1. L'autorité du savoir

Le professeur, comme expert, **tire sa principale autorité de son savoir.** Les élèves sont censés lui obéir en ce qu'ils reconnaissent la supériorité de ce savoir, et le besoin qu'ils en ont.

3-2. L'autorité statutaire ou fonctionnelle

Le professeur, comme fonctionnaire, est représentant de l'État et de la loi. À ce titre, il bénéficie d'une **autorité déléguée par l'État** ; lui obéir et le respecter, c'est obéir et respecter l'État à travers lui. Chez certains élèves, la contestation de l'autorité de l'enseignant vise, à travers lui, l'État et la société.

3-3. L'autorité de l'arbitre

Elle découle du statut précédent. Le professeur est **responsable de l'ordre et de la sécurité** dans la classe. Cependant, dans les conflits qui l'opposent aux élèves, il se retrouve à la fois juge et partie, ce qui peut remettre en cause son impartialité aux yeux des élèves. Dans ce cas, le professeur doit s'imposer une égale obéissance aux règles (ponctualité, respect, vocabulaire, tenue, etc.) qui s'appliquent aux élèves, afin de rendre crédible son autorité.

3-4. L'autorité personnelle

Ce facteur s'ajoute incontestablement aux trois premiers, et fait que, à statut et savoir égaux, deux professeurs n'ont pas la même autorité.

REMARQUE

Peut-on se résigner à cette inégalité « naturelle » des enseignants en matière d'autorité ? Peut-on être enseignant si l'on n'a pas de charisme ? Peut-on enseigner sans autorité ?

4. L'autorité s'apprend-elle ?

L'autorité est une **compétence professionnelle** qui, en tant que telle, doit faire l'objet d'un apprentissage et d'une formation.

4-1. Un travail sur soi-même

▶ L'autorité suppose **une assurance** qui dépend de l'image qu'on a de soi. C'est un travail de longue haleine qui consiste à améliorer l'image de soi, par une aide psychologique, par une expérience théâtrale, par les conseils et le regard d'un collègue. L'expérience professionnelle, avec le temps, apporte souvent cette assurance et cette sécurité dans l'exercice du métier.

▶ Il convient aussi d'acquérir un sentiment solide de sa **légitimité professionnelle**. Un doute quant à cette légitimité peut produire un sentiment de fragilité dans l'exercice de l'autorité.

▶ Enfin, l'autorité professorale peut pâtir de la **crainte de déplaire** aux élèves, ou du **besoin de se faire aimer** d'eux, en répugnant à les punir ou à se montrer ferme dans ses exigences.

4-2. Les gestes pédagogiques

▶ Ne pas manquer de respect envers les élèves, tout en exigeant qu'ils vous respectent. Intervenir dans les conflits pour assurer la sécurité des élèves.

▶ Préparer sérieusement la classe. Bien organiser le travail des élèves afin qu'ils ne s'ennuient pas ou ne restent pas désœuvrés, et que le niveau d'exigence soit stimulant sans décourager. Avoir une attitude bienveillante, mais sans concession démagogique.

▶ Jouer son rôle d'adulte, être capable de plaisanter avec les élèves, mais sans « copinage » ni familiarité. Circuler dans la classe. S'adresser individuellement aux élèves. Les écouter et tenir compte de leurs réponses. Ne pas hésiter à punir immédiatement si nécessaire, mais justement et sans en abuser.

▶ Cette liste n'est certes pas exhaustive, mais veut montrer que **l'autorité se construit par sa pédagogie**.

5. Peut-on se passer d'autorité ? Les pédagogies « non directives »

▶ Rousseau, dans *Émile ou De l'éducation* (1762), critique la relation éducative fondée sur l'autorité en ce qu'elle expose l'éducateur au **risque de l'abus d'autorité** et qu'elle peut accoutumer l'élève à l'obéissance et à l'esclavage, dans la mesure où l'enfant ne peut comprendre le bien-fondé des ordres de l'adulte.

▶ Il faut donc substituer à l'autorité mal comprise une ruse pédagogique qui donnera à l'enfant **l'impression d'agir par soi-même** tout en obéissant à son insu à l'adulte : « Qu'il [votre élève] croie toujours être le maître et que ce soit toujours vous qui le soyez. » Comment ? Il s'agit de créer des situations où la nécessité des choses remplace l'interdit humain ; au lieu de dire : « Je t'interdis de manger de la confiture ! », dire : « Il n'y en a plus ! ». Aucun enfant ne s'est jamais rebellé contre l'impossibilité des choses. À l'inverse, les ordres et les interdits humains habituent l'enfant à négocier et protester.

▶ Les pédagogies libertaires, d'inspiration anarchiste, défendent l'idée du maître camarade qui radicalise **cette relation égalitaire entre maître et élève**. Freinet supprime l'estrade, symbole à ses yeux de la supériorité du maître. Dans sa « classe coopérative », les décisions sont prises collectivement, sans que le maître jouisse d'aucun privilège d'autorité.

REMARQUE

Au XXe siècle, les nouvelles pédagogies récusent l'autorité du maître au profit d'une relation égalitaire et contractuelle.

▶ La pédagogie institutionnelle, dans les années 1960, n'admet que l'autorité de la loi élaborée collectivement par la communauté, où se dissout la figure du « maître ». Carl Rogers théorise ces pédagogies non directives, en défendant la responsabilité autonome de l'enfant dans son éducation.

▶ Aujourd'hui, l'héritage de ces nouvelles pédagogies conduit à privilégier **une autorité sur le mode du contrat**, considéré comme plus démocratique et plus éducatif en ce qu'il oblige l'élève à se responsabiliser. Mais ce modèle contractuel trouve ses limites dans une institution scolaire fortement hiérarchisée qui laisse peu de pouvoir aux élèves.

REMARQUE

On peut aussi objecter que, psychologiquement, l'enfant a besoin de l'autorité de l'adulte pour grandir et trouver ses repères grâce aux interdits que cette autorité lui impose.

6. Une « crise de l'autorité » ?

6-1. L'autorité du maître contestée

▶ Aujourd'hui, les difficultés rencontrées par **le refus ou la contestation de l'autorité** par un certain nombre d'élèves conduisent à s'interroger. Les manifestations d'insolence, voire de violence, envers les enseignants semblent indiquer un affaiblissement de cette autorité.

▶ Un **changement de statut social du maître** explique en partie cette dégradation. Le maître d'école n'est plus un notable de village dans une France rurale ; il est devenu un cadre moyen dans une France urbaine où de nombreux parents occupent une position sociale supérieure. Il ne bénéficie plus du prestige social et moral qui, naguère, fondait son autorité incontestée.

6-2. Un nouveau rapport au savoir

L'enseignant n'est **plus le détenteur exclusif du savoir.** Il est concurrencé par les médias, la télévision et Internet. De plus en plus de parents ont un niveau d'instruction égal ou supérieur. Son autorité d'« expert » s'en trouve affaiblie. Enfin, le savoir lui-même n'est plus autant valorisé socialement, et l'instruction apparaît moins qu'avant comme la clé de la réussite.

6-3. Une nouvelle éducation familiale

▶ Dans sa famille, l'enfant bénéficie aujourd'hui d'une **éducation moins autoritaire** de la part des parents. Les châtiments corporels sont interdits, les droits des enfants sont reconnus, les parents dialoguent et négocient avec leurs enfants…

▸ Cette éducation familiale, plus respectueuse pour les uns, trop laxiste pour d'autres, envoie à l'école de nouveaux élèves **peu habitués à se voir imposer des règles** et une autorité non négociables.

6-4. L'esprit d'égalité démocratique

▸ Cette crise de l'autorité ne touche pas seulement l'école. La famille, l'État, l'entreprise, l'Église sont également victimes de ce **rejet d'une autorité absolue.** De fait, la démocratie signifie qu'on peut toujours discuter et remettre en cause la loi.

7. Un avenir pour l'autorité ?

À ce mouvement historique vers l'égalité, on peut opposer la nature et la psychologie de l'enfant qui ne peut grandir et se construire sans l'autorité de l'adulte.

REMARQUE

L'enseignant conserve l'autorité de l'arbitre, garant de l'ordre et de la justice dans la classe. Il conserve l'autorité du savoir, car si les médias apportent des informations, seul l'enseignant peut aider l'élève à construire son savoir à partir de cette masse d'informations. Il conserve l'autorité de l'adulte censé, à la suite des parents, donner un modèle de comportement responsable et certains repères éthiques.

B Discipline et sanctions

1. Définition

▸ **La discipline scolaire** est composée d'un ensemble de règles et d'un ensemble de sanctions. Comme toute institution ou collectivité humaine, des règles sont nécessaires à la vie en commun en vue d'une fonction précise : la fonction de l'école est l'éducation.

À RETENIR

Distinguer règle et loi

La loi est commune à toute la société, et s'applique aussi bien à l'école qu'à l'extérieur ; la règle est interne à l'école. L'interdiction de voler ou de blesser relève de la loi ; l'interdiction d'arriver en retard ou d'oublier ses affaires relève des règles scolaires.

Distinguer violence et indiscipline

Un acte violent est ce que la loi interdit ; une indiscipline est ce que le règlement interdit et relève d'une sanction disciplinaire.

2. Pourquoi la discipline scolaire ?

▸ En passant de la famille à l'école, l'enfant entre dans une communauté de pairs soumis à une même règle, égale pour tous. La règle scolaire habitue l'enfant à vivre ensemble et à travailler avec d'autres enfants et dont la coexistence exige l'obéissance aux mêmes règles. Les règles scolaires, en ce sens, **préparent l'enfant à la vie en société.**

REMARQUE

Les règles de discipline scolaire visent essentiellement deux objectifs : la socialisation et les apprentissages.

▶ Les règles de discipline ont surtout pour but **d'organiser le travail scolaire** et de **faciliter les apprentissages** : être ponctuel, assidu, respecter le matériel, lever la main pour demander la parole, écouter les autres, etc., sont autant de règles sans lesquelles le travail en classe serait impossible.

3. Quelles formes d'indiscipline ?

▶ L'indiscipline des élèves se manifeste par tout comportement qui vient **perturber le bon déroulement de la vie de classe** et du travail scolaire.

Principales manifestations d'indiscipline

▶ **Le bavardage et le chahut,** qui empêchent l'écoute des consignes ou des explications, et la bonne communication verticale (maître > élèves) ou horizontale (élèves > élèves).

▶ **Les déplacements injustifiés.** Certains déplacements peuvent être nécessaires, comme jeter un papier à la poubelle. Hors ces déplacements autorisés par le maître, les autres sont une forme d'indiscipline.

REMARQUE

Le silence total ne peut être toujours la règle, car le travail de groupe, par exemple, nécessite des échanges à voix basse entre élèves.

▶ **L'oubli ou la détérioration de son matériel.** Le travail scolaire exige que chaque élève apporte en classe son matériel. Cet oubli empêche de travailler dans de bonnes conditions.

▶ **Le refus de travailler.** Un tel refus contredit le sens de la présence de l'élève en classe, et constitue une indiscipline nuisible à lui-même et aux autres élèves.

▶ **Le manque d'assiduité et de ponctualité.** Les absences et les retards répétés et injustifiés nuisent à la bonne continuité des apprentissages et représentent une violation du règlement scolaire.

▶ **Une posture ou un comportement incorrects** sont des actes qui sont contraires à la discipline scolaire, qui exige le respect de soi et des autres, ainsi qu'une attitude favorable au travail.

▶ **Les impolitesses ou incivilités.** Refuser d'ôter sa casquette ou son manteau, se bousculer en entrant en classe, répondre avec insolence, lancer des insultes sont autant d'indisciplines qui empoisonnent la classe et nuisent à la vie et au travail collectifs.

NOTES

Les questions qui font débat

Peut-on exclure un élève de la classe ?

- L'exclusion doit rester un dernier recours, dans les cas où tous les autres moyens ont été utilisés, où le comportement de l'élève menace la sécurité des autres, où les infractions se renouvellent.
- En cas d'exclusion de l'école, la décision incombe à l'IEN après information des parents. Une exclusion ne peut pas entraîner une déscolarisation ; c'est-à-dire que, même exclu, l'élève reste soumis à l'obligation scolaire, et l'Éducation nationale doit assurer à l'élève exclu un dispositif de suivi scolaire (changement d'école par exemple).

4. Quelles règles et comment les élaborer ?

▶ Les **règles de discipline** ou **« règles de vie »** pour la classe sont définies par le maître ou par le maître et les élèves (on parle alors d'une élaboration collective des règles).

4-1. L'élaboration des règles

▶ Dans **l'élaboration des règles de vie,** c'est d'abord la responsabilité du maître qui est engagée : il est responsable de la sécurité des élèves comme de leurs apprentissages.

▶ Mais l'élaboration des règles de vie peut être aussi l'occasion de développer **la responsabilité et l'autonomie des élèves.** Ce débat sur les règles devient un temps d'apprentissage : argumentation, écoute, responsabilité, contrat, respect de l'autre, socialisation…

REMARQUE

L'élaboration collective des règles facilite leur compréhension par les élèves, qui peuvent y obéir de façon plus responsable. C'est aussi un apprentissage de la citoyenneté démocratique et de l'autonomie morale (obéir à la loi qu'on s'est donnée).

À RETENIR

Quelques règles de vie
- Je respecte mon matériel et celui des autres.
- Je lève la main pour demander la parole.
- J'écoute quand les autres parlent.
- Je parle à voix basse lors des travaux en groupe.
- Je ne bouscule pas dans les escaliers ou en entrant en classe.

4-2. L'application des règles

▶ Il ne suffit pas d'élaborer les règles et de les afficher pour qu'elles soient automatiquement respectées. C'est la principale difficulté pour le maître que d'essayer d'impliquer le plus possible les élèves tout en **assumant sa responsabilité d'adulte et d'éducateur.**

▶ Le maître reste le garant en dernière instance de l'ordre et de l'équité dans la classe. Il ne peut pas déléguer aux élèves la charge d'appliquer les règles, et encore moins de décider des sanctions en cas d'infraction.

▶ De plus, au regard de la loi, de ses supérieurs et des parents, c'est le maître qui est tenu **responsable de la discipline** dans la classe. L'application des règles et la décision de sanctionner relève donc de la responsabilité du maître, en tant qu'arbitre et en tant qu'adulte en charge de mineurs.

5. Quels droits pour les élèves ?

▶ La discipline scolaire doit aujourd'hui tenir compte des **droits de l'enfant et des élèves.**

▶ Les droits de l'enfant obligent à respecter l'intégrité physique et morale de l'enfant, son droit à l'éducation et à la protection. La **Déclaration des droits de l'enfant,** adoptée à l'ONU en 1959, a été complétée par une **Convention des droits de l'enfant** en 1989 (la Convention oblige juridiquement les États signataires à l'appliquer, la Déclaration, non).

Déclaration des droits de l'enfant (ONU, 1959)

Principe 7

« L'enfant a droit à une éducation qui doit être gratuite et obligatoire au moins aux niveaux élémentaires. Il doit bénéficier d'une éducation qui contribue à sa culture générale et lui permette, dans des conditions d'égalité de chances, de développer ses facultés, son jugement personnel et son sens des responsabilités morales et sociales, et de devenir un membre utile de la société. L'intérêt supérieur de l'enfant doit être le guide de ceux qui ont la responsabilité de son éducation et de son orientation ; cette responsabilité incombe en priorité à ses parents. L'enfant doit avoir toutes possibilités de se livrer à des jeux et à des activités récréatives, qui doivent être orientés vers les fins visées par l'éducation ; la société et les pouvoirs publics doivent s'efforcer de favoriser la jouissance de ce droit. »

▶ L'élève a droit à voir **sa sécurité assurée** dans l'école ; il a droit à recevoir **un enseignement de qualité** ; il a droit à être **traité avec équité**, sans discrimination ; il a droit à **pouvoir s'exprimer** et à être entendu ; il a droit au **respect physique et moral** de sa personne.

REMARQUE

Les droits de l'élève, ainsi que ceux des parents, posent des limites au pouvoir de la discipline scolaire et lui imposent d'être conforme au droit ordinaire.

▶ Ainsi sont interdits les châtiments corporels et les humiliations. Une règle ne peut avoir un effet rétroactif. Une sanction doit être proportionnelle à la faute commise. Il ne peut y avoir de « tarification » des sanctions (on ne peut associer à l'avance telle sanction à telle infraction, mais la sanction doit être décidée au cas par cas). En principe, la sanction collective est interdite, au nom de la seule responsabilité individuelle. Toute sanction suppose une connaissance préalable de la règle.

6. L'école est-elle une démocratie ? L'élève est-il citoyen ?

▶ Ces droits de l'élève et l'élaboration collective des règles contribuent à l'éducation du **futur citoyen** et à **l'apprentissage de la démocratie.**

▶ Cela ne signifie pas que l'école soit une démocratie et l'élève un citoyen. En effet, l'élève reste mineur et non responsable. L'élève peut être un « apprenti citoyen », mais non un citoyen avec tous les droits et les devoirs que cela comporte.

▶ L'école est **un lieu d'apprentissage de la démocratie,** où les élèves apprennent à élaborer la loi (par exemple, à travers des conseils d'élèves), mais ce n'est pas une démocratie stricto sensu au sens où les élèves ne font pas la loi, mais sont soumis, comme tous les personnels, aux lois votées par le parlement. Ni l'élève, ni le maître ne sont « souverains » dans l'école.

7. Quelles sanctions ? Quelles procédures disciplinaires ?

▶ L'usage de la langue fait qu'aujourd'hui le terme « sanction » est souvent pris pour synonyme de « punition ».

REMARQUE

Rappelons que « sanctionner » signifie donner un caractère sacré à un geste ou à un événement. Au sens strict, on peut sanctionner positivement par des récompenses, ou sanctionner négativement par des punitions.

▶ Les sanctions scolaires doivent obéir aux règles de droit commun (*cf.* supra).

▶ De fait, **l'éventail des sanctions légitimes s'avère limité** : donner un devoir supplémentaire, faire copier des lignes, présenter ses excuses, mettre un mot aux parents, réparer les dégâts occasionnés, être changé de place ou de classe, être envoyé dans le bureau du directeur.

▶ **L'exclusion reste exceptionnelle,** réservée aux cas graves de mise en danger de la sécurité.

NOTES

Les questions qui font débat

Comment doit réagir le maître si un élève frappe ou insulte un camarade ?

- Dans ce type d'agression, le maître doit d'abord veiller à la sécurité de la victime, la mettre à l'abri, séparer les protagonistes, ou prendre soin des blessures.
- Il faut ensuite expliquer au coupable la gravité de son acte, lui rappeler la loi ou la règle, lui faire prendre conscience qu'il n'a pas le droit de faire cela et qu'il existe des interdits. Cela peut se faire soit dans un entretien particulier après la classe, soit dans le cadre d'un débat avec l'ensemble de la classe.
- Il doit enfin remplir un devoir de justice ou de réparation, selon la gravité des faits : il peut exiger que l'agresseur présente ses excuses, en privé ou en public ; ou infliger une sanction (bureau du directeur, mise à l'écart de la classe, convocation des parents, exclusion temporaire) ; voire déposer une plainte en cas de violation grave et répétée de la loi (coups et blessures ou insultes racistes).

▸ Les **procédures disciplinaires** concernent la façon de décider d'une sanction : elle peut être décidée par le maître, en informant ou non les parents ; pour les cas graves (vol, coups et blessures), la sanction peut être décidée par le directeur après convocation des parents. Pour ces cas graves, la sanction disciplinaire peut être doublée par un dépôt de plainte devant la justice.

En classe...

Le permis à points

En matière de sanctions, beaucoup de classes appliquent le « permis à points » inspiré de la prévention routière : à chaque infraction, l'élève se voit retirer un point sur un crédit de 10 points ; il peut éventuellement rattraper des points perdus par une conduite exemplaire ; en fin de semaine, le maître comptabilise les points perdus et décide éventuellement d'une sanction plus lourde.

Ce dispositif privilégie la prévention sur la répression. Il a l'avantage de faire l'économie de réelles sanctions pour des fautes légères, dans la mesure où la plupart des élèves sont suffisamment dissuadés par la crainte de perdre des points. Mais il s'avère inefficace avec des élèves plus difficiles qui ne sont nullement impressionnés par la perte rapide de tous leurs points, et pour lesquels le passage à des sanctions plus lourdes doit être décidé.

NOTES

Les questions qui font débat

L'école doit-elle privilégier la prévention ou la répression ?

L'école est avant tout un lieu d'éducation. En ce sens, elle doit donner priorité à la prévention, par une éducation à la loi, au respect d'autrui, à la tolérance, à la sécurité routière ou à l'hygiène. Mais la discipline doit prévoir les cas où la prévention ne suffit pas. L'école doit bien sûr privilégier la prévention, mais sans s'interdire de sanctionner quand la sécurité est menacée et quand il y a des victimes d'une agression.

8. La « sanction éducative »

▸ En vertu de la loi sur la justice des mineurs de 1945, toute sanction appliquée à un mineur doit avoir **une portée éducative.** Cela est rappelé, par exemple, dans le *BO* du 15 octobre 1998, « Lutte contre la violence en milieu scolaire et renforcement des partenariats » : « Toute sanction visant un élève, qu'elle soit interne et d'ordre disciplinaire, ou judiciaire, doit conserver une dimension éducative. Il est rappelé à cet égard qu'aucune sanction ou mesure conservatoire ne peut aboutir à la déscolarisation d'un élève. »

▸ Cela signifie qu'une sanction éducative doit punir l'élève de manière que **la punition bénéficie à son éducation** et revête un sens positif à ses yeux. La sanction éducative s'oppose à la punition « bête et méchante » qui interrompt et contredit la démarche éducative. Par exemple, une sanction éducative consiste à donner un exercice supplémentaire ou à faire ramasser les papiers que l'élève a jetés.

▸ L'exigence de sanction éducative présente le risque d'une confusion entre punition et travail scolaire (si donner un travail supplémentaire est présenté comme une punition) ; de plus, la dimension éducative risque de rendre insensible et indolore la punition aux yeux de l'élève « puni », donc d'en annuler la valeur de « sanction ».

? QUIZ EXPRESS

pour tester ses connaissances

1 L'autorité consiste dans le pouvoir de faire respecter la discipline.

☐ **a.** Vrai

☐ **b.** Faux

2 Une sanction éducative suppose :

☐ **a.** qu'elle soit imposée par un éducateur.

☐ **b.** qu'elle soit profitable à l'élève puni.

☐ **c.** qu'elle soit conforme au droit.

3 Par quoi, selon Rousseau, faut-il remplacer l'autorité en éducation ?

☐ **a.** Le respect de la loi

☐ **b.** La nécessité des choses

☐ **c.** La raison de l'enfant

4 Comment impliquer les élèves dans la discipline ?

☐ **a.** En les laissant choisir les sanctions

☐ **b.** En les laissant dénoncer les indisciplines de leurs camarades

☐ **c.** En les faisant participer à l'élaboration des règles de vie

Réponses : 1. b ; 2. b ; 3. b ; 4. c.

21 Les modèles pédagogiques

▶ THÈME 3 : LE MÉTIER DE PROFESSEUR DES ÉCOLES

La pédagogie est l'art d'organiser le travail des élèves afin de favoriser leurs apprentissages. Alors que la didactique définit la méthode d'apprentissage d'un savoir disciplinaire particulier, la pédagogie porte sur tous les autres aspects de l'organisation du travail des élèves : disposition spatiale, affichages, emploi du temps, choix des supports, modes de communication, modalités d'évaluation, règles et sanctions, formes de travail, rôle du maître, projets…

A Différentes méthodes pédagogiques

▶ La liberté pédagogique garantit une **liberté de choix de l'enseignant,** mais aussi une responsabilité quant à ses choix : il doit en informer les parents, et les justifier auprès de l'IEN comme étant les mieux adaptées pour favoriser la réussite de ses élèves.

▶ On distingue d'ordinaire les méthodes pédagogiques suivantes.

1. La méthode transmissive, magistrale, directive ou « traditionnelle »

Le professeur parle, fait cours, pour transmettre les connaissances ; **l'élève écoute,** note, et restitue par oral ou par écrit ce qu'il a retenu (cours et exercices d'application). Une évaluation sommative sanctionne l'apprentissage.

2. La méthode maïeutique ou « active »

La « maïeutique » est cette méthode créée par Socrate où le maître « accouche » l'élève de son savoir ; **le maître questionne, l'élève répond,** le maître corrige les réponses par d'autres questions. Cela prend la forme d'un **dialogue.** Le maître organise des situations d'apprentissages où l'élève cherche et construit son savoir. Les nouvelles pédagogies ont fortement contribué à promouvoir cette méthode.

3. La pédagogie par objectifs

Elle découpe l'apprentissage d'une compétence en **petites unités successives,** inscrites dans une **progression** où chaque objectif doit être validé avant de passer au suivant. Certains lui reprochent un risque d'émiettement et de perte du sens global de l'apprentissage rendu ainsi « mécanique ».

NOTES

Les questions qui font débat

La pédagogie par objectifs est-elle dépassée ?

La pédagogie par le découpage en petites unités isolées est effectivement dépassée. Mais savoir formuler les objectifs spécifiques est un geste professionnel important. En effet, le maître doit pouvoir identifier, dans les situations complexes qu'il propose aux élèves, les compétences en jeu et prévoir des situations qui favorisent leur apprentissage. Ce qui signifie qu'à certains moments, il faut proposer des tâches plus « modestes » aux enfants.

Par exemple, « être capable d'utiliser un dictionnaire » est une tâche complexe. Ce ne sont pas les mêmes activités qui permettront aux élèves de trouver le mot le plus rapidement possible dans le dictionnaire, de comprendre la définition, de trouver l'orthographe d'un mot…
Aussi, est-il nécessaire pour le maître de pouvoir cerner au mieux les apprentissages qu'il souhaite mettre en place en étant capable de sélectionner les objectifs spécifiques dont ont besoin ses élèves.

4. La pédagogie de projet

Elle vise à mettre les élèves en activité au sein d'un projet collectif. Elle s'appuie sur les intérêts des élèves, donne un sens global aux apprentissages et évite la dispersion des disciplines grâce à une démarche pluridisciplinaire.

Méthode	Rôle du maître	Rôle de l'élève	Évaluation
La méthode transmissive, magistrale, directive ou « traditionnelle »	• Parle, fait cours pour transmettre des connaissances • Autorité du maître qui sait	• Écoute, mémorise, applique • Ignorant et passif	• Sommative • L'erreur est sanctionnée
La méthode maïeutique ou « active »	• Questionne, éveille l'intérêt, suscite la recherche • Maître guide ou « ressource »	Actif, cherche les réponses, expérimente	Formative, elle intègre l'analyse des erreurs
La pédagogie par objectifs Formation par compétences	• Programme la succession des objectifs • Valide chaque étape et la compétence finale	• Applique les consignes • Possibilité d'individualiser	• Formative et sommative • L'erreur empêche de passer à l'étape suivante
La pédagogie de projet	• Analyse les représentations, besoins et intérêts des élèves • Encadre, conseille, régule	• Est à l'initiative du projet et le choisit • Travaille en équipe • Répartit les rôles • Est autonome et responsable	• Formative et sommative • L'évaluation ne se réduit pas à la réussite du projet

B La pédagogie explicite

1. Des conceptions différentes

▸ Le terme de **« pédagogie explicite »** est utilisé depuis plusieurs années par l'institution scolaire et par plusieurs courants de recherche qui n'en ont pas la même approche.

▸ Dans les textes récents de l'institution scolaire, l'explicitation est présentée comme un **levier efficace pour les apprentissages** des élèves, particulièrement ceux en difficulté.

1-1. Dans les programmes de 2015

« Les démarches et stratégies permettant la compréhension des textes sont enseignées explicitement. Deux éléments sont particulièrement importants pour permettre aux élèves de progresser : la répétition, la régularité, voire la ritualisation d'activités langagières d'une part, la clarification des objets d'apprentissage et des enjeux cognitifs des tâches […] d'autre part » (cycle 2/volet 3/les enseignements/français).

1-2. Dans le référentiel pour l'éducation prioritaire

Les objectifs du travail proposé aux élèves sont systématiquement explicités avec eux. Les procédures efficaces pour apprendre sont explicitées et enseignées aux élèves à tous les niveaux de la scolarité (l'élève sait avant de commencer une leçon ce qu'il a vocation à apprendre et il vérifie lui-même après la leçon qu'il a retenu ce qu'il fallait). L'enseignement est **progressif et continu** ; la vérification de la compréhension de tous les élèves est régulière.

2. Pédagogie explicite : une première acception

Pour un courant majoritaire de chercheurs, la pédagogie explicite ne saurait renvoyer à une méthode[1]. Enseigner plus explicitement est un processus qui se joue à plusieurs niveaux : **qui explicite quoi à qui, quand et comment ?**

2-1. L'enseignant explicite aux élèves

L'enseignant explicite les apprentissages visés (pourquoi), les tâches, les procédures et les stratégies (comment) et les apprentissages réalisés (institutionnalisation). On parle alors de **clarté cognitive.**

2-2. L'élève s'explicite à lui-même et explique à l'enseignant

« Comment fais-tu ? » Cette simple question posée à l'élève par l'enseignant favorise une **conscientisation de ses processus intellectuels** et l'encourage à une activité mentale qui favorise le développement d'une capacité réflexive, et ce dès le plus jeune âge.

2-3. Les élèves s'explicitent entre eux

C'est au maître que revient l'organisation des conditions de l'explicitation des processus intellectuels de métacognition.

3. Pédagogie explicite et enseignement direct : une seconde acception

▸ Cette seconde acception renvoie au « concept » d'instruction directe initié dans les années 1970 aux États-Unis et au Canada.

▸ L'enseignement explicite repose sur trois étapes[2].

Modeling
L'enseignant indique la réponse en explicitant à voix haute son raisonnement.

→

La pratique guidée
Les élèves pratiquent avec l'aide de leur enseignant en formulant ce qu'ils font.

→

La pratique autonome
Les élèves pratiquent seuls.

▸ Cette pédagogie se veut **structurée et progressive,** le maître décompose ainsi les savoirs complexes en plusieurs séances. Son succès repose aussi sur **la répétition,** qui permet une mémorisation sur le long terme, et sur la **valorisation des efforts** des élèves, dont la réussite dépend des efforts qu'ils mettent en œuvre pour appliquer les stratégies mises à leur disposition.

1. Pour lire le dossier du centre Alain Savary, « Enseigner plus explicitement : un dossier ressource », flashez le QR Code ci-contre.
2. Consultez « L'enseignement explicite » de Clermont Gauthier, Steve Bissonnette et Mario Richard en flashant le QR Code ci-contre.

C La différentiation pédagogique

1. La pédagogie différenciée : une réponse à l'hétérogénéité

1-1. Historique

▶ C'est en 1973 que Louis Legrand introduit le terme de **pédagogie différenciée.** Cette notion apparaît avec la transformation du système éducatif due à la « massification » ; elle prendra tout son sens avec la réforme Haby et le collège unique dès 1975.

▶ Le caractère indispensable de la différenciation pédagogique se confirme au fur et à mesure que **l'hétérogénéité devient la logique de l'ensemble des classes** de l'école primaire et du collège et que l'enseignement s'adapte à des élèves placés au « centre du système éducatif ».

REMARQUE

« L'idée d'une nécessaire différenciation rationnelle de la pédagogie pour faire face à la diversité des publics présents dans les classes hétérogènes est le produit d'un conflit devenu insupportable entre cette diversité et l'unité réalisée des programmes et des méthodes » (Louis Legrand, *La différenciation de l'enseignement*).

1-2. Définition

Pour l'Inspection générale de l'Éducation nationale (IGEN), la pédagogie différenciée est « la démarche qui cherche à mettre en œuvre un ensemble diversifié de moyens et de procédures d'enseignement et d'apprentissage, afin de permettre à des élèves d'âges, d'aptitudes, de comportements, de savoir-faire hétérogènes, mais regroupés dans une même division, **d'atteindre, par des voies différentes des objectifs communs** […] ».

2. Les fondements de la différenciation pédagogique

Différencier la pédagogie, c'est d'abord « faire le deuil », pour reprendre une expression de P. Perrenoud, d'une classe homogène, lieu d'apprentissages collectifs où tous les élèves font la même chose sous la direction d'un maître dispensant un enseignement unique.

2-1. Tenir compte des différences des élèves

Elles sont de différentes natures :
– **différences de réussite** dans certaines disciplines. On parle de « niveaux » différents entre les élèves ;
– **différences de comportements,** de rythme d'acquisition, d'acquis antérieurs, de culture… Sur le plan social, par exemple, notre société moderne, multiculturelle implique une hétérogénéité des élèves n'ayant pas tous les mêmes référents ;
– **différences de « styles cognitifs »** rendant compte en partie de la manière dont les individus pilotent leurs apprentissages. Ainsi, A. La Garanderie parle-t-il de profils pédagogiques **« auditifs »** et **« visuels »** : les auditifs ont « tendance à restituer le savoir en reconstituant sa dynamique en s'en racontant le déroulement. Leur mémorisation utilise la chronologie, les enchaînements entre les éléments. » Les visuels ont quant à eux « tendance à restituer le savoir en reconstruisant des images, en s'en figurant les éléments. Leur mémorisation utilise les relations spatiales entre des éléments visuels[1]. »

1. D'autres styles sont distingués par d'autres auteurs (voir à ce sujet l'ouvrage *L'école pour apprendre* de J.-P. Astolfi).

NOTES

Les questions qui font débat

La différenciation pédagogique ne « creuse-t-elle pas les écarts » ?

- La différenciation pédagogique n'a de sens que dans un système d'objectifs constants. Si l'on quitte ce système, on intègre un modèle sélectif où l'on justifie les « groupes de niveaux ».
- La pédagogie différenciée fait sienne l'objectif de l'acquisition d'un socle commun de connaissances et de compétences pour l'ensemble de la population en affirmant le principe de l'éducabilité de tous. Pour répondre à ce défi, elle gère les différences entre les élèves. L'idée ainsi affirmée est que l'hétérogénéité est source de progrès et d'enrichissement.

2-2. Adapter des stratégies en fonction des possibilités des élèves

▸ L'enseignant prend appui sur les **caractéristiques cognitives** des élèves tout en leur permettant d'enrichir leur façon de construire leurs apprentissages en rencontrant des situations variées.

▸ Si la différenciation pédagogique s'appuie sur ces **différences de styles cognitifs,** son objectif n'est pas de créer des groupes d'« auditifs » ou de « visuels » mais bien de permettre à des élèves plutôt auditifs ou plutôt visuels de trouver des situations adaptées à leur façon habituelle d'apprendre tout en rencontrant aussi de nouvelles situations leur permettant d'enrichir leurs stratégies !

2-3. Utiliser à bon escient les différents types d'évaluation

L'enseignant doit recourir à l'évaluation diagnostique, sommative, mais surtout formative et savoir s'appuyer dans ce sens sur les outils proposés par le ministère.

2-4. Donner le sens d'apprendre

▸ C'est donner le sens d'apprendre aux élèves en **favorisant leur prise d'autonomie.** Ainsi, la différenciation pédagogique vise à permettre à chaque élève de **devenir acteur de ses apprentissages** et donc, progressivement, celui qui va gérer lui-même le processus de différenciation.

À RETENIR

La différenciation pédagogique se centre sur le sujet et ses capacités à réussir. Cette volonté impose que les apprentissages aient le sens d'un défi à relever : que des situations-problèmes soient proposées, ni trop simples, ni inaccessibles mais justifiant qu'un obstacle soit franchi pour les résoudre.

▸ La différenciation pédagogique ne trouve tout son sens que dans un milieu de vie, où les différents acteurs sont amenés à agir, échanger, où l'enseignant est organisateur, médiateur, régulateur. En conséquence, la différenciation pédagogique peut s'exercer au mieux dans le cadre d'une pédagogie de projet et trouve son véritable exercice quand elle est portée par les méthodes actives.

3. Le travail en groupes au service de la différenciation

▸ La différenciation n'est pas directement synonyme de remédiation et ne s'adresse pas seulement aux élèves en difficulté. Selon les activités, on pourra prévoir l'organisation de différents types de groupes.

▶ Les groupes de besoin, au service de la remédiation, regroupant des élèves en difficulté ne constituent qu'un dispositif parmi l'ensemble des propositions. En aucun cas il ne s'agit de les transformer en groupes de niveaux.

REMARQUE

Différents types de groupes

Dans l'ouvrage déjà cité, J.-P. Astolfi recense ainsi : des groupes de confrontation dans une logique de conflit sociocognitif, des groupes d'assimilation dans une logique de reformulation, des groupes d'entraînement mutuel, des groupes de découverte dans une logique de projet.

En classe...

Un exemple de différenciation en mathématiques

▶ Dans l'ouvrage *Chacun, tous, différemment,* R. Charnay propose différents dispositifs de différenciation.

Une différenciation par les procédures

L'enseignant doit valoriser le fait que dans certaines activités, notamment la résolution d'un problème, « chacun réponde avec sa propre solution, ses propres procédures » sans juger de la bonne ou de la mauvaise façon de faire. Plutôt que correction, il y a alors mise en commun, échanges, débats sur les procédures en question, chacun progressant avec le groupe…

Une différenciation par les variables de situation

Les élèves effectuent les mêmes tâches cognitives, mais avec des variables adaptées à leurs capacités du moment (exemple : quantité plus ou moins importante de perles à dénombrer ; temps plus ou moins long accordé pour réaliser l'activité).

Une différenciation par les rôles

Un enfant rencontrant encore des difficultés pour distinguer entre valeur et quantité se verra attribuer le rôle du caissier dans le « jeu du banquier » et devra faire les échanges de monnaie sous le contrôle de ses camarades engagés dans l'activité.

La différenciation par la tâche relevant des groupes de besoin n'est que l'un des quatre dispositifs proposés.

4. Organisation de la différenciation

Différencier la pédagogie suppose un travail précis de l'enseignant et/ou de l'équipe d'école.

1. Déterminer un objectif à atteindre pour l'ensemble des élèves.
2. Déterminer le « noyau dur » du savoir que les élèves doivent s'approprier, les objectifs obstacles décisifs de l'apprentissage.
3. Réaliser une évaluation diagnostique (capacités/difficultés des élèves).
4. Concevoir l'opération mentale en jeu pour atteindre l'objectif.
5. Proposer aux élèves des itinéraires différenciés permettant d'effectuer la même opération mentale selon diverses stratégies.
6. Réaliser une évaluation sommative de l'acquisition.
7. Prévoir des remédiations, des phases d'entraînement ou approfondissements.

NOTES

Les questions qui font débat

Peut-on différencier… tout le temps ?

Le reproche majeur que les enseignants font à la mise en place d'une différenciation pédagogique, c'est l'investissement considérable qu'elle suppose, notamment en temps.
La réponse à ce problème réel est sans doute à trouver d'une part dans le travail en équipe et d'autre part dans la détermination d'objectifs d'apprentissage majeurs à privilégier en utilisant la différenciation pédagogique.

5. Mise en place de la pédagogie différenciée : l'école, les cycles, les classes

▸ Institutionnellement, entre les deux lois d'orientation de 1989 et de 2005, la volonté affirmée est de **défendre la nécessité d'une pédagogie différenciée** conçue comme différenciation des parcours scolaires des élèves au sein d'un enseignement unifié dans une école unique.

▸ L'accent a été fortement remis en 2005 sur la nécessité de **différencier pour prévenir et remédier.** En ce sens, l'intérêt des dispositifs comme l'aide personnalisée, les PPRE et le RASED est souligné et de même que l'accompagnement spécifique d'enfants intellectuellement précoces ou ayant des troubles spécifiques du langage (voir thème 4 « Difficultés et besoins éducatifs particuliers »).

REMARQUE

On voit bien ici une « nuance de taille » entre les tenants d'une différenciation pédagogique « fondamentale » et la nécessité institutionnellement confirmée de la mise en œuvre d'une pédagogie différenciée préventive et réparatrice.

▸ Il convient de noter qu'en 2015, le socle commun de connaissances, de compétences et de culture ouvre de nouvelles perspectives à la différenciation pédagogique. Ainsi le domaine « les méthodes et outils pour apprendre » doit permettre progressivement à l'élève d'apprendre à apprendre.

5-1. Différencier au niveau de l'école

▸ La mise en place des **cycles** dès 1989 reflète la prise en compte de **la différence de rythme et de parcours d'acquisition** des élèves.

▸ Le **projet d'école** est en lui-même un outil de différenciation. Il analyse les différentes caractéristiques de la population du quartier fréquentant l'école et définit sa politique en utilisant les compétences et ressources disponibles, en définissant des stratégies pour que l'ensemble des élèves acquièrent les compétences de fin de cycle.

▸ Les **conseils de cycles** sont les centres d'organisation d'une différenciation en aval et en amont. Ils planifient l'acquisition des différentes compétences des programmes sur les classes ; ils peuvent s'appuyer sur les résultats aux différentes évaluations nationales pour proposer des parcours différenciés aux élèves.

? QUIZ EXPRESS

pour tester ses connaissances

1 Dans le choix d'une pédagogie différenciée, qu'est-ce qui ne peut pas être différencié ?

- ☐ a. Les supports
- ☐ b. L'évaluation
- ☐ c. Les objectifs

2 La pédagogie différenciée est :

- ☐ a. une nouvelle pédagogie.
- ☐ b. un aménagement de la pédagogie existante.
- ☐ c. un enseignement individualisé.

3 Quelle différence n'est pas prise en compte par la différenciation pédagogique ?

- ☐ a. Le sexe
- ☐ b. Le profil d'apprentissage
- ☐ c. L'âge

4 En « pédagogie explicite », il faut clarifier :

- ☐ a. les objectifs.
- ☐ b. les stratégies de résolution de problème.
- ☐ c. la didactique de la discipline.

5 Que reproche-t-on à la pédagogie magistrale ?

- ☐ a. L'autoritarisme du maître
- ☐ b. La passivité de l'élève
- ☐ c. Le primat accordé à la transmission de connaissances

Réponses : 1. c ; 2. b ; 3. a ; 4. a-b ; 5. b-c.

22 Pédagogies nouvelles et innovations pédagogiques

On regroupe sous le nom de « pédagogies nouvelles » les courants novateurs qui, au XXe siècle, veulent fonder une « école nouvelle ». On lui oppose fréquemment la « pédagogie traditionnelle », caractérisée par le cours magistral, l'autorité du maître, l'école fermée, et la priorité donnée à l'acquisition des connaissances. Néanmoins, il faut se garder des oppositions simplistes.

A Apparition des pédagogies nouvelles

La « pédagogie traditionnelle » a eu ses succès, et elle est encore largement pratiquée. À l'inverse, les nouvelles pédagogies ne sont pas des remèdes miraculeux et restent souvent cantonnées à des écoles expérimentales, privées pour la plupart.

REMARQUE

Les apports des pédagogies nouvelles dans l'école publique

Actuellement, l'école publique pratique le plus souvent un mélange de pédagogie « traditionnelle » et d'apports des nouvelles pédagogies, en particulier de pédagogie Freinet ou Montessori. Chaque enseignant étant libre de choisir sa pédagogie, les classes présentent tout l'éventail des méthodes pédagogiques.

1. Le contexte historique

Au début du XXe siècle, trois facteurs au moins peuvent expliquer l'apparition de ces mouvements de rénovation pédagogique, baptisés « écoles nouvelles ».

1-1. L'émergence de la psychologie de l'enfant

▶ La psychologie de l'enfant émerge sous l'influence des idées rousseauistes et de l'exigence de scientificité : après Rousseau, qui exige qu'on **connaisse la nature de l'enfant,** Jean Itard fait avancer cette connaissance, au début du XIXe siècle, par ses expériences sur l'enfant sauvage et sur les enfants sourds.

▶ À l'aube du XXe siècle, Alfred Binet et Théodore Simon mettent au point les tests de QI (quotient intellectuel, 1905), Freud invente la psychanalyse, Piaget développe la psychologie cognitive… Ces **avancées scientifiques** dans la connaissance des besoins et des capacités de l'enfant contribuent à **alimenter les nouvelles pédagogies.**

1-2. La massification de l'école primaire

Avec la massification en cours depuis 1882 vient **la volonté d'en faire une école de démocratie.** L'école s'ouvre peu à peu au peuple. La pédagogie « traditionnelle » (magistrale), héritée des collèges Jésuites et des Frères des écoles chrétiennes, paraît caduque car trop fondée sur l'autorité du maître et trop théorique.

1-3. Un monde en changement

Le **mouvement révolutionnaire** qui secoue alors l'Europe (Révolution bolchevique de 1917, Internationales socialiste et communiste…) touche l'école. De nombreux instituteurs rallient la cause révolutionnaire et veulent voir dans la **rénovation pédagogique** un puissant facteur révolutionnaire : l'école nouvelle doit préparer la société nouvelle !

REMARQUE

La LIPEN

On crée alors une « internationale pédagogique » (la LIPEN : Ligue internationale pour l'éducation nouvelle, fondée par Adolphe Ferrière) qui fédère tous les nouveaux pédagogues à travers le monde : Freinet en France, Makarenko en URSS, Montessori en Italie, Dewey aux États-Unis.

2. Les principes communs aux pédagogies nouvelles

2-1. Activité de l'élève

L'enseignement ne doit plus se faire sous forme de cours magistral, mais s'appuyer sur l'activité de l'élève qui **expérimente**, **recherche** et **construit** son savoir de façon concrète. Les pédagogies nouvelles sont adeptes des **« méthodes actives ».**

2-2. Socio-construction du savoir

L'élève n'apprend pas seul, mais toujours **au sein d'un groupe,** par l'enrichissement des échanges et des confrontations.

2-3. Éducation collectiviste et coopérative

L'école et la classe ne sont pas des lieux de concurrence ; les élèves doivent s'intégrer à un **projet collectif,** travailler par équipe ou ateliers, gérer la classe de façon démocratique par des décisions collectives.

2-4. Partir de la motivation et de l'intérêt naturel

L'élève n'est pas soumis à une autorité absolue ; c'est l'école qui doit servir l'élève et s'adapter à ses besoins. Les apprentissages doivent **tenir compte des intérêts mentaux** variables avec l'âge. Donner du sens aux apprentissages s'obtient en partant de l'utilité que l'enfant trouve dans ses activités.

2-5. Une pédagogie de l'expérience

L'élève doit apprendre par expériences, et le maître doit sans cesse être en situation de recherche et d'innovation pédagogique.

2-6. Développer les compétences transversales et méthodologiques

L'essentiel n'est pas de mémoriser des masses de connaissances (« une tête bien pleine »), mais de **devenir autonome dans ses apprentissages** par l'acquisition de méthodes de travail et de recherche (« une tête bien faite »). Le but est d'**« apprendre à apprendre ».**

2-7. Ouvrir l'école

L'école nouvelle doit être **ouverte sur le monde** et sur la vie sociale. L'école ouverte doit participer aux problèmes sociaux et politiques ; elle doit mettre l'élève dans des situations d'apprentissage « authentiques », et refuser les situations scolaires artificielles.

2-8. Respecter l'élève comme personne

L'élève doit être traité dans le **respect de ses droits,** comme personne de dignité égale à celle du maître.

2-9. Différencier et individualiser

L'efficacité de l'enseignement et le respect de l'élève obligent à prendre en compte les **différences de besoin et de profil,** et à adapter sa pédagogie selon ces différences.

2-10. Un nouveau rôle pour le maître

L'enseignant n'est plus détenteur d'un savoir à transmettre, mais **une aide ou un guide** pour l'élève, qui accompagne l'élève dans la construction de son savoir. Le maître n'impose plus par autorité, mais propose à l'élève des situations d'apprentissage motivantes.

B Les principales pédagogies nouvelles

Célestin Freinet 1896-1966	**La classe coopérative**	Instituteur, il crée l'École de Vence (1935) et l'ICEM (Institut coopératif de l'école moderne). Classe autogérée par le Conseil de coopérative. Méthode naturelle de lecture de l'école moderne.	« Techniques Freinet » : la correspondance scolaire, l'imprimerie à l'école, le texte libre, le fichier autocorrectif, la bibliothèque de travail.
Maria Montessori 1870-1952	**Pédagogie du jeu adaptée aux jeunes enfants**	Médecin, école à Rome pour enfants autistes ; matériel éducatif (cubes, lettres…) et mobilier scolaire adapté aux jeunes enfants.	Étendre aux enfants normaux la méthode d'enseignement des enfants retardés mentaux. Elle s'appuie sur l'éducation des cinq sens, et crée un matériel didactique.
John Dewey 1859-1952	**Pédagogie de projet :** la démarche de projet contre le compartimentage disciplinaire	École laboratoire du Massachusetts qui privilégie les besoins des enfants et les activités manuelles *(learning by doing).*	La motivation remplace la contrainte.
Ovide Decroly 1871-1932	**Pédagogie des centres d'intérêt**	Médecin belge ; école de plein air ; centres d'intérêt ; partir d'un « thème vital » sur 9 mois et le subdiviser ; méthode globale de lecture ; groupes de niveau.	Trois écoles : Saint-Mandé, Barcelone, Buenos Aires.
Roger Cousinet 1881-1973	**Pédagogie de l'apprentissage :** l'apprentissage par l'élève remplace l'enseignement par le maître	Promoteur du travail de groupe ; priorité aux méthodes. Apprendre, c'est chercher des informations, non les recevoir.	Partir de la psychologie de l'élève, non de la logique des programmes.
A.S Neill 1883-1973	**Pédagogie libertaire**	Jeux et cours facultatifs, sans contraintes ni interdits. Épanouissement individuel hors des normes sociales.	1924, école de Summerhill.

Adolphe Ferrière 1879-1960	**École ouverte**	Sociologue suisse ; ouvrir l'école ; loi biogénétique d'un développement parallèle de l'individu et de l'humanité : de la pensée végétative et intuitive (sauvages) à la raison pure (savants).	Développer le « solidarisme » et l'esprit critique.
Benjamin Bloom 1913-1999	**Pédagogie par objectifs :** définir des objectifs opérationnels pour rationaliser l'enseignement	Permet une évaluation critériée. Les objectifs dépendent d'une logique disciplinaire fixée par l'enseignant. Conception linéaire de l'apprentissage.	Prise en compte des différences individuelles. Pédagogie proche du préceptorat et de l'enseignement individualisé. Trois variables : les prérequis/la motivation/la qualité de l'enseignement.
Édouard Claparède 1873-1940	**L'éducation fonctionnelle,** « c'est celle qui prend le besoin de l'enfant [...] comme levier de l'activité »	Psychologue suisse ; crée l'Institut J.-J. Rousseau en 1914. Contre la gratuité du savoir. Exercer l'esprit à travers des situations-problèmes.	Le maître est un stimulateur et un éveilleur. Susciter le besoin par le jeu.
Rudolf Steiner 1861-1925	**Pédagogie de l'épanouissement harmonieux**	Équilibrer les matières intellectuelles et les activités artistiques ; éveiller chez l'enfant ses facultés, selon ses phases d'évolution.	921 écoles privées laïques, surtout en Allemagne (écoles Waldorf). Continuité du cursus (un même maître) ; ni note, ni redoublement.

NOTES

Les questions qui font débat

Faut-il condamner la pédagogie « traditionnelle » ?

- Par « pédagogie traditionnelle » ; on désigne ordinairement une gestion de classe directive, fondée sur l'autorité du maître, privilégiant le cours magistral et la transmission des connaissances.
- Remarquons ensuite que cette pédagogie a dominé l'école républicaine depuis Jules Ferry, et qu'on lui doit la scolarisation massive des enfants du peuple, ainsi que la formation d'élites républicaines.
- Aujourd'hui, les élèves ont changé, ainsi que les attentes des parents et de la société. L'autorité est en crise, et la demande éducative massivement adressée à l'école. Un enseignant doit assimiler ce qui, dans les pédagogies nouvelles, répond à cette actualité : le respect de la personne de l'enfant, la différenciation et l'individualisation, le débat et la négociation, la mise en activité de l'élève, etc.
- Cela ne doit pas conduire à condamner en bloc la pédagogie « traditionnelle ». Chaque enseignant « bricole » une pédagogie qui lui correspond. Il peut ou doit intégrer des moments de cours ou de leçon (pour la synthèse ou l'institutionnalisation des savoirs), exercer une autorité d'adulte qui donne des repères à l'enfant, savoir recourir à la discipline si nécessaire quand sa responsabilité est engagée, etc.
- On aura compris que dans une majorité de cas, la pratique de classe réclame un mixage variable entre des pratiques « traditionnelles » et des pratiques innovantes.

1. Un exemple : la pédagogie Freinet

Célestin Freinet (1896-1966) est l'inventeur de la « pédagogie coopérative. » En 1935, il ouvre une école privée à Vence, et crée en 1948 l'Institut coopératif pour l'école moderne (ICEM) qui fédère les instituteurs ralliés à ses idées.

1-1. Les « techniques Freinet »

- **La sortie enquête :** les élèves rencontrent le boulanger du village, et enquêtent sur son métier.

- **Le texte libre :** de retour d'une promenade, les élèves écrivent ce qu'ils désirent (poésie, article…).
- **La correspondance scolaire :** deux classes distantes échangent des lettres collectives sur leur vie et leur région.
- **L'imprimerie :** Freinet installe une imprimerie en bois pour que les élèves produisent un journal de classe (vendu à l'extérieur).
- **Bibliothèque de travail (BT) :** collection de fascicules sur tous les sujets servant de supports à des activités en classe.
- **Le fichier autocorrectif :** un ensemble de fiches individuelles, dans toutes les matières, permettant à l'élève de travailler seul, avec questions et réponses.
- **Le « Quoi de neuf ? » :** rituel instauré en début de journée ou de semaine, permettant un libre échange des élèves sur le sujet de leur choix.
- **Le conseil de coopérative :** c'est le cœur de cette pédagogie fondée sur l'organisation collective de la classe. Le maître ne dirige plus la classe : il fait partie, à égalité avec tous les élèves, d'un conseil qui se réunit régulièrement pour décider du travail de tous.

À RETENIR

Le conseil de coopérative

- En début de semaine, le conseil décide du plan de travail, de la répartition des tâches, du calendrier. En fin de semaine, il fait le bilan.
- Le conseil décide des « évaluations » sous forme de « brevets » attribués aux élèves ayant acquis une compétence reconnue dans un domaine.
- Il décide aussi de la discipline : il élabore les règles collectives, et examine les cas des élèves qui ont transgressé ces règles à travers un échange d'explications. La sanction est absente de cette procédure d'autodiscipline collective. Le conseil est chaque fois présidé par un élève, non par le maître.
- Le travail du conseil s'appuie sur un tableau d'affichage libre comprenant trois rubriques : « je félicite », « je critique », « je propose ». Chaque élève peut librement renseigner ce tableau.

1-2. Principes et méthodes

- Partir de l'enfant et de ses besoins.
- Pédagogie de l'intérêt global et du projet (contre le morcellement des programmes).
- La coopération collective contre la concurrence individuelle.
- Tâtonnement expérimental : on progresse par essais et erreurs.
- Méthode naturelle de lecture et d'écriture : créer un milieu stimulant et une situation authentique de communication (type « correspondance scolaire »).
- Le travail contre le jeu qui infantilise l'enfant.
- Organisation de la classe en ateliers.
- Évaluation par brevets et chefs-d'œuvre.
- Choisir la campagne (ou un jardin avec animaux).

2. Quel bilan pour les pédagogies nouvelles ?

2-1. Une influence en demi-teinte sur l'école publique

▶ Les pédagogies nouvelles ont influencé l'éducation et l'école depuis un siècle.

▶ Elles ont **fortement changé notre vision de l'école et de l'enfant** : il paraît difficile de revenir à une école fermée, repliée sur elle-même comme un sanctuaire, coupée des parents, des médias, du quartier…

▶ La pédagogie s'efforce d'être **moins magistrale** et **moins théorique** : il faut communiquer, faire participer les élèves, leur faire construire leur savoir, organiser des expériences. Le maître essaie de parler moins et de faire plus travailler les élèves.

REMARQUE

Un changement dans le rapport aux élèves

À l'intérieur de la classe, l'enseignant n'est plus un maître absolu, et, sans être devenu un camarade, il négocie avec les élèves, discute les règles, essaie d'expliquer, de donner du sens à leur travail, de tenir compte de leurs besoins et intérêts, de respecter leurs personnes et leurs rythmes.

▶ De façon institutionnelle, **l'école publique ne s'est pas massivement convertie aux pédagogies nouvelles.** Il est possible de pratiquer une classe coopérative dans une école publique, mais les contraintes sont nombreuses ; et que deviennent les élèves après cette expérience sans suite ? Aussi, le plus souvent, on trouve, dans l'école publique, un « bricolage » pédagogique qui mêle quelques « techniques Freinet » sur un fond de pédagogie magistrale : on fait un « Quoi de neuf ? », puis on passe au cours de mathématiques… Cela trahit sans doute la cohérence des pédagogies nouvelles, mais c'est à ce prix qu'elles sont intégrées au sein de l'école traditionnelle.

▶ Si l'on veut trouver l'héritage pur des pédagogies nouvelles, il faut se tourner vers les écoles privées : écoles Freinet, écoles Montessori, écoles Steiner, écoles Decroly… Hors de l'Éducation nationale, elles conservent une totale liberté de fonctionnement, au prix de la marginalité.

NOTES

Les questions qui font débat

Peut-on appliquer une pédagogie nouvelle dans sa classe ?

Oui, car l'enseignant est libre de choisir sa pédagogie et de nombreux exemples le prouvent.
Ceci dit, dans le cadre de l'école publique, certaines conditions doivent être rappelées :
– le choix d'une pédagogie doit être justifié comme servant au mieux la réussite des élèves ;
– pratiquer une pédagogie nouvelle ne dispense pas des obligations institutionnelles, comme le respect des programmes et des horaires, etc. Ce qui ne va pas de soi à concilier…
– s'engager dans une pédagogie nouvelle ne s'improvise pas. Cela suppose une prudente progression, une solide formation, et un travail en équipe.

2-2. Des critiques envers ces pédagogies

▶ Un certain nombre de critiques sont adressées aux pédagogies nouvelles, résumées par Philippe Perrenoud[1] :

• Le risque d'une dérive « techniciste » qui ne retient que les techniques et les outils, et oublie l'inspiration globale des nouvelles pédagogies.

1. Consultez le site Internet de Philippe Perrenoud en flashant le QR Code ci-contre.

• Les pédagogies nouvelles favorisent une relation à l'enfant qu'on trouve plutôt dans les **familles aisées** : dialogue, négociation, contrat, jeu, débat… « L'école active parle aux enfants et aux parents des classes moyennes supérieures un langage qui leur est familier » (Perrenoud).

• L'école nouvelle se présente parfois comme une **contre-société** ou une utopie visant à protéger l'enfant d'une société adulte inhumaine. En cela, elle ne prépare pas l'enfant aux épreuves futures et elle freine l'accès aux savoirs et aux compétences nécessaires pour s'intégrer à la société adulte.

REMARQUE

Les pédagogies nouvelles ont été créées pour les enfants de milieux populaires, pour une société égalitaire. Aujourd'hui, les écoles nouvelles accueillent surtout des enfants de cadres et d'intellectuels, de parents soucieux d'épanouissement et d'autonomie.

• **Le refus d'évaluer empêche de mesurer les écarts** et de pouvoir y remédier. Le déni des inégalités et des différences conduit à les reconduire clandestinement.

• Le refus des contraintes et le respect du rythme de l'enfant conduisent à **renoncer à l'apprentissage de l'effort et du travail** au profit du jeu et de la spontanéité.

▸ En résumé, un bilan schématique des pédagogies nouvelles trouve leur principal apport positif dans **l'autonomie et l'esprit d'initiative** des élèves. Leur principal point faible tient lui **aux lacunes dans les connaissances** et au **manque de systématicité dans la construction des savoirs.**

? QUIZ EXPRESS

pour tester ses connaissances

1 Quelle innovation due à Freinet a trouvé sa place dans l'école publique ?

☐ a. La correspondance scolaire

☐ b. Le « Quoi de neuf ? »

☐ c. Le carnet de liaison

2 Parmi les principes suivants, lequel n'appartient pas aux pédagogies nouvelles ?

☐ a. Respecter la personne de l'enfant

☐ b. Ouvrir l'école

☐ c. Évaluer les apprentissages

3 Quelle est le nouveau pédagogue qui a le plus influencé l'école maternelle ?

☐ a. Freinet

☐ b. Steiner

☐ c. Montessori

Réponses : 1. c ; 2. c ; 3. c.

23 Apprendre

▶ THÈME 3 : LE MÉTIER DE PROFESSEUR DES ÉCOLES

La compréhension des mécanismes de l'apprentissage peut permettre de rendre l'enseignement plus efficace. La connaissance des différentes théories de l'apprentissage chez l'enfant présente un intérêt dans les choix pédagogiques et les prises de décision qu'un enseignant doit effectuer. Finalement, tout choix pédagogique repose sur une conception de l'apprentissage plus ou moins explicitée.

A Comment l'enfant apprend-il ?

1. Deux conceptions opposées

▶ Jusqu'au XIXe siècle, deux conceptions d'ordre philosophique se sont affrontées.

▶ **L'innéisme,** issue du rationalisme classique, présente les apprentissages de l'enfant comme la manifestation d'idées ou de compétences innées. Ainsi, l'évolution des différentes compétences de l'enfant suivrait simplement son développement biologique, l'expérience servant de révélateur.

▶ **L'empirisme** met l'accent sur le milieu et aborde à l'inverse les apprentissages comme une construction des connaissances sous l'effet de l'expérience.

2. L'interactionnisme

▶ Depuis, c'est plutôt l'angle de **l'interactionnisme** qui domine, avec l'idée que c'est à la fois le milieu, les expériences et la structure de l'organisme qui permettent aux compétences de se développer et de se construire.

À RETENIR

L'intérêt des différentes théories psychologiques ayant tenté d'expliquer l'émergence des compétences intellectuelles chez l'enfant réside dans le fait qu'on trouve en chacune des prolongements pédagogiques plus ou moins utilisés.

B Les théories psychologiques de l'apprentissage

1. Le béhaviorisme

1-1. Définition

▶ Ce courant représente la **première grande théorie de l'apprentissage en lien avec l'éducation.** Il est né au début du XXe siècle aux États-Unis et a eu de fait une forte influence durant la première moitié de ce siècle.

▶ Refusant toute référence à une quelconque conscience dans les comportements *(behavior),* les tenants de cette théorie considèrent qu'on ne peut s'intéresser qu'à la manifestation observable de la maîtrise d'une connaissance. Plus précisément, ils envisagent le comportement comme « l'ensemble des réactions objectivement observables qu'un organisme généralement pourvu d'un système nerveux oppose aux stimuli, eux aussi observables, dans le milieu dans lequel il vit », selon Watson (1878-1958).

▸ En d'autres termes, notre cerveau est une boîte noire à laquelle nous n'avons pas accès ; nous sommes directement influencés par notre environnement (les « stimuli ») et nous influençons notre environnement par l'émission de « réponses ». Les travaux béhavioristes ont tenté de déterminer la mise en place de la **relation existant entre le stimulus et la réponse** (S-R).

1-2. Travaux de recherches

▸ Au-delà de Watson, trois autres noms sont à retenir : Pavlov, Thorndike et Skinner.

▸ Pavlov est connu pour son « chien ». En effet, il a mis à jour ce qu'on appelle **le conditionnement** en menant des expériences chez l'animal.

À RETENIR

L'expérience du chien de Pavlov

L'idée défendue par Pavlov est qu'il est possible d'ajouter à une association de base [un chien salive (R) quand on lui donne à manger (S)] une autre association, qui représente l'apprentissage (par exemple, en ajoutant un stimulus, comme une cloche qui sonne). C'est la répétition des deux stimuli (la cloche retentit à chaque fois que l'on donne à manger au chien) qui va créer le nouveau comportement. Le chien se met alors à saliver dès que la cloche retentit, même en absence de nourriture.

▸ Toujours en travaillant sur les animaux, Thorndike précise que **ces associations S-R peuvent également s'acquérir par essais-erreurs.**

À RETENIR

Les essais-erreurs de Thorndike

C'est cette fois un chat qui est le sujet. Thorndike a montré que si l'on place un chat affamé dans une boîte dont la porte peut s'ouvrir en déplaçant un simple morceau de bois, l'animal mettra en œuvre différents comportements qui, par multiplication des essais entraînant d'éventuels échecs, lui permettront de sélectionner la bonne réponse. On parle alors d'apprentissage par « essais-erreurs ».

▸ Enfin, Skinner apportera le concept de **renforcement** et de **conditionnement opérant** en développant une théorie de contrôle du comportement. Cette fois, c'est l'être humain qui est au cœur de l'apprentissage. Selon Skinner, nous adaptons notre comportement en fonction des récompenses ou des « punitions » consécutives à ces actions. Le comportement sanctionné par une récompense sera alors sélectionné et éventuellement reproduit tandis que la conduite amenant à une « punition » sera délaissée.

▸ Cette théorie de l'apprentissage définit finalement l'objectif de l'apprentissage comme le fait d'être capable de donner **la réponse adéquate à une situation donnée.** C'est la répétition des associations stimulus-réponse qui permet sa mise en place.

REMARQUE

Finalement, ce que propose la théorie béhavioriste au niveau de l'enseignement, c'est une opérationnalisation des objectifs, un apprentissage par essai-erreur et l'idée de renforcements positifs ou négatifs.

1-3. Applications en pédagogie

▶ En pédagogie, nous allons retrouver ces principes dans l'enseignement programmé qui préconise de **découper une activité en une succession de tâches** pour lesquelles un **renforcement positif ou négatif sera fourni** au fur et à mesure. La pédagogie par objectifs peut également se retrouver dans ces principes d'apprentissage.

▶ Le bilan que l'on peut tirer de l'influence du béhaviorisme dans l'enseignement est qu'il encourage une **focalisation sur l'élève et sur la tâche.** Son efficacité a été prouvée pour les apprentissages dits techniques. Cependant, c'est la multiplication des objectifs qui relativise son intérêt.

2. Le constructivisme

▶ Dans une perspective toute différente le constructivisme propose de **considérer l'enfant comme le protagoniste actif de l'apprentissage.**

▶ Selon les tenants de cette théorie, **les connaissances se construiraient par ceux qui apprennent** et seraient plus précisément le fruit de l'activité du sujet. Les activités de manipulation prennent alors une place importante. Enfin, cette théorie prend son sens dans l'idée que l'intelligence se développe grâce à sa nature adaptable.

▶ C'est le célèbre psychologue suisse, Jean Piaget (1896-1980), qui est le plus important représentant de ce courant. Sont présentées ici les notions de base de ses travaux[1].

▶ À chaque stade, Piaget caractérise le développement au moyen de processus généraux. Face à une situation, l'enfant raisonne avec les schèmes qu'il possède. Ces schèmes représentent sa structure mentale, les moyens qu'il a sa disposition à un moment donné pour comprendre le monde. La construction de son intelligence provient alors d'**une recherche d'équilibre entre l'enfant et son environnement**. C'est pour cela qu'on considère cette théorie comme fondée sur l'interaction.

▶ Quand les schèmes sont suffisants pour agir ou comprendre, les données supplémentaires issues de la situation sont assimilées et représentent une expérience supplémentaire pour l'enfant. En revanche, quand la situation ne peut être comprise par les schèmes qu'il possède, ceux-ci vont se modifier et provoquer ce qu'on appelle **l'accommodation,** c'est-à-dire une adaptation aux situations nouvelles. La mise en œuvre de ce processus résulte de ce qu'on appelle **le conflit cognitif.** La situation « résiste » à l'enfant et provoque ainsi un conflit au sein des structures qu'il possède. Seule l'accommodation permettra de résoudre ce conflit interne.

▶ Ce modèle d'apprentissage chez l'enfant se caractérise donc par **un rapport strict entre l'enfant et son environnement.** On retrouve son influence dans l'enseignement principalement dans le courant qu'ont représenté les pédagogies nouvelles entre 1880 et 1970. Dans ces méthodes, l'élève est considéré comme **artisan de ses propres connaissances.** Elles préconisent de le mettre en situation de manipulation. Au-delà de ces aspects, c'est également la prise en compte des connaissances antérieures qui a marqué ce courant et que l'on peut rapprocher des concepts développés par Piaget.

REMARQUE

Une démarche expérimentale

Piaget démontrera ses différents mécanismes en soumettant des enfants à des expériences mettant en jeu des manipulations et devant provoquer chez eux des démarches précises afin de trouver la solution.

1. Voir le chapitre 4 « Le développement cognitif de l'enfant » p. 56.

À RETENIR

Les situations-problèmes à l'école

L'autre impact majeur de cette conception du développement de l'intelligence chez l'enfant se retrouve dans la place que prennent les situations-problèmes à l'école.

- L'élève pense initialement qu'il va pouvoir résoudre le problème **(tentative d'assimilation)**.
- Un échec entraîne une déstabilisation **(conflit cognitif)**.
- L'élève persévère et tente de revisiter ce qu'il sait pour s'adapter **(accommodation)**.
- S'il y a encore échec, l'élève peut faire de nouvelles tentatives jusqu'à atteindre la résolution du problème. L'élève a dès lors réussi à restructurer ses connaissances **(équilibration majorante)**.

▸ L'impact des travaux de Piaget est indéniable dans l'éducation, mais, la dimension sociale y est quasi inexistante C'est sur ces aspects que se sont développées les théories dites socio-cognitivisme.

3. Le socio-cognitivisme

3-1. La zone proximale de développement de Vygotski

▸ Pour Vygotski (1896-1934), **l'être humain fonctionne fondamentalement de manière sociale** et l'éducation prend une place essentielle dans l'histoire de l'enfant.

REMARQUE

L'idée est que l'enfant se développe et apprend grâce à des outils, comme le langage, qu'il construit dans son environnement social. Le développement de la pensée part donc du social pour aller vers l'individuel.

▸ Vygotski évoque deux types d'activités psychologiques. Une première série d'activités dite « naturelle », dépend d'un développement biologique et une deuxième série nommée « artificielle » concerne toutes les acquisitions, produits de l'activité humaine qui reposent sur l'acquisition d'outils. Ces outils culturels (le langage, l'écriture, le raisonnement mathématique…) assurent **une fonction de médiation entre le monde** et c'est grâce à eux que les enfants vont pouvoir apprendre et se développer. Ils sont considérés comme des fonctions psychiques supérieures.

▸ Si l'on tente d'illustrer ces propos par l'exemple de l'acquisition du langage, cela signifie que le langage apparaît déjà sous forme de communication, en lien avec l'entourage. C'est dans un second temps que l'enfant intériorise le langage et l'utilise pour se parler à lui-même.

REMARQUE

Concernant l'acquisition plus générale des savoirs et des savoir-faire, la place des interactions sociales est expliquée à travers le concept de la zone proximale de développement (ZPD).
Cette zone correspond à l'écart existant entre ce que l'enfant peut faire avec l'aide d'un adulte et ce qu'il peut faire seul.

▸ Ainsi, l'enfant arrivera à effectuer une activité guidée par un adulte à 7 ans, qu'il saura faire seul à 9. Cependant, c'est souvent sous l'angle du niveau de complexité de la tâche que la ZPD est représentée. En raisonnant à l'inverse, on comprend qu'une tâche située à un niveau de complexité 1 saura être effectuée par un enfant en autonomie tandis qu'une tâche effectuée à un niveau 2 ne pourra être effectuée qu'avec l'aide d'un adulte.

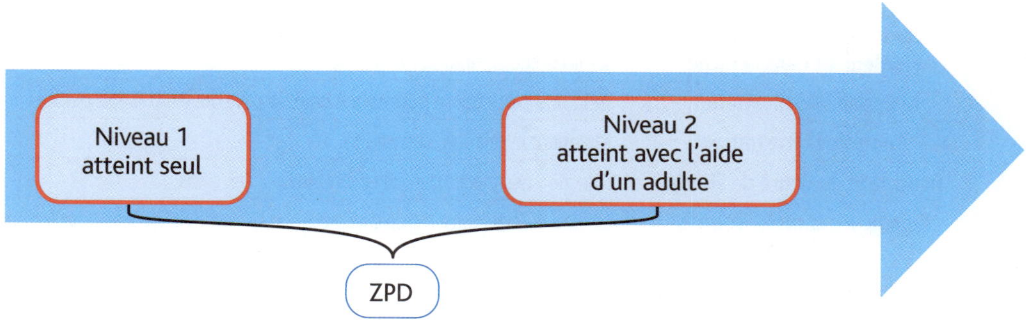

3-2. L'étayage selon Bruner[1]

▶ Dans une même idée d'apprentissage social, Bruner (1915-2016) considère que **la culture forme l'esprit** et que l'activité mentale ne se produit jamais isolément. Pour lui, nous apprenons les uns des autres.

▶ La notion **d'étayage** qu'il décrit renvoie directement à la zone proximale de développement de Vygotski. En effet, il précise dans ce concept les différents éléments qui constituent l'interaction adulte-enfant dans la perspective d'aide de la ZPD. Plus précisément, il nomme cette interaction **l'interaction de tutelle.** L'étayage en est le processus ou la fonction. Ce sont finalement les moyens que donne l'adulte pour rendre l'enfant capable, par exemple, de résoudre un problème.

▶ Différents niveaux sont nécessaires, que l'on peut distinguer selon deux aspects : un **aspect affectif et motivationnel** et un autre plus **cognitif**.

• Concernant l'aspect affectif :

– l'adulte cherche à mobiliser l'intérêt de l'enfant pour la tâche, c'est l'effort d'**enrôlement** ;

– il doit maintenir cet intérêt et cette motivation, c'est le **maintien de l'orientation** ;

– l'adulte tente de **contrôler la frustration** de l'enfant tout en ne suscitant pas de dépendance trop forte à son égard.

• Concernant l'aspect plus cognitif :

– un des enjeux de l'étayage par un adulte est la prise en charge de certains aspects de la tâche pour qu'elle soit momentanément à la portée de l'élève, c'est la **réduction des degrés de liberté.** Il faut bien sûr veiller à conserver une place aux propres procédures de l'enfant ;

– l'adulte fait en sorte de mettre en valeur les points déterminants pour la résolution du problème, c'est la **signalisation des caractéristiques spécifiques** ;

– enfin, et c'est là l'élément le plus difficile pour l'adulte, il s'agit de proposer à l'enfant **des modèles de solution** sans effectuer la tâche à sa place, c'est la **démonstration**. L'idée est alors de partir de ce que l'élève a fait et/ou de l'alerter si la procédure est inadéquate.

▶ La place de l'enseignant est clairement établie chez Bruner, notamment dans sa description de l'étayage. L'avantage de ce processus est qu'il amène à des **réussites immédiates**. Les effets à plus long terme sont attendus plutôt par un travail d'explicitation autour des procédures nécessaires à la réussite de la tâche.

1. Jérôme S. Bruner, *Le développement de l'enfant : Savoir faire, savoir dire*, PUF, coll. Psychologie d'aujourd'hui, 1983.

Les six rôles du tuteur	Exemple : faire un puzzle
Enrôlement dans la tâche	« Allons choisir un puzzle ! »
Maintien de l'orientation	Tend une pièce qui se pose tout à côté de celle qui vient d'être placée
Contrôle la frustration	Maintient la relation, encourage
Réduction du degré de liberté	Sélection des pièces parmi l'ensemble (ex. : les coins…)
Signale les caractéristiques pertinentes	Le bleu du ciel (entre modèle et pièce) ou la forme des pièces pour former le tour…
Démonstration ou présentation de modèle	Place une pièce en expliquant sa stratégie

3-3. Le conflit socio-cognitif de Doise & Mugny (travaux de 1981, 1997) et de Perret-Clermont (travaux de 1979)

▸ C'est ici l'interaction entre pairs qui a été étudiée. Les auteurs ayant abordé cette question revendiquent le fait que des apprentissages ou bénéfices cognitifs sont possibles et résulteraient même directement d'interactions entre pairs quand elles génèrent ce qu'ils ont appelé **un conflit socio-cognitif**.

▸ Ce dernier permettrait à l'enfant de réorganiser ses connaissances antérieures et d'intégrer de nouveaux éléments. Selon Doise et Mugny (1981), « la prise de conscience par l'enfant de réponses autres que la sienne, lorsqu'il s'inscrit dans une relation conflictuelle, crée un conflit qui rend explicite la différence. Sans ce problème social, l'enfant aurait peu de chances de ressentir un conflit cognitif. »

À RETENIR

Description du conflit socio-cognitif

Face à une tâche, les enfants possèdent des représentations différentes qui se confrontent. On parle d'opposition dans l'interaction. Un conflit dit socio-cognitif émerge alors.
Un processus de réflexion s'engage et pousse l'enfant à décentrer et même à reconsidérer son point de vue. C'est l'argumentation des pairs qui amènerait à ce processus. Le conflit peut être ainsi résolu chez l'enfant et l'apprentissage est produit.

▸ Il faut cependant bien noter que tout conflit lors d'interactions sociales n'est pas forcément synonyme de progrès cognitifs. La situation doit permettre un véritable débat d'idées et une divergence de points de vue s'échangeant de manière aisée.

REMARQUE

Au niveau de l'enseignement, il s'agit de créer des divergences, des désaccords ou des représentations différentes d'un même fait lors d'activités en petits groupes. Cependant, selon cette théorie, la modalité du travail en groupe seule ne peut suffire à créer un apprentissage.

4. La cognition et la métacognition

4-1. La cognition

▶ Le **cognitivisme** (courant qui étudie la cognition) considère, notamment à ses débuts, que le comportement humain peut s'étudier comme un **système de traitement de l'information.** Il se distingue clairement sur ce point avec le béhaviorisme. La psychologie cognitive s'intéresse aux **processus mentaux liés à la cognition,** c'est-à-dire aux mécanismes d'acquisition, de traitement, de conservation, de récupération et d'utilisation des données. Actuellement, elle s'appuie beaucoup sur les données de la neuropsychologie et de l'imagerie cérébrale.

▶ Comme dans le constructivisme ou le socio-cognitivisme, on considère ici que le cerveau, et donc les processus mentaux, fonctionnent sur la base de **représentations.** Les processus sont utilisés pour décrire l'ensemble des fonctions cognitives.

REMARQUE

La psychologie cognitive considère qu'on utilise, pour agir et pour apprendre, un certain nombre de fonctions, comme le raisonnement, le langage, la mémoire, l'attention, mais aussi la perception et la motricité. Plus récemment, les travaux dans le domaine intègrent l'émotion.

▶ Parmi les fonctions mobilisées pour les apprentissages, la mémoire est continuellement mise à contribution. Depuis les travaux d'Atkinson et Shiffrin (1968), elle est considérée par beaucoup comme constituée de plusieurs systèmes.

- **La mémoire sensorielle** est la plus éphémère. Elle sert à capter les informations sensorielles pendant quelques centaines de millisecondes et est donc dépendante du canal sensoriel d'entrée (visuel, auditif, tactile…).
- **La mémoire à court terme** prend la suite dans le traitement de l'information et peut la conserver pendant moins d'une minute. C'est cette mémoire qui nous permet de retenir jusqu'à sept éléments chez l'adulte, le temps notamment d'utiliser ces informations pour une tâche donnée. L'information est immédiatement disponible. Elle est donc fortement mobilisée par les élèves dans les apprentissages. Sa taille (son empan) augmente avec l'âge : elle est en moyenne de quatre éléments à 5 ans.
- **La mémoire à long terme,** comme son nom l'indique, évoque le stockage quasi infini des informations. Les travaux n'ont d'ailleurs pas évoqué de limites dans la durée de conservation des informations comme dans la quantité. Les connaissances sont considérées comme relevant de plusieurs types et donc de plusieurs mémoires.
- **La mémoire épisodique** regroupe les informations sur les « épisodes » vécus par le sujet. Se rappeler des souvenirs d'enfance ou de la date de la prochaine sortie en font partie.
- **La mémoire sémantique** contient les informations sur les faits et les concepts généraux que l'on a stockés et qui sont décontextualisés. C'est dans cette catégorie que l'on peut trouver les savoirs et connaissances que l'on cherche à transmettre à l'école, comme le nom des départements français ou les règles grammaticales d'accord. On considère que ces connaissances ne peuvent s'acquérir que reliées et organisées avec des connaissances existantes.
- **La mémoire procédurale** permet de stocker les connaissances que l'on sollicite pour mettre en œuvre des actions (procédures) et des savoir-faire. Cela correspond à l'exemple classique de l'apprentissage du vélo.

REMARQUE

Au niveau du processus de mémorisation en lui-même, on considère qu'après être passées en mémoire à court terme, les informations sont transférées dans cette mémoire, sous réserve qu'elles aient été traitées et intégrées aux informations existantes.

▶ Plusieurs **procédures de mémorisation** existent, la plus connue étant la **répétition**. La constitution de liens entre les connaissances à stocker comme l'élaboration d'une image mentale, la catégorisation des informations ou toute autre stratégie de codage permet également ce transfert. Le fait d'élaborer des stratégies pour mémoriser a été étudié et fait le pont entre les études sur la cognition et sur la métacognition.

4-2. La métacognition

▶ Si l'on peut considérer qu'une activité cognitive est le fait d'effectuer une tâche, certains se sont penchés sur le fait d'avoir connaissance de ses propres processus cognitifs et de la régulation que l'on peut en faire. Ce genre d'activité est qualifié de métacognitive.

REMARQUE

La métacognition est considérée comme la prise de conscience et la capacité à réfléchir sur son activité. Cela signifie que l'enfant sera de plus en plus capable de prendre connaissance de ses processus cognitifs et de ce qu'ils permettent, autrement dit de répondre à la question « comment je fais ? ».

▶ Au-delà de cette prise de conscience, la métacognition concerne la capacité que l'on a à réguler ses processus. Cette capacité augmente avec le développement. Dans le langage de l'école, on retrouve le concept de métacognition derrière l'expression **« apprendre à apprendre ».** Un certain nombre de travaux montre que ces capacités métacognitives font souvent défaut chez l'élève en difficulté. De plus en plus d'outils issus de ce courant tentent de fournir à l'enseignant des bases pour travailler cet aspect avec les élèves.

Quelques questions métacognitives		
Planification	**Monitorage**	**Évaluation**
1. Quelle est la nature de la tâche ? 2. Quel est mon but ? 3. Quel type d'information et de quelles stratégies j'ai besoin ? 4. De combien de temps et de quelles ressources je dispose ?	5. Ai-je une bonne compréhension de ce que je suis en train de faire ? 6. Est-ce que ma tâche a du sens pour moi ? 7. Est-ce que je suis en train d'atteindre les buts que je me suis fixés ? 8. Est-ce que je dois changer de stratégies ?	9. Est-ce que j'ai atteint les buts que je me suis fixés ? 10. Qu'est-ce qui a marché ? ou pas marché ? 11. Qu'est-ce que je ferai différemment la prochaine fois ?

5. Actualité des neurosciences

▶ Les neurosciences ont émergé dans les années 1970. Leur objectif est de mieux comprendre, voire de **modéliser le fonctionnement du cerveau humain.** Actuellement, elles s'appuient principalement sur l'imagerie cérébrale : l'imagerie anatomique, permettant de visualiser les structures du cerveau, et l'imagerie fonctionnelle qui, elle, permet de relever l'activité neuronale des sujets étudiés face à une tâche particulière.

ZOOM SUR…

L'étude du cerveau comme base des comportements humains

▶ D'Hippocrate postulant que le cerveau est la base de la pensée aux neurosciences actuelles, c'est notamment au milieu du XIXe siècle que de nombreux scientifiques ont tenté de comprendre cette « boîte noire » en pratiquant des autopsies post-mortem sur des patients atteints de lésions cérébrales.

▶ Au début du XXe siècle, les travaux de biologistes établissent que les cellules nerveuses sont composées d'un corps principal, d'axones et de dendrites. Ces quelque cent milliards de neurones « communiquent » entre eux et constituent ainsi des réseaux présentant une activité que des techniques de plus en plus évoluées vont s'attacher à évaluer.

▶ L'électroencéphalographie, longtemps utilisée, mesure l'activité électrique de ces réseaux grâce à des électrodes placées sur la boîte crânienne. C'est l'électroencéphalogramme, permettant de figurer les ondes électriques traversant le cerveau et surtout leurs variations.

▶ Depuis, les études en imagerie par résonance magnétique permettent aux chercheurs et aux scientifiques de disposer d'un outil plus précis. L'IRM produit des images en trois dimensions grâce à un aimant et à des ondes mesurant le signal magnétique émis par les cellules en l'amplifiant. L'hypothèse de base est que ce signal se modifie en fonction de la quantité d'oxygène circulant, celle-ci variant en fonction de l'activité du cerveau.

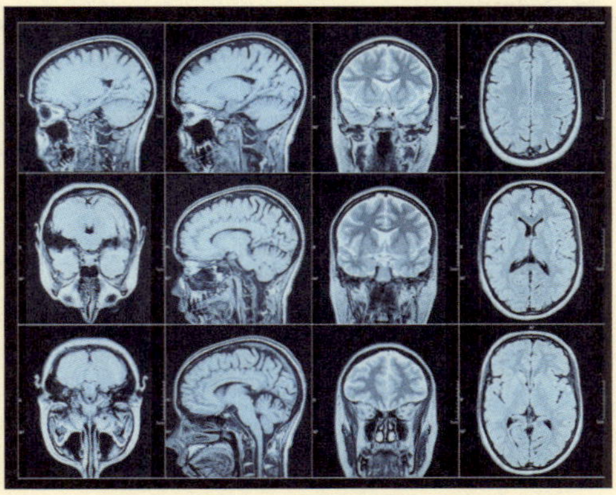

▶ Les neurosciences cognitives sont nées des liens entre neurosciences, psychologie cognitive et psychologie du développement. Elles interrogent **les mécanismes cérébraux impliqués dans toutes les activités cognitives,** allant de la perception à la mémorisation en passant par le raisonnement ou le langage. Les neurosciences cognitives traitent notamment des questions d'apprentissage chez les enfants et ont permis des avancées récentes dans la connaissance du fonctionnement de l'élève.

5-1. Quelques approches

• La plasticité cérébrale

▶ [...] L'apprentissage repose sur le renforcement ou, au contraire, l'élimination de synapses. Ces points de contact entre les neurones, qui définissent les réseaux par lesquels les informations sont codées et relayées, constituent les traces de mémoire de nos expériences et modifient le comportement de nos neurones. Les méthodes récentes d'imagerie démontrent que ces synapses se remodèlent en permanence. […]

▶ Ces changements ont lieu tout au long de la vie, mais avec une intensité particulière dans l'enfance. On appelle **« période critique »** ou **« période sensible »** une fenêtre temporelle pendant laquelle les circuits neuronaux présentent une capacité particulière de s'adapter aux entrées qu'ils reçoivent de leur environnement. » (S. Dehaene, cours au collège de France)

• Le recyclage neuronal

▶ Le recyclage neuronal désigne le processus par lequel **une région cérébrale est modifiée pour acquérir de nouvelles compétences,** c'est-à-dire le processus par lequel les interconnexions de neurones au sein de cette région cérébrale se modifient.

▶ « Les acquisitions culturelles nouvelles ne sont possibles que dans la mesure où elles sont compatibles avec ces architectures neurales préexistantes, qu'elles recyclent. Chaque objet culturel doit donc trouver sa « niche neuronale » dans le cerveau : un circuit dont le rôle initial est assez proche, et dont la flexibilité est suffisante pour être reconverti à ce nouvel usage. [...] C'est pourquoi il est essentiel de comprendre comment ces circuits sont organisés dans la petite enfance et se transforment sous l'effet de l'éducation, afin d'en optimiser le fonctionnement. L'éducation tire profit de la très longue fenêtre de plasticité de l'espèce humaine, mais celle-ci n'est pas infinie et obéit à des règles précises. » (S. Dehaene, cours au collège de France)

À RETENIR

Les quatre piliers de l'apprentissage

1. L'attention

C'est le mécanisme qui permet de sélectionner une information et d'en moduler le traitement. Il existe trois systèmes attentionnels : l'alerte, l'orientation et le contrôle exécutif.

2. L'engagement actif

- L'apprentissage suppose la mobilisation effective de l'élève.
- L'apprentissage est optimal quand il y a alternance entre apprentissage et test répété de ses connaissances pour s'assurer de leur fiabilité.
- On retient mieux si l'on réfléchit sur le sens de ce que l'on apprend.

3. Le retour d'information (feed-back)

« Notre cerveau utilise des modèles internes afin de générer des prédictions sur le monde extérieur. L'apprentissage se déclenche quand un signal d'erreur montre que cette prédiction n'est pas parfaite. »

Il est indispensable de respecter le droit de l'élève à l'erreur.

4. La consolidation des apprentissages

« Au début de l'apprentissage, le cortex préfrontal est fortement mobilisé : traitement explicite, conscient, avec effort. Progressivement, l'automatisation transfère les connaissances vers des réseaux non conscients, libérant les ressources. »

Il est nécessaire de répéter, réactiver un apprentissage pour qu'il soit intégré.

5-2. Quel impact sur la pédagogie ?

▶ Les travaux des neurosciences ont permis d'avancer dans une certaine connaissance du fonctionnement cognitif et neurologique des enfants, notamment en situation d'apprentissage.

▶ Des préconisations existent, notamment dans les domaines de l'apprentissage de la lecture et des mathématiques. L'enseignant peut bien sûr s'appuyer sur ces apports, mais il doit bien avoir conscience de plusieurs réalités…

- À l'inverse du chercheur, qui se focalise sur un aspect de l'élève et des apprentissages, l'enseignant doit, lui, considérer l'élève dans sa globalité. Le professeur des écoles doit prendre en compte **l'interaction de tout ce qui fait l'enfant** : les dimensions cognitives, affectives, sociales, familiales, culturelles, etc.

• Comme l'écrit le professeur en sciences de l'éducation Philippe Meirieu, si « l'apport des neurosciences est extrêmement intéressant, il **ne doit pas pour autant éclipser tous les autres éclairages nécessaires à l'acte pédagogique** que sont la psychologie, la sociologie, la linguistique, l'histoire, ou la pédagogie. »
• Le neuroscientifique Olivier Houdé souligne qu'il convient « d'éclairer les choix pédagogiques (c'est l'objet de la recherche en éducation), plutôt que d'imposer une méthode ».

À RETENIR

La pédagogie ne saurait relever d'une seule influence. Les données issues des sciences s'intéressant à l'école et aux apprentissages doivent donc être vues comme autant d'aides et de supports pour faire des choix pédagogiques au plus juste. S'il est indispensable de s'y référer, elles ne pourront en aucun cas donner l'entière marche à suivre à l'enseignant qui doit rester l'expert professionnel.

C La motivation

1. Définition

▶ « Motivation » trouve son origine dans le latin *movere* qui signifie se mouvoir, se mettre en mouvement. La motivation implique **une dynamique qui engage un sujet.**

▶ On a retenu, des recherches initiées dans les années 1970, la distinction entre deux formes de motivation :
– **la motivation intrinsèque :** le sujet agit pour l'intérêt qu'il trouve dans la situation, par sentiment d'épanouissement personnel ;
– **la motivation extrinsèque :** l'intérêt pour l'activité n'est dû qu'aux avantages qui en découlent (espoir d'une récompense, crainte d'une sanction).

▶ Une autre approche de la motivation est aujourd'hui proposée. Ainsi, pour Rolland Viau, « bon nombre de chercheurs contemporains situent les sources de la motivation dans les perceptions qu'un élève a de lui-même et des expériences qu'il vit. La motivation est donc **un phénomène intrinsèque** à l'élève, mais qui **dépend en grande partie du milieu** dans lequel il apprend. »

2. Rôle de l'enseignant dans la motivation

▶ Il convient toutefois de noter que si l'on doit bien sûr viser à ce que les élèves soient motivés intrinsèquement, cette motivation demande généralement d'être initiée et maintenue par des incitatifs tels que le support et les encouragements des enseignants.

La dynamique motivationnelle, d'après Rolland Viau, 2005

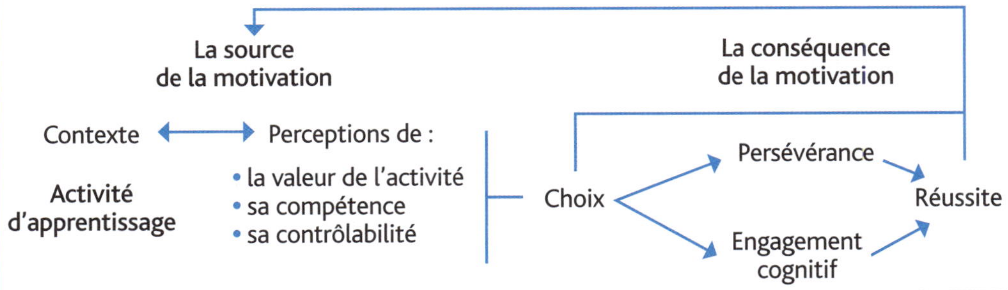

▸ Ce modèle de la dynamique motivationnelle implique que la motivation de l'élève a pour principales sources trois perceptions et renvoie à un ensemble de questions chez l'apprenant :
– **la perception de la valeur qu'il accorde à l'activité** : « Pourquoi, pour quoi ferais-je cette activité ? » ;
– **la perception qu'il a de sa compétence à l'accomplir** : « Suis-je capable de faire cette activité ? ». Cette perception se construit principalement par les expériences déjà vécues dans une même situation et par le fait de voir d'autres élèves de même niveau réussir l'activité ;
– **la perception de contrôlabilité,** c'est-à-dire du degré de contrôle qu'il a sur son processus d'apprentissage et sur les résultats de celui-ci : « En quoi la réussite ou l'échec à cette activité dépend-elle de moi ? ». Le fait d'expliquer sa réussite par la chance témoigne d'une faible perception de contrôlabilité.

▸ Le modèle spécifie également que les principales conséquences de la motivation sont **le choix que l'élève fait de s'engager cognitivement dans l'activité, sa persévérance et sa performance.**

▸ La qualité de ces trois perceptions permettrait ainsi aux élèves de s'engager plus efficacement dans la tâche et de persévérer face aux obstacles.

En classe...

Ils sont démotivés, car ils...

... jugent inutiles ou inintéressantes la matière et les activités d'apprentissage qui leur sont proposées ;

et/ou

... se sentent incapables de faire ce qu'on leur demande ou craignent de ne pas posséder les capacités nécessaires ;

et

... ont l'impression de n'avoir aucune responsabilité dans ce qu'on leur demande de faire et croient que leurs succès ou leurs échecs ne dépendent pas d'eux.

Ils sont motivés, car ils...

... jugent utiles ou intéressantes la matière et les activités d'apprentissage qui leur sont proposées ;

et/ou

... se sentent capables de faire ce qu'on leur demande ;

et

... ont l'impression d'avoir une certaine part de responsabilité (contrôle) dans le déroulement de leurs apprentissages et croient que leurs succès comme leurs échecs dépendent en grande partie d'eux.

Rolland Viau, extrait d'une conférence prononcée en 2012 au Luxembourg

▸ Dans tous les cas, l'élève doit **trouver du sens dans la tâche proposée** et **croire en sa possibilité de réussite.** Comme l'écrit à nouveau Rolland Viau[1] « L'élève motivé choisit de s'engager et de persévérer. À l'opposé, un élève démotivé recourt à des stratégies d'évitement

1. R. Viau, *La motivation en contexte scolaire,* De Boeck, 2005.

qui se traduisent par des comportements comme se lever constamment pour tailler son crayon, demander inutilement des explications, faire répéter le professeur pour gagner du temps… La persévérance est une conséquence importante de la motivation. »

REMARQUE

Les recherches actuelles visent à mieux cerner la dynamique motivationnelle et les leviers potentiels qui lient l'apprenant et l'enseignant afin de favoriser l'apprentissage.

? QUIZ EXPRESS

pour tester ses connaissances

1 Quelle pédagogie repose sur les théories du béhaviorisme ?

- ☐ **a.** La pédagogie différenciée
- ☐ **b.** La pédagogie par objectifs
- ☐ **c.** La pédagogie de type constructiviste

2 Comment appelle-t-on la zone correspondant à l'écart existant entre ce que l'enfant peut faire avec l'aide d'un adulte et ce qu'il peut faire seul ?

- ☐ **a.** Zone de perception
- ☐ **b.** Zone proximale de développement
- ☐ **c.** Zone d'appropriation

3 Quel est le psychologue ayant décrit cette zone ?

☐ **a.** Vygotski ☐ **b.** Watson ☐ **c.** Bruner

4 Les neurosciences s'appuient principalement sur :

- ☐ **a.** l'imagerie cérébrale.
- ☐ **b.** la méthode expérimentale.
- ☐ **c.** l'observation clinique.

5 Quelles sont les principales caractéristiques de l'élève motivé ?

- ☐ **a.** Il persévère.
- ☐ **b.** Il s'engage.
- ☐ **c.** Il veut faire plaisir.
- ☐ **d.** Il veut réussir à tout prix.

Réponses : 1. b ; 2. b ; 3. a ; 4. a ; 5. b-a.

24 Échec scolaire ou élèves en difficulté ?

▶ THÈME 4 : DIFFICULTÉS ET BESOINS ÉDUCATIFS SPÉCIFIQUES

L'échec scolaire est une notion liée à la massification de la scolarisation. L'accès d'un plus grand nombre d'élèves à l'école n'implique pas nécessairement la démocratisation du système scolaire ; on constate ainsi aujourd'hui une subsistance de l'inégalité des chances. L'échec scolaire est aussi souvent un vecteur de violence et d'exclusion. En tout état de cause, on ne peut pas parler d'échec solaire sans s'intéresser tout à la fois aux élèves en difficulté et aux difficultés des élèves.

A Les causes de « l'échec scolaire »

1. Des situations diverses

L'échec scolaire est une expression générique qui renvoie à des situations très différentes d'élèves en difficulté.

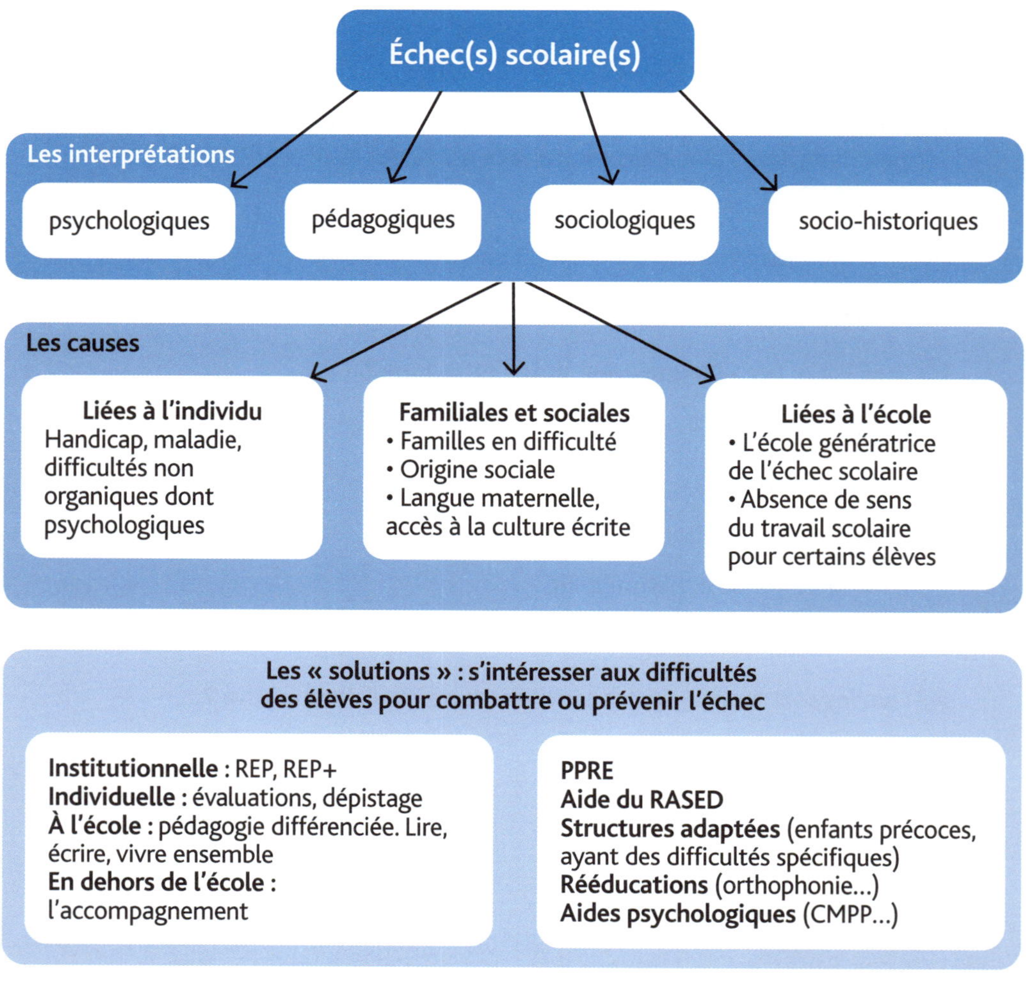

2. Aspect historique

Certaines explications à l'échec scolaire prévalent en fonction des périodes.

– **Jusqu'aux années 1950** Les élèves en échec scolaire sont considérés anormaux ou déviants. La création des **classes de perfectionnement** en 1909 signe l'exclusion des « arriérés éducables » des classes normales ; ces enfants restent toutefois inscrits à l'école. Les tests Binet-Simon cherchent à mesurer l'intelligence des élèves. Binet ira jusqu'à dire : « l'intelligence, c'est ce que mesurent mes tests ». L'orientation des élèves va progressivement prendre appui sur ces données.

– **Des années 1950 aux années 1960** Les élèves en échec scolaire sont dits « inadaptés » : ils « dysfonctionnent » du point de vue intellectuel. Il convient de les « rééduquer » : on parle ainsi de dys *-lexie(s), -calculie, -orthographie*.
Une **éducation spécialisée** est organisée pour les élèves les plus en difficulté qui « n'ont pas leur place dans les classes normales ». C'est l'époque du **développement des tests d'intelligence**. Le WISC (échelle d'intelligence pour enfants de 6 à 16 ans de Wechsler) et le QI (quotient intellectuel) qu'il détermine doivent permettre d'orienter les élèves selon leurs « besoins ».

REMARQUE
Un enfant d'intelligence normale a un QI correspondant en moyenne à 100.

– **Des années 1960 aux années 1970** La **sociologie** impose ses points de vue. Les explications dominantes trouvent leurs sources dans la thèse de la « reproduction » ou dans la notion de « handicap socioculturel ». (Cette dernière notion est radicalement remise en cause aujourd'hui.)

REMARQUE
Pour le courant qui domine à l'époque, c'est bien l'école qui engendre l'échec scolaire en reproduisant les inégalités sociales.

– **À partir des années 1970-1980** On assiste à une montée en puissance de la **« pédagogie différenciée »** : on considère que ce sont des différences individuelles de diverses origines qui expliquent les inégalités d'accès à l'école.
Le maintien sous de nouvelles formes des écarts entre classes sociales est confirmé, mais n'implique plus une vision fonctionnaliste de l'école (qui serait faite pour reproduire les inégalités).
Les **inégalités sociales** peuvent être détachées des **performances scolaires**. La possibilité de remédier à une forme d'inégalisation qu'est l'échec lourd dans les apprentissages de base à l'école primaire ne paraît pas hors de portée. Toutefois, la question du sens de l'école et des apprentissages reste centrale dans les milieux populaires.
Le rôle d'autres variables est mis en évidence : **le sexe** (les filles réussissent mieux que les garçons) ; **la région géographique** ; **le travail de la mère** ; **l'effet établissement**, etc. Les enfants d'immigrés appartiennent en très grande majorité aux catégories sociales défavorisées.

– **Des années 1990 à aujourd'hui** Ces dernières années voient s'imposer les termes **d'adaptation, d'intégration et d'inclusion**. On parle ainsi de « besoins éducatifs particuliers de certains élèves », besoins auxquels il faut porter une attention particulière pour réussir la scolarisation de ces élèves. La circulaire de préparation de rentrée de 2010 précise que « la scolarisation des enfants et des jeunes handicapés, l'enseignement aux enfants de familles non sédentaires, l'enseignement linguistique particulier offert aux enfants qui arrivent en France sans maîtriser notre langue, les aménagements apportés à la scolarité des enfants intellectuellement précoces sont autant de réponses adaptées à des besoins éducatifs particuliers. »

REMARQUE
L'école d'aujourd'hui se veut inclusive.

B L'échec scolaire aujourd'hui

1. Deux causes majeures à l'échec scolaire

▶ Deux grands types de cause sont évoqués : **inégalités sociales** d'une part, **raisons liées à l'individu** de l'autre.

▶ Elles renvoient à deux domaines d'intervention que nous présenterons successivement : **l'éducation prioritaire** et **la scolarisation des enfants à besoins éducatifs particuliers.**

2. Assurer l'égalité des chances

▶ La réponse institutionnelle face à ces problèmes, c'est d'abord la volonté de développer l'école de l'égalité des chances.

REMARQUE
La volonté de développer l'égalité des chances à l'école s'exprime dans les différentes lois d'orientation depuis vingt-cinq ans.

▶ Les perspectives de la **loi de 1989** en sont une illustration : « Pour assurer l'égalité des chances et la réussite des élèves, l'enseignement est adapté à leur diversité par une continuité éducative au sein de chaque cycle et tout au long de la scolarité. » Chaque élève doit sortir du système éducatif avec un diplôme : 80 % d'une classe d'âge doit atteindre le niveau du Bac dans les dix ans ; aucun jeune ne doit avoir un niveau inférieur au CAP ou BEP.

▶ La **loi d'orientation de 2005** et la **définition d'un socle commun de connaissances et de compétences** amendent la loi de 1989.

▶ La **loi dite de refondation de l'école, en 2013,** affirme poser « les fondements d'une école juste, exigeante et inclusive en créant les conditions de l'élévation du niveau de tous les élèves et de la réduction des inégalités. »

▶ **Les programmes de 2015** intègrent le socle commun de connaissances, de compétences et de culture.

3. Des actions de prévention

▶ Depuis de nombreuses années, **différentes actions de prévention** sont développées par le ministère et relayées par les inspections académiques.

▶ Depuis 1989, **le projet d'école** a l'ambition d'adapter les différentes interventions aux besoins de la population scolaire d'un quartier.

▶ En 2008, **une aide personnalisée** pour les élèves rencontrant des difficultés d'apprentissage est proposée dans chaque école à raison de deux heures hebdomadaires. Le dispositif d'activités pédagogiques complémentaires (APC) s'y substitue en 2012.

▸ La mesure de **dédoublement des classes** de CP dans les REP+ a été étendue aux CE1 et aux REP en 2018.

▸ Des **programmes personnalisés de réussite éducative** (PPRE) sont mis en place depuis la rentrée 2006 pour des enfants n'ayant pas acquis les compétences du socle commun.

4. La volonté d'une école inclusive

▸ La volonté affirmée du ministère est de **développer la dynamique d'une école inclusive.**

▸ Le **projet personnalisé de scolarisation** (PPS) et le guide d'évaluation en milieu scolaire (Geva-Sco) pour les élèves porteurs de handicap, le plan d'accompagnement personnalisé (PAP) destiné aux élèves présentant des difficultés scolaires graves et durables en lien avec un trouble des apprentissages sont mis en place dans ce sens depuis la rentrée 2014.

? QUIZ EXPRESS

pour tester ses connaissances

1 L'école d'aujourd'hui se veut :

☐ **a.** intégratrice.

☐ **b.** compensatoire.

☐ **c.** inclusive.

☐ **d.** réparatrice.

2 À quelle décennie correspond la montée en puissance de la pédagogie différenciée ?

☐ **a.** 1960-1970 ☐ **b.** 1950-1960 ☐ **c.** 1970-1980

3 Parmi ces tests d'intelligence, lesquels se sont développés dans les années 1960 à l'école élémentaire ?

☐ **a.** BPR

☐ **b.** WAIS

☐ **c.** QI

☐ **d.** WISC

☐ **e.** WJIII

4 Quel phénomène est décrit par un courant sociologique dans les années 1960-1970 ?

☐ **a.** La reproduction sociale

☐ **b.** La démocratisation de l'école

☐ **c.** L'élitisme républicain

Réponses : 1. c ; 2. c ; 3. c-d ; 4. a.

25 L'éducation prioritaire

▶ THÈME 4 : DIFFICULTÉS ET BESOINS ÉDUCATIFS SPÉCIFIQUES

L'éducation prioritaire a pour objectif de développer l'égalité des chances en compensant les effets des inégalités sociales et économiques sur la réussite des élèves. Différents dispositifs ont été mis en place dans ce sens.

A ZEP, RAR, ÉCLAIR

1. Création des ZEP

▶ Les **ZEP (zones d'éducation prioritaire) sont créées en 1981,** sous l'impulsion d'Alain Savary, ministre de l'Éducation nationale de l'époque.

▶ La politique des ZEP repose sur le principe inégalitaire **de discrimination positive** : pour développer l'égalité des chances, il convient de donner plus à ceux qui ont le moins. Une action volontariste de **compensation des inégalités sociales** doit être menée dans ce sens.

REMARQUE

Différents partenaires

Pour réduire les difficultés, les établissements scolaires d'une zone s'adjoignent les interventions de différents partenaires impliqués (municipaux, sociaux, associatifs, culturels mais aussi la police et la justice).

▶ **Un projet de zone détermine la politique de la ZEP** et les responsabilités des acteurs. Un coordonnateur, un conseil de zone comportant au minimum les directeurs des écoles, les inspecteurs de l'Éducation nationale, les chefs d'établissement du second degré et les directeurs des centres d'information et d'orientation (CIO) concernés sont chargés d'animer le dispositif.

▶ Des moyens sont accordés : **effectifs limités à 25 élèves par classe, encadrement renforcé** (postes de bibliothécaires par exemple) ; **budgets supplémentaires.**

À RETENIR

Les critères du classement en ZEP

- Environnement social et démographique (taux de chômage, proportion d'étrangers, de familles nombreuses, type d'habitat), etc.
- Réalités scolaires proprement dites : pourcentage d'élèves ayant plus de deux ans de retard à l'entrée en 6e, nombre de boursiers, proportions d'élèves étrangers, etc.

2. Premier bilan

▶ Le bilan réalisé par l'inspection générale à la fin des années 1980 est réservé. On note de grandes différences d'une ZEP à l'autre en l'absence de cadrage national. **L'amélioration des résultats scolaires des élèves n'est pas globalement constatée** même si l'on souligne **l'intérêt et la pertinence de certaines actions,** notamment celles en faveur de **la lecture** (via la création de nombreuses bibliothèques et centres documentaires).

▶ Surtout, **l'image négative de la ZEP s'est développée** auprès des familles qui cherchent, pour certaines, à faire jouer le système des dérogations pour leurs enfants.

3. Les relances

▶ Par la suite, plusieurs relances sont initiées par le gouvernement.

1998 Un plan de relance des ZEP est initié par Ségolène Royal, ministre déléguée à l'Enseignement scolaire de l'époque. Il s'appuie sur les conclusions du rapport de deux inspecteurs généraux : C. Moisan et J. Simon (1997).
Le REP (réseau d'éducation prioritaire) voit le jour. Il est redimensionné sur un collège tête de réseau et les écoles qui en dépendent dans les quartiers où les difficultés réclament une action prioritaire. Les contrats de réussite se substituent aux projets de zone. La scolarisation des enfants dès 2 ans est fortement encouragée pour permettre aux enfants des milieux défavorisés une meilleure structuration du langage.

2006 Une nouvelle relance est opérée par le ministre Gilles de Robien. L'objectif est de concentrer les moyens sur des **« réseaux ambition réussite » (RAR).** Des enseignants expérimentés pouvant participer à la formation de leurs jeunes collègues y sont affectés ainsi que des assistants pédagogiques pouvant assister les équipes.

REMARQUE

Création de dispositifs relais
Lors de cette relance, des dispositifs relais accueillant temporairement les élèves les plus perturbateurs sont créés.

2008 À la rentrée, **l'accompagnement éducatif** est mis en place hors temps scolaire dans toutes les écoles élémentaires de l'éducation prioritaire. Il aborde trois domaines : l'aide aux devoirs et aux leçons, la pratique artistique et culturelle, la pratique sportive. Un **« plan banlieues »** est prévu (abandon de la carte scolaire, expérimentation de déplacements de classes de cours moyens, d'une école à une autre pour y favoriser la mixité sociale, destruction des collèges dégradés, etc.).

2011 Le dispositif **« ÉCLAIR »** (écoles, collèges et lycées pour l'ambition, l'innovation et la réussite) prend la relève. Le recrutement des enseignants se fait sur postes à profil, sur la base du volontariat et sur proposition du chef d'établissement. L'établissement ÉCLAIR signe avec l'inspection académique un contrat d'objectifs qui l'engage à obtenir des résultats en fin d'année, comme l'amélioration de la réussite aux évaluations ou aux examens.

NOTES

Les questions qui font débat

Avoir une autre langue maternelle que le français est-il une source de difficulté ?

On peut, au contraire, défendre l'idée qu'une telle situation présente des avantages évidents quand elle est parfaitement maîtrisée. Le problème que rencontrent certains élèves n'est pas d'être en situation de bilinguisme, mais face à la non-maîtrise dans leur milieu familial de la langue française. L'école a ici un rôle essentiel à jouer dans la maîtrise de la langue orale, d'où la volonté du ministère de scolariser les enfants de milieu social défavorisé dès 2 ans.

B L'éducation prioritaire aujourd'hui[1]

1. Une nouvelle politique d'éducation prioritaire

▸ « La nouvelle politique d'éducation prioritaire se fonde sur une carte plus juste des réseaux composés d'un collège et des écoles du secteur accueillant le même public. Deux types de réseaux sont identifiés : **les REP+** (REP renforcés) qui concernent les quartiers ou les secteurs isolés connaissant les plus grandes concentrations de difficultés sociales ayant des incidences fortes sur la réussite scolaire, et **les REP**, plus mixtes socialement mais rencontrant des difficultés sociales plus significatives que celles des collèges et écoles situés hors de l'éducation prioritaire. »

REMARQUE

Le terme de REP (réseau d'éducation prioritaire) réapparaît en 2013.

▸ L'objectif annoncé est de « ramener **à moins de 10 % les écarts de réussite scolaire** entre les élèves de l'éducation prioritaire et les autres élèves de France. »

NOTES

Les questions qui font débat

Ne faut-il pas adapter le niveau d'exigences aux élèves scolarisés dans les quartiers socialement défavorisés ?

L'école de la République se doit d'avoir les mêmes exigences pour tous les enfants qu'elle scolarise. Le professeur des écoles assume ces exigences. Ainsi, l'objectif est bien de permettre à l'ensemble des enfants, quel que soit leur milieu d'origine, de développer les compétences inscrites dans les programmes, aux différents cycles de l'école primaire. S'il est quelque chose à adapter, c'est l'accompagnement des apprentissages.

1-1. 2014 : les principes de la refondation de l'éducation prioritaire

La nouvelle politique d'éducation prioritaire repose sur **deux principes** clairement affirmés.

① Une refondation pédagogique

▸ Un référentiel de l'éducation prioritaire définit six priorités :
- garantir l'acquisition du **« Lire, écrire, parler »** et enseigner plus explicitement les compétences du **socle commun** ;
- conforter une école **bienveillante** et exigeante ;
- mettre en place une école qui **coopère utilement avec les parents** et les partenaires ;
- favoriser le **travail collectif** de l'équipe éducative ;
- accueillir, accompagner, soutenir et former **les personnels** ;
- renforcer **le pilotage** et **l'animation** des réseaux.

② Le travail en équipe, la réflexion et la formation soutenus

▸ Dans les REP+, les obligations de service des enseignants du premier et du second degrés ont été modifiées afin de tenir compte du **temps à consacrer au travail en équipe** ainsi qu'aux relations avec les parents d'élèves.

▸ Un ensemble de 14 mesures clés vient soutenir ces principes.

1. Flashez le QR Code ci-contre pour accéder à la politique d'éducation prioritaire sur le site education.gouv.

À RETENIR

Les principales mesures clés

Parmi les 14 mesures, on retiendra :

• **Au niveau des élèves**
– La scolarisation des moins de 3 ans dans chaque réseau.
– « Plus de maîtres que de classes » dans chaque école.
– L'extension du dispositif D'Col dispositif numérique innovant d'aide individualisée, de soutien et d'accompagnement en français, en mathématiques pour les élèves de 6e, dans tous les collèges de l'éducation prioritaire.
– Le développement d'internats de proximité pour les collégiens.

• **Au niveau des équipes**
– Du temps dédié à la formation, au travail en équipe et au suivi des élèves dans les réseaux les plus difficiles.
– Une rémunération plus attractive grâce à des indemnités revalorisées significativement.

• **Au niveau institutionnel**
– Un fonds académique pour financer des actions pédagogiques et l'animation des réseaux.
– Un accueil des parents pour mieux les associer à la vie de l'école.
– Des assistants de prévention et de sécurité supplémentaires pour améliorer le climat scolaire.
– Du personnel médical et social en plus.

1-2. 2017 : le dédoublement des classes de CP et de CE1

▶ Le **dédoublement des classes de CP en REP+** a été l'une des mesures phares de la rentrée 2017. La mesure a été étendue à la rentrée 2018 **aux CP et aux CE1 en REP et en REP+.**

▶ À la rentrée de 2019, **300 000 élèves** étaient concernés par cette mesure.

▶ Le dédoublement des classes de CP et de CE1 s'est fait **au détriment** du dispositif « Plus de maîtres que de classes ».

▶ Une **revalorisation salariale** des professeurs affectés en réseau d'éducation prioritaire renforcé a été décidée : « Pour reconnaître l'engagement auprès des élèves qui rencontrent le plus de difficultés et stimuler l'attractivité et la réussite des écoles et établissements concernés, la rémunération indemnitaire des personnels affectés en écoles et collèges de REP+ a été revalorisée en 2018 et 2019. »

NOTES

Les questions qui font débat

L'efficacité du dédoublement est-elle prouvée ?

• L'étude réalisée par Pascal Bressoux et Laurent Lima montre que les effets du dédoublement sont massifs pour la réduction de la grande difficulté scolaire[1].
• La première évaluation du dispositif réalisée par la DEPP (Direction de l'évaluation, de la prospective et de la performance) a montré des résultats encourageants en termes de réduction de la difficulté scolaire par rapport aux écoles hors de l'éducation prioritaire.

1. P. Bressoux et L. Lima, *La place de l'évaluation dans les politiques éducatives, le cas de la taille des classes à l'école primaire en France,* Raisons Éducatives, 2011.

1-3. 2018 : le rapport de la Cour des comptes

▶ Dans son rapport du 17 octobre 2018 la Cour des comptes indique : « Au terme de son évaluation, la Cour constate que l'éducation prioritaire, telle qu'elle a été mise en œuvre jusqu'à présent**, n'a pas atteint son objectif,** qui est de limiter à 10 % les écarts de niveaux entre élèves en éducation prioritaire et hors celle-ci. Ces écarts demeurent, selon les disciplines, entre 20 et 35 %. »

REMARQUE

Le rapport conseille très clairement de reconsidérer le dispositif des REP.

▶ Le rapport préconise ainsi, « pour que cette politique tienne ses objectifs, les moyens qui y sont consacrés devraient être davantage orientés vers les premières années de l'enseignement primaire et plus ciblés en faveur des REP+. La gestion des enseignants devrait par ailleurs être adaptée et l'architecture de la politique révisée, afin de renforcer l'autonomie de réseaux confortés et mieux évalués. »

1-4. 2021 : les contrats locaux d'accompagnement

▶ À la rentrée 2021, « des **contrats locaux d'accompagnement** (CLA) ont été créés pour introduire plus de progressivité dans l'allocation des moyens. Ils concernent les écoles et établissements qui peuvent être socialement proches de l'éducation prioritaire, ou situés dans des territoires confrontés à des chocs conjoncturels, ou ayant des besoins d'accompagnement particuliers identifiés[1]. » Trois académies ont été chargées d'expérimenter le dispositif.

▶ Ainsi, des écoles, collèges et lycées qui ne bénéficient pas des avantages de l'éducation prioritaire (dotation en heures supplémentaires pour organiser des demi-groupes, primes d'attractivité pour les enseignants, décharges destinées à la coordination en équipe) pourront signer ces contrats.

▶ Les CLA sont signés entre les rectorats, les établissements et les écoles. Ils reposent sur une logique de contrats par objectifs dont la finalité est de se substituer à la politique d'envergure nationale qu'implique l'éducation prioritaire.

REMARQUE

À terme, ces contrats pourraient prendre le pas partout sur l'actuel dispositif des réseaux d'éducation prioritaire (REP), qui concerne, en 2021, 729 collèges et leurs écoles de secteur. Le ministère affirme que les 363 réseaux REP+ resteront inchangés.

1-5. Les Cités éducatives : contractualisation 2020/2022

▶ « Les Cités éducatives visent à **intensifier les prises en charges éducatives** des enfants à partir de 3 ans et des jeunes jusqu'à 25 ans, avant, pendant, autour et après le cadre scolaire.

▶ Elles consistent en une grande alliance des acteurs éducatifs travaillant dans les quartiers prioritaires de la politique de la ville : services de l'État, des collectivités, associations, habitants.

1. Flashez le QR Code ci-contre pour lire la page dédiée aux contrats locaux d'accompagnement pour répondre à la diversité des élèves et des territoires sur le site education.gouv.

▸ À travers les Cités éducatives, le gouvernement veut ainsi fédérer **tous les acteurs de l'éducation scolaire et périscolaire,** dans les territoires qui en ont le plus besoin et où seront concentrés les moyens publics.

▸ Un travail fin a été réalisé avec les préfets et les recteurs pour identifier 80 territoires cibles. Il s'agit de **grands quartiers d'habitat social** de plus de 5 000 habitants, présentant des **dysfonctionnements urbains importants** et avec des enjeux de mixité scolaire. Il a par ailleurs été tenu compte des enjeux d'aménagement du territoire et du volontarisme des élus locaux. »

REMARQUE

Un label d'excellence[1]

« Le label "Cités éducatives" et les moyens supplémentaires affectés par l'État ne seront accordés qu'aux territoires éligibles où les acteurs du territoire proposeront une stratégie ambitieuse et partagée, avec une collectivité cheffe de file. »

▸ Les territoires doivent présenter les actions, moyens et indicateurs envisagés pour répondre à trois objectifs principaux : **conforter le rôle de l'école, organiser la continuité éducative, ouvrir le champ des possibles.**

2. Combattre le décrochage des jeunes les plus fragiles

▸ Un **« décrocheur »** est un jeune qui quitte un système de formation initiale sans avoir obtenu de diplôme de niveau V (BEP ou CAP) ou de niveau supérieur (baccalauréat).

▸ En France, près de 80 000 jeunes sortent chaque année du système scolaire sans aucune qualification. **Notre pays compte 60 000 jeunes mineurs ni en emploi, ni en formation, ni en études** : les « NEET » (de l'anglais *« Not in Education, Employment or Training »*). Ces jeunes mineurs se heurtent à de grandes difficultés pour s'insérer sur le marché du travail et sont **les premières victimes de la pauvreté.**

▸ L'article 15 de la loi « pour une école de la confiance » **prolonge l'instruction obligatoire par une obligation de formation pour tous les jeunes de 16 à 18 ans.**

▸ Concrètement, entre 16 et 18 ans, tout jeune devra se trouver :
– soit **dans un parcours scolaire ou en apprentissage** ; le parcours scolaire pourra se faire dans tout établissement du second degré, y compris les établissements privés sous contrat et ceux de l'enseignement agricole, et de l'enseignement supérieur ;
– soit **en emploi, en service civique, en parcours d'accompagnement ou d'insertion sociale et professionnelle**. Des missions locales pour l'insertion professionnelle et sociale des jeunes sont chargées d'assurer le respect de cette obligation de formation.

1. Retrouvez l'ensemble des informations sur les Cités éducatives disponibles sur le site education.gouv en flashant le QR Code ci-contre.

? QUIZ EXPRESS

pour tester ses connaissances

1 En quelle année la politique d'éducation prioritaire est-elle initiée ?

- ☐ **a.** 1989
- ☐ **b.** 1970
- ☐ **c.** 1981
- ☐ **d.** 1998

2 Quel est le principe fondateur des ZEP ?

- ☐ **a.** Égalité pour tous
- ☐ **b.** Discrimination positive
- ☐ **c.** Remédiation individuelle

3 Quels sont les dispositifs actuels concernant l'éducation prioritaire ?

- ☐ **a.** RAR
- ☐ **b.** ZEP
- ☐ **c.** REP
- ☐ **d.** REP+

4 Quelle mesure a marqué l'année 2017 ?

- ☐ **a.** Le dispositif plus de maîtres que de classes
- ☐ **b.** Le dédoublement des CP en REP+
- ☐ **c.** La publication du guide « Pour enseigner la lecture et l'écriture au CP »

5 Quel dispositif est expérimenté en 2021 ?

- ☐ **a.** Les CLA (contrats locaux d'accompagnement)
- ☐ **b.** Les Cités éducatives
- ☐ **c.** Le dispositif ÉCLAIR (écoles, collèges et lycées pour l'ambition, l'innovation et la réussite)

Réponses : 1. c ; 2. b ; 3. c-d ; 4. b ; 5. a.

26 La scolarisation des élèves à besoins éducatifs particuliers

▶ THÈME 4 : DIFFICULTÉS ET BESOINS ÉDUCATIFS SPÉCIFIQUES

L'école en France se veut inclusive, et souhaite par-là donner à tous la possibilité d'intégrer le système éducatif, en prenant compte les singularités et les besoins éducatifs particuliers de chacun.

A L'école pour tous et chacun

1. Une notion récente

▶ La notion d'« élèves à besoins éducatifs particuliers » est récente. Elle renvoie au concept d'école intégratrice développé dans deux déclarations, la déclaration de Salamanque en 1994 et la Charte de Luxembourg de novembre 1996.

> « **La déclaration de Salamanque, sous l'égide de l'UNESCO, 1994**
>
> Il est nécessaire et urgent d'assurer l'éducation, dans le système éducatif normal, des enfants, des jeunes et des adultes ayant des besoins éducatifs spéciaux. [...]
> – chaque enfant a des caractéristiques, des intérêts, des aptitudes et des besoins d'apprentissage qui lui sont propres,
> – les systèmes éducatifs doivent être conçus et les programmes appliqués de manière à tenir compte de cette grande diversité de caractéristiques et de besoins,
> – les personnes ayant des besoins éducatifs spéciaux doivent pouvoir accéder aux écoles ordinaires, qui doivent les intégrer dans un système pédagogique centré sur l'enfant, capable de répondre à ces besoins. »

▶ Au niveau européen, la Charte de Luxembourg de novembre 1996 définit « **une école pour tous et pour chacun,** quel que soit le niveau d'enseignement et de formation, et ce tout au long de la vie. »

> « **Charte de Luxembourg, novembre 1996**
>
> L'école pour tous et chacun doit garantir un enseignement de qualité et offrir un accès identique pour tous et ceci tout au long de la vie.
> L'école pour tous et chacun entend s'adapter à la personne et non l'inverse. Elle place la personne au centre de tout projet éducatif en reconnaissant les potentialités de chacun et ses besoins spécifiques.
> [...] Une éducation en milieu ordinaire est un principe de base pour l'école pour tous et chacun. »

▶ Cette notion, de plus en plus associée au nouveau concept d'« école inclusive », apparaît aujourd'hui centrale dans le système éducatif français. Elle se décline en **« élèves à besoins éducatifs particuliers »** ou **« élèves à besoins éducatifs spécifiques »** (sous les sigles BEP ou EBEP).

▶ Elle concerne **une grande variété d'élèves** : élèves en situation de handicap, élèves présentant des troubles spécifiques d'apprentissage (dyslexiques, dyspraxiques, etc.), élèves intellectuellement précoces, mais aussi élèves allophones nouvellement arrivés en France, enfants du voyage, enfants malades, enfants en situation familiale ou sociale difficile, mineurs en milieu carcéral…

2. Adaptation et inclusion

▶ La scolarisation des élèves à besoins éducatifs particuliers implique la mise en œuvre de **démarches pédagogiques et éducatives** adaptées.

▶ On peut distinguer entre les ressources et dispositifs ceux concernant l'adaptation (différenciation, aide personnalisée complémentaire, PPRE, aide du RASED, etc.) et ceux relatifs à l'intégration ou à l'inclusion qui concernent les élèves nouvellement arrivés en France, les élèves en situation de handicap, etc.

B L'adaptation

1. Les élèves rencontrant des difficultés « normales » ou légères

1-1. Différenciation dans la classe

▶ Les difficultés des élèves peuvent être des difficultés normales, liées aux apprentissages. Il convient de ne pas confondre difficulté liée à un apprentissage se déroulant normalement et difficulté d'apprentissage avérée.

▶ Les difficultés des élèves doivent d'abord être gérées grâce à **des démarches pédagogiques adaptées** au sein de la classe. L'enseignant effectue les évaluations nécessaires et utilise toutes les ressources de la pédagogie différenciée.

1-2. Les activités pédagogiques complémentaires

▶ Le décret du 24 janvier 2013 relatif à l'organisation du temps scolaire dans les écoles maternelles et élémentaires précise que « des activités pédagogiques complémentaires sont organisées par groupes restreints d'élèves ».

▶ La circulaire du 6 février 2013 revient sur leur organisation et sur leur mise en place.

▶ « Les activités pédagogiques complémentaires permettent :
– une aide aux élèves rencontrant des difficultés dans leurs apprentissages ;
– une aide au travail personnel ;
– la mise en œuvre d'une activité prévue par le projet d'école, le cas échéant en lien avec le PEDT. Le volume horaire annuel consacré par chaque enseignant aux activités pédagogiques complémentaires avec les élèves est de 36 heures. »

REMARQUE

Modalités des APC

La circulaire définit les modalités des APC. Elle indique notamment que celles-ci s'ajoutent aux 24 heures hebdomadaires d'enseignement sur le temps scolaire. Elles ont lieu par petits groupes d'élèves sous la responsabilité des enseignants qui les organisent, et peuvent s'articuler avec les activités périscolaires.

▶ Le conseil des maîtres propose **l'organisation générale** des activités pédagogiques complémentaires qui est arrêtée annuellement par l'IEN et figure dans le projet d'école.

▶ L'enseignant de chaque classe dresse, après avoir dialogué avec les parents et recueilli leur accord ou celui du représentant légal, **la liste des élèves** qui bénéficient de ces activités.

▶ Les APC « offrent un large champ d'action pédagogique et permettent d'apporter aux élèves un **accompagnement différencié,** adapté à leurs besoins, pour susciter ou renforcer le plaisir d'apprendre[1]. »

1-3. Les stages de remise à niveau (SRAN)

Dits également **« stages de réussite »,** ces stages gratuits et encadrés par des professeurs s'adressent aux élèves volontaires de CM2 qui rencontrent des difficultés scolaires. Ils ont lieu pendant les vacances scolaires de printemps et d'été. Ils sont d'une durée de **quinze heures** (trois heures quotidiennes pendant cinq jours) et sont organisés dans les locaux scolaires.

2. Les élèves rencontrant des difficultés persistantes

2-1. Les programmes personnalisés de réussite éducative (PPRE)

▶ L'article 4 du décret du 24 août 2005 précise qu'« à tout moment de la scolarité élémentaire, lorsqu'il apparaît qu'un élève ne sera pas en mesure de maîtriser les connaissances et les compétences indispensables à la fin du cycle, le directeur d'école propose aux parents ou au représentant légal de l'enfant de **mettre en place un dispositif de soutien, notamment un programme personnalisé de réussite éducative.**

REMARQUE

Le cas des ZEP

Dans les zones d'éducation prioritaire, le PPRE se conjugue avec les dispositifs existants.

▶ Un document, préalablement discuté avec les parents de l'élève ou son représentant légal, précise les **formes d'aides mises en œuvre pendant le temps scolaire** ainsi que, le cas échéant, celles qui sont **proposées à la famille en dehors du temps scolaire.** Il définit **un projet individualisé** qui devra permettre d'évaluer régulièrement la progression de l'élève. »

REMARQUE

Un PPRE est automatiquement mis en place en cas de redoublement.

2-2. Le PPRE à l'école élémentaire

▶ À l'école élémentaire, **le PPRE est élaboré par l'équipe pédagogique** ; le conseil des maîtres définit les actions à mettre en œuvre.

REMARQUE

Un dispositif au cas par cas

Le PPRE est adapté à chaque élève et s'appuie sur les compétences acquises par l'enfant.

1. Consultez les dispositifs d'accompagnement pour les écoliers sur le site education.gouv en flashant le QR Code ci-contre.

▸ Il implique différents acteurs :
– **l'élève,** qui doit s'engager et donc comprendre le sens de ce qui lui est proposé ;
– **les parents** ; leur accord est déterminant dans la réussite du programme ;
– **l'enseignant** qui propose le PPRE au conseil des maîtres et est le premier référent de l'élève ;
– **le directeur,** garant du dispositif ;
– **les enseignants du RASED** peuvent être également associés.

▸ Le PPRE est formalisé dans un document conçu pour être lisible par tous et signé par l'élève et sa famille. Il précise :
– les objectifs de l'action d'aide identifiée ;
– son descriptif ;
– les indicateurs d'évaluation qui y sont associés ;
– l'échéancier des aides et les bilans intermédiaires ;
– les remarques de l'élève et de ses parents.

En classe...

Exemple de PPRE

Dossier présenté en conseil de cycle le : … par : …

Parcours scolaire de l'élève

A-t-il déjà été suivi par le RASED ? Existe-t-il un autre type de suivi ?

Synthèse des réussites de l'élève

Synthèse des difficultés de l'élève (à partir des observations et évaluations organisées dans différentes situations : évaluations ministérielles, évaluation et observations du maître, éventuellement évaluation du RASED, etc.)

Rédaction du PPRE

Objectifs prioritaires à atteindre en s'appuyant sur les réussites de l'élève

Identification des différents partenaires du projet ; durée de l'action

Signature des différents intéressés (élève, parents, enseignants, éventuellement membres du RASED, autre intervenant, etc.)

3. Le réseau d'aides spécialisées aux élèves en difficulté (RASED)

▸ Les membres du RASED (réseau d'aides spécialisées aux élèves en difficulté) font **partie intégrante de l'équipe pédagogique des écoles** dans lesquelles ils interviennent.

▸ Le travail en équipe des membres du réseau nécessite un temps de concertation et de synthèse entre ses membres pour **élaborer et réguler les projets d'aide spécialisée** et les actions menées.

À RETENIR

Composition du RASED

Le RASED est composé :
– d'un psychologue de l'Éducation nationale,
– de deux enseignants spécialisés titulaires du CAPPEI pour les aides spécialisées à dominante pédagogique et à dominante rééducative.
Leurs actions ont lieu en classe ou en petits groupes.

▶ La circulaire n° 2014-107 du 18 août 2014 précise **que les RASED font partie du pôle ressource d'une circonscription piloté par l'IEN.** Ils interviennent dans plusieurs écoles, en fonction des besoins repérés.

▶ Conformément à l'article D. 411-2 du code de l'éducation, une information est donnée à chaque conseil d'école sur l'organisation des aides spécialisées dans la circonscription et dans l'école.

▶ Les aides spécialisées peuvent intervenir à **tout moment de la scolarité à l'école primaire,** en appui et en accompagnement de l'action des enseignants des classes. Elles ont pour objectif de **prévenir et remédier aux difficultés scolaires persistantes** qui résistent aux aides apportées par les enseignants des classes.

3-1. L'action de prévention

Elle s'exerce à tout moment de la scolarité, même « s'il est vrai que **l'école maternelle est le lieu privilégié** où s'exprime pleinement la mission préventive car c'est le moment où s'ouvre le chemin des apprentissages scolaires, où les difficultés ne sont pas encore installées » (circulaire de 2002).

3-2. L'action de remédiation

« Le projet d'aide spécialisée envisagé pour un élève donne lieu à **un document écrit** qui permet de faire apparaître et partager la cohérence entre cette aide spécifique et l'aide apportée par le maître de la classe ou les maîtres du cycle dans le cadre d'autres dispositifs pédagogiques. Le document précise les objectifs visés, la démarche envisagée, une estimation de la durée de l'action et les modalités d'évaluation de sa mise en œuvre. Les parents sont systématiquement mobilisés autour du projet d'aide de leur enfant. »

3-3. Les autres missions

▶ Dans le cadre du cycle de consolidation, les membres du RASED sont mobilisés pour un **travail de liaison et de coordination** permettant **le suivi du parcours des élèves** de classes de 6e ayant rencontré des difficultés à l'école élémentaire.

▶ Le psychologue de l'Éducation nationale et les enseignants spécialisés des RASED contribuent aussi à **l'élaboration et à la mise en œuvre des plans d'accompagnement personnalisés** (PAP). Ils contribuent **au suivi des projets personnalisés de scolarisation** (PPS).

▶ Les RASED constituent également une ressource et un appui pour l'équipe enseignante dans les relations et les entretiens avec les familles des élèves en difficulté ou en situation de handicap.

4. Les élèves intellectuellement précoces

▶ L'article L. 321-4 du code de l'éducation indique que « des **aménagements appropriés** sont prévus au profit des **élèves intellectuellement précoces** ou **manifestant des aptitudes particulières,** afin de leur permettre de développer pleinement leurs potentialités. La scolarité peut être accélérée en fonction du rythme d'apprentissage de l'élève. »

▶ La circulaire du 17 octobre 2007 revient sur le parcours scolaire de ces élèves et celle du 12 novembre 2009 propose un guide de façon à « contribuer à une **meilleure prise en compte** de la situation spécifique des élèves intellectuellement précoces ou manifestant des aptitudes particulières. »

À RETENIR

Les élèves intellectuellement précoces ne sont pas forcément en difficulté scolaire

Les textes officiels précisent tout d'abord qu'« un grand nombre de ces élèves poursuivent une scolarité sans heurt, voire brillante, il n'y a (donc) pas de mesure particulière à prendre pour eux, leur parcours scolaire s'organisant sans que l'on sache le plus souvent qu'ils sont intellectuellement précoces. » Le problème se pose pour « les élèves qui, bien que présentant de remarquables capacités intellectuelles, ne réussissent pas dans les apprentissages scolaires. »

4-1. Qui sont les « élèves intellectuellement précoces ou manifestant des aptitudes particulières » ?

▸ La circulaire de 2009 rappelle « la **très grande diversité de leurs profils** (langage, mémoire, adaptation, motivation, personnalité, etc.). Ils n'ont en commun que le fait de bénéficier de certaines capacités remarquables et l'écart constaté entre ces capacités et les performances réalisées, en particulier en milieu scolaire. »

▸ La circulaire rappelle également la variété des termes employés pour identifier ces élèves : « intellectuellement précoces », « doués », « surdoués », « talentueux », « à haut potentiel », « manifestant des aptitudes particulières ».

REMARQUE

Les textes officiels retiennent une expression plus ouverte : « élèves intellectuellement précoces ou manifestant des aptitudes particulières ».

4-2. Le repérage des élèves

▸ « Il ne saurait être question d'entreprendre **un repérage systématique** des enfants présentant des potentialités intellectuelles exceptionnelles. Il s'agit en revanche **d'apporter l'aide et l'accompagnement** nécessaires à la minorité qui, parmi eux, est en souffrance (ou est susceptible de l'être).

▸ L'hypothèse **d'un écart entre les compétences attribuées et des difficultés avérées** dans un ou plusieurs domaines d'apprentissage est donc le point de départ de l'interrogation qui justifiera une évaluation approfondie. Celle-ci nécessite l'éclairage des regards complémentaires des professionnels spécialisés. […]

▸ Le QI ne peut rendre compte à lui seul de la diversité des formes de l'intelligence. Le recueil d'autres données psychologiques est nécessaire. […] Les données psychométriques ne sont que des approximations, elles remettent nécessairement en question toute référence à un seuil (120, 125, 130, 150…). […] Comme dans certains pays, les procédures d'identification des enfants à haut potentiel intellectuel devraient intégrer des indicateurs complémentaires (créativité, motivation, environnement…). […]

REMARQUE

Un processus collectif

Le diagnostic de précocité intellectuelle, élargi désormais à celui de haut potentiel ou de talent, est l'aboutissement d'un processus collectif d'évaluations et d'échanges qui implique dans le système éducatif l'ensemble des professionnels concernés et les parents.

▶ Les informations psychométriques sont des **données confidentielles** et leur utilisation se fait avec retenue, dans le souci de la protection des personnes ; la qualification de précocité intellectuelle appliquée à un enfant a des implications dans sa vie et celle de sa famille qui, bien que méconnues et peu étudiées, ne sont pas anodines et imposent réserve et réflexion. »

4-3. Les réponses pédagogiques

▶ La circulaire de 2009 distingue trois niveaux de réponses pédagogiques :

① « La prise en charge dans la classe et autour de la classe :
– l'attitude de l'enseignant, le statut de l'élève, les relations aux autres ;
– l'enrichissement des contenus : proposition de situations plus difficiles, anticipation dans les programmes, offre de lectures, recours aux technologies usuelles de l'information et de la communication, etc. ;
– la mobilisation sur des centres d'intérêt à travers l'accompagnement éducatif et les activités périscolaires ;
– le renforcement de l'autonomie à travers des situations de recherche, la réalisation d'exposés, l'exercice de responsabilités, un rôle d'aide auprès d'autres élèves ;
– l'évaluation, en développant des démarches d'autoévaluation ;
– la construction d'un projet personnalisé pouvant aller jusqu'à un véritable PPRE.

② Une organisation particulière, éventuellement dérogatoire :
– la prise en charge dans des groupes spécifiques (avec une réflexion sur l'articulation entre classe de référence et regroupement d'élèves intellectuellement précoces) ;
– les décloisonnements, permettant l'approfondissement de certains domaines, le regroupement d'élèves sur projet ou la formation de groupes de besoin ;
– la fréquentation de la classe supérieure dans certaines disciplines (accélération différenciée du parcours) ;
– l'offre d'activités supplémentaires ;
– l'élaboration par certains établissements d'un projet global de scolarisation d'élèves « intellectuellement précoces ».

③ Un parcours scolaire adapté :
– les possibilités d'accélération du cursus (une année en primaire et une année en collège) et l'accompagnement que nécessite cette pratique ;
– les classes, établissements et filières à projet particulier (classes ou sections européennes, bilingues, sportives, musicales, etc.) ;
– l'offre optionnelle ;
– l'accompagnement des charnières de la scolarité (entrée en collège et en lycée) ;
– la construction d'un projet d'orientation spécifique. »

4-4. La relation avec les familles

La « nécessité d'un accueil particulier de la famille, bienveillant et serein, afin d'instaurer une relation de confiance mutuelle » va de pair avec « la construction d'un projet de scolarité recueillant la pleine adhésion des parents ».

5. Les enfants malades

▸ L'article D 351-9 du code de l'éducation précise que « lorsque la scolarité d'un élève, notamment en raison d'un trouble de la santé invalidant, nécessite un aménagement [...], **un projet d'accueil individualisé est élaboré** avec le concours du médecin de l'éducation nationale ou du médecin du service de protection maternelle et infantile, à la demande de la famille ou en accord et avec la participation de celle-ci. »

▸ La circulaire n° 2003-135 du 8 septembre 2003 définit l'accueil en collectivité des enfants et des adolescents atteints de troubles de la santé.

▸ Des dispositions sont prévues pour permettre aux enfants et adolescents dont **l'état de santé rend nécessaire l'administration de traitements médicaux particuliers** de poursuivre une scolarité dans des conditions aussi ordinaires que possible. Un **projet d'accueil individualisé** (PAI), permet de définir les adaptations nécessaires (aménagements d'horaires, dispenses de certaines activités, organisation des actions de soins, etc.). Il est rédigé en concertation avec le médecin de l'Éducation nationale (service de promotion de la santé en faveur des élèves), qui veille au respect du secret médical.

REMARQUE

Les affections les plus courantes

Parmi les affections les plus courantes, on peut citer différentes allergies alimentaires, le diabète, l'asthme mais aussi la dyslexie, la dysphasie et les troubles du langage.

▸ « Il est important **d'adapter le projet d'accueil individualisé à chaque pathologie** et à chaque cas individuel et de n'inclure que ce qui est indispensable à l'enfant concerné. Il convient de l'actualiser chaque année. Afin de respecter le code de déontologie, aucun diagnostic médical ne peut apparaître sur ce document. Avec l'accord de la famille, toutes informations pouvant être utiles à la prise en charge de l'enfant seront jointes au projet. Les informations qui relèvent du secret médical seront placées sous pli cacheté et adressées avec l'accord des parents au médecin désigné par la collectivité qui accueille l'enfant ou l'adolescent. »

▸ D'une manière générale, dans le domaine pédagogique un élève atteint de troubles de la santé devra **être considéré de la même façon que ses camarades en bonne santé**. C'est là l'objectif central du processus d'intégration.

À RETENIR

Un modèle de projet d'accueil

L'annexe de la circulaire du 18 septembre 2013 propose un modèle de projet d'accueil individualisé, qu'il convient d'adapter à chaque pathologie.

L'ENFANT OU L'ADOLESCENT CONCERNÉ

1. Coordonnées des adultes qui suivent l'enfant

- Les parents
- Le responsable de la collectivité
- Le médecin et l'infirmier(ère) de la collectivité
- Le médecin qui suit l'enfant dans le cadre de sa pathologie
- Le service hospitalier

.../...

2. Besoins spécifiques de l'enfant ou de l'adolescent
3. Prise en charge complémentaire
- Médicale
- Pédagogique

4. Traitement médical
5. Régime alimentaire
6. Protocole en cas d'urgence qui sera joint au PAI
7. Référents à contacter

Signataires du projet
Les parents ou représentant légal ; l'enfant ou l'adolescent ; le responsable de l'institution ; les personnels de santé ; le représentant de la municipalité

6. Les élèves « dys »

▶ La dyslexie, la dysgraphie, la dysorthographie, la dysphasie ou encore la dyscalculie et la dyspraxie sont rarement nommées comme telles dans les textes. On les identifie plutôt sous les termes de **« troubles spécifique des apprentissages »** ou **« troubles spécifiques du langage »**.

▶ La loi n° 2013-595 du 8 juillet 2013 d'orientation et de programmation pour la refondation de l'école de la République introduit à l'article L. 311-7 du code de l'éducation le plan d'accompagnement personnalisé (PAP).

▶ Le PAP se substitue à un éventuel programme personnalisé de réussite éducative, il « définit les mesures pédagogiques qui permettent à l'élève de suivre les enseignements prévus au programme correspondant au cycle dans lequel il est scolarisé. Il est révisé tous les ans » (circulaire n° 2015-016 du 22-1-2015).

REMARQUE

Dans le domaine de l'école, la reconnaissance des troubles « dys » est relativement récente. Une circulaire parue au *BO* (n° 2002-024 du 31-1-2002) présente la mise en œuvre d'un « plan d'action pour les enfants atteints d'un trouble spécifique du langage oral ou écrit ».

REMARQUE

L'article D. 311-13 du même code prévoit que « les élèves dont les difficultés scolaires résultent d'un trouble des apprentissages peuvent bénéficier d'un plan d'accompagnement personnalisé prévu à l'article L. 311-7, après avis du médecin de l'Éducation nationale.

À RETENIR

Le PAP (plan d'accompagnement personnalisé)[1]

- « Le plan d'accompagnement personnalisé peut être mis en place soit sur proposition du conseil des maîtres soit, à tout moment de la scolarité, à la demande de la famille.
- Le constat des troubles est fait par le médecin de l'Éducation nationale.
- Le directeur d'école ou le chef d'établissement élabore le plan d'accompagnement personnalisé avec l'équipe éducative, en y associant la famille ainsi que les professionnels concernés. Il est ensuite transmis à la famille afin de recueillir son accord.
- Le plan d'accompagnement personnalisé permet de bénéficier d'aménagements et d'adaptations de nature exclusivement pédagogique. Il permet également à l'élève d'utiliser le matériel informatique de l'établissement scolaire ou son propre matériel informatique. »

1. Consultez les informations mises à disposition sur le site Éduscol pour mettre en place un plan d'accompagnement spécialisé en flashant le QR Code ci-contre.

6-1. Qui sont les élèves « dys » ?

▸ Selon l'Organisation mondiale de la santé, **les troubles « dys » relèvent des troubles du développement des acquisitions scolaires,** comprenant les troubles spécifiques de la lecture (dyslexie), de l'acquisition de l'orthographe (dysorthographie), de l'acquisition de l'arithmétique (dyscalculie) et les troubles mixtes des acquisitions scolaires. Nous pouvons y ajouter les troubles spécifiques de la coordination motrice (dyspraxie ; dysgraphie pour le geste graphique) et les troubles du langage oral (dysphasie). Les troubles du déficit de l'attention avec ou sans hyperactivité (TDAH) complètent souvent la description des troubles spécifiques des apprentissages.

▸ Le diagnostic est posé par **un médecin ou une équipe médicale.** L'appellation « troubles spécifiques des apprentissages » se fonde sur des résultats inférieurs à la norme dans l'acquisition concernée, mais c'est surtout **la résistance** et **la persistance** des difficultés qui doit orienter le diagnostic. Il faut également noter que le critère premier, partagé par l'ensemble des enfants atteints de ces troubles, est celui d'une **intelligence normalement développée.** Cette particularité en fait le point d'appui principal des enseignants concernant les objectifs et les adaptations pédagogiques qui seront mises en place.

REMARQUE

Une reconnaissance comme porteur de handicap

Les enfants atteints par ces troubles peuvent être reconnus par la MDPH (Maison départementale des personnes handicapées) comme porteurs de handicaps. De manière générale, ces enfants peuvent bénéficier d'un PPS, comme d'un PPRE ou encore un PAI selon leurs besoins.

À RETENIR

Distinguer les troubles et les difficultés

La notion de « troubles » est une notion médicale qu'il faut distinguer de la notion de difficultés. La vision actuelle considère un trouble comme un défaut structurel et reflète une fonction désorganisée.

- Le trouble est durable, persistant et résistant et nécessite des interventions spécifiques.
- Les difficultés sont d'ordre fonctionnel et représentent un déséquilibre passager. Elles peuvent être dépassées grâce à des interventions précoces.

En résumé, les troubles seraient liés à des facteurs internes et les difficultés à des facteurs externes (éducatifs, sociaux, psychologiques, médicaux).

▸ Deux troubles sont ici présentés en exemple, la dyslexie et la dyspraxie.

6-2. La dyslexie

▸ Selon la CIM-10 (Classification internationale des maladies), la dyslexie se définit par « un **déficit spécifique et significatif dans le développement des capacités de lecture** qui ne peut s'expliquer par l'âge mental, des problèmes d'acuité visuelle et des conditions de scolarisation inadaptée. »

REMARQUE

Un trouble relativement courant

Ce trouble atteindrait 4 à 5 % des enfants et des adolescents scolarisés, avec des degrés de sévérité variables.

• Les difficultés des élèves dyslexiques

▶ Elles concernent la lecture proprement dite et, au-delà, d'autres domaines d'apprentissage ou le comportement.

▶ Ces enfants présentent des **difficultés à lire à voix haute** mais surtout à **lire et à comprendre en même temps.** Ils sont souvent lents dans les activités proposées sur support écrit et se fatiguent vite. Leur orthographe est souvent déficiente.

REMARQUE

Le point commun à tous les enfants dyslexiques est leur incapacité à automatiser l'identification des mots.

▶ Ainsi, en lecture, certains peuvent faire des **confusions d'ordre visuel, auditif ou phonémique** (« moutarde » lu « moutrade ») et donc échouer dans la lecture de mots, même isolés.

▶ Leur écriture est souvent **lente et hésitante.** Ils ont en général des difficultés à mémoriser et à appliquer les règles. Leur travail peut paraître désorganisé et leur concentration difficile. Enfin, ces enfants présentent très rapidement des difficultés au niveau de l'estime de soi et du sentiment de compétence

• La pédagogie pour les élèves dyslexiques

▶ Peu d'outils existent pour aider les enseignants dans le repérage ou la prévention de la dyslexie. Quelques pistes peuvent être évoquées :
– le choix de **la place de l'élève dans la classe** est essentiel, de préférence face au tableau et à côté d'un élève calme ;
– **éviter les situations dévalorisantes** ;
– ne pas seulement travailler sur le « cœur » du problème mais veiller à ce que les difficultés en lecture **n'entravent pas les autres apprentissages** ;
– pour la lecture en particulier : **éviter la lecture à voix haute devant la classe,** ou bien la préparer. Un outil pour suivre les lignes peut quelquefois être indispensable. L'emploi d'une police particulière (Arial ou Times) peut être nécessaire. Des documents agrandis peuvent être utiles.
– pour soulager la copie : **n'écrire que l'essentiel au tableau** ou placer un modèle sur la table de l'élève ;
– pour les leçons et l'évaluation, on peut songer à **l'utilisation d'enregistrement audio ou vidéo**, tout en fixant des objectifs clairs pour l'apprentissage. On peut aller jusqu'à réaliser une évaluation orale ; donner des outils de mémorisation comme les stratégies mnémotechniques pour apprendre les leçons comme l'orthographe des mots.

REMARQUE

Avant tout, il s'agit pour l'enseignant de considérer l'élève comme son premier partenaire et de ne pas oublier que c'est souvent lui qui connaît le mieux les adaptations qui lui conviennent.

6-3. La dyspraxie

▶ La dyspraxie correspond à une **atteinte du développement de la coordination motrice,** non explicable par une autre pathologie ou retard.

▶ Ce trouble renvoie à une incapacité pour l'élève à automatiser certains gestes comme les autres enfants. Il est souvent présent chez les enfants atteints également de dyslexie et peut donc être considéré comme un trouble associé.

• Les difficultés d'un élève dyspraxique

> **REMARQUE**
>
> **Les praxies**
>
> Piaget définit les praxies comme des « systèmes de mouvements coordonnés en fonction d'un résultat ou d'une intention. »

▶ Notre quotidien est rempli de « praxies » qui, généralement sont automatisées (exemples : se laver les dents, mettre son manteau). Cette automatisation s'est acquise durant l'enfance. C'est justement celle-ci qui fait défaut aux enfants dyspraxiques. Ils souffrent donc d'un **trouble cognitif avec des symptômes visibles d'ordre moteur.**

▶ La dyspraxie la plus courante est la **dyspraxie visuo-spatiale.** Elle se manifeste par une maladresse du geste accompagné d'une maladresse du regard et donc de difficultés pour appréhender l'espace. Les élèves dyspraxiques éprouvent des difficultés à fixer des objets et à suivre des cibles.

▶ Ces difficultés ont des conséquences sur **les apprentissages en lecture** (suivre les lignes, ne pas rater de mots), **en écriture** (forme des lettres, contrôle du stylo), en mathématiques (dénombrement, pose des opérations), **dans l'espace en général** (situer les objets les uns par rapport aux autres, gérer l'espace de la feuille, copier un modèle), et dans **l'organisation du quotidien d'élève** (gestion du cartable, des cahiers, des devoirs à faire). Il ne faut également pas négliger les répercussions de ces troubles, de ces gestes qui paraissent si simples à faire pour les autres, sur **l'estime de soi** de ces élèves.

• La pédagogie pour les élèves dyspraxiques

▶ Quelques pistes peuvent être évoquées :
– une des premières aides à apporter à l'élève dyspraxique concerne **la structure de l'espace.** Des codes couleurs permettent de donner des repères à l'élève sans nécessiter l'utilisation d'informations visuo-spatiales (par exemple, la couleur bleue (comme le ciel) désignera toujours le haut des objets)[1] ;
– **verbaliser la tâche à effectuer** plutôt que solliciter le regard ;
– **faciliter le repérage dans la feuille,** en la plaçant plutôt à la verticale (sur un lutrin par exemple) afin de donner à l'élève ses propres repères corporels plutôt qu'« un haut et bas, gauche et droite » difficiles à cerner pour lui ;
– des espaces feuilles **aérés et structurés** permettent une meilleure appréhension des informations. Un grossissement des interlignes et le **surlignement** (non le soulignement) des informations sont bénéfiques ;
– éviter de mettre l'élève dans des situations délicates comme la reproduction ou la réalisation de schémas ; utiliser plutôt **la verbalisation** ou **la possibilité de choisir le bon schéma** ;
– fournir pour la lecture **des documents clairs, agrandis et sans colonne.** L'élève peut avoir besoin d'un cache pour suivre les lignes sans que son regard se perde sur le reste du texte. Le début des lignes peut également être marqué d'un code couleur convenu avec lui ;
– **accepter la lenteur du geste graphique** et le besoin de procéder par étape.

▶ Les élèves dyspraxiques sont souvent aidés par du matériel spécifique, principalement l'ordinateur. Même si celui-ci nécessite un apprentissage moteur, ce coût est rapidement justifié par les bénéfices que l'enfant en tire. L'utilisation d'un clavier et d'une souris s'apprend généralement avec l'aide d'un psychomotricien ou d'un ergothérapeute.

---

1. Michèle Mazeau, *Troubles visuo-spatiaux, leur impact sur les apprentissages,* Tom Pousse, Les tutos, 2021.

En classe...

Démarches à suivre pour le professeur des écoles selon les difficultés des élèves

1. Difficultés « normales » ou légères

• Les difficultés des élèves peuvent être directement liées au processus d'apprentissage… Il est essentiel de ne pas confondre difficulté liée à un apprentissage se déroulant normalement et difficulté d'apprentissage !

• Les difficultés d'apprentissage « normales ou légères » des élèves doivent d'abord être gérées grâce à des démarches pédagogiques adaptées au sein de la classe ou du cycle en concertation avec l'équipe pédagogique. L'enseignant effectue les évaluations nécessaires et utilise toutes les ressources de la pédagogie différenciée.

• Des activités pédagogiques complémentaires peuvent être proposées aux élèves. Elles se déroulent sur l'heure hebdomadaire prévue à cet effet, à l'école maternelle comme à l'école élémentaire. Elles nécessitent l'accord des parents. La liste des élèves concernés est établie par l'enseignant de la classe.

2. Difficultés persistantes

• En cas de difficultés d'apprentissages persistantes, le maître et l'équipe du cycle font appel au RASED. Un projet peut être mis en place.

• Le maître peut saisir l'équipe de cycle et le directeur de l'école en cas de difficultés importantes dans l'acquisition du socle commun de compétences et de connaissances. La mise en place d'un PPRE peut être alors proposée. Il requiert l'adhésion de l'élève et des parents.

3. Besoins éducatifs particuliers

• En cas de suspicion de trouble des apprentissages ou de handicap, l'enseignant informe le directeur qui, selon le cas, après accord des familles et intervention du médecin scolaire, propose la mise en place d'un PAP ou encore saisit l'enseignant référent pour la mise en place d'un PPS.

• La scolarisation des enfants malades (par exemple allergiques) nécessite l'élaboration d'un PAI à la demande de la famille, en concertation avec le médecin scolaire[1].

C Intégration et inclusion

1. La scolarisation des enfants en situation de handicap

Définition du terme de « handicap » et obligation de l'État

▶ La loi du 11 février 2005 pour l'égalité des droits et des chances, la participation et la citoyenneté des personnes handicapées signe, à travers ses articles 2 et 19, une avancée décisive.

1. Pour plus de détails, consultez le livret du ministère « Répondre aux besoins éducatifs particuliers des élèves : quel plan pour qui ? » en flashant le QR Code ci-contre.

« **Loi pour l'égalité des droits et des chances**

Article 2

[...] Constitue un handicap, au sens de la présente loi, toute limitation d'activité ou restriction de participation à la vie en société subie dans son environnement par une personne en raison d'une altération substantielle, durable ou définitive d'une ou plusieurs fonctions physiques, sensorielles, mentales cognitives ou psychiques, d'un polyhandicap ou d'un trouble de santé invalidant.

[...] Toute personne handicapée a droit à la solidarité de l'ensemble de la collectivité nationale qui lui garantit, en vertu de cette obligation, l'accès aux droits fondamentaux reconnus à tous les citoyens, ainsi que le plein exercice de sa citoyenneté.

Article 19

[...] Pour satisfaire aux obligations qui lui incombent, le service public de l'éducation assure une formation scolaire, professionnelle ou supérieure aux enfants, aux adolescents et aux adultes présentant un handicap ou un trouble de la santé invalidant. Dans ses domaines de compétences, l'État met en place les moyens financiers et humains nécessaires à la scolarisation en milieu ordinaire des enfants, adolescents ou adultes handicapés.

Tout enfant, tout adolescent présentant un handicap ou un trouble invalidant de la santé est inscrit dans l'école ou dans l'un des établissements mentionnés à l'article L. 351-1, le plus proche de son domicile, qui constitue son établissement de référence.

Dans le cadre de son projet personnalisé, si ses besoins nécessitent qu'il reçoive sa formation au sein de dispositifs adaptés, il peut être inscrit dans une autre école ou un autre établissement mentionné à l'article L. 351-1 par l'autorité administrative compétente, sur proposition de son établissement de référence et avec l'accord de ses parents ou de son représentant légal. Cette inscription n'exclut pas son retour à son établissement de référence. »

2. De l'exclusion à la scolarisation

2-1. Évolution de la prise en charge des enfants porteurs de handicap

▸ Les **classes de perfectionnement** voient le jour en 1909. L'éducation spéciale qui vient de naître vise à apporter le maximum de connaissances possible à des enfants considérés comme anormaux, ayant un déficit. Un premier test, l'échelle verbale mise au point par Binet et Simon, permet de classer les enfants selon leur « degré d'intelligence » et de **fonctionner sur un modèle de ségrégation** qui va se développer jusqu'au début des années 1970.

REMARQUE

La prise en compte des enfants et adolescents porteurs de handicap a radicalement changé depuis le début du XXe siècle.

▸ Dans les années 1950, l'action des parents refusant de voir leurs enfants étiquetés comme débiles ou déficients intellectuels profonds maintenus en asile ou à leur domicile va déboucher sur la **création de nouvelles structures d'accueil.** Les externats médico-pédagogiques voient le jour. Ils sont gérés par le ministère de la Santé et financés par la Sécurité sociale. Y intervient **une équipe pluridisciplinaire,** à la fois médicale, paramédicale, sociale et éducative (éducateurs spécialisés). Ils peuvent passer une convention avec le ministère de l'Éducation nationale pour permettre l'intervention d'un enseignant spécialisé.

▸ À la fin des années 1950 est créé, au ministère de l'Éducation nationale, un bureau puis une sous-direction de l'Enfance inadaptée puis de l'Adaptation et de l'Éducation spéciale.

▸ Entre 1950 et 1970, les enfants atteints de handicaps spécifiques (auditifs, visuels, mentaux) sont **majoritairement accueillis dans des établissements spécialisés en dehors de l'Éducation nationale** quand bien même ce sont les représentants de l'Éducation nationale qui y orientent un bon nombre d'entre eux. Les commissions d'orientation sont en effet présidées par des inspecteurs de l'Éducation nationale.

▸ Les **classes de perfectionnement,** prises en charge au sein de l'Éducation nationale, voient leur nombre augmenter **de moins de 300 en 1945 à 6 000 dans les années 1970.** La population les fréquentant s'est rapidement modifiée pour accueillir **des enfants en difficulté d'origines diverses** (sociale, familiale, intellectuelle, comportementale…) plutôt que des enfants handicapés mentaux comme il était prévu à l'origine.

▸ En 1967, les sections d'éducation spécialisée (SES) sont créées au sein des collèges. Elles constituent l'une des offres essentielles de prolongation de la scolarité pour les élèves ayant fréquenté les classes de perfectionnement.

▸ La fin des années 1960 annonce les prémices d'un changement de politique que vont consacrer les années 1970. On parle ainsi désormais **d'adaptation et intégration scolaire** (AIS). Deux dispositifs sont distingués à partir de 1970 : un dispositif **d'éducation spéciale** et un dispositif **d'adaptation et de prévention.** Deux catégories d'enfants sont parallèlement définies : ceux qui souffrent de handicaps ou de difficultés durables et ceux présentant des difficultés temporaires.

> **REMARQUE**
>
> **Une pédagogie de compensation**
> L'idée alors dominante est que certains enfants ne peuvent fréquenter des classes normales et que l'école doit s'adapter à eux dans le cadre d'une éducation spécialisée pour des enfants inadaptés à la norme scolaire. L'objectif annoncé étant de mettre en œuvre une pédagogie de compensation.

▸ Les groupes d'aides psychopédagogiques (GAPP) sont créés en 1970. Ils réunissent des enseignants spécialisés (rééducateurs en psychopédagogie (RPP), rééducateurs en psychomotricité (RPM) et un psychologue scolaire).

▸ Les **sections et classes d'adaptation** voient également le jour. Elles regroupent un maximum de quinze enfants connaissant des **difficultés d'origines diverses mais jugées transitoires** dans le but de les aider à réintégrer les classes normales au bout d'un an. Elles sont confiées à des enseignants spécialisés.

▸ La loi d'orientation de 1975 marque le tournant vers une **politique résolument intégrative**.

> **À RETENIR**
>
> **La loi d'orientation de 1975**
>
> • Dans son article 1er, elle pose comme principe, chaque fois que possible, « l'accès du mineur ou de l'adulte handicapés aux institutions ouvertes à l'ensemble de la population et leur maintien dans un cadre ordinaire de travail et de vie. »
>
> • L'article 4 précise que « les enfants et adolescents sont soumis à l'obligation éducative. Ils satisfont à cette obligation en recevant soit une éducation ordinaire, soit, à défaut, une éducation spéciale, déterminée en fonction des besoins particuliers de chacun d'eux. »

▸ Le sujet n'est désormais plus évalué à partir de ses seules déficiences ou catégories de troubles. Le champ de l'éducation spéciale se voit reconsidéré au profit d'une centration sur les particularités de l'enfant et de l'adolescent. On privilégie ainsi l'observation et l'individualisation de l'aide suivant l'âge et le type de difficulté ou de handicap.

▸ À partir de 1982, **la politique d'intégration est confirmée** par la mise en place d'actions de soutien et de soins spécialisés en vue de l'intégration dans les établissements scolaires ordinaires des enfants et adolescents handicapés ou en difficulté.

REMARQUE

Des intégrations d'enfants handicapés dans des classes ordinaires, notamment en maternelle, sont organisées à travers des projets d'intégration.

▸ La loi d'orientation du 10 juillet 1989 prenant acte des **résultats positifs des actions déjà engagées** affirme la nécessité de poursuivre dans cette voie.

▸ À la même époque, **les SES sont transformées en SEGPA** (section d'enseignement général et professionnel adapté) autorisant ces structures à accueillir des jeunes de 18 et 19 ans dans le cadre de projets d'insertion professionnelle.

▸ Les services d'éducation spécialisée et de soins à domicile (SESSAD) sont créés. Ils imposent une **prise en charge globale des enfants handicapés** et insistent sur la **nécessité d'intégration scolaire** dès que possible.

▸ Entre 1990 et 2005, différents dispositifs et structures sont mis en place.

▸ Les classes d'adaptation fermées qui regroupaient des enfants en difficulté ont tendance à disparaître au profit de **regroupements d'adaptation.** Des élèves en difficulté de plusieurs classes de même niveau d'âge sont aidés pour une période donnée en travaillant ensemble à divers moments dans la semaine pour développer certaines compétences bien définies. Ils quittent ainsi leurs classes uniquement durant ces périodes de regroupement.

▸ En avril 1990, les RASED remplacent les GAPP. La politique de prévention et de remédiation est dès lors une priorité ministérielle.

▸ **Les classes de perfectionnement disparaissent.** Depuis les années 1970, elles avaient changé d'objectifs et se voulaient être, dans les discours, un lieu où les enfants en difficulté, grâce à des effectifs réduits et une pédagogie adaptée, pourraient réintégrer le cursus normal. Tel n'a pas été le cas et ces structures ont bien souvent accueilli les élèves qui posaient trop de problèmes dans les classes normales sans pour autant leur permettre, à un moment donné, d'y retrouver une place.

▸ Les **CLIS** (classes d'intégration scolaire) voient le jour en 1991. De faible effectif, elles accueillent un maximum de 12 élèves et sont confiées à des enseignants spécialisés. Elles deviennent classes pour l'inclusion scolaire en 2009.

▸ En 2015, l'appellation « classe pour l'inclusion scolaire » (CLIS) est remplacée par **« unité localisée pour l'inclusion scolaire – école »** (ULIS-école). Les ULIS, dispositifs ouverts, constituent une des modalités de mise en œuvre de l'accessibilité pédagogique.

▸ Les élèves orientés en ULIS sont ceux qui, en plus des aménagements et adaptations pédagogiques et des mesures de compensation mises en œuvre par les équipes éducatives, nécessitent un enseignement adapté dans le cadre de regroupements.

REMARQUE

À compter du 1er septembre 2015, qu'ils soient situés dans une école, un collège ou un lycée, les dispositifs de scolarisation des établissements scolaires destinés aux élèves en situation de handicap sont dénommés unités localisées pour l'inclusion scolaire (ULIS).

▸ L'organisation des ULIS correspond à une réponse cohérente aux besoins d'élèves en situation de handicap présentant des :
– **TFC :** troubles des fonctions cognitives ou mentales ;
– **TSLA :** troubles spécifiques du langage et des apprentissages ;
– **TED :** troubles envahissants du développement (dont l'autisme) ;
– **TFM :** troubles des fonctions motrices ;
– **TFA :** troubles de la fonction auditive ;
– **TFV :** troubles de la fonction visuelle ;
– **TMA :** troubles multiples associés (pluri-handicap ou maladie invalidante).

REMARQUE

La circulaire n° 2015-129 du 21-8-2015 précise que « les ULIS constituent un dispositif qui offre aux élèves qui en bénéficient une organisation pédagogique adaptée à leurs besoins ainsi que des enseignements adaptés dans le cadre de regroupement et permet la mise en œuvre de leurs projets personnalisés de scolarisation. Elles sont parties intégrantes de l'établissement scolaire dans lequel elles sont implantées. »

ZOOM SUR…

Quelques grands précurseurs de l'éducation des enfants « différents »

La question de l'éducation des enfants handicapés sensoriels s'est posée avant celle des handicapés mentaux.

Charles-Michel de l'Épée

Plus connu sous le nom de l'abbé de l'Épée, il fonde une école pour enfants sourds dès 1770 et est à l'origine de la langue des signes.

Louis Braille

Aveugle depuis l'âge de 3 ans, il met au point l'écriture qui porte son nom au sein d'un institut créé en 1784.

Jean Itard

Sans conteste le précurseur de l'éducation des handicapés mentaux, Jean Itard est célèbre pour avoir tenté d'éduquer un enfant sauvage, qu'il prénommera Victor et qui deviendra « Victor de l'Aveyron », région où il a été découvert en 1800 alors âgé d'une douzaine d'années. Le docteur Itard parviendra à l'éduquer à la vie sociale et à lui donner des rudiments de langage grâce à une approche essentiellement sensorielle.

Désiré-Magloire Bourneville

Il est à l'origine de progrès remarquables dans la connaissance de ceux qui restent dénommés « idiots ou arriérés ». Il lutte pour que leur soit reconnu le droit à l'éducation ; il est l'un des militants à l'origine de la création des classes de perfectionnement en 1909.

ZOOM SUR...

Les « enfants différents » au service de la pédagogie des « enfants tout court »

De grands pédagogues ont trouvé l'inspiration de leurs principes pédagogiques en travaillant d'abord avec des enfants « déviants ».

Maria Montessori

Médecin italien, elle se voit confier l'étude du comportement d'un groupe de jeunes retardés mentaux. Elle observe que leur besoin et leur désir de jouer sont intacts, ce qui l'amène à envisager les moyens de les éduquer par cette voie.

Ovide Decroly

Médecin belge et chef de clinique pour l'observation et le traitement d'enfants anormaux, il développera des méthodes nouvelles centrées sur les besoins et intérêts des enfants et aura pour objectif leur généralisation à l'ensemble du système éducatif. En 1902, la ville de Bruxelles adoptera sa méthodologie dans ses classes ordinaires.

Fernand Oury

Instituteur dans les classes de perfectionnement dans les années 1950, cet enseignant spécialisé a également travaillé en EMP. Il pose les bases de la pédagogie institutionnelle influencée tout à la fois par les techniques Freinet et les données de la psychanalyse. Il travaillera ainsi en étroite relation avec les psychanalystes Françoise Dolto et Jacques Lacan.

2-2. Les enseignants spécialisés

▸ Le **certificat d'aptitude professionnelle aux pratiques de l'éducation inclusive** (CAPPEI) est créé par le décret n° 169 du 10 février 2017. Il concerne « les enseignants du premier et du second degrés de l'enseignement public, titulaires et contractuels employés par contrat à durée indéterminée, ainsi que les maîtres contractuels, les maîtres agréés et les maîtres délégués employés par contrat à durée indéterminée des établissements d'enseignement privés sous contrat. »

▸ Le décret précise que : « la diversité et l'augmentation du nombre d'élèves en situation de handicap scolarisés tout comme les évolutions législatives et réglementaires récentes nécessitent **une évolution de la formation des enseignants du premier et du second degrés** exerçant leurs fonctions dans les écoles, les établissements scolaires et les établissements et services, accueillant des élèves présentant des besoins éducatifs particuliers liés à une situation de handicap, de grande difficulté scolaire ou à une maladie. »

2-3. Scolarisation des élèves en situation de handicap[1]

▶ Selon le ministère de l'Éducation nationale, « à la rentrée 2019, 427 800 enfants ou adolescents en situation de handicap sont scolarisés. Ils étaient 232 300 en 2006. Parmi eux, huit sur dix bénéficient d'une scolarité en milieu ordinaire. »

REMARQUE

L'amélioration de la scolarisation ainsi que la professionnalisation des accompagnants a permis aux enfants en situation de handicap de suivre des parcours plus longs et plus divers au sein de l'école.

▶ La loi de 2005 a introduit quatre transformations fondamentales :
– la notion d'établissement de référence ;
– la création de nouvelles instances : la Maison départementale des personnes handicapées (MDPH) et la Commission des droits et de l'autonomie des personnes handicapées (CDAPH) ;
– le projet personnalisé de scolarisation (PPS) et le parcours de formation de l'élève ;
– la création de postes d'enseignants référents de scolarisation.

2-4. L'établissement de référence

▶ L'établissement de référence est, pour tout enfant présentant un handicap ou un trouble invalidant de la santé, l'**école la plus proche de son domicile.** Pour assurer une scolarité se déroulant dans les meilleures conditions, a lieu également une analyse des besoins ainsi qu'une évaluation des compétences de l'élève concerné.

REMARQUE

Pour assurer la meilleure prise en charge possible, il est important que l'école, la famille et l'enseignant agissent de concert.

▶ « Ainsi, doivent être assurés :
– l'inscription et l'accueil dans l'école de référence ou dans celle vers laquelle l'élève a été orienté ;
– une première évaluation de l'élève en situation scolaire par l'équipe éducative, qui permettra de renseigner le GEVA-Sco première demande ;
– la mobilisation et la mise en place des adaptations pédagogiques nécessaires pendant toute la période d'instruction du dossier ;
– l'appui et le relais de l'enseignant référent ;
– l'analyse des besoins et l'élaboration du projet personnalisé de scolarisation par l'équipe pluridisciplinaire de la MDPH.[2] »

1. Consultez le dossier dédié à la scolarisation des élèves en situation de handicap sur le site education.gouv en flashant le QR Code ci-contre.
2. Source, dossier dédié à la scolarisation des élèves en situation de handicap sur le site education.gouv.

À RETENIR

La volonté d'assurer une scolarisation en milieu ordinaire

- La volonté est d'assurer à l'élève, le plus souvent possible, une scolarisation en milieu ordinaire et dans l'école du quartier.
- L'école de référence n'est toutefois pas nécessairement l'école d'accueil de l'élève. Sous réserve que les parents en aient fait la demande, la MDPH et la CDAPH définissent le parcours de formation et le projet personnel de scolarisation de l'élève qui doit être approuvé par les parents.
- Certains enfants ayant des besoins spécifiques peuvent être accueillis dans des structures spécialisées déjà existantes. L'établissement de référence permet de favoriser au maximum les temps de scolarisation en milieu ordinaire.

2-5. La Maison départementale des personnes handicapées (MDPH)

« Sous la responsabilité du président du conseil général, la MDPH offre **un guichet unique** pour améliorer l'accueil, l'information et l'aide apportées aux élèves handicapés et à leur famille. »

2-6. La Commission des droits et de l'autonomie des personnes handicapées (CDAPH)

▶ « La CDAPH prend **les décisions d'orientation** et propose des **procédures de conciliation** en cas de désaccord. Elle associe étroitement les parents à la décision d'orientation de leur enfant. »

▶ Les décisions de la CDAPH sont préparées par une équipe pluridisciplinaire fonctionnant sous la stricte responsabilité de la MDPH. Cette équipe décide donc de l'intérêt pour un enfant d'être scolarisé dans une école ordinaire ou s'il semble préférable de l'accueillir dans un établissement spécialisé. Elle propose aux familles un projet personnalisé de scolarisation au sein d'un parcours de formation.

REMARQUE

C'est aux parents de faire la saisine de la MDPH pour demander un projet personnalisé de scolarisation pour leur enfant. Si c'est l'équipe éducative qui le souhaite, elle en informe les parents. Si ces derniers ne répondent pas dans un délai de quatre mois, la MDPH est saisie à la demande de l'inspecteur d'académie.

2-7. Le projet personnalisé de scolarisation (PPS)

▶ Ce document organise la scolarité de l'élève handicapé. « Il assure **la cohérence et la qualité des accompagnements et des aides** nécessaires à partir d'une évaluation globale de la situation et des besoins de l'élève : accompagnement thérapeutique ou rééducatif, attribution d'un AESH (accompagnant d'élèves en situation de handicap) ou de matériels pédagogiques adaptés. »

▶ Le suivi du parcours de formation doit notamment prendre en compte **les transitions entre les niveaux d'enseignement** : maternelle, élémentaire, collège, lycée et lycée professionnel.

▶ L'équipe de suivi de la scolarisation comprend **tous les intervenants concernés** (enseignants dont l'enseignant référent qui a la mission de coordonner, personnels médicaux et sociaux si nécessaire – psychologue, médecin, assistante sociale…) ainsi que les parents d'élèves. Elle a l'obligation de se réunir au moins une fois par an pour évaluer le parcours de chaque élève et proposer des aménagements éventuels (intervention du SESSAD, intervention d'un AESH (accompagnant d'élèves en situation de handicap), etc.

• Des enseignants référents de scolarisation

Ce sont des enseignants spécialisés titulaires du CAPPEI. Tout élève porteur de handicap est doté d'un enseignant référent qui est **chargé de le suivre tout au long de son parcours scolaire.** Il doit être identifié clairement par l'ensemble des acteurs de la scolarisation.

• Les personnels chargés de l'accompagnement des élèves en situation de handicap (AESH)

Les AESH sont des agents contractuels de l'État recrutés par contrat de droit public. Ils se voient confier des missions d'**aide aux élèves en situation de handicap.** Ainsi, sous le contrôle des enseignants, ils ont vocation à favoriser l'autonomie de l'élève, sans se substituer à lui, sauf lorsque c'est nécessaire.

2-8. Dispositifs de scolarisation

• Scolarisation des élèves en situation de handicap

Si leur famille en fait la demande, les enfants handicapés peuvent être scolarisés à l'école maternelle de leur secteur dès l'âge de 2 ans. Un **projet personnalisé de scolarisation** organise la scolarité avec des mesures d'accompagnement décidées par la CDAPH. La scolarisation peut être individualisée ou collective.

• Les projets d'école et d'établissement

Chaque projet d'école et d'établissement doit comporter **un volet sur l'accueil et les stratégies d'accompagnement des élèves à besoins éducatifs particuliers.** Il prend en compte les projets personnalisés de scolarisation et les aménagements et adaptations nécessaires pour la scolarisation de ces élèves.

• Scolarisation individualisée

Elle est recherchée prioritairement. Elle consiste à scolariser un ou des élèves en situation de handicap dans une classe ordinaire. Elle peut être effectuée à temps plein ou partiel, elle passe par une adaptation des conditions d'accueil de manière à prendre en compte les besoins éducatifs particuliers de chaque élève en situation de handicap (mise en place du PPS).

Les élèves peuvent être accompagnés par un AESH (accompagnant d'élèves en situation de handicap), sur décision de la CDAPH. Ils peuvent bénéficier, en complément de la scolarité, de l'intervention d'un service d'éducation spéciale et de soins à domicile (SESSAD).

• Les unités localisées pour l'inclusion scolaire (ULIS)

« Les unités localisées pour l'inclusion scolaire concernent le premier comme le second degrés : ULIS-école, ULIS-collège, ULIS-lycée, ULIS-lycée professionnel. L'inclusion des élèves en situation de handicap, en fonction de leurs besoins, au sein des classes ordinaires y est renforcée, le dispositif venant en appui à cette scolarisation. »

• Les établissements spécialisés

Quand la situation de l'enfant ou de l'adolescent l'exige, **l'orientation vers un établissement médico-social** est décidée de façon à lui « offrir une prise en charge scolaire, éducative et thérapeutique équilibrée ».

Parmi ces établissements, on distingue :
– les IME (instituts médico-éducatifs) encore dénommés EMP et que nous avons décrits plus haut. Ils accueillent des enfants et adolescents atteints de déficience mentale ;
– les ITEP (instituts thérapeutiques, éducatifs et pédagogiques) accueillent des enfants, adolescents et jeunes adultes présentant des troubles du comportement ;

– les IES (instituts d'éducation sensorielle) reçoivent des enfants et adolescents atteints de troubles sensoriels (auditifs ou visuels) ;
– les IEM (instituts d'éducation motrice) accueillent des enfants atteints de déficiences motrice et intellectuelle.

2-9. Les unités d'enseignement

▶ Au cours de son parcours de formation, l'élève en situation de handicap peut être orienté vers un établissement médico-social à temps plein ou à temps partiel. Il poursuit alors sa scolarité dans une **unité d'enseignement,** soit au sein de l'unité d'enseignement de l'établissement spécialisé, soit dans cette unité localisée au sein d'un établissement scolaire avec lequel l'établissement coopère.

REMARQUE

À chaque fois que cela est profitable aux élèves, les unités d'enseignement sont implantées dans les établissements scolaires plutôt que dans les établissements médico-sociaux.

▶ Le **plan autisme** 2013-2017 a permis **la création de 112 unités d'enseignement** (UE) en classes maternelles, chacune scolarisant sept élèves à temps plein, pour améliorer l'inclusion scolaire des enfants atteints de troubles du spectre autistique (TSA).

▶ La stratégie nationale 2018-2022 pour l'autisme prévoit la création de 180 unités d'enseignement en maternelle autisme (Uema) et de 45 unités d'enseignement élémentaire dont cinq dès la rentrée 2018.

NOTES

Les questions qui font débat

La scolarisation d'un enfant porteur de handicap dans une classe « ordinaire » ne pose-t-elle pas deux questions différentes : celle des compétences attendues par les programmes et celle des soins dont il a besoin ?

Il est vrai que la question de la scolarisation d'un enfant porteur de handicap dans une classe pose d'emblée la question des compétences que l'on peut attendre de lui, qu'il est à même de développer. Sans aucun doute elles ne correspondront pas à « la moyenne » de ses camarades. Les enseignants doivent être préparés à cette question de fond. Par ailleurs, la scolarisation d'un enfant porteur de handicap dans la classe ne doit pas entraîner un isolement douloureusement dommageable (l'enfant est là « en plus » et « à côté »). Il ne doit pas non plus priver cet enfant des soins dont il a besoin sous prétexte qu'il doit être considéré comme les autres…

2-10. Objectif 2022 : une école pleinement inclusive

▶ Le plan de 2019 s'articule autour de sept axes. En voici des extraits significatifs.

1. Instituer un service de l'accompagnement des élèves en situation de handicap :
– déploiement d'un pôle inclusif d'accompagnement localisé (Pial).

2. Mieux accueillir les parents et l'élève et simplifier les démarches :
– entretien d'accueil avec la famille, l'enseignant et l'accompagnant dans le mois qui suit la rentrée scolaire ;
– création d'un livret de parcours inclusif évolutif intégrant, selon les besoins de l'élève, l'ensemble des plans dont il peut faire l'objet : projet personnalisé de scolarisation (PPS), programme personnalisé de réussite éducative (PPRE), projet d'accompagnement personnalisé (PAP) et/ou projet d'accueil individualisé (PAI) ;

– simplification du PPS ;
– notification du PPS par cycle scolaire, sous réserve de réexamen en cas d'évolution du besoin ;
– notification du matériel pédagogique adapté pour une durée allant jusqu'à cinq ans.

3. Former et accompagner les enseignants :
– mise en ligne de la plateforme Cap École inclusive ;
– augmentation des départs en formation conduisant à l'obtention du certificat d'aptitude professionnelle aux pratiques de l'éducation inclusive (CAPPEI) ;
– consolidation du rôle, des missions et du positionnement des enseignants référents ;
– organisation de formations départementales consacrées à la coordination entre l'enseignant et l'accompagnant.

4. Professionnaliser les accompagnants d'élèves en situation de handicap :
– reconnaissance du métier d'accompagnant ;
– appartenance affirmée à la communauté éducative ;
– amélioration de leur formation.

5. S'adapter aux besoins éducatifs particuliers des élèves :
– introduction d'un volet consacré à l'inclusion scolaire dans tous les projets d'école et d'établissement ainsi que dans les règlements intérieurs ;
– création de classes (ULIS, UEMA et UEEA pour enfants autistes…) et de postes de professeurs ressources ;
– accessibilité des locaux lors de la construction ou de la réhabilitation des établissements scolaires.

6. Structurer la coopération entre les professionnels de l'Éducation nationale et du secteur médico-social dans les établissements scolaires.

7. Piloter et évaluer le déploiement des mesures.

À RETENIR

Les pôles inclusifs d'accompagnement localisés (Pial)

• Le Pial peut concerner les écoles maternelles et élémentaires d'une circonscription du premier degré, un ou plusieurs établissement(s) secondaire(s), ou encore un collège et des écoles de son secteur (on parle alors de « Pial interdegré »).

• Il mobilise l'ensemble des personnels de l'équipe éducative pour identifier les besoins pédagogiques de l'élève et mettre en œuvre les réponses adéquates au niveau de sa classe et, au-delà, de l'école ou de l'établissement dans lequel il est scolarisé.

• Dans chaque Pial, un coordonnateur met en adéquation les ressources en accompagnement avec les besoins qui ont été notifiés par les CDAPH et identifiés par l'équipe pédagogique et éducative. Il établit les emplois du temps des accompagnants en lien avec les directeurs d'école et les chefs d'établissement concernés, et en tenant compte des besoins des élèves et des compétences des accompagnants.

• À terme, les Pial bénéficieront de l'appui des professionnels du secteur médico-social qui interviendront dans les établissements scolaires.

Fonctionnement du Pial

Avant la rentrée scolaire :
– le coordonnateur du Pial recense les besoins en accompagnement qui ont été notifiés par la CDAPH et réalise une estimation des besoins nouveaux pour l'année scolaire à venir ;
– les accompagnants sont pré-affectés et, le cas échéant, recrutés pour permettre de répondre aux besoins anticipés par le coordonnateur du Pial.

…/…

SYSTÈME ÉDUCATIF ET MÉTIER DE PROFESSEUR

Au moment de la rentrée scolaire ou lorsqu'ils reçoivent leur notification pour les élèves qui sont nouvellement accompagnés :
– l'accompagnement humain notifié par la CDAPH est mis en œuvre sans délai ;
– les familles des élèves en situation de handicap sont reçues par le directeur d'école ou le chef d'établissement et rencontrent l'enseignant ou le professeur principal et l'accompagnant de leur enfant ;
– les familles peuvent s'adresser à une cellule de réponse qui dispose d'un numéro dédié sur toutes les questions relatives à l'aide humaine.
Tout au long de l'année :
– l'accompagnement est organisé au sein du Pial pour tenir compte, en continu, de l'évolution des besoins pédagogiques des élèves accompagnés, des événements scolaires (périodes de stage, sorties et voyages scolaires, etc.) et des aléas de gestion (absence d'un accompagnant ou d'un élève accompagné).

3. Les enfants allophones nouvellement arrivés en France

▸ Le terme allophone, importé du Canada, désigne le fait d'avoir **une autre langue maternelle** que celle du pays dans lequel on se trouve.

▸ La circulaire du 2 octobre 2012 affirme que « la scolarisation des élèves allophones relève **du droit commun** et **de l'obligation scolaire.** Assurer les meilleures conditions de l'intégration des élèves allophones arrivant en France est un devoir de la République et de son École. »

3-1. L'affectation des élèves et le fonctionnement des classes spécifiques

« Les élèves allophones arrivants sont **inscrits obligatoirement dans les classes ordinaires** de l'école maternelle ou élémentaire. L'inclusion dans les classes ordinaires constitue la **modalité principale de scolarisation.** Elle est le but à atteindre, même lorsqu'elle nécessite temporairement des aménagements et des dispositifs particuliers. [...] L'objectif légal d'inclusion scolaire et d'acquisition du socle commun de connaissances et de compétences est celui du droit commun et s'applique naturellement aux élèves allophones arrivants sur le territoire de la République. Le livret personnel de compétences est l'outil de suivi à utiliser. »

• Les UPE2A (unités pédagogiques pour élèves allophones arrivants)

▸ À partir du cours préparatoire, les UPE2A accueillent les élèves allophones pour un enseignement de français comme langue de scolarisation, quotidien et pour un temps variable (et révisable dans la durée).

▸ « Pour des élèves peu ou non scolarisés antérieurement et arrivant à l'âge d'intégrer le cycle 3, un maintien plus long dans la structure d'accueil, sans dépasser une année supplémentaire, peut être envisagé ; un suivi durable et personnalisé s'impose si l'on veut éviter un désinvestissement progressif de ces élèves dans les apprentissages. »

▸ Les UPE2A doivent « disposer de toute la souplesse nécessaire à l'accueil des élèves et à la personnalisation des parcours, organiser les liens avec la classe ordinaire et donc prévoir des temps de présence en classe ordinaire. »

▸ Tout élève allophone arrivant bénéficie **d'une évaluation menée par l'enseignant** de la classe avec le concours des formateurs du Casnav.

▸ Cette évaluation doit mettre en évidence :
– ses connaissances en langue française, afin de déterminer s'il est un débutant complet ou s'il maîtrise des éléments du français parlé ou écrit ;
– ses compétences verbales et non verbales dans d'autres langues vivantes enseignées dans le système éducatif français, notamment en anglais ;
– son degré de familiarisation avec l'écrit, quel que soit le système d'écriture ;
– ses compétences scolaires construites dans sa langue de scolarisation antérieure, en mathématiques, par exemple.

REMARQUE

Le degré de maîtrise du français nécessaire à l'intégration dans une classe ordinaire doit être apprécié régulièrement dans l'unité pédagogique pour élèves allophones arrivants, sans attendre la fin de l'année scolaire.

3-2. L'affectation des enseignants

▸ La circulaire indique qu'« il est souhaitable que les enseignants des unités pédagogiques pour élèves allophones arrivants conservent un service d'enseignement en classe ordinaire, ce qui est notamment possible dans le cadre d'échanges de services ou de décloisonnements entre classes.

▸ Dans le premier degré, tout enseignant volontaire est susceptible d'être affecté à une unité pédagogique pour élèves allophones arrivants et prioritairement les enseignants ayant obtenu une certification complémentaire en français langue seconde ou ayant suivi un cursus universitaire en français. »

3-3. Les missions du Casnav

▸ La circulaire de 2012 définit les missions du Casnav (centre académique pour la scolarisation des nouveaux arrivants et des enfants du voyage).

▸ Le Casnav est une **structure d'expertise** auprès du recteur et des directeurs académiques sur le dossier des élèves allophones nouvellement arrivés en France et des élèves issus de familles itinérantes et de voyageurs.

▸ Les enseignants y étant rattachés peuvent apporter leur concours aux professeurs des écoles. Leur champ d'intervention prioritaire est la maîtrise de la langue française et des apprentissages scolaires dans le cadre de l'accès de tous au socle commun de connaissances et de compétences.

REMARQUE

Outre les conseils et l'aide pédagogique aux équipes enseignantes dans les écoles et les établissements, les enseignants rattachés au Casnav sont chargés d'organiser des actions de formation et de diffuser des documents pédagogiques ou d'autres ressources.

▸ Le Casnav est chargé d'élaborer « un document (traduit en langue d'origine), pour renseigner les familles et les élèves sur les dispositions administratives, les conditions de scolarisation à l'échelon local et les ressources (nom de l'établissement d'accueil, procédures d'inscription, conseils pratiques, etc.). »

▸ Par ailleurs, il « assure une coopération active et permanente entre les services académiques départementaux, les communes et les services sociaux afin de lutter contre la non-scolarisation et l'absentéisme, et développe les actions de médiation auprès des familles afin de faire évoluer les comportements. »

	PPS Projet personnalisé de scolarisation **Dispositif relevant de la MDPH**	PAP Projet d'accompagnement personnalisé **Dispositif interne à l'école**	PPRE Programme personnalisé de réussite éducative **Dispositif pédagogique**	PAI Projet d'accueil individualisé **Dispositif interne à l'école**
Pour qui ?	Les élèves reconnus « porteurs de handicap » par la **CDA** (Commission des droits et de l'autonomie relevant de la MDPH, Maison départementale des personnes handicapées).	Les élèves atteints de troubles des apprentissages évoluant sur une longue période sans reconnaissance du handicap : trouble spécifique du langage (dyslexie, dysphasie, dyspraxie…).	• Les élèves dont les connaissances et les compétences scolaires ne sont pas maîtrisées. • Le PPRE est obligatoire en cas de redoublement.	Les élèves atteints de troubles de la santé évoluant sur une longue période sans reconnaissance du handicap : pathologies chroniques, allergies, intolérance alimentaire…
Pour quoi ?	Selon les besoins de l'élève : • **scolarisation :** en classe ordinaire, en ULIS, cours à domicile ; • **aménagement pédagogique :** adaptation des apprentissages, attribution de matériels adaptés (ordinateur, etc.) ; • **mesures d'accompagnement :** AESH, SESSAD.	• **Aménagement pédagogique :** adaptation des apprentissages. • **Aménagement de la scolarité :** prise en charge extérieure durant les heures scolaires (orthophoniste, psychologue, répétiteur CNED…).	**Mise en place d'un soutien pédagogique spécifique** (pendant le temps scolaire et en dehors) de manière modulable mais pour une courte durée.	**Possibilité de traitement médical au sein de l'établissement.**
Qui sollicite ?	La famille. Pour cela, elle prend contact avec l'enseignant référent de son secteur (voir les missions de l'enseignant référent dans le chapitre).	• La famille, ou l'équipe pédagogique. • Le médecin scolaire valide la demande. • Le directeur d'école assure l'élaboration, la mise en place et le suivi du projet. • Le médecin de l'Éducation nationale assure l'information et le suivi médical.	• Le PPRE est à l'initiative de l'équipe pédagogique. • Le directeur d'école propose aux parents ou au responsable légal de l'élève la mise en place du PPRE.	La famille, auprès du directeur de l'école qui assure l'élaboration, la mise en place et le suivi du projet. Le médecin de l'Éducation nationale a la responsabilité de l'information et du suivi médical.
Qui propose ?	• L'enseignant référent récolte les informations auprès des familles et des enseignants et joint à la demande de PPS les bilans (orthophoniste, psychologue, médecin scolaire, cf. GEVA-Sco). • L'équipe pluridisciplinaire de la MDPH établit les propositions de compensation qui formeront le PPS. Elles sont soumises à la famille avant présentation à la CDA pour validation.	L'équipe pédagogique propose des aménagements pour répondre aux difficultés de l'élève. Ces aménagements sont formalisés avec le document unique annexé à la circulaire. Celui-ci est présenté aux parents qui doivent le signer.	L'équipe pédagogique propose un plan d'action pour répondre aux difficultés de l'élève. L'accord des parents et l'engagement des élèves sont requis. Un document écrit présente les objectifs, les modalités, les échéances, les modes d'évaluation.	Le médecin scolaire détermine les aménagements particuliers susceptibles d'être mis en place. Le PAI est valable 1 an et est reconductible.
Qui assure la mise en œuvre ?	L'ESS (équipe de suivi de scolarisation) animée par l'enseignant référent et comprenant les parents, les enseignants, le psyEN, le médecin, l'orthophoniste… Elle se concerte au moins une fois dans l'année en fonction des besoins de l'élève, qui peuvent évoluer.	Le directeur et le médecin scolaire.		Le directeur et le médecin scolaire.

QUIZ EXPRESS

pour tester ses connaissances

1 À quels élèves les activités pédagogiques complémentaires sont-elles proposées ?

☐ **a.** En priorité pour les élèves de cycle 2

☐ **b.** Uniquement pour les élèves de cycle 3

☐ **c.** Pour l'ensemble des classes de l'école primaire

2 Quel est la durée des stages de remise à niveau pour les CM2 ?

☐ **a.** 5 jours de 3 heures

☐ **b.** 3 jours de 5 heures

☐ **c.** 2 week-ends

3 Quel personnel de l'Éducation nationale n'est pas membre du RASED ?

☐ **a.** Le psychologue de l'Éducation nationale

☐ **b.** L'enseignant spécialisé dans l'aide à dominante pédagogique

☐ **c.** Le médecin de l'Éducation nationale

☐ **d.** L'enseignant spécialisé dans l'aide à dominante rééducative

4 Quel est le nom du trouble correspondant à une atteinte du développement de la coordination motrice ?

☐ **a.** Dyspraxie

☐ **b.** Dysphasie

☐ **c.** Dysharmonie motrice

5 Pour quels enfants doit-on rédiger un projet d'accueil individualisé (PAI) ?

☐ **a.** Les enfants atteints de troubles de santé

☐ **b.** Les enfants nouvellement arrivés en France

☐ **c.** Les enfants intellectuellement précoces

6 Quel est le projet qui doit être élaboré pour la scolarisation d'un enfant porteur de handicap ?

☐ **a.** PPS

☐ **b.** PPRE

☐ **c.** PAP

7 Quel personnel est chargé de suivre un élève porteur de handicap durant sa scolarité ?

☐ **a.** Le directeur de l'école de référence

☐ **b.** Le titulaire de la classe d'accueil

☐ **c.** L'enseignant référent

8 Quel est le nom du dispositif qui vient en appui à la scolarisation des enfants porteurs de handicap dans une classe ordinaire ?

☐ **a.** ITEP

☐ **b.** UEMA

☐ **c.** IME

☐ **d.** ULIS

9 Quel projet doit être mis obligatoirement en place en cas de redoublement ?

☐ **a.** PPS

☐ **b.** PAI

☐ **c.** PPRE

☐ **d.** PAP

10 Quelle est la fonction des UPE2A ?

☐ **a.** Accueil temporaire des enfants allophones

☐ **b.** Scolarisation des enfants allophones sur une année

☐ **c.** Scolarisation des enfants allophones jusqu'à une maîtrise suffisante de la langue française

Réponses : 1. c ; 2. a ; 3. c ; 4. a ; 5. a ; 6. a ; 7. c ; 8. d ; 9. c ; 10. a.

27 La question de l'« illettrisme »

▶ THÈME 4 : DIFFICULTÉS ET BESOINS ÉDUCATIFS SPÉCIFIQUES

L'illettrisme concerne des personnes de plus de 16 ans sorties du système scolaire sans avoir acquis une maîtrise suffisante de la lecture et de l'écriture. L'école a un rôle à jouer dans sa prévention.

A Naissance d'un néologisme

1. De la fin de l'analphabétisme à la naissance de l'illetrisme

▶ La fin des années 1970 consacre tout à la fois une société en marche vers la civilisation des loisirs et la fin des « Trente Glorieuses ». Alors que le rapport Stoléru peut se permettre d'affirmer, en 1979, qu'« il n'existe plus d'analphabétisme sur le territoire français », c'est à cette même période que correspond la **création du néologisme : « illettrisme »** par l'association ATD Quart Monde, qui publie un rapport intitulé « Données sur l'illettrisme : le cas français » (1980).

À RETENIR

L'illetrisme

Selon l'association ATD Quart Monde, l'illettrisme est « le phénomène qui touche des personnes **capables de déchiffrer une phrase mot à mot mais pas de la comprendre** ». Ainsi, à la fin reconnue de l'analphabétisme correspond, dans le même temps, la découverte de l'« illettrisme ».

2. Définitions

▶ Pour l'OCDE, est illettrée « toute personne incapable de lire et d'écrire, en le comprenant, un exposé simple et bref de faits en rapport avec la vie quotidienne ». Elle reprend en cela la description de l'analphabétisme donnée en 1958 par l'UNESCO. On ne peut toutefois confondre analphabétisme et illettrisme.

▶ En effet, si on est analphabète par manque d'école, **on est illettré malgré l'école** où l'on a été alphabétisé. C'est pourquoi l'UNESCO, en 1978, introduit la notion **d'analphabétisme fonctionnel** : « Est fonctionnellement analphabète une personne incapable d'exercer toutes les activités pour lesquelles l'alphabétisation est nécessaire dans l'intérêt du bon fonctionnement de son groupe et de sa communauté et aussi pour lui permettre de continuer à lire, écrire et calculer en vue de son propre développement et de celui de sa communauté. »

▶ La définition du Groupe permanent de lutte contre l'illettrisme (GPLI), en 1995, est celle qui fait référence aujourd'hui. Le GPLI, se refusant à toute stigmatisation, parle de **« situations d'illettrisme ».** Relèvent de ces situations « des personnes de plus de 16 ans, ayant été scolarisées, et ne maîtrisant pas suffisamment l'écrit pour faire face aux exigences minimales requises dans leur vie professionnelle, sociale, culturelle et personnelle. Ces personnes, qui ont été alphabétisées dans le cadre de l'école, sont sorties du système scolaire en ayant **peu ou mal acquis les savoirs premiers pour des raisons sociales, familiales**

ou fonctionnelles, et n'ont pu user de ces savoirs et (ou) n'ont jamais acquis le goût de cet usage. Il s'agit d'hommes et de femmes pour lesquels le recours à l'écrit n'est ni immédiat, ni spontané, ni facile, et qui évitent et (ou) appréhendent ce moyen d'expression et de communication. »

B Qui sont les personnes en situation d'illettrisme ?

1. Des causes très variées

▶ Comme l'échec scolaire, **l'illettrisme est une construction sociale.** Le problème est fortement apparu à l'occasion de stages de reconversion professionnelle de personnes jusque-là parfaitement intégrées dans leur travail et leur vie familiale et sociale. Ce sont **les exigences accrues de la société qui ont fait émerger un problème** qui jusqu'alors n'en était pas un.

▶ Les situations d'illettrisme sont **liées à des phénomènes très différents** : pauvreté, précarité des moyens d'existence, mode de vie des populations nomades ne permettant pas une scolarité régulière des jeunes, sortie du système scolaire sans qualification, relations difficiles à l'écrit pour différentes raisons scolaires ou personnelles.

2. L'illettrisme : un problème de société

2-1. Une société aux exigences accrues

La « complexité croissante de la vie moderne » va de pair avec les « exigences de plus en plus pressantes d'une société » où existe une « tension sur le marché de l'emploi ». **L'illettrisme y est « un lourd handicap ».** Il ne suffit plus d'utiliser l'écrit dans ses pratiques contemporaines quotidiennes, de remplir un chèque ou même un formulaire sibyllin, la lecture, comme l'écrit, doit être « capable d'élaborer une pensée ».

2-2. Le terme de littératie

▶ Dans ce sens, en 1995, l'OCDE propose l'introduction du terme de littératie. Il s'agit de « **l'aptitude à comprendre et à utiliser l'information écrite** dans la vie courante, à la maison, au travail et dans la collectivité en vue d'atteindre des buts personnels et d'étendre ses connaissances et ses capacités. »

▶ Les compétences en communication écrite sont ainsi abordées résolument d'un point de vue économique, en les référant à la société de l'information et à ses enjeux économiques : les **compétences en littératie,** axées sur la compréhension et l'utilisation de l'information, sont inscrites dans un continuum avec **cinq niveaux de capacité.**

REMARQUE

Illettrisme et analphabétisme fonctionnel

Les situations d'illettrisme et d'analphabétisme fonctionnel correspondent au premier des cinq niveaux de capacité.

NOTES

Les questions qui font débat

L'illettrisme peut-il être considéré comme un handicap ou une maladie ?

En aucun cas on ne saurait parler ni de l'un ni de l'autre. Il n'y a pas de raison génétique, il n'y a pas non plus de virus propageant l'illettrisme ! Pour certains auteurs, l'illettrisme constituerait « une sorte d'autisme social ». Il menacerait la démocratie parce que vecteur de non-communication et de violence… Bernard Lahire montre à quel point le risque est grand de stigmatiser les personnes en situation d'illettrisme. La dignité passe ainsi implicitement par le savoir-lire. Il convient donc de défendre qu'il n'existe que des situations d'illettrisme différentes vécues par des personnes différentes. Ces personnes peuvent prétendre au droit de s'approprier l'écrit et être accompagnées pour ce faire.

C L'école et la question de l'illettrisme

► Dans les années 1980, l'institution scolaire est crûment mise en cause par la question de l'illettrisme.

► « Pour la première fois, selon J. Hébrard, inspecteur général, de l'Éducation nationale, on se met à pointer du même mouvement l'échec à l'insertion scolaire, l'échec à l'insertion sociale et professionnelle, et la rapide exclusion du système. » L'illettrisme serait alors **un échec scolaire pérennisé**.

► Selon ATD Quart Monde, « le problème du chômage serait à terme celui de l'échec scolaire, et la reconstitution du lien social devrait passer par le savoir lire ».

REMARQUE

L'illettrisme « jette ainsi un nouveau regard sur l'école, elle n'est plus le lieu par lequel passent la réussite et la promotion sociale mais celui de l'échec et de l'exclusion. »

1. Les difficultés des élèves face à l'écrit aujourd'hui

► « L'étude internationale PIRLS (Programme international de recherche en lecture scolaire) mesure les performances en compréhension de l'écrit des élèves en fin de quatrième année de scolarité obligatoire (CM1 pour la France).

► Depuis PIRLS 2001, la performance globale française baisse progressivement à chaque évaluation. En 2016, l'écart est significatif. La France se situe au-delà de la moyenne internationale mais en deçà de la moyenne européenne et de celle de l'OCDE.

► Les performances basées sur la compréhension de textes informatifs baissent davantage que celles des textes narratifs. Les processus de compréhension les plus complexes (interpréter et apprécier) baissent davantage que les plus simples (prélever et inférer)[1]. »

REMARQUE

L'étude montre qu'il y a « surreprésentation des élèves français » dans le groupe des plus faibles au niveau européen : 6 % des élèves français n'atteignent pas le niveau le plus élémentaire de PIRLS. Enfin, on constate que les filles réussissent mieux que les garçons.

À RETENIR

Deux autres évaluations, PISA et CEDRE

• **PISA : Programme international pour le suivi des acquis des élèves**

Créé par l'OCDE, l'objectif du PISA est l'étude et la comparaison des performances des systèmes éducatifs des pays membres et non membres de l'Union européenne.

En 2009, l'enquête avait étudié de façon pointue les capacités en lecture des élèves de 15 ans, y compris la lecture sur écran. Les résultats ont montré que la France se situait à l'époque dans la moyenne des pays européens. Cependant, on y observait de fortes inégalités. La proportion d'élèves les plus faibles et les plus avancés était supérieure à la moyenne des pays de l'OCDE (8 % pour les plus faibles contre 6 % dans l'UE).

Une autre inégalité concernait l'écart important entre les élèves d'origine étrangère et les autres.

Enfin, la différence de réussite entre filles et garçons s'accentuait au bénéfice des premières.

La dernière enquête, réalisée en 2018, révèle une France moins inégalitaire qu'en 2009 et se rapprochant de la moyenne OCDE.

…/…

1. Source : Études et statistiques de la DEPP, consultables sur le site education.gouv en flashant le QR Code ci-contre.

• **CEDRE : Cycle d'évaluations disciplinaires réalisées sur échantillon**
Le CEDRE est un dispositif créé en France en 2003. Il évalue chaque année les connaissances et les compétences des élèves de fin de CM2 et de fin de 3e, au regard des objectifs fixés par les programmes scolaires.
« En 2015, ont été évaluées des compétences langagières et de littératie. 85 % des élèves avaient une maîtrise des compétences qui leur permettait de poursuivre une formation ; la performance des garçons était inférieure à celle des filles. Les élèves en retard étaient plus souvent en difficulté que les autres. Les résultats confirmaient la forte influence de l'origine sociale sur les performances[1]. »

2. La prévention de l'illettrisme à l'école primaire

▶ Les programmes et le socle commun de connaissances, de compétences et de culture font de la **maîtrise de la langue** une priorité.

▶ À la rentrée 2018-2019, l'accent a de nouveau été mis par le ministère sur « la transmission des savoirs fondamentaux à tous les élèves ». Deux notes de service (*BO* spécial n° 3 du 26 avril 2018) concernant l'apprentissage de la lecture et l'enseignement de la grammaire et du vocabulaire ont été publiées dans cet objectif.

2-1. Agir contre l'illettrisme

• Prévenir l'illettrisme à l'école

Le rôle crucial de l'école est, d'abord, « de favoriser l'entrée dans le langage et son appropriation à travers l'expression orale, puis **d'apprendre à tous les enfants à lire,** à comprendre les textes, à s'exprimer à l'oral et à l'écrit de manière fluide et efficace. Tout au long de la scolarité, les apprentissages qui permettent d'acquérir une bonne maîtrise de la langue française se poursuivent, dans l'ensemble des disciplines. Des dispositifs d'aide sont prévus pour accompagner les élèves les plus fragiles et garantir des apprentissages plus solides. »

REMARQUE

Le ministère de l'Éducation nationale se mobilise, au plan académique et au plan national, pour développer la recherche et l'expérimentation, consolider la formation des enseignants et mettre à leur disposition des outils et des ressources utiles à l'exercice de leurs missions.

• Des actions partenariales avec l'ensemble des acteurs

Le ministère de l'Éducation nationale développe « des actions partenariales notamment avec le monde associatif, à destination des enfants et des adolescents. Elles visent à **favoriser l'accès aux livres et à la lecture,** le goût des mots et le plaisir du texte. »

• Un soutien à la parentalité pour mieux accompagner la scolarité des enfants

« La prévention de l'illettrisme doit être menée dans une relation de confiance avec les familles, grâce à un dialogue entre l'école et les parents, afin d'accompagner au mieux l'enfant en difficulté, tout particulièrement dans les secteurs touchés par la grande pauvreté. Dans ce contexte, les actions éducatives familiales (AEF) ont un rôle majeur à jouer pour fédérer des actions qui s'adressent aux parents en situation d'illettrisme ou de grande fragilité linguistique et à leurs enfants. »

1. DEPP, note d'information, n° 21, juillet 2016.

2-2. Susciter le plaisir du texte

▶ À la rentrée 2017, le ministère a prévu un **plan de mobilisation en faveur du livre et de la lecture** dont nous citons un extrait ci-dessous.

▶ « Grâce à une action conjointe avec le ministère de la Culture, l'effort en faveur du livre et de la lecture va se prolonger, en s'appuyant notamment sur les bibliothèques et centres de documentation et d'information des écoles et établissements scolaires, sur les bibliothèques et médiathèques des collectivités territoriales ainsi que sur les partenaires institutionnels, associatifs et culturels impliqués dans l'apprentissage de la lecture et de la promotion du livre.

▶ Le ministère de l'Éducation nationale entend soutenir, promouvoir et étendre les initiatives (prix, concours, partenariats, événements de promotion, etc.), destinées à susciter le goût de la lecture. »

3. La lutte contre l'illettrisme au niveau national

L'Agence nationale de lutte contre l'illettrisme (ANLCI) a été créée en octobre 2000. Elle a pour mission de fédérer et d'optimiser les moyens affectés par l'État, les collectivités territoriales et les entreprises à la lutte contre l'illettrisme.

REMARQUE

Un pacte national pour agir ensemble contre l'illettrisme

En septembre 2018, un pacte national pour agir ensemble contre l'illettrisme a été lancé. Plus de cinquante grandes organisations de la société civile fédérées par l'Agence nationale de lutte contre l'illettrisme (ANLCI) appellent à amplifier la mobilisation contre l'illettrisme et réaffirment dix engagements communs pour que les solutions soient à la hauteur des besoins.

NOTES

Les questions qui font débat

Peut-on parler « d'enfants illettrés » ?

• Bien que des personnalités liées à l'éducation s'y soient autorisées, on ne peut en aucun cas parler d'enfant illettré ! L'illettrisme concerne des personnes ayant été scolarisées et ayant quitté l'école depuis au moins cinq ans.

• Parler d'enfants illettrés, c'est, au-delà de l'erreur sémantique, prendre le risque de stigmatiser ces élèves dans leurs difficultés et de les conduire à l'échec. On parle en revanche de prévention de l'illettrisme à l'école primaire et différents outils sont proposés aux enseignants pour les aider à mettre en place une pédagogie différenciée.

QUIZ EXPRESS

pour tester ses connaissances

1 Le PIRLS (Programme international de recherche en lecture scolaire) mesure performances en compréhension de l'écrit des élèves :

☐ a. en fin de CP.

☐ b. en fin de CM2.

☐ c. en fin de CM1.

2 On parle de « situations d'illettrisme » :

☐ a. pour des personnes n'ayant jamais appris à lire.

☐ b. pour des personnes âgées de plus de 16 ans ayant fréquenté l'école.

☐ c. pour des élèves ne maîtrisant pas la lecture en fin de cycle 3.

3 Que signifie le terme « littératie » ?

☐ a. L'incapacité à lire en les comprenant des textes littéraires

☐ b. L'aptitude à comprendre et utiliser l'information écrite pour étendre ses connaissances

☐ c. L'aversion pour la lecture liée à des difficultés de compréhension du texte écrit

4 Les résultats de l'étude PIRLS de 2016 indiquent que la France :

☐ a. obtient une performance inférieure à la moyenne internationale et à la moyenne européenne.

☐ b. se situe au-delà de la moyenne internationale, mais en-deçà de la moyenne européenne.

☐ c. obtient une performance supérieure à la moyenne internationale et à la moyenne européenne.

5 En quelle année le ministère a-t-il mis en place un plan de mobilisation en faveur du livre et de la lecture ?

☐ a. 1985 ☐ b. 1998 ☐ c. 2017

6 L'illettrisme est un handicap et peut être reconnu comme tel par la MDPH.

☐ a. Vrai ☐ b. Faux

Réponses : 1. c ; 2. b ; 3. b ; 4. b ; 5. c ; 6. b (en aucun cas l'illettrisme ne peut être reconnu comme un handicap ou une maladie !).

28 La lutte contre la maltraitance

▶ THÈME 4 : DIFFICULTÉS ET BESOINS ÉDUCATIFS SPÉCIFIQUES

Dans le cadre de sa profession, un enseignant peut constater des situations de maltraitance de ses élèves. Il est alors tenu par la loi de les signaler.

A La protection de l'enfance

L'article 19 de la Convention internationale des droits de l'enfant (1989) affirme le droit de l'enfant à être protégé contre toute forme de violence.

« Convention internationale des droits de l'enfant (1989)

Article 19

1. Les États parties prennent toutes les mesures législatives, administratives, sociales et éducatives appropriées pour protéger l'enfant contre toute forme de violence, d'atteinte ou de brutalités physiques ou mentales, d'abandon ou de négligence, de mauvais traitements ou d'exploitation, y compris la violence sexuelle, pendant qu'il est sous la garde de ses parents ou de l'un d'eux, de son ou ses représentants légaux ou de toute autre personne à qui il est confié.

2. Ces mesures de protection doivent comprendre, selon qu'il conviendra, des procédures efficaces pour l'établissement de programmes sociaux visant à fournir l'appui nécessaire à l'enfant et à ceux à qui il est confié, ainsi que pour d'autres formes de prévention, et aux fins d'identification, de rapport, de renvoi, d'enquête, de traitement et de suivi pour les cas de mauvais traitements de l'enfant décrits ci-dessus, et comprendre également, selon qu'il conviendra, des procédures d'intervention judiciaire. »

1. Qu'est-ce que la maltraitance ?

« La maltraitance de l'enfant comprend **toutes les formes de mauvais traitements physiques et/ou psychoaffectifs,** de sévices sexuels, de négligence, d'exploitation commerciale ou autre, entraînant **un préjudice réel ou potentiel pour la santé de l'enfant,** sa survie, son développement ou sa dignité, dans un contexte d'une relation de responsabilité, de confiance, ou de pouvoir » (OMS, 1999).

2. L'obligation de signalement

▶ Le code pénal, article 434-3, sanctionne par **une peine d'emprisonnement et une amende** le non-signalement d'une maltraitance connue. C'est assimilé à un cas de **non-assistance à personne en danger** (article 223-6). Cette obligation concerne tout citoyen, mais s'impose plus impérativement encore à un fonctionnaire. L'article 226-14 autorise dans ce cas la levée du secret professionnel.

REMARQUE

Une présomption ou une constatation de sévices, de privation ou de délaissement suffit à déclencher un signalement. L'auteur du signalement n'est pas tenu d'apporter la preuve des faits.

▸ La circulaire du 26 août 1997 concernant les violences sexuelles insiste sur l'article 40 du code de procédure pénale qui oblige tout fonctionnaire à signaler au procureur un crime ou un délit. La circulaire rappelle que cette obligation implique un signalement direct à la justice ; le signaler à sa propre hiérarchie ne décharge pas de l'obligation personnelle. Enfin, une trace écrite doit être envoyée au procureur de la République.

« **Circulaire n° 97-175 du 26 août 1997**

Ainsi, dès qu'un élève a confié à un membre de l'Éducation nationale des faits dont il affirme avoir été victime, il appartient à ce fonctionnaire d'aviser immédiatement et directement le procureur de la République, sous la forme écrite et transmise, si besoin est, par télécopie.

Cette lettre devra faire expressément référence à l'article 40 du code de procédure pénale, de la manière suivante :

« Monsieur le procureur de la République, en ma qualité de ..., et en vertu de l'article 40 du code de procédure pénale, j'entends vous aviser des faits suivants, susceptibles de revêtir une qualification pénale dénoncés par ... à l'encontre de ... et révélés dans les circonstances suivantes ... »

Il est important de bien comprendre qu'en agissant de la sorte, le membre concerné de l'Éducation nationale ne fait que remplir son devoir de fonctionnaire et de citoyen en avisant le procureur de la République d'un crime ou d'un délit qui vient d'être porté à sa connaissance. Il ne s'agit aucunement d'une délation. En effet, il n'est exigé de lui aucune appréciation personnelle sur le bien-fondé d'une telle accusation. Ce n'est pas son rôle mais celui de la Justice, qui doit être saisie dans l'urgence.

En revanche, tout manquement à cette obligation légale l'expose :

– à être poursuivi en justice pour non-empêchement de crime, non-dénonciation de mauvais traitements, omission de porter secours ou non-assistance à personne en péril, selon les cas ;

– à faire l'objet de poursuites disciplinaires.

[...] Parallèlement à ce signalement destiné au procureur de la République, l'agent devra simultanément en informer les autorités académiques. »

3. Obligation de signalement ou secret professionnel ?

▸ L'obligation de signalement peut créer un dilemme pour l'enseignant soucieux de ne pas enfreindre le secret professionnel. Cependant, la loi est claire sur ce point.

▸ La loi du 5 mars 2007 modifie le code pénal en levant clairement le secret professionnel au profit de **l'obligation de signalement**.

REMARQUE

Aujourd'hui, le souci de lutter contre la maltraitance et de protéger l'enfant amène à insister sur l'urgence de l'obligation de signalement.

▸ Cette loi « sur la protection de l'enfance en danger en France » vise en outre à renforcer les partenariats.

▸ Élaborée au terme d'une très large concertation, cette loi réformant la protection de l'enfance poursuit trois objectifs :
– renforcer la **prévention** ;
– améliorer le **dispositif d'alerte** et de **signalement** ;
– diversifier les modes d'**intervention** auprès des enfants et de leur famille.

▸ Plaçant l'intérêt de l'enfant au cœur du dispositif, elle a aussi pour ambition de renouveler les relations avec les familles.

▶ La définition de la **protection de l'enfance** proposée par la loi va de la prévention des difficultés auxquelles les parents peuvent être confrontés dans l'exercice de leurs responsabilités parentales jusqu'à la substitution familiale (source : ministère des Solidarités et de la Cohésion sociale).

B Les mesures possibles

La protection de l'enfant victime peut aller de l'aide éducative en milieu ouvert jusqu'au retrait de l'enfant de son milieu familial.

À RETENIR

L'AEMO et les MECS

- L'action éducative en milieu ouvert (AEMO) est une mesure d'origine judiciaire, ordonnée par le juge des enfants, et mise en œuvre par le milieu associatif.
- Les maisons d'enfants à caractère social (MECS) sont des internats pour enfants de plus de trois ans, gérés par des associations, pour un accueil de longue durée.

? QUIZ EXPRESS

pour tester ses connaissances

1 Dans quel cas faut-il signaler un élève maltraité ?

☐ **a.** Un élève se plaint que ses parents le privent parfois de dessert.

☐ **b.** Certaines traces sur le corps donnent le soupçon qu'il est battu.

☐ **c.** Un élève se plaint que ses parents l'empêchent de jouer quand il veut.

2 Un enseignant doit s'assurer de la véracité des faits avant de faire un signalement pour maltraitances.

☐ **a.** Vrai ☐ **b.** Faux

3 En cas de mise en danger urgente d'un élève, à qui le professeur doit-il le signaler ?

☐ **a.** Au commissariat de police

☐ **b.** Au procureur de la République

☐ **c.** À l'inspecteur de l'Éducation nationale

4 En cas de maltraitance avérée, quelle mesure administrative est possible ?

☐ **a.** L'action éducative en milieu ouvert

☐ **b.** Le retrait de l'enfant de sa famille

☐ **c.** Un changement d'école

29 La violence à l'école

▶ THÈME 4 : DIFFICULTÉS ET BESOINS ÉDUCATIFS SPÉCIFIQUES

La violence à l'école a des expressions et des causes variées. L'école se doit de la combattre afin d'offrir aux élèves un cadre sécurisé où les apprentissages peuvent avoir lieu sans heurts.

A Qu'est-ce que la violence à l'école ?

1. Un phénomène longtemps sous-évalué

▶ La question de la violence à l'école est apparue massivement à partir des années 1980. Cette violence **touche plus le second degré,** mais le primaire n'est pas épargné. Elle touche surtout certains quartiers de banlieue, classés en « zone sensible » ou en « zone violence ». Enfin, elle est un **phénomène international** qui touche tous les pays développés, aussi bien aux États-Unis qu'en Europe.

REMARQUE

La violence fait irruption à l'école sous forme de racket, d'incendies de locaux scolaires, de trafic de drogue, de violences physiques envers les enseignants ou les élèves, d'agressions verbales, insultes ou injures, de règlements de comptes entre bandes rivales au sein de l'établissement…

▶ Il faut veiller à ne pas sous-estimer ni surestimer les phénomènes de violence. Longtemps sous-évaluée, la violence est devenue dans les années 1990 un objet de **préoccupation du ministère,** comme le manifeste la succession de **« plans anti-violence »** durant cette période.

▶ La violence à l'école fut **d'abord sous-évaluée** dans un souci de ne pas nuire à l'image des établissements scolaires et de ne pas effrayer les familles, inquiètes quant à la sécurité de leurs enfants.

▶ La médiatisation excessive des phénomènes de violence scolaire a ensuite conduit à **une exagération du phénomène,** qui a pu faire croire que tous les établissements s'étaient transformés en champs de bataille.

▶ Il convient donc d'essayer de garder une juste mesure. Les établissements vraiment « violents » restent une minorité, et l'arbre ne doit pas cacher la forêt d'une **majorité d'établissements plutôt paisibles.** Cependant, les parents se plaignent un peu partout de la **montée d'une violence gratuite,** et **de plus en plus d'enseignants sont victimes** d'agressions ou d'agressivité, physique ou verbale, de la part d'élèves ou de parents d'élèves.

NOTES

Les questions qui font débat

La violence scolaire est-elle un phénomène nouveau ?

• On peut soutenir que la violence à l'école a toujours existé. Au Moyen Âge, les batailles rangées d'étudiants étaient fréquentes ; au siècle dernier, les instituteurs se plaignaient d'insolences et de bagarres ; les internats sont les témoins de grandes violences entre adolescents. On doit admettre

…/…

que la sensibilité à la violence a augmenté de nos jours, et que nous ne tolérons plus des violences ordinaires du passé (*cf.* l'interdiction des châtiments corporels et du bizutage, l'abolition de la peine de mort, la protection des femmes battues et des enfants maltraités, l'attention portée aux dénonciations d'incestes). Cela permet d'avancer qu'il n'y a pas plus de violences qu'avant, mais que nous y sommes plus intolérants et sensibles.

• Néanmoins, il faut aussi noter l'apparition de nouvelles violences, particulièrement choquantes, comme l'incendie d'écoles maternelles ou la généralisation du racket.

• On prendra pour exemple le chahut : le chahut « traditionnel » avait la fonction rituelle de rythmer et de renforcer l'intégration scolaire ; aujourd'hui apparaît un chahut « anomique », symptôme violent de blocages et de conflits qui menacent l'intégrité de l'institution scolaire. En bref, la violence ancienne faisait souvent partie des rites internes de l'école, et était tolérée par elle ; les nouvelles formes de violences visent à détruire l'école ou à en rendre le fonctionnement impossible.

Les enfants sont-ils moins violents en maternelle qu'en primaire ?

Autre idée reçue contestée par une étude québécoise. Compte tenu de leur force physique moindre, les enfants de maternelle se livrent à plus de comportements violents que ceux de l'école primaire car ils maîtrisent moins bien le langage, sont égocentriques et n'ont pas encore intégré les règles sociales. Il faut donc se méfier du stéréotype du « petit ange » que serait l'élève en maternelle, et ne pas négliger les faits de violence dès cet âge.

2. La nécessité de s'interroger

▶ La violence provoque des réactions passionnelles légitimes, qui réclament **une action préventive ou répressive accrue.** Mais il faut aussi essayer de comprendre cette violence, sans pour autant l'excuser ou la justifier.

▶ La violence pose **deux problèmes** à l'école : celui de **la sécurité** que l'école doit garantir aux enfants qui lui sont confiés, et aux personnels qui y travaillent ; celui aussi de **l'interruption** que cette violence occasionne **dans le travail scolaire,** en perturbant la continuité et la concentration que requièrent les apprentissages.

REMARQUE

La violence paralyse la pensée, le langage. Après un travail de deuil, elle crée un besoin pratique de réparation.

▶ Enfin, s'inquiéter de la montée de la violence contre l'école ne doit pas faire oublier que l'école peut elle-même être **source de violence envers certains élèves.**

B Actualité du problème

1. Faire reculer la violence

▶ « Cinq orientations pour faire reculer la violence en milieu scolaire » sont annoncées par le ministère à l'issue des États généraux sur la sécurité à l'école, en 2010 :

1. **Améliorer la mesure de la violence** dans les établissements, en particulier grâce à de nouveaux indicateurs dans l'enquête Sivis (Système d'information et de vigilance sur la sécurité scolaire).

2. **Améliorer la formation des enseignants et des personnels** au moyen de modules spécifiques consacrés à la gestion des conflits et à la tenue de classe. L'objectif est triple en direction des enseignants : « briser l'isolement, restaurer l'autorité, et travailler en équipe ».

3. **Renforcer la sécurisation des établissements** par des équipes de police accrues et par un partenariat avec la justice (magistrats référents).

4. **Responsabiliser et mieux sanctionner,** au moyen d'« une charte des bonnes pratiques qui sera déclinée dans les règlements intérieurs ». Pour toute sanction, il faudra une motivation orale et écrite. Les conseils de discipline seront tenus hors de l'établissement. Enfin, il faut « rendre à l'exclusion de la classe et de l'établissement son caractère exceptionnel ».

REMARQUE

Responsabiliser les familles

Les parents doivent être responsabilisés, la communication avec les familles renforcée par les outils numériques, et la pratique du sport développée dans les établissements les plus en difficulté.

5. **Une nouvelle cartographie des établissements en difficulté** doit permettre de revoir les dispositifs actuels et de mieux cibler les actions. La création « d'un nouveau programme centré sur l'ambition, l'innovation et la réussite », nommé **« Clair »** (collèges et lycées pour l'ambition, l'innovation et la réussite), doit permettre aux chefs d'établissement de choisir leur équipe et de nommer un « préfet des études » qui, à chaque niveau, sera responsable de l'organisation pédagogique et éducative.

▸ Depuis quelques années, le ministère met également l'accent sur la **lutte contre le harcèlement**, en particulier contre le **harcèlement numérique** sur les réseaux sociaux.

2. La lutte contre le harcèlement en milieu scolaire

2-1. Définition du harcèlement

▸ Le harcèlement en milieu scolaire se définit comme **une violence répétée qui peut être verbale, physique ou psychologique.**

▸ « Le harcèlement se fonde sur le **rejet de la différence** et la stigmatisation de certaines caractéristiques. Il revêt des aspects divers en fonction de l'âge et du sexe. Les risques de harcèlement sont plus grands à la fin de l'école primaire et au collège.

▸ On peut considérer qu'il y a harcèlement lorsque :
– les agressions sont répétées et s'inscrivent dans la durée ;
– la relation entre l'agresseur ou les agresseurs et la victime est asymétrique. Le harcèlement est inséparable de la mise en place d'une situation de domination.

▸ Le harcèlement peut **prendre de très nombreuses formes** plus ou moins visibles : les jets d'objets, les pincements, les tirages de cheveux, les moqueries, les surnoms méchants, les insultes, les violences physiques, le racket, les jeux dangereux, la mise à l'écart, la propagation de rumeurs.

▸ Le **« cyberharcèlement »** est une variante récente du harcèlement, reposant sur l'usage d'Internet et des nouvelles technologies de communication (blogs, e-mails, réseaux sociaux, téléphones portables).

REMARQUE

Le cyberharcèlement est favorisé par l'anonymat et l'absence de contrôle d'identité. Les harceleurs agissent ainsi en toute discrétion, avec un sentiment d'impunité.

▶ Il se concrétise par la **réception répétée de messages** provenant de différentes sources, dont le **contenu est teinté de menaces, d'intimidations, d'insultes, de chantage ou par la diffusion d'images humiliantes.** Ces messages sont parfois accompagnés d'un rejet et d'un isolement de la victime à l'école ou dans d'autres lieux de socialisation.[1] »

2-2. Comment agir contre le harcèlement ?

▶ Les **solutions recommandées** sont le recueil de témoignages, la rencontre avec les parents, la mise en place d'une équipe de suivi sous la responsabilité du directeur, une aide psychologique, d'éventuelles punitions ou sanctions contre les coupables selon la gravité des faits.

▶ Une **information et une prévention** contre ce type de violence doivent être conduites auprès de tous les élèves afin de lever la « loi du silence » et d'encourager le signalement[2].

À RETENIR

10 nouvelles mesures contre le harcèlement ont été présentées par le ministère en 2019[3]

- Inscrire dans le code de l'éducation le droit de suivre une scolarité sans harcèlement.
- Proposer un programme anti-harcèlement clé en main aux écoles et aux collèges.
- Mesurer la qualité du climat scolaire, en incluant explicitement le harcèlement dans l'évaluation des établissements.
- Former l'ensemble des acteurs à la prévention au harcèlement.
- Étendre les horaires de la plateforme Net écoute dédiée au cyberharcèlement.
- Aider les écoles et les établissements via un réseau départemental d'intervention en cas de situation de harcèlement complexe.
- S'appuyer sur un comité d'experts national contre le harcèlement pour enrichir les contenus diffusés aux personnels, aux élèves et aux familles.
- Créer une plateforme nationale pour identifier les intervenants à contacter dans le cadre d'actions de prévention (associations, etc.).
- Instituer, dès le CP, un prix « Non au harcèlement ! » ; lancer une campagne de communication pour les élèves du premier degré.
- Organiser, en France, un colloque international ; prendre l'initiative d'une convention internationale d'engagement des pays contre le harcèlement entre élèves.

NOTES

Les questions qui font débat

Face à la violence, faut-il privilégier la prévention ou la répression ?

- Il ne peut y avoir de réponse unilatérale à la violence. Le respect des règles et de la loi suppose l'application de sanctions, disciplinaires et/ou pénales, visant à marquer des limites et à protéger les victimes.
- Aussi l'école a-t-elle la responsabilité de sanctionner les actes qui contredisent le règlement et la loi, et il faut considérer que, pour certains enfants sans repères, la sanction a une valeur éducative.
- Si la sanction est nécessaire, elle n'est pas suffisante. L'école a d'abord un rôle d'éducation, et dans la prévention de la violence, l'école joue un rôle central et irremplaçable. Les choix pédagogiques respectueux de l'enfant, la participation des élèves aux décisions, l'enrichissement des moyens d'expression, l'éducation à la loi constituent les principaux moyens éducatifs en vue de prévenir la violence.

1. Consultez le dossier dédié au harcèlement en milieu scolaire sur le site Éduscol en flashant le QR Code ci-contre.
2. Consultez le guide pratique : « Le harcèlement entre élèves : le reconnaître, le prévenir, le traiter », Éduscol, 2011, en flashant le QR Code ci-contre.
3. Source : prix « Non au harcèlement ! », cérémonie de remise des prix 2019, sur le site Éduscol.

C Comment définir la violence ?

1. Violence légitime et violence illégitime

▶ Certains auront du mal à accepter que la politesse ou l'école puissent comporter une violence. Cela parce que la violence est généralement condamnée comme un mal absolu, sans voir que **certaines violences sont nécessaires pour le bien de celui qui les subit** : obliger l'enfant à aller à l'école est, qu'on le veuille ou non, une violence, mais justifiée et légitime ; punir un élève qui perturbe la classe est une violence légitime ; alimenter de force quelqu'un qui se laisse mourir de faim est une violence légitime.

▶ Est légitime toute violence conforme à la loi ou à l'intérêt de celui qui la subit ; est illégitime toute violence contraire à la loi ou à l'intérêt de la victime. On peut dès lors admettre que l'école ou les parents exercent sur l'enfant une certaine violence légitime, « pour son bien ».

NOTES

Les questions qui font débat

Y a-t-il une violence dans l'acte éducatif ?

On peut soutenir qu'il n'y a pas apprentissage sans violence. En effet, apprendre c'est remettre en cause ses représentations et ses croyances, c'est être soumis à un « conflit sociocognitif » qui brutalise nos certitudes et nos habitudes. Certains psychologues, comme B. Bettelheim, soutiennent donc que le plaisir d'apprendre ne va pas sans violence affective et psychologique. Ce qui peut expliquer des refus d'apprendre chez certains élèves, comme des refus de conflits violents en eux-mêmes ou avec leur famille (S. Boimare, *L'enfant et la peur d'apprendre,* 1999).

2. Violence et « incivilités »

▶ Le terme d'incivilités, importé des États-Unis dans les années 1980, désigne certaines **violences légères,** généralement verbales, qui ne tombent pas sous le coup de la loi.

▶ Cela va du manque de ponctualité à la tenue vestimentaire incorrecte. Ce sont elles qui sont le plus souvent dénoncées, car elles sont nombreuses et envahissent facilement la vie quotidienne de l'école : insolences, gros mots, insultes, gestes obscènes, refus de politesse…

REMARQUE

Une forme de violence ordinaire

Les incivilités constituent le gros de la violence ordinaire, moins spectaculaire aux yeux des médias, mais plus agressive au jour le jour pour une majorité des personnels. Elles sont l'objet principal des mesures disciplinaires et d'un souci croissant d'éducation à la politesse.

3. Violence et discipline

▶ Il convient de **distinguer violence et discipline,** car les problèmes de discipline ont toujours existé et font partie intégrante du fonctionnement de la classe et de l'école ; **un chahut, un bavardage, un refus de travailler** ne sont pas des violences, mais des marques d'indiscipline.

▶ Même si certains enseignants peuvent les ressentir comme des violences, ces indisciplines font partie du **fonctionnement pédagogique normal** d'une classe, et tout enseignant doit y faire face un jour ou l'autre.

▶ En revanche, **la violence est incompatible avec l'école,** qui doit assurer sécurité et tranquillité aux élèves dans leur travail. L'école doit être préservée des violences du monde adulte, par respect de l'enfance. Enfin, l'introduction de la violence dans l'école conduit à sa destruction, en imposant un fonctionnement contraire à la paix scolaire.

NOTES

Les questions qui font débat

Faut-il « sanctuariser » l'école ?

- Les risques d'introduction de la violence remettent en cause l'ouverture de l'école, en raison des règles de sécurité qui interdisent les sorties ou contrôlent l'accès des parents. Doit-on revenir, de l'école ouverte, à l'école « sanctuaire » ?
- De fait, ces dernières années ont vu un certain repli de l'école sur elle-même, pour des raisons de sécurité et de recentrage sur les missions fondamentales. Cependant, le souci légitime de sécurité ne doit pas empêcher l'école d'enrichir son partenariat avec les parents, d'accueillir des intervenants extérieurs, ou de s'ouvrir à la vie du quartier par le biais des fêtes et des associations.
- Entre « l'école caserne » et l'école « où on entre comme dans un moulin », l'école actuelle doit trouver un juste équilibre.

D Quelles sont les différentes formes de violence ?

1. La violence physique

La violence physique est la plus connue, parce que la plus spectaculaire. Elle provoque des **destructions matérielles** (saccage, pillage, dégradations…) ou **humaines** (coups et blessures). À l'école, elle prend la forme d'agressions physiques, sexuelles, de vols, de racket, de dégradation ou d'incendie de locaux.

2. La violence verbale

Cette violence est plus ordinaire et banale. Elle consiste en insultes, injures racistes ou sexistes, menaces, incivilités, propos obscènes, plaisanteries humiliantes, interruptions fréquentes de la parole du maître ou des autres élèves.

3. La violence morale

Elle passe souvent par **l'agression verbale** visant à humilier l'autre. Mais rappelons que la plus grave violence morale est sans doute **le silence et l'indifférence,** qui refuse d'adresser la parole et ignore l'autre comme personne humaine.

REMARQUE

Sans en avoir toujours conscience, certains enseignants peuvent exercer ce type de violence morale envers un élève « oublié » ou « transparent ».

4. La violence symbolique ou institutionnelle

Ce terme désigne **la violence cachée qu'une institution impose aux individus** qui lui sont soumis, afin d'assurer un pouvoir. Cette violence symbolique passe souvent par le langage et l'image : selon certains codes implicites, elle structure une relation de pouvoir sur des inférieurs qui ne maîtrisent pas ces codes. Par exemple, bien parler français permet d'imposer un pouvoir du maître sur l'élève, ou du cadre sur l'ouvrier.

REMARQUE

La violence symbolique permet de maintenir un ordre social accepté inconsciemment par ceux qui y sont soumis. Cette théorie est soutenue par Pierre Bourdieu (*La reproduction,* 1970).

NOTES

Les questions qui font débat

La violence des élèves est-elle une réaction de légitime défense ?

- On peut considérer que les élèves exclus ou en échec, les élèves « mal aimés » de l'école, retournent cette violence contre une institution qui les met en souffrance. C'est l'effet de la violence « symbolique » que, selon Bourdieu, l'école ferait peser sur les élèves défavorisés, qui « ont raison de se révolter ».
- Si on ne peut nier ce phénomène de révolte, qui n'est pas nouveau, il faut rappeler que l'école et les enseignants s'efforcent avant tout d'être au service des élèves et d'œuvrer au mieux à leur bien-être et à leur réussite. S'il doit y avoir contestation des injustices sociales, l'école ne doit pas servir de bouc émissaire, et ces injustices réelles ne pas servir de prétextes à ce qui relève souvent de la simple délinquance.

E Quelles sont les causes de la violence ?

1. Les causes économiques et sociales

▶ Elles sont la **première explication de la violence**. La pauvreté, l'exclusion, le sentiment d'injustice engendrent des réactions de violence (grèves, manifestations, émeutes…). Certains parlent ici d'une **« violence réactive »** comme une réaction de défense contre la violence de la pauvreté et de l'injustice.

▶ Cependant, si certaines révoltes sociales ou certaines formes de résistance peuvent légitimer certaines violences, comprendre ces violences ne peut conduire à légitimer toute violence. **Expliquer la violence n'est pas la justifier** ; que la violence ait toujours des causes ne doit pas interdire de la condamner ; enfin, la violence n'est pas le privilège des pauvres, et un élève défavorisé n'est pas fatalement un délinquant en puissance.

2. Les pulsions agressives

▶ Les psychologues et les éthologues (qui étudient le comportement animal) soutiennent que l'homme, comme l'animal, est **porteur naturellement d'une agressivité** qui conditionne la lutte pour la vie.

REMARQUE

Selon K. Lorenz (*L'agression,* 1963), l'agressivité permet de structurer les relations de pouvoir au sein d'un groupe.

▶ Cette présence d'une « violence primaire » en chaque individu suppose une violence naturellement présente chez l'enfant, comme peut l'illustrer la cruauté de certains comportements à l'école maternelle (mordre, griffer, tirer les cheveux, etc.).

3. Les médias

▶ Les médias sont souvent accusés, en raison du spectacle de la violence qu'ils offrent aux enfants. De même aujourd'hui pour les jeux vidéo. Il est vrai que ce type de spectacle, d'une violence souvent gratuite, conduit à **banaliser la violence** et peut engendrer des comportements violents.

▶ Mais il faut rappeler que **l'enfance a toujours été confrontée à la violence,** comme l'illustrent les **contes traditionnels** où il n'est question que de loups, de sorcières, d'enfants dévorés par des ogres ou perdus dans la forêt. C'est que, explique B. Bettelheim (*Psychanalyse des contes de fées,* 1976), l'enfant est habité par des angoisses et des terreurs inconscientes, et qu'il a besoin de les projeter dans des récits et spectacles qui peuvent le soulager et le rassurer. Interdire tout spectacle violent aux enfants reviendrait à méconnaître ce besoin inconscient.

4. Le langage déficient

Le langage déficient est **souvent source de violence.** Ne pas trouver les mots pour dire son émotion ou sa colère peut conduire à mettre les « maux » à la place des « mots », et à passer à l'acte par impuissance langagière.

REMARQUE

Un moyen d'expression

La violence apparaît ici comme un moyen d'expression « par défaut », lié à une pauvreté du langage et une impossibilité à transmettre ses émotions par la parole.

5. La crise de l'autorité

▶ La crise de l'autorité peut expliquer certaines violences, lorsque les adultes, les parents en particulier, ont **démissionné dans l'exercice de leurs responsabilités éducatives.** Certains enfants, alors sans interdits ni repères, voient dans la violence un moyen comme un autre d'obtenir une satisfaction immédiate de leurs désirs.

▶ La violence résulte ici d'un **déficit éducatif** qui n'a pas inculqué à l'enfant les limites et les règles nécessaires à toute vie sociale. Cela se manifeste, par exemple, par un recours systématique au mensonge, au vol, ou à la violence physique.

6. L'école elle-même

▶ L'école elle-même peut être cause de violence, quand l'enseignant impose des humiliations gratuites à un élève. De même, un élève en échec scolaire peut éprouver un ressentiment à l'encontre d'une école qui n'aurait pas fait le nécessaire pour l'aider. Mais cela ne constitue pas une fatalité, et l'élève en difficulté n'est pas forcément un élève agressif.

REMARQUE

L'échec scolaire, terrain possible de la violence à l'école

De façon générale, l'aggravation de l'échec scolaire expose l'école à une situation qui favorise la montée des violences chez des élèves en rupture avec la situation scolaire.

F Quels remèdes pédagogiques à la violence ?

▸ Disons d'abord que la violence à l'école n'est pas séparable de la violence dans le reste de la société, et qu'elle relève avant tout de la loi. Un enseignant ou un élève victime d'une agression a droit à **la protection de l'institution,** et doit **porter plainte** pour obtenir justice.

▸ Néanmoins, **de nombreux conflits mineurs peuvent se régler « en interne »** en demandant, par exemple, à l'élève agresseur de s'excuser auprès de sa victime. Outre le recours répressif à la loi, l'école doit éduquer et prévenir les conflits par des moyens pédagogiques.

- **Maîtriser les langages** et enrichir ses moyens d'expression par des ateliers d'écriture, le théâtre, les jeux de rôles, la musique, la poésie, le débat argumenté.
- **Donner du sens** au travail scolaire afin que l'intérêt et l'utilité que l'élève y trouve le détournent d'un sentiment de révolte qu'engendrerait une école « absurde ». La pédagogie de projet peut aider à développer ce sens du travail scolaire.
- **Responsabiliser les élèves** par l'attribution de tâches valorisantes et un fonctionnement de la classe autant que possible démocratique et respectueux les uns des autres.
- **Éduquer à la loi** afin que chaque élève comprenne l'utilité de la loi, sa légitimité en ce qu'elle vise la protection de tous. Cette éducation peut s'appuyer sur l'élaboration collective et argumentée des règles de la classe ou de l'école, ainsi que par la participation des élèves à des conseils de classe ou d'école. L'enseignement moral et civique, enfin, est l'occasion de nourrir cette éducation à la responsabilité.
- **Développer les partenariats** avec les parents ou les associations de quartier permet de mener une action éducative cohérente autour de l'élève, en articulant sa vie scolaire et sa vie hors de l'école.
- **Travailler en équipe** permet aux enseignants de ne pas affronter seuls les situations de conflits, et d'offrir aux élèves une attitude cohérente des adultes (enseignants et autres personnels) dans l'encadrement des activités.

NOTES

Les questions qui font débat

Les garçons sont-ils plus violents ?

C'est une idée reçue qu'il faut nuancer. Certes, les garçons sont le plus souvent impliqués dans des violences physiques (bagarres, dégradations, ou agressions sexuelles). Néanmoins, il existe une violence féminine qui voit les filles plus impliquées dans des querelles implacables. Au-delà de ces formes sexuées de violence, on voit apparaître par endroits une nouvelle violence des filles imitée de celle des garçons, à travers la constitution de « bande » de filles pratiquant une violence physique égalant celle des garçons.

L'enseignement moral et civique vise-t-il à lutter contre la violence ?

La lutte contre la violence fait partie des objectifs de l'enseignement moral et civique, mais elle ne s'y réduit pas. En effet, réduire l'EMC à la lutte contre la violence revient à dire que, si un jour la violence disparaissait, l'EMC deviendrait inutile. Or, l'EMC vise surtout à éduquer le futur citoyen, et il ne concerne pas que les élèves violents. On ne peut donc réduire l'EMC à la prévention de la violence, car ce serait abandonner tout un pan du programme. Ce serait surtout oublier que l'école et la citoyenneté présupposent l'abandon de la violence, et que l'EMC, comme tous les apprentissages scolaires, ne peut commencer que si la violence s'est tue.

QUIZ EXPRESS

pour tester ses connaissances

1 À quelle condition peut-on parler de harcèlement ?

☐ **a.** L'élève est victime d'une insulte.

☐ **b.** L'agression est répétée et s'étend dans la durée.

☐ **c.** L'agression est commise en groupe.

2 Quel remède pédagogique peut-on apporter contre la violence ?

☐ **a.** Demander l'intervention de la police dans l'école

☐ **b.** Éduquer à la maîtrise du langage

☐ **c.** Durcir les sanctions

3 Parmi les agressions suivantes, laquelle relève des incivilités ?

☐ **a.** Refuser d'enlever sa casquette en classe

☐ **b.** Proférer des menaces contre son professeur

☐ **c.** Exercer un racket dans l'établissement

4 La violence peut venir d'une incapacité à s'exprimer par le langage.

☐ **a.** Vrai

☐ **b.** Faux

5 Pour quel sociologue la violence symbolique permettrait de maintenir l'ordre social ?

☐ **a.** Michel Foucault

☐ **b.** Pierre Bourdieu

☐ **c.** Karl Marx

6 L'enseignement moral et civique, notamment à travers l'éducation à la loi, a un rôle à jouer dans la lutte contre la violence.

☐ **a.** Vrai

☐ **b.** Faux

Réponses : 1. b ; 2. b ; 3. a ; 4. a ; 5. b ; 6. a.

Se préparer aux questions de mise en situation professionnelle

Le jour de l'épreuve, le jury vous posera deux questions de mise en situation professionnelle, l'une liée à l'enseignement, l'autre avec la vie scolaire. Cette partie de l'épreuve dure 20 minutes.

Exemples de thèmes et de questions

- Nous proposons, pour vous entraîner, des **exemples de thèmes** pouvant être abordés lors de l'entretien.
- Chaque thème propose des **questions susceptibles de vous être posées** par les membres du jury après votre exposé et au cours de l'entretien et des indications de réponses.
- Il va de soi que les réponses que nous présentons sont **le plus exhaustives possibles** et que vous aurez un choix à opérer au cours de l'entretien…
- Pour vous entraîner efficacement, nous vous conseillons de **traiter les questions seul**, avant de vous reporter aux suggestions de réponses.

Les thèmes abordés sont les suivants :

1. La place des parents à l'école primaire
2. Être fonctionnaire, c'est quoi ?
3. L'école inclusive
4. Le numérique à l'école primaire
5. Les parcours éducatifs

Nous proposons ensuite quelques pistes d'étude et des éléments d'information plus généraux à partir de **trois autres thèmes** :

6. Continuité école-collège
7. L'accompagnement des élèves
8. Le climat scolaire

THÈME 1

La place des parents à l'école primaire

Questions

❶ **Pouvez-vous préciser la place que l'école primaire fait aux parents d'élèves ?**

❷ **Comment peuvent se manifester les difficultés entre les parents d'élèves et l'école ?**

❸ **En tant qu'enseignant, comment pouvez-vous collaborer avec les parents pour construire une « coéducation pour l'enfant » ?**

Réponses

❶ La place des parents aujourd'hui à l'école primaire

▸ **Les parents sont les principaux partenaires éducatifs de l'école.** Ils ont la responsabilité éducative de leur enfant, et la loi leur impose une obligation d'instruction, qui prend souvent la forme d'une scolarisation. Cela leur impose une obligation d'assiduité, mais aussi d'aide et de suivi de la scolarité de leur enfant (suivi des résultats, aide aux devoirs, assistance aux réunions).

▸ **Les parents ont aussi des droits :** droit à l'information sur les résultats (livret d'évaluation) et le comportement (carnet de correspondance) en cas de sanction ; droit à la participation et à la représentation aux instances, en particulier au conseil d'école, à raison d'un élu par classe.

▸ **Les élus des associations de parents d'élèves** (par exemple la FCPE, la PEEP, l'UNAAPE) sont associés à l'information, à la consultation sur des questions d'hygiène, de sécurité, de rythmes, de restauration, et même au vote du règlement intérieur ou du projet d'école.

▸ **Les parents peuvent participer à des activités scolaires,** parfois comme intervenants, ou plus souvent pour accompagner des sorties scolaires.

❷ Les difficultés du partenariat entre les parents d'élèves et l'école

▸ **Un déficit de confiance et de respect mutuel :** les parents pensent que l'école leur cache des choses et a un langage « crypté » pas toujours compréhensible par tous ; les enseignants craignent d'être critiqués et contestés dans leur légitimité professionnelle par certains parents.

▸ **Une grande hétérogénéité des attentes familiales :** les familles populaires se déchargent totalement de leurs responsabilités sur l'école, trop parfois ; les familles favorisées soumettent l'école à un marché concurrentiel pour assurer la meilleure réussite à leurs enfants, avec un chantage de passage au privé.

▸ **Le respect de l'intérêt de l'enfant** peut être source de désaccord ou de conflit. Par exemple, en cas de demande de passage anticipé par les parents, que l'enseignant ne juge pas profitable à l'enfant. Ou, à l'inverse, en cas de désaccord des parents qui refusent un redoublement.

▸ La question des « devoirs à la maison » est aussi source de conflits, certains parents en demandant plus, d'autres rappelant la circulaire de 1956 qui les interdit. Il peut y avoir conflit aussi sur le choix des méthodes d'enseignement, auquel cas les parents contestent la compétence de l'enseignant.

❸ Comment améliorer la « coéducation » ?

▸ **La coéducation peut être améliorée par un renforcement du dialogue,** ce qui suppose une disponibilité des enseignants envers les parents, la capacité de s'adapter, par exemple, à leurs horaires, d'adapter aussi sa façon de s'exprimer pour éviter un langage trop « administratif », de connaître la situation des familles dans la mesure où cela peut mieux aider les élèves.

▸ **Les rencontres** doivent être régulières, et non seulement en cas de difficultés.

▸ **Un meilleur respect réciproque** passe à la fois par la reconnaissance des compétences des enseignants de la part des parents, et par le respect des choix éducatifs des parents de la part des enseignants. Par exemple, l'école doit conseiller les parents, mais elle n'a pas vocation à les « rééduquer »…

▸ Cependant, l'école peut apporter une aide à des familles en difficulté éducative, par le signalement à des services sociaux qui accompagnent la famille dans le cadre d'un « contrat éducatif ». Cela vaut en particulier en cas d'absentéisme chronique.

▸ **La construction de bonnes relations** entre les parents d'élèves et l'école passe également par une meilleure communication, facilitée par les nouvelles technologies (SMS, messagerie, portail d'école, blog). Il faut cependant veiller au respect de la vie privée et au droit à l'image. Par exemple, il est prudent de ne pas donner ses coordonnées personnelles aux parents, mais d'utiliser le téléphone et la messagerie professionnelle, sauf en cas d'urgence (voyage scolaire, par exemple).

▸ **L'implication des parents dans la vie de l'école** est primordiale : elle peut se faire en ouvrant l'école aux parents. Depuis 2013 est encouragée l'ouverture d'un « espace parents » réservé aux rencontres et à la conduite de projets éducatifs avec les parents. La « mallette des parents[1] » mise au point par le ministère, offre un outil de dialogue.

▸ **La circulaire d'octobre 2013** rappelle quelques dispositifs existants sur lesquels s'appuyer : les réseaux d'écoute, d'appui et d'accompagnement des parents (REAAP), les contrats locaux d'accompagnement scolaire (CLAS), les programmes de réussite éducative (PRE) ; dispositifs de lutte contre l'illettrisme, avec les actions éducatives familiales (AEF) et d'intégration, avec l'opération « Ouvrir l'école aux parents pour réussir l'intégration ».

▸ **Le projet éducatif territorial** (PEDT) est le cadre privilégié d'intégration des partenaires familiaux et territoriaux. La circulaire du 15 octobre 2013 précise qu'il a été « élaboré à l'initiative de la collectivité territoriale, il permet d'assurer la complémentarité des dispositifs portés par les différents partenaires, en cohérence avec les projets d'école et d'établissement. Par leur participation au comité de pilotage, les parents participent à l'élaboration d'une offre de qualité. Lorsque le PEDT s'appuie sur un contrat local d'accompagnement scolaire (CLAS), il propose des actions de soutien à la parentalité. »

1. Consultez le site Internet mallettedesparents en flashant le QR Code ci-contre.

CE QU'IL FAUT RETENIR DE LA RELATION PARENTS-ÉLÈVES

- L'amélioration du partenariat école-famille est une des clés de la réussite de l'école publique. Elle conditionne l'égalité des chances en apportant une aide adaptée aux familles, et une information suffisante qui établisse la confiance.
- Outre les dispositifs et les outils de communication, c'est une éthique qui doit commander à un rapport de respect réciproque, qui passe par une disponibilité, un effort d'expression et de compréhension, une transparence dans ses choix pédagogiques, et une ouverture de l'école aux parents.
- L'école n'est pas seule en cause, mais doit articuler ses interventions auprès des familles avec les partenaires territoriaux (municipalités, services médicaux et sociaux). La mise en place des rythmes scolaires est une bonne occasion d'expérimenter ce multipartenariat.

Entretien • Questions possibles

QUESTION 1

Doit-on accepter un parent portant des signes religieux ostensibles dans une rencontre à l'école ?

Oui. En effet, la loi de 2004 interdisant le port ostensible de signes religieux ne concerne que les élèves. Les personnels sont également tenus à l'obligation de réserve et de neutralité. En revanche, les parents restent des citoyens libres de choisir leur tenue et leurs signes dans le cadre de la loi, et hors de port du voile intégral ou burka, aucune loi n'interdit le port d'une tenue religieuse dans l'espace public. La seule question se pose pour des parents accompagnant des sorties, c'est-à-dire dans le cadre d'activités scolaires obligatoires, et sur ce point la réponse n'est pas tranchée officiellement.

QUESTION 2

Faut-il donner ses coordonnées personnelles aux parents ?

Rien ne l'interdit, mais c'est une question de prudence et de protection de sa vie privée, qui peut être envahie par des parents indélicats. C'est donc un choix personnel, mais il est recommandé de recourir plutôt aux coordonnées officielles de l'école. Toutefois, dans le cas de voyages scolaires, il peut être rassurant pour les parents de pouvoir joindre directement les enseignants.

QUESTION 3

Quel type d'informations sur la famille peut-on demander, et dans quelles limites ?

La limite concerne le respect de la vie privée des familles. Les informations sur la situation familiale ou professionnelle sont disponibles à la mairie, lors de l'inscription de l'enfant, et peuvent être demandées par l'enseignant. En revanche, il est exclu de s'informer de la religion, des opinions politiques, des déboires familiaux ou judiciaires des parents, sauf si cela concerne directement l'intérêt de l'enfant, comme en cas de maltraitance ou de baisse soudaine des résultats, qui oblige à s'informer d'éventuels événements familiaux (deuil, séparation, etc.).

QUESTION 4

L'enseignant peut-il rencontrer les parents à leur domicile ?

Rien ne l'interdit, mais cela est plutôt déconseillé dans la mesure où un rendez-vous doit garder un cadre professionnel à l'école, afin de garantir la confidentialité et la neutralité du contenu.

Dans des cas exceptionnels, une visite au domicile peut être envisagée, avec l'appui des services sociaux, pour aider une famille en détresse et des élèves en décrochage.

QUESTION 5

Que faire si les parents ne répondent jamais aux invitations ?

Les parents sont « invités » et non « convoqués » (ils ne sont pas fonctionnaires), sauf en cas d'infraction, par exemple en cas d'absentéisme chronique de leur enfant. On peut joindre les parents par téléphone, par courrier ou par messagerie. En dernier recours, et en cas de problème grave pour leur enfant, on peut demander aux services sociaux d'intervenir. Mais les parents n'ont pas, dans l'absolu, l'obligation de répondre aux invitations.

QUESTION 6

Faut-il donner des devoirs à la maison ?

Les parents sont souvent demandeurs de devoirs à la maison, surtout à l'approche de l'entrée au collège. Cependant, depuis une circulaire de 1956 plusieurs fois renouvelée, les devoirs écrits restent interdits, et seules les leçons orales sont autorisées. Ce texte doit être rappelé aux parents, car il engage l'obéissance du fonctionnaire.

QUESTION 7

Les parents peuvent-ils refuser un redoublement de leur enfant ?

Oui. Le redoublement (ou maintien) est proposé par le conseil des maîtres, mais il doit recevoir l'accord des parents, qui peuvent donc le refuser.

QUESTION 8

Que risquent les parents en cas de non-respect de leur obligation d'instruction ?

Rappelons que si l'instruction est obligatoire jusqu'à 16 ans, l'école ne l'est pas et les parents peuvent opter pour une instruction à domicile. Mais le choix de la scolarisation engage à l'obligation d'assiduité, et, en cas d'absentéisme chronique, la responsabilité légale des parents est engagée. Le directeur ou la directrice de l'établissement d'enseignement saisit l'inspecteur d'académie afin qu'il adresse un avertissement aux personnes responsables de l'enfant et leur rappelle les sanctions pénales dans les cas suivants :

1. lorsque, malgré l'invitation du directeur ou de la directrice de l'établissement d'enseignement, ils n'ont pas fait connaître les motifs d'absence de l'enfant ou qu'ils ont donné des motifs d'absence inexacts ;
2. lorsque l'enfant a manqué la classe sans motif légitime ni excuses valables au moins quatre demi-journées dans le mois.

Dans un premier temps est mis en place un contrat de responsabilité parentale prévu à l'article L. 222-4-1 du code de l'action sociale et des familles. Dans un second temps, l'article R. 624-7 du code pénal punit le fait de ne pas imposer à un enfant l'obligation d'assiduité scolaire d'une amende pouvant aller jusqu'à 750 euros.

QUESTION 9

Que faire en cas de parents séparés ?

Le cas est de plus en plus fréquent. Si la garde est partagée, les deux parents doivent être également informés des résultats et invités aux réunions par deux courriers séparés à leurs adresses respectives. On tiendra compte de la situation en cas, par exemple, d'oubli occasionnel de ses affaires par un enfant parfois « balloté » entre deux domiciles.

THÈME 2

Être fonctionnaire, c'est quoi ?

Questions

❶ **Pouvez-vous définir la notion d'intérêt général dans le service public d'Éducation ?**

❷ **Comment un enseignant peut-il, selon vous, incarner la notion d'intérêt général au quotidien ? Et comment la transmettre et l'illustrer auprès d'élèves de l'école élémentaire en référence aux programmes de l'enseignement moral et civique ?**

Réponses

❶ Intérêt général et service public

▸ Le préambule à la Constitution de 1946, annexé à la Constitution de 1958, déclare : « La nation garantit l'égal accès de l'enfant et de l'adulte à l'instruction, la formation professionnelle et à la culture. L'organisation de l'enseignement public obligatoire gratuit et laïc à tous les degrés est un devoir de l'État. »

▸ En outre, selon l'article 26.1 de la Déclaration universelle des droits de l'homme et du citoyen : « **Toute personne a droit à l'éducation.** L'éducation doit être gratuite, au moins en ce qui concerne l'enseignement élémentaire et fondamental. L'enseignement élémentaire est obligatoire. »

▸ Le service public est indispensable au nom de l'égalité :
– égalité d'accès (non discrimination) ;
– égalité de traitement et de droits ;
– continuité territoriale ;
– continuité du service public ;
– langue française obligatoire.

▸ « Le président de la République [...] assure, par son arbitrage, le fonctionnement régulier des pouvoirs publics, ainsi que la continuité de l'État » (Constitution de 1958, art. 5).

▸ Le **service public d'éducation** remplit le devoir de l'État d'assurer l'égale satisfaction d'un droit de l'homme fondamental : le droit à l'instruction.

▸ L'intérêt général consiste à **donner au futur citoyen les moyens d'exercer ses droits et ses devoirs,** de permettre à chaque enfant de développer sa personnalité, et d'assurer une formation qui réponde aux besoins sociaux et économiques du pays.

▸ En tant que service public, il est neutre et impartial, car au-dessus des intérêts particuliers, religieux, économiques ou politiques. Il s'efforce de viser l'universalité d'un savoir acceptable par tous.

▶ Le service public est soumis à débat sur ses missions prioritaires, qui restent principalement celles d'instruire, d'éduquer et de former.

▶ Faut-il :
– Éduquer ou instruire ?
– Former à un métier ou à la citoyenneté ?
– Recentrer l'école sur ses missions fondamentales : lire, écrire, compter ?
– Servir l'individu ou la société ?

▶ Dans le but d'assurer le service public dans l'intérêt général, **les fonctionnaires sont soumis à des obligations :**
– la neutralité ;
– la laïcité ;
– le devoir de réserve ;
– l'interdiction du cumul d'emploi ;
– l'obéissance hiérarchique ;
– le secret professionnel ;
– la discrétion professionnelle ;
– l'information du public ;
– le signalement.

▶ « **Le fonctionnaire exerce ses fonctions avec dignité, impartialité, intégrité et probité.** Dans l'exercice de ses fonctions, il est tenu à l'obligation de neutralité. Le fonctionnaire exerce ses fonctions dans le respect du principe de laïcité. À ce titre, il s'abstient notamment de manifester, dans l'exercice de ses fonctions, ses opinions religieuses. Le fonctionnaire traite de façon égale toutes les personnes et respecte leur liberté de conscience et leur dignité » (article 25 de la loi n° 83-634 du 13 juillet 1983, modifié par la loi du 20 avril 2016 relative à la déontologie et aux droits et obligations des fonctionnaires).

▶ « Le devoir de réserve s'impose à tout agent public » (Conseil d'État, 28 juillet 1993).

▶ « Les fonctionnaires consacrent l'intégralité de leur activité professionnelle aux tâches qui leur sont confiées. Ils ne peuvent exercer à titre professionnel une activité privée lucrative de quelque nature que ce soit. Les dérogations à cette interdiction sont fixées par décret en Conseil d'État » (loi de 1983, art. 26).

▶ Il faut distinguer la liberté du citoyen et les limitations imposées au fonctionnaire (« dans l'exercice de ses fonctions »). Ces obligations répondent à l'impartialité et à la non-discrimination. Elles permettent la liberté de conscience des élèves et des parents (*cf.* J. Ferry). Projet d'un « code de déontologie » enseignante.

▶ Il est important également de distinguer loi, droit, déontologie et éthique.

❷ Comment enseigner l'intérêt général ?

► Pour enseigner l'intérêt général, **l'enseignant peut en incarner certains principes au quotidien dans sa classe.** Cela passe :
– **par les règles de classe :** la ponctualité, l'assiduité, la politesse, le respect du matériel et son partage, la prise de parole et l'écoute, l'hygiène ;
– **par l'enseignement du respect** des différences et de la tolérance ;
– **par la distinction entre privé et public :** maison/école, camarades/fratrie, travail/loisirs, matériel scolaire/affaires personnelles, sentiments personnels/règles communes.

► Le programme d'EMC des cycles 2 à 4 travaille sur les compétences des élèves à se forger une culture civique. Le respect des règles en classe recoupe par exemple la notion de la culture de la règle et du droit.

► Le travail de groupe, la démarche de projet, les jeux collectifs sont l'occasion de faire prendre conscience aux élèves que **l'intérêt général doit passer avant son intérêt personnel.** Participer et prendre sa place dans un groupe fait partie des attendus de la fin du cycle 2 en EMC.

► Les valeurs d'égalité, de fraternité, de solidarité et de coopération permettent de promouvoir l'intérêt général contre les égoïsmes.

CE QU'IL FAUT RETENIR DE LA NOTION D'INTÉRÊT GÉNÉRAL

• Le service de l'État se fonde sur le souci de l'intérêt général qui prend la forme de la solidarité et du civisme.
• Chez l'élève, les apprentissages et la vie scolaire, particulièrement l'EMC et la dimension de « l'engagement » dans la vie civique, permettent de développer des valeurs liées à l'intérêt général.
• Chez l'enseignant, fonctionnaire ou simple agent public, l'intérêt général passe par le respect des obligations de neutralité et de dévouement au service public. Mais il est aussi un état d'esprit lié au fait que servir l'égalité républicaine est un idéal et une dignité.
• L'école, par ses règles et ses savoirs, se doit d'être exemplaire dans l'apprentissage de l'intérêt général pour former à une vie civique authentique.

Entretien • Questions possibles

QUESTION 1

À partir de quel âge l'enfant peut-il prendre conscience de l'intérêt général ?

Cette prise de conscience est progressive, mais elle suppose un décentrement et une sortie de l'égocentrisme infantile vers 3-4 ans.

QUESTION 2

À l'école, l'enfant a-t-il droit à une vie privée ?

Oui. À l'école, l'enfant est un élève qui obéit aux règles de l'institution, mais qui a aussi droit à une « vie privée » vis-à-vis de l'enseignant et de ses parents – ce qui l'aide à grandir dans cet espace de liberté hors du regard des adultes.

QUESTION 3

Que risque l'agent public qui ne remplit pas ses obligations ?

Selon la gravité de la « faute professionnelle » qui est appréciée par l'IEN ou un conseil de discipline, l'agent public peut recevoir un rappel à l'ordre, un avertissement ou une sanction pouvant aller jusqu'au déplacement ou au licenciement pour les cas les plus graves.

QUESTION 4

Peut-on enseigner le fait religieux tout en étant neutre ?

Oui. L'enseignement du fait religieux suppose la neutralité de l'enseignant. Il doit être abordé sous son aspect historique et d'une façon descriptive qui ne doit ni déformer, ni choquer, ni exclure telle ou telle croyance. Aucun jugement critique ne doit être porté sur les croyances.

QUESTION 5

Comment comprendre qu'il faut se sacrifier à l'intérêt général ?

L'idée de réciprocité veut que je fasse ce que j'attends des autres. Et, parfois, l'intérêt collectif doit primer sur l'intérêt personnel.

QUESTION 6

Le « consumérisme » de certains parents ne va-t-il pas à l'encontre de l'intérêt général ?

Oui, dans certains cas, comme lorsque les parents tentent de contourner la carte scolaire pour scolariser leur enfant dans un établissement plus réputé.

THÈME 3

L'école inclusive

Questions

❶ **Précisez comment l'école a évolué de l'intégration vers l'inclusion.**

❷ **En quoi l'école inclusive peut-elle être bénéfique pour tous les élèves d'une classe ?**

❸ **Quelles valeurs de la République sont portées par l'école inclusive ?**

Réponses

❶ De l'intégration à l'inclusion

▸ La loi du 11 février 2005, « loi pour l'égalité des droits et des chances, la participation et la citoyenneté des personnes handicapées », marque une rupture avec la politique précédente d'adaptation et d'intégration scolaire, au profit d'une **politique d'inclusion et de scolarisation en milieu ordinaire.** Elle instaure l'égalité d'accès à l'école des enfants handicapés en précisant que « tout enfant présentant un handicap est inscrit dans l'école la plus proche de son domicile, qui constitue son établissement de référence. »

▸ Avec les lois d'orientation de 2013 puis de 2019, la notion d'« école inclusive » généralise cette volonté de scolariser en milieu ordinaire tous les enfants à besoins particuliers : enfants en situation de handicap, allophones ou de familles itinérantes.

▸ **L'école inclusive répond à une exigence d'égalité d'accès et de traitement des publics à besoins particuliers dans l'école publique.** La notion d'« inclusion » rompt avec celles d'« adaptation » et d'« intégration » : dorénavant, c'est l'école qui doit s'adapter aux élèves en situation de handicap, et non l'inverse.

▸ Néanmoins, la mise en œuvre de l'inclusion se heurte à des difficultés : outre la mise aux normes matérielles des établissements, il s'agit de **changer les mentalités dans la représentation du handicap,** et de trouver un accompagnement humain et des démarches pédagogiques qui répondent à ces besoins particuliers.

❷ La scolarisation des élèves à besoins particuliers profite à tous

▸ Commençons par noter la présence de résistances au sein du corps enseignant envers l'école inclusive. En effet, le handicap est souvent perçu comme une maladie, et **de nombreux enseignants considèrent manquer de formation** pour la prise en charge d'un élève en situation de handicap dans leur classe. Ils craignent notamment des comportements à risques ou, plus simplement, de mettre la classe en retard…

▸ Cependant, l'école inclusive permet un apport humain indéniable : les élèves en situation de handicap et allophones enrichissent la socialisation de tous (par la diversité culturelle ou par le point de vue du handicap qu'elle apporte).

▸ **L'apport pédagogique est également à prendre en compte :** les mesures de différenciation (oraliser, diversifier les supports, tutorat, assouplir les formes de travail) et d'accompagnement (AESH, partenaires associatifs, collectivités locales) aident tous les élèves, en particulier les élèves en difficulté.

❸ École inclusive et valeurs de la République

▸ L'école inclusive correspond en premier lieu aux **valeurs d'égalité et de refus des discriminations** inscrits dans la Constitution. En outre, le code de l'éducation précise dans son article L.111-1 que le service public d'éducation « veille à l'inclusion scolaire de tous les enfants, sans aucune distinction ».

▸ L'égalité d'accès à l'éducation passe par le droit d'inscription en milieu ordinaire. L'égalité des chances et l'équité entre les élèves donne lieu quant à elles à des compensations et à des accompagnements (tiers-temps, AESH).

▸ Enfin, l'école inclusive va aussi dans le sens d'une mise en conformité des pratiques françaises avec les normes européennes.

CE QU'IL FAUT RETENIR DE L'ÉCOLE INCLUSIVE

• Le récent passage de la France à l'école inclusive obéit à l'application de l'égalité de droit à tous les citoyens, en particulier aux personnes en situation de handicap.
• Elle a conduit à des évolutions rapides dans l'aménagement des établissements, le doublement des élèves en situation de handicap en milieu ordinaire en dix ans, la mise en place de la Maison départementale des personnes handicapés (MDPH) et du projet personnalisé de scolarisation (PPS).
• Cependant, des difficultés persistent dans la représentation du handicap, dans la vision d'une école normative et exclusive, dans la persistance de pratiques pédagogiques indifférenciées, et dans l'insuffisante formation des enseignants.

Entretien • Questions possibles

QUESTION 1

Un parent peut-il refuser que son enfant en situation de handicap soit l'objet d'un PPS ?

Oui. Aucune mesure spécifique ne peut être adoptée sans l'accord des parents. Ce sont même eux qui doivent être à l'origine d'une demande de projet personnalisé de scolarisation (PPS), souvent sur les conseils des enseignants. Mais, dans l'absolu, un parent peut ne pas vouloir que son enfant soit considéré comme handicapé, et donc refuser les dispositifs d'accueil spécifiques prévus.

QUESTION 2

Qui est l'enseignant référent dans le suivi d'un PPS ?

Ce n'est pas l'enseignant qui accueille l'élève en situation de handicap dans sa classe. L'enseignant référent est un enseignant spécialisé titulaire du Certificat d'aptitude professionnelle aux pratiques de l'éducation inclusive (CAPPEI), en poste à la Maison départementale des personnes handicapées (MDPH) et chargé du suivi et de la coordination d'un certain nombre de projet personnalisé de scolarisation (PPS).

QUESTION 3

Tous les handicaps sont-ils scolarisables en milieu ordinaire ?

Tous les enfants, depuis 2005, ont le droit d'être inscrits dans un établissement ordinaire. Cependant, en cas de handicap grave, la Maison départementale des personnes handicapées (MDPH) peut conseiller aux parents une scolarisation dans un établissement spécialisé mieux adapté à l'état de santé de leur enfant.

QUESTION 4

Les SEGPA sont-elles prévues pour accueillir des élèves en situation de handicap ?

Dans leur mission, les sections d'enseignements généraux et professionnels adaptés (SEGPA) ne sont pas prévues pour des élèves en situation de handicap, mais pour des élèves en grande difficulté d'apprentissage.
En conséquence, des élèves en situation de handicap peuvent être accueillis en SEGPA, mais comme n'importe quel élève et non en raison de leur handicap.

QUESTION 5

Comment voyez-vous vos relations avec un AESH dans votre classe ?

Un accompagnant des élèves en situation de handicap (AESH) peut être affecté à l'aide d'un élève en situation de handicap après examen de son dossier par la Maison départementale des personnes handicapées (MDPH). Sa présence est souvent limitée dans le temps. Il faut veiller à ce que l'élève ne soit pas totalement laissé à la charge de l'accompagnant des élèves en situation de handicap (AESH), ce qui le marginaliserait et le couperait des apprentissages.
L'enseignant garde la responsabilité pédagogique ; c'est à lui de décider des activités, consignes, évaluations, formes de travail, le rôle de l'AESH devant se limiter à une aide matérielle et humaine apportée à l'élève. Mais il faut aussi veiller à ce que l'accompagnant des élèves en situation de handicap (AESH) soit intégré à la vie collective de la classe, en accompagnant, par exemple, un atelier en maternelle auquel participe l'élève en situation de handicap.

THÈME 4

Le numérique à l'école primaire

Questions

❶ Précisez la place du numérique à l'école primaire aujourd'hui.

❷ En quoi l'éducation au numérique aboutit-elle à la formation du futur citoyen, mais aussi en quoi modifie-t-elle la vie scolaire dans ses relations sociales et ses valeurs éthiques ?

❸ Quel usage pédagogique réserver aux outils numériques, et en particulier, quelles sont les possibilités de différenciation qu'ils offrent à l'enseignant ?

Réponses

❶ Place du numérique à l'école et réformes

▸ **L'école a évolué depuis trente ans en matière de numérique.** Les petits ordinateurs oubliés au fond de la classe ont fait place à des salles informatiques bien équipées où les élèves peuvent travailler sous l'autorité de l'enseignant ou en autonomie, par groupes ou individuellement. Ils peuvent y faire une recherche documentaire pour un exposé d'histoire, entretenir une correspondance avec une autre école ou utiliser des logiciels en ligne (par exemple, sur la sécurité domestique ou la sécurité routière).

▸ À côté des outils traditionnels, comme le cahier, le manuel ou le dictionnaire, **le numérique offre des supports multimédias qui ouvrent sur le monde,** initient à d'autres modes de lecture et d'écriture par liens hypertexte, et à des domaines de création artistique révolutionnaires à travers la vidéo et l'image en général. Les élèves peuvent travailler sur ordinateur, sur tablette tactile ou à l'aide d'un tableau numérique qui permet d'enregistrer les différentes étapes d'un travail et de mettre en commun un travail collectif.

▸ **Ces outils en milieu scolaire sont financés par les collectivités locales** et sont organisés en réseaux protégés sous la forme d'espaces numériques de travail (ENT) qui permettent de sécuriser l'usage d'Internet contre les intrusions de contenus inappropriés, mais aussi de protéger les données privées des élèves, leur image et leurs travaux.

▸ Cette utilisation scolaire du numérique pose deux questions essentielles : **leur rôle innovant dans les apprentissages,** d'une part, et **leur soumission à des règles d'usage** qui préparent aux responsabilités éthiques et civiques, d'autre part.

▸ Le rôle pédagogique des technologies de l'information et de la communication (TIC) peut conduire à distinguer les compétences proprement numériques, qui constituent une « culture numérique », et l'application de ces compétences aux disciplines traditionnelles. En fait, elles se rejoignent dans leur mise en œuvre, dans la mesure où le numérique n'est pas une discipline en soi mais un ensemble d'outils appliqués aux autres disciplines. Ainsi, le traitement de texte doit être mobilisé pour la production d'écrits, la présentation d'exposés ou la mise en forme de documents comme des tableaux ou des schémas.

▶ **Les compétences dites « numériques » sont inventoriées dans le socle commun,** principalement dans le deuxième domaine « Les méthodes et outils pour apprendre ». Il s'agit d'apprendre à utiliser les outils ou moteurs de recherche sur Internet, à choisir et confronter les sources fiables, à organiser et mettre en forme les informations récoltées. À cette condition, l'information peut devenir connaissance maîtrisée et savoir construit.

▶ Le premier domaine sur les langages engage même à une connaissance des algorithmes permettant la programmation informatique. Cet enseignement devrait rendre les futurs adultes capables de contrôler et d'élaborer les techniques élémentaires du numérique. Il peut commencer au cycle 3, mais concerne surtout le collège.

▶ Créé en 2000, le brevet informatique et Internet (B2i) donnait une liste plus détaillée des compétences numériques à travers **cinq domaines :**
– s'approprier un environnement informatique de travail ;
– adopter une attitude responsable ;
– créer, produire, traiter, exploiter des données ;
– s'informer, se documenter ;
– communiquer, échanger.

▶ **En 2019, le B2i est remplacé par un « Cadre de référence des compétences numériques »** (décret n° 2019-919 du 30 août 2019) qui définit cinq domaines de compétences :
– information et données ;
– communication et collaboration ;
– création de contenus numériques ;
– protection et sécurité ;
– environnement numérique.

▶ Son évaluation s'opère selon huit niveaux, du cycle 3 jusqu'à l'âge adulte. En fin de cycle 3, l'équipe pédagogique évalue et certifie le premier niveau acquis par les élèves.

❷ Une éducation au numérique formatrice, mais qui a un impact

▶ Le socle commun, comme le cadre de référence, fait **une place importante aux compétences éthiques et au respect des règles d'usage.** Cela introduit la dimension civique et le rôle du numérique dans l'éducation à la citoyenneté.

▶ D'abord, l'usage du numérique oblige au **respect de règles élémentaires du droit,** comme le respect de la vie privée, le respect du droit d'auteur contre le plagiat, ou le respect du droit à l'image.

▶ En milieu scolaire, le numérique et l'accès à Internet obligent à une **protection de l'enfance** qui interdit l'intrusion de sites inappropriés liés à la violence ou à la sexualité.

▶ Ils obligent aussi au **respect de la vérité et de l'objectivité.** En ce sens, l'école doit apprendre aux élèves à contrôler leurs sources, leur fiabilité et leur objectivité, afin de lutter contre les « *fake news* » ou les « théories du complot ». Cette exigence de fiabilité et d'objectivité détermine une qualité essentielle du futur citoyen dans son accès à l'information des médias, en fondant ses jugements et ses décisions sur des informations fiables, échappant ainsi aux manipulations ou campagnes de désinformations fréquentes sur les réseaux sociaux transformés en outils de propagande.

▸ Cette qualité civique et éthique s'appuie sur le développement de l'esprit critique, par la confrontation des sources, des documents et des témoignages, et par une prudence à l'égard des rumeurs infondées.

▸ **Le respect de ces règles d'usage permet de s'exercer au respect du droit et de la loi** et de préparer à une citoyenneté responsable. Ces règles assurent le respect de soi par le droit à l'image et la protection des données privées, et le respect d'autrui par le refus du plagiat, l'interdiction de la diffamation et de l'insulte – ce qui doit permettre de lutter contre le fléau du **cyberharcèlement** sur les réseaux sociaux. Car, si le numérique ouvre de riches possibilités à la citoyenneté, il recèle aussi des dangers.

▸ Le numérique enrichit considérablement **la liberté d'information et de communication** en dehors des institutions. Il offre un espace de démocratie directe, qui permet à l'élève de participer au blog de l'école, de tenir une publication en ligne ou d'échanger avec d'autres écoles et d'autres pays. Cela favorise les partenariats au sein de la communauté éducative, avec les parents en particulier, mais contribue aussi, au sein de l'école, au sentiment d'appartenance et à une communication plus souple et rapide (par exemple, pour informer un élève malade ou pour collaborer à un projet à distance). Le numérique facilite la prise de responsabilité et d'initiative, l'autonomie et la vie collective.

▸ Mais **le numérique présente aussi des menaces de violences verbales et morales,** d'expressions excessives, de mise en danger de sa vie privée, voire de sa sécurité.

▸ La grande liberté qu'il permet doit s'accompagner d'une aussi grande responsabilité dans ce qu'on va y chercher et dans ce qu'on y publie. Par ces deux aspects contraires, le numérique projette déjà l'élève dans la « vraie vie » de citoyen en lui offrant à la fois les moyens techniques de l'information et de la communication d'une future démocratie, mais aussi les valeurs qui doivent l'encadrer. En fait partie l'exigence d'égalité d'accès et de compétences numériques que l'école doit assurer à tous les élèves dans le cadre de la culture commune.

❸ Les avantages pédagogiques du numérique en classe

▸ **Le numérique apporte d'abord une incontestable motivation de par l'aspect souvent ludique de ses outils.** En cela, il permet, parfois, de remettre dans les apprentissages des élèves qui s'ennuient ou décrochent avec les méthodes traditionnelles.

▸ Le numérique s'inscrit dans la ligne des méthodes actives et interactives. Pourtant, on ne peut ignorer qu'ici aussi le numérique présente **un danger de dispersion et de « zapping »** que l'école doit endiguer par l'exercice de la concentration. En cela, le numérique ne peut totalement remplacer les activités traditionnelles, comme l'écriture ou la lecture d'un livre, qui contrebalancent la tendance à la dispersion du multimédia.

▸ Le numérique, outre la motivation, favorise **l'efficacité des apprentissages.** Le Service public numérique éducatif, par le biais de sa banque de données, met à disposition des vidéos de sciences ou des logiciels didactiques qui, en français ou en mathématiques, facilitent la décomposition des tâches ou la construction d'une compétence par étapes, en s'inspirant de la pédagogie par objectifs. Ces outils facilitent aussi **le travail collaboratif,** par exemple en géométrie sur tablettes.

▶ **Ces outils facilitent les démarches par essais et erreurs,** ou la confrontation de stratégies de résolution de problèmes. Ils permettent aussi une autoévaluation et une autorégulation des progressions plus individualisées. En ce sens, le numérique contribue grandement à **la différenciation des apprentissages :** d'abord, par la diversité des supports multimédias, qui, notamment pour les élèves à besoins particuliers, peuvent mieux s'adapter à certains handicaps ou à des profils différents d'apprentissages, visuels, auditifs ou kinesthésiques ; ensuite, par la diversité des formes de travail, individuels ou en petits groupes.

▶ Ces outils permettent de **différencier les rythmes** en laissant à l'élève le contrôle de sa progression, éventuellement avec des retours en arrière ou, au contraire, en sautant des étapes.

▶ Enfin, ils peuvent **différencier les modes d'évaluation,** soit en appelant à la vérification par l'enseignant, soit en permettant la co-évaluation ou l'autoévaluation.

▶ Le numérique contribue à **l'autonomie et à l'interactivité** – ce qui laisse une grande souplesse dans l'organisation de la classe et permet de mieux adapter son enseignement aux besoins particuliers des élèves.

▶ Enfin, notons que le numérique **ouvre sur l'extérieur de la classe,** en particulier avec la classe inversée qui permet de préparer à la maison les apprentissages de la classe.

CE QU'IL FAUT RETENIR DE L'USAGE DU NUMÉRIQUE À L'ÉCOLE PRIMAIRE

• Le numérique à l'école fait l'objet d'autant d'espoirs que de craintes.
• Les craintes sont réelles d'un « zapping » croissant, d'un affaiblissement des « fondamentaux » scolaires, d'une perte de crédit et d'autorité du savoir scolaire et de ses enseignants. Certains craignent même que l'ordinateur ne remplace un jour le professeur. Sans parler des inquiétudes concernant la sécurité et la protection des élèves.
• C'est là un défi que les espoirs soulevés doivent relever : par une meilleure maîtrise de ces outils par les enseignants, par le passage du « gadget » ludique à un véritable outil pédagogique, par une meilleure intégration aux « routines » de la classe, et par une responsabilisation éthique des élèves.

Entretien • Questions possibles

QUESTION 1

Y a-t-il dans les programmes un horaire prévu pour enseigner le numérique ?

Non, car le numérique n'est pas une discipline, mais un outil transversal au service de toutes les disciplines. Cependant, on peut étudier, en technologie, la conception et les usages des outils numériques.

QUESTION 2

Peut-on utiliser en classe un support numérique (DVD ou vidéo Youtube®) ?

Non. Même si cela se fait souvent, rappelons que la classe et l'école sont des lieux publics où l'usage de supports numériques soumis à des droits requiert une autorisation ou le paiement de droits d'auteurs.

QUESTION 3

Faut-il enseigner à l'école le code et la programmation ?

Oui. L'enseignement de l'informatique (codage, algorithmique) est introduit au collège, et une sensibilisation au code est proposée dès l'école primaire (Éduscol – Le plan numérique pour l'éducation).

QUESTION 4

En classe, peut-on laisser les élèves faire librement des recherches sur Internet ?

Oui, mais l'école doit avoir équipé l'accès Internet d'un dispositif de filtrage des sites pour assurer la protection des élèves contre des sites dangereux ou inappropriés.

THÈME 5

Les parcours éducatifs

Questions

1. Explicitez les finalités poursuivies à l'école par l'instauration des parcours éducatifs.
2. En quoi ces parcours amènent-ils à renforcer la continuité entre les cycles ? Comment peut s'opérer la mise en œuvre de ces parcours au niveau de la liaison inter-cycle ?
3. À travers quels types d'activités en classe peut-on participer à ces parcours ?

Réponses

1 Les objectifs des parcours éducatifs

▸ **Les parcours éducatifs prolongent la volonté de donner du sens aux apprentissages,** comme dans la démarche de projet. Ils permettent à l'élève de mieux s'approprier la finalité et la progressivité de ses apprentissages. Ils permettent à l'institution d'éviter la dispersion et de se recentrer sur les priorités éducatives, en y intégrant les objectifs d'instruction, dans l'esprit du socle commun.

▸ **Les parcours éducatifs assurent une continuité de l'école au lycée** autour de quatre finalités :
– **avenir ;**
– **art et culture ;**
– **santé ;**
– **citoyenneté.**
Ils permettent une personnalisation des parcours scolaires dans un esprit « curriculaire ».

▸ Leurs finalités sont les suivantes : **cohérence, continuité, transversalité et autonomie.** Ils aident à lutter contre les inégalités dans ces quatre domaines majeurs.

2 Les parcours éducatifs renforcent la continuité entre les cycles

▸ Une des principales difficultés est d'assurer la continuité entre les cycles et entre l'école, le collège et le lycée.

▸ Au sein de l'école, **le conseil de cycle peut définir les priorités locales et les projets adaptés aux programmes du cycle**. Le conseil de maîtres doit harmoniser les projets de cycles et les unifier dans le cadre du projet d'école, afin que les cycles 1, 2 et 3 soient perçus comme une continuité par les élèves.

▸ **Le conseil École-Collège prend le relais pour assurer la cohérence du cycle 3** et anticiper la suite des parcours au cycle 4. La perspective du Brevet en fin de 3e et l'adossement au socle commun renforcent la cohérence et la progressivité des parcours.

▸ L'ouverture aux familles et aux partenaires extérieurs aide à la continuité de ces parcours, en particulier avec les activités périscolaires dans le cadre du projet éducatif territorial (PEDT).

❸ Les types d'activités liées aux parcours éducatifs

▸ **Les parcours ne remplacent pas les apprentissages prévus par les programmes** mais s'appuient sur eux et leur donnent un sens global.

▸ Par exemple, en CM2, on peut s'appuyer sur l'enseignement de la Seconde Guerre mondiale en histoire pour nourrir le parcours citoyen, avec des repères et des valeurs (liberté, lutte contre les discriminations, engagement et Résistance), et le parcours artistique et culturel (chants de la Résistance, œuvres picturales et cinématographiques).

▸ De même, dès le cycle 2, un projet d'éducation aux médias et au numérique peut permettre de développer des compétences :
– d'esprit critique ;
– de responsabilité (parcours citoyen) ;
– de protection du sommeil ;
– de prévention des addictions (parcours santé) ;
– d'étude de l'histoire des arts ou de créations numériques (parcours artistique et culturel).

CE QU'IL FAUT RETENIR DES PARCOURS ÉDUCATIFS

• L'instauration des parcours éducatifs renforce les priorités éducatives tout en modulant les formations selon les besoins du terrain et des élèves.
• Ils aident l'élève à mieux s'approprier son parcours scolaire et à donner du sens à ses apprentissages.
• Ils aident les enseignants à mieux travailler en équipes et à concevoir leurs enseignements dans une perspective longue et différenciée.

Entretien • Questions possibles

QUESTION 1

Les parcours éducatifs doivent-ils avoir une plage horaire dans l'emploi du temps ?

Non. Les parcours sont transversaux et interdisciplinaires ; ils s'intègrent donc aux emplois du temps disciplinaires au moyen d'une démarche de projet.

QUESTION 2

Comment associer les familles aux parcours éducatifs ?

– En les informant lors de la réunion de rentrée des projets mis en place.
– En les invitant aux sorties, expositions ou spectacles liés aux parcours.
– En leur proposant de s'associer, à la maison, aux compétences développées par ces parcours (sommeil, alimentation, numérique, responsabilités…).
– En les informant par le biais du livret scolaire unique (LSU) ou de l'application FOLIOS des progrès de leur enfant dans le parcours.

QUESTION 3

Comment aider l'élève à s'approprier un parcours ?

– En l'informant clairement sur les objectifs à court et long termes du parcours.
– En l'intégrant à un travail collectif dans un projet.
– En lui donnant des responsabilités et des objectifs personnels. En valorisant ses contributions et ses progrès.
– En l'aidant à s'autoévaluer.
– En affichant clairement la continuité et la collaboration entre cycles.

QUESTION 4

Ces parcours ne sont-ils pas redondants avec l'éducation à la santé, à l'alimentation et au goût, à la sécurité, au développement durable, aux médias, à la sexualité et autres éducations transversales ?

Il est vrai que la multiplication des dispositifs peut semer la confusion. Mais, d'une part, ils insistent de façon récurrente sur les priorités éducatives du système scolaire. D'autre part, ils convergent, et les parcours permettent de structurer ces divers besoins éducatifs fondamentaux.

THÈME 6

Continuité école-collège

Questions

1 Précisez l'importance de la continuité école-collège pour les élèves, indiquez par quels moyens cette liaison peut se mettre en place et répondez à la question « Comment une école peut-elle concrètement œuvrer à la liaison avec le collège ? ».

2 Quels sont les moyens dont disposent les équipes pour mettre en place cette continuité ?

3 Comment l'école peut-elle œuvrer concrètement à la liaison avec le collège ?

Réponses

1 L'importance de la continuité école-collège

▸ **La loi d'orientation de 2013 a réaffirmé le principe des cycles d'enseignement.** Toutefois, ceux-ci ont été repensés de manière à « regrouper toutes les classes de maternelle dans un cycle unique et assurer une meilleure continuité pédagogique entre l'école et le collège en instaurant un cycle CM2-6e ». La loi précisait que la mise en place d'un conseil école-collège devait faciliter la transition entre le primaire et le collège et que les dispositifs d'aide à destination des élèves en difficulté seraient revus dans le but de mieux prendre en compte la diversité des situations. Les dispositions prévues n'ont pas été modifiées par la loi dite « pour l'école de la confiance » de 2019.

▸ **Le découpage en cycles doit contribuer aux transitions entre école maternelle, école élémentaire et collège** en organisant les nécessaires ruptures (pour permettre aux enfants de grandir) et les continuités (pour leur permettre d'apprendre au mieux). En ce sens, le décret du 24 juillet 2013 a prévu de repenser le cycle 3 en y intégrant la classe de 6e. Ce nouveau « cycle de consolidation », constitué du CM1, du CM2 et de la 6e, a été mis en place à la rentrée de 2016.

▸ Le « passage au collège » se traduit d'abord par la nécessité d'aider chaque élève à affronter une rupture correspondant à un changement d'établissement scolaire et à de nouvelles modalités de travail par disciplines avec des enseignants différents pour chacune d'elles.

▸ La continuité école-collège doit assurer à chaque élève une réelle continuité de ses apprentissages de façon que chacun puisse atteindre les objectifs fixés par le socle commun.

▸ Comme l'indique le site du ministère : « Le passage de l'école au collège est un moment clé de la scolarité. Avec la mise en place du socle commun, un continuum, de l'école au collège, est renforcé pour les élèves de 3 à 16 ans. »

❷ Les moyens des équipes pour mettre en place la continuité école-collège

▶ Dans un premier temps, il existe **des moyens pour favoriser les apprentissages.**

▶ Depuis la rentrée 2016, **le livret scolaire de l'élève (LSU : livret scolaire unique)** est construit sur un format national identique du CP à la 3e. Il doit permettre d'assurer un suivi progressif de l'élève. Les compétences du socle commun s'acquièrent sur l'ensemble de la scolarité obligatoire. Ce livret « facilite la démarche de personnalisation de l'enseignement par les professeurs ». C'est, en outre, pour les familles et l'élève lui-même, « un support d'information sur le parcours de l'élève et un outil de dialogue avec l'équipe enseignante ».

▶ **Les ressources proposées par le ministère pour les évaluations** apportent un complément d'informations sur les acquis et les lacunes constatées, qui vont permettre de mettre en place des dispositifs d'aides adaptés.

▶ La mise en place d'un conseil école-collège permet de renforcer cette continuité pédagogique.

▶ Des commissions de liaison sont chargées de définir « les modalités des aides qui pourront être apportées aux élèves entre leur sortie de l'école primaire et la fin de la classe de 6e ». Présidées par l'inspecteur de l'Éducation nationale et le principal du collège, elles sont composées des PE des classes de CM2 des écoles du secteur et des professeurs principaux de 6e.

▶ Ainsi, **un programme personnalisé de réussite éducative (PPRE),** dit passerelle, est défini. Il s'appuie sur le livret de compétences et les résultats aux évaluations de CM2 pour « déterminer les objectifs d'apprentissage prioritaires et les modalités de poursuite des aides au collège. Il est une alternative au redoublement ».

▶ Des **stages de remise à niveau d'été** peuvent être recommandés, la dernière session s'effectuant dans les locaux du collège d'affectation.

▶ Par ailleurs, les élèves de 6e suivront, en cas de besoin, **deux heures d'accompagnement personnalisé (AP)** entièrement dévolues à la fluidité de lecture et à la compréhension.

▶ Dans un second temps, on peut revenir sur les **moyens pour favoriser le travail des enseignants.**

▶ Cela passe par une **meilleure connaissance des attendus, des contenus et des programmes respectifs.** Les professeurs de collège, notamment ceux de 6e, doivent être informés de la pédagogie de l'école primaire de la même façon que les professeurs des écoles doivent connaître les méthodes de travail utilisées par leurs collègues de 6e. « De tels échanges sont utiles pour que les représentations des uns et des autres fassent place à une connaissance de la réalité des objectifs et des exigences de chaque niveau. »

▶ L'application LPC permet aux professeurs de 6e d'éditer des **synthèses des acquis de chaque classe.** Ces synthèses « sont des supports opérationnels pour piloter la pédagogie de la classe, adapter les progressions et configurer les groupes de compétences ».

❸ Les moyens de l'école pour œuvrer à la liaison avec le collège

▶ Pour réussir au collège, les élèves doivent être formés à ses exigences méthodologiques.

▶ Au cycle 3, il convient donc d'**aider les élèves à progresser en autonomie dans l'organisation du travail, la gestion du temps, la préparation de leurs affaires.** Les professeurs des écoles pourront donc proposer « dans le cadre et hors cadre de la classe des activités diverses plusieurs jours à l'avance, les familiariser avec l'utilisation d'un cahier de textes.

▶ L'entraînement à une copie rapide sans erreur, à une bonne compréhension des consignes doit s'accompagner d'une harmonisation, notamment entre enseignants de l'école et du collège, du lexique utilisé dans chaque discipline, « en particulier du vocabulaire grammatical, mathématique et scientifique ».

THÈME 7

L'accompagnement des élèves

Question

Précisez ce que l'on entend par accompagnement des élèves. Quels sont les différents dispositifs d'aide et leurs enjeux, et quelle est la spécificité de l'intervention des RASED ?

Réponse

▸ On parle aujourd'hui d'école inclusive et d'« élèves à besoins éducatifs particuliers ». La loi de 2019 dite « pour l'école de la confiance » consacre son chapitre IV à ce sujet. Pour permettre une scolarisation adaptée à tous les élèves, il est nécessaire de faire appel à des ressources et dispositifs concernant l'adaptation (différenciation, aide personnalisée complémentaire, programme personnalisé de réussite éducative (PPRE), aide du réseau d'aides spécialisées aux élèves en difficulté (RASED), etc.) et à ceux relatifs à l'intégration ou à l'inclusion qui intéressent les élèves présentant des troubles d'apprentissage, ceux en situation de handicap mais aussi les élèves nouvellement arrivés en France, etc.

▸ **La notion d'aide et d'accompagnement spécifique répond aux besoins de chaque élève.** Ainsi, la circulaire de 2014 sur les RASED rappelle que « la loi n° 2013-595 du 8 juillet 2013 d'orientation et de programmation pour la refondation de l'école de la République reconnaît que tous les enfants partagent la capacité d'apprendre, de progresser et de réussir, affirme l'objectif d'inclusion scolaire de tous les élèves et intègre la prise en compte de la difficulté scolaire qu'elle entend réduire. » La circulaire précise que « l'objectif de l'école est de développer les potentialités de tous les élèves, de les conduire à la maîtrise du socle commun de connaissances, de compétences et de culture en assurant pour chacun d'entre eux les conditions de réussite. Au sein de chaque cycle d'enseignement, des dispositions appropriées sont mises en œuvre par l'équipe pédagogique pour prendre en compte les potentialités et les besoins de chaque élève. Dès qu'un élève rencontre une difficulté dans ses apprentissages scolaires, une aide lui est apportée à l'école. »

▸ De la même façon, on peut lire dans le décret de 2014 : « Pour soutenir la capacité d'apprendre et de progresser de tous les élèves des écoles publiques et mettre en œuvre le principe d'inclusion mentionné à l'article L. 111-1, ceux-ci bénéficient dans leurs apprentissages scolaires d'un accompagnement pédagogique qui répond à leurs besoins. »

▸ « La première mesure de personnalisation du parcours scolaire à l'école est la pédagogie différenciée mise en œuvre par le maître au quotidien dans la classe. »

▸ La circulaire de rentrée de 2010 rappelle, en cela, les textes de 2008 initiant deux heures d'aide personnalisée et les stages de remise à niveau pour les élèves en difficulté.

▸ L'aide personnalisée a fait place, depuis 2013, aux APC (activités pédagogiques complémentaires). Elles sont organisées dans le cadre du projet d'école et peuvent apporter une aide aux élèves en difficulté dans leurs apprentissages.

▶ Il convient de préciser que la mesure de dédoublement des classes de CP dans les REP+ de 2017 a été étendue aux CE1 et aux REP en 2018. Ces dédoublements doivent aussi concerner les classes de grande section de maternelle en éducation prioritaire dès la rentrée 2020.

▶ Le *Bulletin officiel de l'Éducation nationale* du 1er septembre 2005 définit le programme personnalisé de réussite éducative (PPRE) comme cadre de mise en cohérence des actions d'aide. Ainsi, « à tout moment de la scolarité élémentaire, lorsqu'il apparaît qu'un élève ne sera pas en mesure de maîtriser les connaissances et les compétences indispensables à la fin du cycle, le directeur d'école propose aux parents ou au représentant légal de l'enfant de mettre en place un (tel) dispositif. »

▶ Un accompagnement pédagogique spécifique est organisé notamment pour les enfants présentant des troubles des apprentissages à travers la mise en place d'un Plan d'accompagnement personnalisé (PAP) et pour les élèves en situation de handicap à travers l'organisation d'un projet personnalisé de scolarisation (PPS).

▶ En cas de besoin, le professeur des écoles peut avoir recours à l'aide des enseignants spécialisés des RASED. Un RASED, rappelons-le, est composé d'un enseignant spécialisé dont les interventions sont à dominante pédagogique, d'un enseignant spécialisé chargé des interventions à dominante rééducative et d'un psychologue de l'Éducation nationale. Ce dispositif a notamment des missions de prévention et de remédiation.

▶ **La mission de prévention s'exerce prioritairement à l'école maternelle.** L'action de remédiation s'exerce à tout moment de la scolarité.

▶ L'action du RASED est circonscrite dans le temps et associe les parents des élèves concernés. Elle donne lieu à un document écrit.

▶ Les derniers textes officiels insistent sur d'autres missions du dispositif, notamment un travail de liaison et de coordination permettant le suivi du parcours des élèves de classes de 6e ayant rencontré des difficultés à l'école élémentaire. Les RASED constituent également une ressource et un appui pour l'équipe enseignante dans les relations et les entretiens avec les familles des élèves en difficulté ou en situation de handicap.

▶ Ils contribuent aussi à l'élaboration et à la mise en œuvre des plans d'accompagnement personnalisés (PAP). Ils participent au suivi des projets personnalisés de scolarisation (PPS).

THÈME 8

Le climat scolaire

Questions

❶ **Précisez la place des sanctions et punitions à l'école.**

❷ **Comment travailler en équipe à instaurer un climat scolaire serein ?**

❸ **En quoi la mise en place du socle commun produit-elle des effets sur le climat scolaire ?**

Réponses

❶ La place des sanctions et punitions à l'école

▶ Rappelons qu'en passant de la famille à l'école, **l'enfant entre dans une communauté de pairs soumis à une même règle, égale pour tous.** Il apprend à se comporter sans privilèges ni préférences. Les règles scolaires préparent l'enfant à la vie en société. Elles visent essentiellement deux objectifs : la socialisation et les apprentissages.

▶ Les règles communes à l'école se trouvent dans le règlement intérieur : horaires, tenue, objets interdits… Dans la classe, l'élaboration collective des règles facilite leur compréhension par les élèves, qui peuvent y obéir de façon plus responsable. C'est aussi un apprentissage de la citoyenneté démocratique et de l'autonomie morale (obéir à la loi qu'on s'est donnée).

▶ **L'école est avant tout un lieu d'éducation.** En ce sens, elle doit donner priorité à la prévention, par une éducation à la loi, au respect d'autrui, à la tolérance. Mais la discipline doit prévoir les cas où la prévention ne suffit pas, et où une sanction s'impose.

▶ Le règlement type départemental de l'académie de Paris distingue dans deux paragraphes différents les sanctions à prévoir pour l'école maternelle et pour l'école élémentaire. Dans l'un et l'autre cas, tout châtiment corporel est interdit.

▶ « Aucune sanction ne peut être infligée à l'école maternelle. » On pourra cependant isoler temporairement un élève.

▶ À l'école élémentaire, la sanction renvoie d'abord au travail insuffisant. « Les manquements au règlement intérieur de l'école, […] toute atteinte à l'intégrité physique ou morale des autres élèves ou des adultes dans l'école peuvent donner lieu à des réprimandes qui sont, le cas échéant, portées à la connaissance des familles. »

▶ Là encore, un élève peut être temporairement isolé, sous la surveillance d'adultes. Il ne peut être privé totalement de récréation à titre de punition. Cette dernière phrase illustre à elle seule l'accent mis sur les besoins de l'enfant et l'obligation de l'école de « tout mettre en œuvre pour que son épanouissement y soit favorisé ».

▶ Signalons que pour l'école maternelle comme pour l'école élémentaire, en cas de difficultés particulièrement graves affectant le comportement de l'élève dans son milieu scolaire, sa situation doit alors être soumise à l'examen de l'équipe éducative. Une décision de retrait provisoire à l'école maternelle ou de changement d'école à l'école élémentaire peut être prise. Le dialogue avec les familles doit être recherché en permanence.

▸ Le règlement type de l'académie de Paris rappelle que « le règlement intérieur de l'école peut prévoir toute forme d'encouragement qu'il jugera opportun d'attribuer aux élèves. » Faut-il rappeler qu'à l'origine, sanctionner peut être utilisé positivement ?

▸ **La place des sanctions et punitions doit apparaître dans une dynamique de prévention plutôt** que de répression et dans une dimension éducative.

❷ L'instauration d'un climat scolaire serein

▸ **L'instauration d'un climat scolaire serein passe par la nécessité d'un travail d'équipe.** Le guide du ministère de l'Éducation nationale « Agir sur le climat scolaire à l'école primaire » donne des indications dans ce sens. Une cohésion des équipes éducatives, avec une direction impliquée dans le travail éducatif, l'existence de procédures de régulation des conflits, un projet de fonctionnement clair et cohérent donnant lieu à évaluation et remédiation sont autant de « facteurs protecteurs » pour un climat scolaire positif.

▸ L'équipe se retrouve engagée dans **la mise en place d'un cadre protecteur,** via le règlement intérieur de l'école. Ce cadre doit être respecté grâce à « l'instauration de normes ou d'attentes communes vis-à-vis des comportements ». Les règles doivent ainsi être « explicites et explicitées à partir du règlement intérieur [...] en termes d'interdits, d'obligations et de droits qui doivent permettre la protection et l'affirmation des élèves. » Ces règles doivent être appliquées de manière équitable. On ne doit plus permettre que « des punitions soient appliquées de manière arbitraire ou différente selon l'adulte présent », et il est impératif d'exclure tout recours aux punitions collectives. L'ensemble des adultes assume son autorité et sa responsabilité : « les transgressions des interdits ou des règles sont traitées par des punitions et des réponses éducatives adaptées. »

❸ Les effets de la mise en œuvre des programmes et du socle commun sur le climat scolaire

▸ On peut mettre en parallèle la partie 3 de la présentation du programme de l'école maternelle : « Une école où les enfants vont apprendre ensemble et vivre ensemble » et les volets 2 des programmes de l'école élémentaire : « contributions essentielles des disciplines au socle commun dans le domaine 3. La formation de la personne et du citoyen ».

▸ **L'acceptation de règles est une condition sine qua non de l'évolution de l'enfant** et de son intégration dans la société. Les programmes définissent ainsi une progression entre la fin de l'école maternelle, où l'enfant est capable de respecter les autres et les règles de la vie commune, en étant progressivement conduit « à participer à une élaboration collective de règles de vie adaptées à l'environnement local ». Au cycle 2, l'enseignement moral et civique « vise à faire comprendre comment et pourquoi sont élaborées les règles », et au cycle 3, cet enseignement « assure principalement la compréhension de la règle de droit ».

▸ La mise en œuvre des programmes disciplinaires en vue de la mise en place du socle commun doit produire des effets sur le climat scolaire. On peut citer ainsi des passages des textes officiels :
- « L'ensemble des disciplines doit contribuer à développer la confiance en soi et le respect des autres.

• L'éducation physique et sportive permet tout particulièrement de travailler sur ce respect, sur le refus des discriminations, l'application des principes de l'égalité fille/garçon.
• Par la prise de parole en langue vivante et l'écoute régulière des autres dans le cadre de la classe, l'apprentissage de langues vivantes étrangères renforce la confiance en soi, le respect des autres, le sens de l'engagement et de l'initiative et ouvre aux cultures qui lui sont associées, ce qui permet de dépasser les stéréotypes et les clichés pour favoriser le vivre-ensemble. [...]
• Tous les champs disciplinaires contribuent à la formation du jugement. En histoire plus particulièrement, l'élève est amené à distinguer histoire et fiction. [...]
• L'enseignement moral et civique permet de réfléchir au sens de l'engagement et de l'initiative qui trouve à se mettre en œuvre dans la réalisation de projets et dans la participation à la vie collective de l'établissement. [...] Confronté à des dilemmes moraux simples, à des exemples de préjugés, à des réflexions sur la justice et l'injustice, l'élève est sensibilisé à une culture du jugement moral : par le débat, l'argumentation, l'interrogation raisonnée, l'élève acquiert la capacité d'émettre un point de vue personnel, d'exprimer ses sentiments, ses opinions, d'accéder à une réflexion critique, de formuler et de justifier des jugements, il apprend à différencier son intérêt particulier de l'intérêt général, est sensibilisé à un usage responsable du numérique. »

▸ On pourra souligner la nécessité de prendre en compte l'aspect complexe du climat scolaire en tenant compte de l'interdépendance des différents facteurs mis en évidence par le guide « Agir sur le climat scolaire à l'école primaire ».

CE QU'IL FAUT RETENIR SUR LE CLIMAT SCOLAIRE

• Comme le rappelle le site du réseau Canopé[1] : « le climat scolaire concerne toute la communauté éducative : élèves, personnels, parents. C'est une responsabilité collective. C'est la construction du bien vivre et du bien-être pour les élèves et le personnel de l'école. Le défi est d'implanter des pratiques dans le quotidien. »
• Le guide du ministère de l'Éducation nationale « Agir sur le climat scolaire à l'école primaire » précise que « le climat scolaire relève de sept facteurs interdépendants sur lesquels il est possible d'agir :
1. La dynamique et les stratégies d'équipe, pour briser la solitude dans la classe ;
2. Les stratégies pédagogiques en faveur de l'engagement et de la motivation des élèves ;
3. Un cadre et des règles explicites et explicitées ;
4. Prévenir les violences et le harcèlement ;
5. La coéducation avec les familles ;
6. Le lien avec les partenaires ;
7. La qualité de vie à l'école : organiser le temps et l'espace. »

1. Consultez le site Internet en flashant le QR Code ci-contre.

BIBLIOGRAPHIE GÉNÉRALE

Approches philosophiques de l'éducation

Montaigne, *De l'institution des enfants* (in *Essais*, I, XXVI), Mille et une nuits, 2002.

Rousseau J.-J., *Émile ou De l'éducation*, Garnier-Flammarion, 1994.

Kant E., *Réflexions sur l'éducation*, Vrin, 1990.

Durkheim E., Éducation *et sociologie*, PUF, 2005.

Alain, *Propos sur l'éducation*, PUF, 2005.

Reboul O., *La philosophie de l'éducation*, « Que sais-je ? », PUF, 2010.

Gauchet M., Blais M.-C., Ottavi D., *Transmettre, apprendre*, Stock, 2014.

Approches pédagogiques de l'enseignement à l'école

Enseigner et apprendre

Amadieu F. et Tricot A., *Apprendre avec le numérique, mythes et réalités*, Retz, 2014.

Astolfi J.-P., *La saveur des savoirs*, ESF, 2008.

Bachelard G., *La formation de l'esprit scientifique*, Vrin, 1970.

Barth B.M., *L'apprentissage de l'abstraction*, Retz, 1989.

De Vecchi G., *Aider les* élèves à *apprendre*, Hachette Éducation, 2014.

Meirieu P., *Apprendre, oui mais comment ?* ESF, 1992.

Perrenoud P., *Métier d'élève et sens du travail scolaire*, ESF, 2010.

Zerbato Poudou M.T. et Amigues R., *Comment l'enfant devient élève, les apprentissages* à *la maternelle*, Retz, 2009.

Courants pédagogiques

Houssaye J. (dirigé par), *Quinze pédagogues. Leur influence aujourd'hui*, A. Colin, 1994.

Ruano-Borbolan J.-C. (dirigé par), *Éduquer et former*, éd. Sciences humaines, 1998.

Resweber J.-P., *Les pédagogies nouvelles*, PUF, « Que sais-je ? », 2007.

Montessori M., *De l'enfant* à *l'adolescent*, Desclée de Brouwer, 2006.

Freinet C., *L'éducation du travail*, Delachaux et Niestlé, 1987.

Toute la collection des « Portraits d'éducateurs » chez Hachette Éducation est conseillée *(Lev Vygotski ; Henri Wallon ; Janusz Korczak ; Célestin Freinet ; Gaston Bachelard ; François Guizot ; Ferdinand Buisson).*

Psychologie de l'enfant

Bautier E. et Rochex J.-Y., *Henri Wallon, l'enfant et ses milieux*, Hachette Éducation, 1999.

Blaye A. et Lemaire P. (dirigé par), *Psychologie du développement cognitif de l'enfant*, De Boeck, 2007.

Bourgeois E. et Chapelle G. (dir.), *Apprendre et faire apprendre*, PUF, 2006.

Bruner J.S., *Le développement de l'enfant, savoir faire, savoir dire*, PUF, 1983.

Crahay M. et Dutrévis M., *Psychologie des apprentissages scolaires*, De Boeck, 2015.

Dehaene S., *Apprendre, les talents du cerveau, le défi des machines*, Odile Jacob, 2018.

Doise W. et Mugny G., *Le développement social de l'intelligence*, Inter-Éditions, 1981.

Ferrand L., Lété B. & Thevenot C., *Psychologie cognitive des apprentissages scolaires – Apprendre à lire, écrire, compter*, Dunod, 2018.

Gaonac'h D. et Golder C., *Manuel de psychologie pour l'enseignement*, Hachette Éducation, 1999.

Houdé O., *La psychologie de l'enfant*, Que sais-je ?, 2017.

Miljkovitch R., Morange-Majoux F. & Sander E., *Psychologie du développement*, Elsevier Masson, 2017.

Piaget J., Inhelder B., *La psychologie de l'enfant*, PUF, « Que sais-je ? », 1978 (2e édition).

Vergnaud G., *Lev Vygotski, pédagogue et penseur de notre temps*, Hachette Éducation, 2000 (plus simple à lire).

Vygotski L., *Pensée et langage*, La Dispute, 1997.

Wallon H., *L'évolution psychologique de l'enfant*, A. Colin, 1988.

Weil-Barais A. (dir.), *Les apprentissages scolaires*, Bréal, 2004.

Développement de l'enfant

Bullinger A., *Le développement sensori-moteur de l'enfant et ses avatars,* Tome 1, Eres, 2004.

Deldime R., Vermeulen S., *Le développement psychologique de l'enfant,* De Boeck, 2007.

Vuilleumier L., Moulis-Wyndels B., Vuilleumier-Frutig A., Bickle-Graz M., *Le développement sensori-moteur de l'enfant. De la naissance à 3 ans,* De Boeck, 2020.

L'école : son fonctionnement, son environnement

Auduc J.-L., *Le système éducatif français aujourd'hui*, Hachette Éducation, 2018.

Bonnéry S., *Comprendre l'échec scolaire. Élèves en difficulté et dispositifs pédagogiques*, La Dispute, 2007.

Chauveau G., *Comment réussir en ZEP ?* Retz, 2000.

Dubet F., *Faits d'école*, EHESS, 2008.

Duru-Bellat M., Van Zanten A., *Sociologie de l'école*, A. Colin, 2013.

Henriot-Van Zanten A., *Les politiques de l'éducation*, « Que sais-je ? », PUF, 2014.

Lahire B., *Culture écrite et inégalités scolaires*, PUL, 1993.

Leleu-Galland E., *Dictionnaire de l'école primaire*, Nathan, 2015.

Obin, J.-P., *20 situations réelles de vie scolaire, analysées et commentées*, Hachette Éducation, 2015.

Obin, J.-P., *La prise de décision en situation complexe, 24 cas réels analysés et commentés*, Hachette Éducation, 2016.

Prairat E., *Questions de discipline à l'école*, Erès, 2013.

Pretceille M., *Quelle école pour quelle intégration ?* Hachette Éducation, 2017.

Romano H., Gonzalez J., *ABCDaire de la survie en milieu scolaire*, Hachette Éducation, 2015.

Testu F., *Rythmes de vie et rythmes scolaires*, Elsevier-Masson, 2011.

Van Zanten A. (dir.), *Dictionnaire de l'éducation*, PUF, 2017

Enseignement de l'EPS

Pasco D., *Enseigner en EPS,* Hachette Éducation, 2016.

BIBLIOGRAPHIE PAR CHAPITRES

L'évaluation

Astolfi J.-P., *Les erreurs, un outil pour enseigner,* ESF, 1997.

Roegiers X., *L'école et l'évaluation. Des situations complexes pour évaluer les acquis des élèves,* De Boeck Supérieur, 2010.

Merle P., *Les notes. Secrets de fabrication,* PUF, 2007.

Feyfant A. et Rey O., *Évaluer pour (mieux) faire apprendre,* Cahiers de l'IFÉ n° 94, septembre 2014

Reuter Y., *Panser l'erreur à l'école : de l'erreur au dysfonctionnement,* Presses universitaires du Septentrion – 2017

Les partenaires de l'école

Dubet F. , *École, famille : le malentendu,* Éd. Textuel, 1997.

Gayet D., *L'école contre les parents,* INRP, 1999.

Lahire B., *Tableaux de familles,* Éditions du Seuil/ Gallimard, 1995.

Apprendre

Dehaene S., *Les neurones de la lecture,* Odile Jacob, 2007.

CNESCO, Dossier de synthèse de la conférence de consensus « Lire, comprendre, apprendre », Comment soutenir le développement de compétences en lecture ?, 2016

Piaget J., *Le langage et la pensée chez l'enfant,* Delachaux et Niestlé, 1923.

Bideaud J., Houdé O. & Pédinielli J.-L., *L'homme en développement,* PUF, 1994.

Lieury A. & de La Haye F., *Psychologie cognitive de l'éducation,* Dunod, 2004.

Enseigner

Douet B., *Discipline et punitions à l'école,* PUF, 1988.

Davisse A. et Rochex J.-Y., *Pourvu qu'ils m'écoutent... discipline et autorité dans la classe,* CRDP Créteil, 1998.

Prairat E., *Éduquer et punir,* Presses universitaires de Nancy, 1994.

Robbes B., *L'autorité éducative dans la classe : douze situations pour apprendre à l'exercer,* ESF éditeur, 2010.

Legrand L., *Les différenciations de la pédagogie,* PUF.

Montessori M., *Les étapes de l'éducation,* 1936.

Claparède E., *Psychologie de l'enfant et pédagogie expérimentale,* Delachaux et Niestlé, 1964.

Dewey J., *Expérience et éducation,* A. Colin, 1968.

Neill A.S., *Libres enfants de Summerhill,* Maspéro, 1978.

Les principes et les valeurs de l'école

M. Barbier, *La laïcité,* L'Harmattan, 1995.

J. Baubérot, *Histoire de la laïcité en France,* PUF, coll. « Que sais-je ? », 2000.

R. Debray, *L'enseignement du fait religieux à l'école laïque* (Rapport au ministère de l'Éducation nationale), Odile Jacob/Scérén-CNDP, 2004.

P. Kahn, *La laïcité,* Le Cavalier Bleu, 2005

Catherine Marry, « Garçons et filles à l'école », in *L'école : l'état des savoirs,* sous la dir. d'Agnès van Zanten, La Découverte 2000.

Marie Duru-Bellat, *L'école des filles,* L'Harmattan, 1990.

Michel Fize, *Les pièges de la mixité scolaire,* Presses de la Renaissance, 2003.

Échec scolaire ou élèves en difficulté ?

Bonnéry S., *Comprendre l'échec scolaire. Élèves en difficultés et dispositifs pédagogiques,* La Dispute, 2007.

Bourdieu P., Passeron J.-C., *Les héritiers. Les étudiants et la culture,* Éditions de Minuit, 1964.

Meirieu P., *Faire l'école, faire la classe,* ESF, 2006.

L'éducation prioritaire

« ZEP en débat » *in Diversité Ville-École-Intégration,* n° 144, mars 2006, SCÉRÉN/CNDP.

Les jalons de l'éducation prioritaire, CAREP (centre académique de ressources pour l'éducation prioritaire), 2015.

Bautier É. et Rayou P., *Les inégalités d'apprentissage. Programmes, pratiques et malentendus scolaires,* PUF, 2009.

Moisan C., Simon J., *Les déterminants de la réussite scolaire en zone d'éducation prioritaire,* Institut national de recherche pédagogique, coll. « Centre national de ressources sur les ZEP », 1997.

Stéfanou A., *L'éducation prioritaire. État des lieux,* note d'information n° 18.02, MEN- MESRI-DEPP, 2018.

La scolarisation des élèves à besoins éducatifs particuliers

Gardner H., *Les intelligences multiples,* Retz, 2008.

Hourst B., *À l'école des intelligences multiples,* Hachette Éducation, 2006.

Louis J.-M. et Ramond F., *Scolariser l'élève intellectuellement précoce,* Dunod, 2007.

La question de l'illettrisme

Andrieu F., Besse J.-M., Falaize B. (coord. par), *Illettrismes : quels chemins vers l'écrit ?* Magnard, 1995.

Geffroy M.-T., Grasset-Morel V., *L'illettrisme : mieux comprendre pour mieux agir,* Milan, 2003.

La lutte contre la maltraitance

Blaya C., *Harcèlement et maltraitance en milieu scolaire,* A. Colin, 2006.

Defrance B., *La violence à l'école,* Syros, 1988.

Debarbieux É., *Refuser l'oppression quotidienne : la prévention du harcèlement à l'école,* rapport au ministre de l'Éducation nationale, de la Jeunesse et de la Vie Associative, avril 2011.

Chalvin M. J., *Prévenir conflits et violence,* Nathan, 1994.

Carra C., Fagginelli D., *École et violences,* La Documentation française, 2006.